Auswirkungen der Straftatverwirklichung auf öffentlich-rechtlich geregelte Berufsstellungen

Schriften zum deutschen und europäischen öffentlichen Recht

Herausgegeben von Steffen Detterbeck

Band 25

PETER LANG

Frankfurt am Main · Berlin · Bern · Bruxelles · New York · Oxford · Wien

Isabell Beck

Auswirkungen der Straftatverwirklichung auf öffentlich-rechtlich geregelte Berufsstellungen

PETER LANG
Internationaler Verlag der Wissenschaften

Bibliografische Information der Deutschen Nationalbibliothek
Die Deutsche Nationalbibliothek verzeichnet diese Publikation in der Deutschen Nationalbibliografie; detaillierte bibliografische Daten sind im Internet über http://dnb.d-nb.de abrufbar.

Zugl.: Gießen, Univ., Diss., 2011

Gedruckt mit Unterstützung
der Notarkammer Frankfurt am Main

Gedruckt auf alterungsbeständigem,
säurefreiem Papier.

D 26
ISSN 1438-4388
ISBN 978-3-631-63149-2

www.peterlang.de

Danksagung

Zunächst danke ich Prof. Dr. Thomas Groß für seine konstruktiven Anregungen während der Entstehung der Dissertation und für die zügige Erstellung des Erstgutachtens. Außerdem danke ich ihm dafür, dass er mir während der Tätigkeit an seinem Lehrstuhl genügend Zeit eingeräumt hat, die Arbeit anzufertigen.

Prof. Dr. Franz Reimer danke ich für die Erstellung des Zweitgutachtens, Prof. Dr. Steffen Detterbeck für die Aufnahme der Arbeit in seine Schriftenreihe.

Bei ihnen allen bedanke ich mich für ihre Unterstützung durch die hilfreichen Anmerkungen an der Endfassung der Arbeit.

Die Notarkammer Frankfurt am Main hat die Arbeit mit einem großzügigen Druckkostenzuschuss gefördert. Für diese Unterstützung möchte ich mich besonders bedanken.

Schließlich gilt mein herzlicher Dank den Menschen, auf die ich mich jederzeit verlassen kann. Ich danke meinen Eltern Annemarie und Dieter Beck, die mich während meiner juristischen Ausbildung immer und in jeglicher Hinsicht unterstützt haben. Ihnen und meiner Schwester Galith Beck, die mir bei der Lösung der technischen Probleme während der Erstellung der Druckfassung geholfen hat, danke ich besonders dafür, dass sie mich in der für mich sehr schwierigen Abschlussphase der Arbeit unterstützt und immer wieder aufgemuntert haben.

Oberursel, im November 2011

Isabell Beck

Inhaltsverzeichnis

Abkürzungsverzeichnis

Hinsichtlich abgekürzt zitierter Zeitschriften und Entscheidungssammlungen wird auf *Kirchner, Hildebert*, Abkürzungsverzeichnis der Rechtssprache, 6. Auflage, Berlin 2008, verwiesen.

Allgemein gebräuchliche Abkürzungen werden nicht aufgeführt.

a.F.	alte Fassung
AGH	Anwaltsgerichtshof
Allg. VerwR	Allgemeines Verwaltungsrecht
AO	Abgabenordnung
ArbGG	Arbeitsgerichtsgesetz
Ärzte-ZV	Zulassungsverordnung für Vertragsärzte
ArztR	Arztrecht
BApO	Bundes-Apothekerordnung
BÄO	Bundesärzteordnung
BauGB	Baugesetzbuch
BayBG	Bayerisches Beamtengesetz
BayDG	Bayerisches Disziplinargesetz
BayHSchG	Bayerisches Hochschulgesetz
BBG	Bundesbeamtengesetz
BDG	Bundesdisziplinargesetz
BDO	Bundesdisziplinarordnung
BeamtStG	Gesetz zur Regelung des Statusrechts der Beamtinnen und Beamten in den Ländern (Beamtenstatusgesetz)
BeamtVG	Gesetz über die Versorgung der Beamten und Richter des Bundes (Beamtenversorgungsgesetz)
Bes. VerwR	Besonderes Verwaltungsrecht
BFH	Bundesfinanzhof
BGBl.	Bundesgesetzblatt
BGH	Bundesgerichtshof
BNotO	Bundesnotarordnung
BO StBer	Berufsordnung der Bundessteuerberaterkammer
BRAO	Bundesrechtsanwaltsordnung
BR-Drs.	Bundesratsdrucksache
BremDG	Bremisches Disziplinargesetz
BRRG	Rahmengesetz zur Vereinheitlichung des Beamtenrechts (Beamtenrechtsrahmengesetz)
BSG	Bundessozialgericht
BTÄO	Bundes-Tierärzteordnung

BT-Drs.	Bundestagsdrucksache
B.v.	Beschluss vom
BVerfG	Bundesverfassungsgericht
BVerfGG	Bundesverfassungsgerichtsgesetz
BVerwG	Bundesverwaltungsgericht
BZRG	Bundeszentralregistergesetz
DG LSA	Disziplinargesetz Sachsen-Anhalt
DGH	Dienstgerichtshof
DienstG	Dienstgericht
DiszG Berlin	Disziplinargesetz Berlin
DNeuG	Dienstrechtsneuordnungsgesetz
DO KÄV Hessen	Disziplinarordnung der Kassenärztlichen Vereinigung Hessen
DRiG	Deutsches Richtergesetz
EStG	Einkommensteuergesetz
FG	Finanzgericht
FGH	Finanzgerichtshof
FGO	Finanzgerichtsordnung
FS	Festschrift
GastG	Gaststättengesetz
GewO	Gewerbeordnung
GG	Grundgesetz für die Bundesrepublik Deutschland
GS	Gedächtnisschrift
GVG	Gerichtsverfassungsgesetz
HB	Handbuch
HBG	Hessisches Beamtengesetz
HDG	Hessisches Disziplinargesetz
HessAGFGO	Hessisches Ausführungsgesetz zur Finanzgerichtsordnung
HessAGVwGO	Hessisches Gesetz zur Ausführung der Verwaltungsgerichtsordnung
HessHeilbG	Gesetz über die Berufsvertretungen, die Berufsausübung, die Weiterbildung und die Berufsgerichtsbarkeit der Ärzte, Zahnärzte, Tierärzte, Apotheker, Psychologischen Psychotherapeuten und Kinder- und Jugendlichenpsychotherapeuten (Heilberufsgesetz)
HGB	Handelsgesetzbuch
HmbBG	Hamburgisches Beamtengesetz
HmbDG	Hamburgisches Disziplinargesetz
HRiG	Hessisches Richtergesetz

HSchulG HE	Hessisches Hochschulgesetz
HV	Verfassung des Landes Hessen
HVwVfG	Hessisches Verwaltungsverfahrensgesetz
IHKG	Gesetz zur vorläufigen Regelung des Rechts der Industrie- und Handelskammern
JAG Hessen	Hessisches Gesetz über die juristische Ausbildung (Juristenausbildungsgesetz)
JAPO Bayern	Bayerische Ausbildungs- und Prüfungsordnung für Juristen
KG	Kammergericht
LBG Berlin	Landesbeamtengesetz Berlin
LBG BW	Landesbeamtengesetz Baden-Württemberg
LBG LSA	Beamtengesetz des Landes Sachsen-Anhalt
LBG M-V	Beamtengesetz für das Land Mecklenburg-Vorpommern
LBG NRW	Beamtengesetz für das Land Nordrhein-Westfalen
LBG RP	Landesbeamtengesetz Rheinland-Pfalz
LBG SH	Landesbeamtengesetz Schleswig-Holstein
LDG Brandenburg	Landesdisziplinargesetz Brandenburg
LDG BW	Landesdisziplinargesetz Baden-Württemberg
LDG M-V	Disziplinargesetz des Landes Mecklenburg-Vorpommern
LDG NRW	Disziplinargesetz für das Land Nordrhein-Westfalen
LDG RP	Landesdisziplinargesetz Rheinland-Pfalz
LDG SH	Landesdisziplinargesetz Schleswig-Holstein
LG	Landgericht
LHG BW	Gesetz über die Hochschulen in Baden-Württemberg (Landeshochschulgesetz)
LSG	Landessozialgericht
NBG	Niedersächsisches Beamtengesetz
NDiszG	Niedersächsisches Disziplinargesetz
NJAG	Niedersächsisches Gesetz zur Ausbildung der Juristinnen und Juristen
OLG	Oberlandesgericht
OVG	Oberverwaltungsgericht
PartGG	Gesetz über Partnerschaftsgesellschaften Angehöriger Freier Berufe (Partnerschaftsgesellschaftsgesetz)
PatG	Patentgesetz
PBefG	Personenbeförderungsgesetz

PsychThG	Gesetz über die Berufe des Psychologischen Psychotherapeuten und des Kinder- und Jugendlichenpsychotherapeuten (Psychotherapeutengesetz)
RDG	Gesetz über außergerichtliche Rechtsdienstleistungen (Rechtsdienstleistungsgesetz)
SächsDG	Sächsisches Disziplinargesetz
SDG	Saarländisches Disziplinargesetz
SG	Gesetz über die Rechtsstellung der Soldaten (Soldatengesetz)
SGB IV	Sozialgesetzbuch Viertes Buch - Gemeinsame Vorschriften für die Sozialversicherung
SGB V	Sozialgesetzbuch Fünftes Buch - Gesetzliche Krankenversicherung
SGG	Sozialgerichtsgesetz
StBerG	Steuerberatungsgesetz
StGB	Strafgesetzbuch
StGH	Staatsgerichtshof
StPO	Strafprozessordnung
ThürDG	Thüringer Disziplinargesetz
U.v.	Urteil vom
VerfGH	Verfassungsgerichtshof
VerfPrR	Verfassungsprozessrecht
VertragsarztR	Vertragsarztrecht
VG	Verwaltungsgericht
VGH	Verwaltungsgerichtshof
VwVfG	Verwaltungsverfahrensgesetz
VwGO	Verwaltungsgerichtsordnung
WDO	Wehrdisziplinarordnung
WPflG	Wehrpflichtgesetz
WPO	Gesetz über eine Berufsordnung der Wirtschaftsprüfer (Wirtschaftsprüferordnung)
WStG	Wehrstrafgesetz
Zahnärzte-ZV	Zulassungsverordnung für Vertragszahnärzte
ZHG	Gesetz über die Ausübung der Zahnheilkunde

1. Teil: Grundlagen

A. Einleitung

Interview

Die schweren Vorwürfe sind die „absolute Ausnahme“

Chef der Bundespolizei zu den Ermittlungen gegen Beamte

(...)

(...) Wie berichtet, sollen Beamte des Bundes Vietnamesen geschlagen, getreten und auch erpresst haben. (...) Zu Ermittlungen gegen Polizisten äußert sich (...) der Präsident der Berliner Bundespolizei, Klaus Kandt.

(...)

Werden sie denn weiter als Polizisten beschäftigt?

(...) Die Männer wissen, wenn sich die Vorwürfe bestätigen und ein Richter mindestens eine einjährige Haftstrafe verhängt, führt dies automatisch per Gesetz zum Verlust der Beamtenrechte und sie sind keine Angehörigen der Bundespolizei mehr. (...)

(...)

Welche Strafen drohen den Delinquenten?

Wird eine strafbare Handlung festgestellt, leiten wir ein Ermittlungsverfahren ein. Dann entscheiden die Gerichte. Bei solchen Verfehlungen werden, wie bei innerdienstlichen Verstößen auch, immer Disziplinarverfahren eingeleitet. Die Folge eines Disziplinarverfahrens reicht (...) bis zur Entlassung.

aus: Berliner Zeitung, 31.03.2010

Arzt verliert Zulassung wegen Steuerhinterziehung

Lüneburg (RPO). Steuerhinterziehung im großen Stil durch einen Mediziner rechtfertigt den Entzug der ärztlichen Approbation. Das hat das Oberverwaltungsgericht (OVG) Lüneburg im Fall eines Augenarztes aus dem niedersächsischen Kreis Holzminden entschieden, der dem Staat von 1994 bis 2004 insgesamt 877.000 Euro an Einkommensteuer vorenthalten hatte.

(...)

aus: RP-Online, 14.12.2009

Diese Auszüge stehen stellvertretend für häufig zu findende Tagesmeldungen. In diesen geht es darum, dass den jeweils betroffenen Berufsangehörigen nach der Begehung von Straftaten der Verlust ihres beruflichen Status droht bzw. ein solcher erfolgte. Doch führt strafbares Verhalten immer zum Verlust der beruflichen Rechtsstellung?

Die vorliegende Arbeit untersucht die Auswirkungen einer Straftatbegehung auf bestimmte berufliche Rechtsstellungen, wobei sie sich jeweils auf zwei Komplexe beschränkt. Zum einen geht es, gewissermaßen als vorgelagerte Fragestellung, darum, ob die Verwirklichung von Straftaten die Erlangung eines beruflichen Status verhindert, zum anderen darum, ob in diesen Fällen eine bestehende Berufsangehörigkeit verloren geht bzw. dem Betroffenen verboten wird, den gewählten Beruf weiter auszuüben.

Hierbei handelt es sich wegen der Bedeutung des Berufs um eine überaus wichtige Fragestellung. Die Ausübung eines Berufs ist trotz aller sozialstaatlicher Absicherungen und privaten Vermögens die Grundlage der wirtschaftlichen Existenz des Einzelnen[1], hierdurch wird grundsätzlich die Lebensgrundlage gesichert. Darüber hinaus ist der Beruf auch Grundlage für die eigene Persönlichkeitsbildung und -entfaltung[2]. Wegen dieser existenziellen Bedeutung des Berufs für die Lebensgestaltung jedes Einzelnen[3] wird er durch das Grundrecht der Berufsfreiheit nach Art. 12 I GG geschützt. Da die Berufsfreiheit in engem Zusammenhang mit der freien Entfaltung der Persönlichkeit[4] steht - sie vermittelt dem Bürger Identität[5] -, besitzt dieses Grundrecht einen besonderen Rang[6].

Art. 12 I 1 GG umfasst den Schutz der freien Wahl des Berufs, des Arbeitsplatzes und der Ausbildungsstätte, wobei vom Begriff des Berufs „jede auf die Dauer berechnete und nicht nur vorübergehende, der Schaffung und Erhaltung einer Lebensgrundlage dienende Betätigung“[7] erfasst wird. Grundsätzlich steht jedem Einzelnen das Recht zu, „jede Tätigkeit, für die er sich geeignet glaubt, als ‚Beruf‘ zu ergreifen“[8]. Die Berufsfreiheit des Art. 12 I GG gilt grundsätzlich für alle Berufsträger, auch für die betrachteten Angehörigen des öffentlichen Dienstes[9].

Wird in den Schutzbereich des Grundrechts eingegriffen, muss dieser Eingriff verfassungsrechtlich gerechtfertigt sein. Das BVerfG geht von der Einheitlichkeit des Grundrechts, d.h. dem Schutz der beruflichen Betätigung insgesamt, aus. Der normierte Gesetzesvorbehalt (vgl. Art. 12 I 2 GG) soll sich auf Eingriffe in die Berufswahl und -ausübung beziehen[10]. Das BVerfG unterscheidet seit dem sog. Apothekenurteil zwischen bestimmten Stufen des Eingriffs, nämlich Berufsausübungsregelungen sowie subjektiven und objektiven Berufswahlrege-

1 Vgl. Manssen, in: von Mangoldt/Klein/Starck, GG, Art. 12 Rn. 10, zum Arbeitsplatz.
2 Manssen, in: von Mangoldt/Klein/Starck, GG, Art. 12 Rn. 10, zum Arbeitsplatz.
3 Auer, Berufsbegriff, S. 1.
4 Vgl. BVerfGE 59, 302 (315); 75, 284 (292).
5 Depenheuer, in: Badura/Dreier, FS 50 Jahre BVerfG, S. 241 (245).
6 BVerfGE 63, 266 (286); vgl. auch Auer, Berufsbegriff, S. 1: herausragende Stellung.
7 BVerwGE 22, 286 (287).
8 BVerfGE 7, 377 (397); 59, 302 (315).
9 Vgl. nur BVerfGE 73, 301 (315); Gubelt, in: von Münch/Kunig, GG, Art. 12 Rn. 20; Manssen, in: von Mangoldt/Klein/Starck, GG, Art. 12 Rn. 46; a.A. Wieland, in: Dreier, GG, Art. 12 Rn. 58.
10 Vgl. BVerfGE 7, 377 (402); vgl. auch Mann, in: Sachs, GG, Art. 12 Rn. 14.

lungen. Je nach berührter Stufe wird für die verfassungsrechtliche Rechtfertigung eines Eingriffs die Betroffenheit unterschiedlich gewichtiger Schutzgüter als erforderlich angesehen[11]. Auch heute verdeutlichen die Stufen weiter das Bestehen unterschiedlich intensiver Eingriffe[12], außerdem ist eine darauf bezogene umfassende Verhältnismäßigkeitsprüfung erforderlich[13].

Die vorliegende Untersuchung beschäftigt sich mit der Versagung einer bestimmten beruflichen Rechtsstellung und deren Verlust sowie mit Berufsverboten, wobei jeweils an die Begehung von Straftaten, d.h. an ein bestimmtes Verhalten, angeknüpft wird. Da das Recht der Berufswahl auch die Entscheidung über die Fortsetzung und die Beendigung des Berufs schützt[14], betreffen die hier interessierenden Maßnahmen der Berufsverhinderung und -beendigung grundsätzlich den Schutzbereich des Art. 12 I GG auf der Stufe der subjektiven Berufswahlregelung[15]. Sie sind daher nur zum Schutz eines besonders wichtigen Gemeinschaftsgutes und unter Wahrung des Verhältnismäßigkeitsgrundsatzes möglich[16]. Hinsichtlich des betroffenen Gemeinschaftsgutes ist zwischen den jeweils betrachteten Berufen zu differenzieren, so wird beispielsweise für den Bereich der Rechtsanwälte auf die Funktionsfähigkeit der Rechtspflege[17], für den der Wirtschaftsprüfer auf ein funktionierendes und anerkanntes Wirtschaftsprüfungswesen[18], für den der Steuerberater auf die Erhaltung einer funktionsfähigen Steuerrechtspflege[19] und für den der akademischen Heilberufe auf

11 Vgl. BVerfGE 7, 377 (405ff.).

12 Zur Kritik an der Stufenlehre vgl. Mann, in: Sachs, GG, Art. 12 Rn. 152ff.; sowie Wieland, in: Dreier, GG, Art. 12 Rn. 112ff.

13 Vgl. zur weiteren Rechtsprechung des BVerfG Mann, in: Sachs, GG, Art. 12 Rn. 137ff., 142ff. m.w.N.

14 Manssen, in: von Mangoldt/Klein/Starck, GG, Art. 12 Rn. 55, siehe auch Rn. 146; BVerfGE 84, 133 (146); 44, 105 (117); 9, 338 (344f.).

15 Zu den Voraussetzungen und zum Widerruf der Zulassung als Rechtsanwalt vgl. Gaier, in: Gaier/Wolf/Göcken, Anwaltliches Berufsrecht, Art. 12 GG Rn. 61; zu Zulassungsvoraussetzungen an einen Steuerberater vgl. BVerfGE 69, 209 (218); 55, 185 (196); allgemein zum Entzug der Berufszulassung auch Wieland, in: Dreier, GG, Art. 12 Rn. 130; zum Berufsverbot nach § 70 I StGB Gubelt, in: von Münch/Kunig, GG, Art. 12 Rn. 72. Wegen des fehlenden Berufsstatus als Vertragsarzt betreffen entsprechende Zulassungs- und Entziehungsregelungen nur die Berufsausübung. Da sie aber Berufswahlvorschriften nahekommen, werden an ihre Rechtfertigung höhere Anforderungen gestellt, vgl. BVerfGE 69, 233 (244); BSGE 53, 291 (292), zum Kassenarzt. Eine Teiluntersagung des Gewerbes (vgl. 4. Teil B. I. 1.) ist Berufsausübungsregelung, vgl. Heß, in: Friauf, GewO, § 35 Rn. 142.

16 Vgl. nur BVerfGE 63, 266 (286); 66, 337 (353).

17 Vgl. Römermann/Hartung, Berufsrecht, § 4 Rn. 9.

18 Uhlmann, in: Hense/Ulrich, WPO, § 16 Rn. 3.

19 BVerfGE 69, 209 (218); vgl. auch BVerfGE 55, 185 (196).

ein Funktionieren des Gesundheitswesens[20], die Volksgesundheit[21] bzw. die Gesundheitsversorgung[22] abgestellt.

Die einzelnen hier interessierenden Regelungen müssen einer solchen verfassungsrechtlichen Prüfung standhalten, wobei bisher selten festgestellt wurde, dass eine bestimmte Regelung gegen Verfassungsvorschriften verstößt[23]. Dies beruht auch darauf, dass grundrechtsbeschränkende Gesetze im Lichte des Art. 12 I GG auszulegen sind[24].

B. Untersuchungsgegenstand

Anknüpfungspunkt dafür, welche beruflichen Rechtsstellungen beleuchtet werden, ist zunächst der Charakter ihrer Normierung. Es werden nur öffentlichrechtlich geregelte[25], nicht allein privatrechtlichen Normen unterliegende Berufsstellungen betrachtet. Aufgrund der Vielzahl sowie den damit verbundenen unterschiedlichen gesetzlichen Vorschriften bezieht sich die Arbeit auf einen Querschnitt hierunter zu fassender Berufe.

Ausgangspunkt ist der öffentliche Dienst. Zum öffentlichen Dienst im weiteren Sinne zählt jede Beschäftigung im Dienst einer juristischen Person des öffentlichen Rechts. Die Beamten (im staatsrechtlichen Sinn) als eine Gruppe stehen zum Staat in einem besonderen öffentlich-rechtlichen Dienst- und Treueverhältnis[26] mit gegenseitigen Rechten und Pflichten. Lange Zeit wurde das Beamtenverhältnis als sog. besonderes Gewaltverhältnis charakterisiert, wobei der Beamte gewissermaßen aus dem Staat-Bürger-Verhältnis in einen Binnenraum staatlicher Organisation trat[27], so dass belastende Maßnahmen ohne gesetzliche

---

20 Pulverich, PsychThG, § 3 S. 66 (sowie die Gesundheitspflege), zum Psychotherapeuten.

21 BVerfGE 25, 236 (247), zum Zahnarzt; vgl. auch VG Würzburg, U.v. 08.12.2003 (W 8 K 03.1031), juris, Rn. 19; sowie VG Regensburg, U.v. 10.05.1999 (RN 5 K 99.357), juris, Rn. 32, beide zum Tierarzt.

22 Vgl. BVerwG, NJW 1998, 2756 (2757), zum Arzt; BVerwG, NJW 2003, 913 (913), zum Apotheker; VGH Mannheim, NVwZ 2006, 1202 (1202), zum Apotheker.

23 Zu § 7 Nr. 5 BRAO a.F. vgl. aber BVerfGE 63, 266 (287); zur Verfassungskonformität eines zeitlich begrenzten Berufsverbots vgl. nur BVerfGE 25, 88 (101), zu § 421 StGB a.F.

24 Mann, in: Sachs, GG, Art. 12 Rn. 131.

25 Allerdings lassen sich die jeweiligen Rechtsmaterien, so z.B. das Anwaltsrecht, nicht einer einzelnen dogmatischen Disziplin zuordnen, vgl. Wolf, in: Gaier/Wolf/Göcken, Anwaltliches Berufsrecht, Einleitung Rn. 29f., 60ff.

26 BVerwGE 93, 255 (262); Battis, BBG, § 4 Rn. 2; Battis, in: Achterberg/Püttner/Würtenberger, Bes. VerwR, § 31 Rn. 23.

27 Kunig, in: Schmidt-Aßmann/Schoch, Bes. VerwR, 6. Kapitel, Rn. 46.

Grundlage zulässig waren. Durch eine Entscheidung des BVerfG im Jahr 1972 wurde diese Konstruktion verworfen[28], so dass eine Einschränkung von Grundrechten ohne gesetzliche Grundlage nicht mehr möglich ist[29]. Als weitere Gruppen des öffentlichen Dienstes werden Richter und Soldaten betrachtet. Ausgeklammert bleiben dagegen die Regelungen für Angestellte und Arbeiter des öffentlichen Dienstes, denn ihr Dienstverhältnis wird durch Vertrag begründet und ist privatrechtlich geregelt[30].

Außerdem befasst sich ein beträchtlicher Teil der Arbeit mit Angehörigen freier Berufe. Unter diesen Begriff werden ganz unterschiedliche Tätigkeiten gefasst[31], die sich etwa dem heilkundlichen, rechts- und wirtschaftsberatenden, technischen und naturwissenschaftlichen sowie dem kulturellen Bereich[32] zuordnen lassen. Zwar wird der Begriff des freien Berufs an verschiedenen Stellen der Rechtsordnung erwähnt (vgl. etwa § 1 II PartGG, § 18 I Nr. 1 EStG), eine für alle Rechtsgebiete gültige (gesetzliche) Definition des Begriffs gibt es aber nicht[33]. Das BVerfG kennzeichnet den freien Beruf als soziologischen Begriff, der sich aus der gesellschaftlichen Situation des frühen Liberalismus entwickelt habe[34]. Er besitzt somit historische Wurzeln; bestimmte Berufe mit akademischen Bildungsvoraussetzungen sollen von anderen Tätigkeiten abgegrenzt werden[35].

Trotz fehlender Definition des freien Berufs[36] werden allgemein typische Merkmale eines solchen benannt. Daher erscheint die Einordnung als Typus[37] überzeugend. Zwar treffen die typischen Kriterien nicht auf jeden freien Beruf in gleichem Maße zu[38], sie erlauben aber trotzdem Aufschlüsse zur Qualifizierung. Zu diesen im Laufe der Zeit entwickelten Merkmalen (teilweise wurden sie be-

---

28 Vgl. die sog. Strafgefangenenentscheidung BVerfGE 33, 1 (9ff., insb. 10f.).

29 Battis, BBG, § 4 Rn. 23.

30 Vgl. Wagner/Leppek, Beamtenrecht, Rn. 6.

31 Vgl. kritisch Redeker, NJW 2004, 2799 (2799f.).

32 Vgl. BT-Drs. 12/21, S. 7 (Fortschreibung des Berichts der Bundesregierung über die Lage der Freien Berufe in der Bundesrepublik Deutschland); vgl. auch Taupitz, Standesordnungen, S. 86f.

33 BT-Drs. 16/2460, Nr. 880 (Sechzehntes Hauptgutachten der Monopolkommission 2004/2005); Wollburg, in: Hense/Ulrich, WPO, § 1 Rn. 14.

34 Vgl. näher BVerfGE 10, 354 (364f.).

35 BT-Drs. 16/2460, Nr. 883 (Sechzehntes Hauptgutachten der Monopolkommission 2004/2005).

36 Vgl. zu Versuchen einer Definition Taupitz, Standesordnungen, S. 18ff.

37 Vgl. Sodan, in: Herrmann/Backhaus, Freiberufe, S. 41 (47f.); Taupitz, Standesordnungen, S. 23ff.; Hartmer, Disziplinarrecht, S. 32f.

38 Vgl. hierzu Ziegenhagen, Berufsgerichtsbarkeit, S. 79f.

reits im 19. Jahrhundert genannt[39]) gehören etwa der persönliche Einsatz bei der Berufsausübung sowie die Erwartung und Forderung der altruistischen Berufsausübung. Diese Gemeinwohlverpflichtung ist ganz wesentlich für die Ausübung eines freien Berufs, denn grundsätzlich tritt das für die gewerbliche Wirtschaft charakteristische Streben nach Gewinn zurück[40]. Weiter werden das Verbot berufswidriger Werbung, die qualifizierte Ausbildung und/ oder schöpferische Befähigung, ein besonderes Vertrauensverhältnis zum Gegenüber, Weisungsunabhängigkeit und Eigenverantwortung, wirtschaftliche Selbständigkeit und die Erbringung ideeller Leistungen genannt[41]. Aufgrund dieser typischen Merkmale erscheint die Kritik am Begriff des freien Berufs, dass dieser nicht eindeutig bzw. hinreichend sicher auslegbar sei[42], nicht einleuchtend.

Allerdings unterscheidet sich nicht nur das tatsächliche Berufsbild der freien Berufe stark voneinander, auch der Umfang ihrer rechtlichen Regelung differiert erheblich. Mit der Einordnung als freier Beruf lassen sich nach dem BVerfG keine normativen Wirkungen für seine rechtliche Behandlung ableiten, insbesondere sei kein besonderer Anspruch auf Freiheit vor gesetzgeberischen Eingriffen verbürgt[43]. Tatsächlich lässt sich zumindest für bestimmte Tätigkeiten sogar eine relativ strenge Regulierung erkennen[44]. Dieses Spannungsfeld zwischen starker Reglementierung und der Forderung nach Freiheit vom Staat existiert schon lange Zeit[45]. Während teilweise spezielle Vorschriften für Berufswahl und -zugang gelten, existieren in anderen Bereichen lediglich Berufsaus-

---

39 Vgl. BT-Drs. 16/2460, Nr. 884 (Sechzehntes Hauptgutachten der Monopolkommission 2004/2005).

40 Vgl. BVerfGE 17, 232 (239), zum Apotheker; Jessnitzer/Blumberg, BRAO, § 2 Rn. 1, zum Rechtsanwalt; dies wird mittlerweile allerdings differenzierter gesehen, nach dem BVerfG (NJW 2007, 979 [980]) ist kommerzielles Denken mit dem Anwaltsberuf nicht schlechthin unvereinbar.

41 Vgl. Sodan, in: Herrmann/Backhaus, Freiberufe, S. 41 (49); vgl. auch Wollburg, in: Hense/Ulrich, WPO, § 1 Rn. 24, 18f. m.w.N.; nach der Definition des Bundesverbandes der freien Berufe im Jahr 1995 (zitiert in BRAK-Mitt. 1995, 156 [157]) erbringen Angehörige freier Berufe „auf Grund besonderer beruflicher Qualifikation persönlich, eigenverantwortlich und fachlich unabhängig geistig-ideelle Leistungen im Interesse ihrer Auftraggeber und der Allgemeinheit"; vgl. zu den einzelnen Merkmalen auch Taupitz, Standesordnungen, S. 38ff.

42 Vgl. Redeker, NJW 2004, 2799 (2799).

43 BVerfGE 10, 354 (364).

44 BT-Drs. 16/2460, Nr. 883 (Sechzehntes Hauptgutachten der Monopolkommission 2004/2005).

45 Vgl. näher BT-Drs. 16/2460, Nr. 884f. (Sechzehntes Hauptgutachten der Monopolkommission 2004/2005).

übungsregelungen[46]. Zum erstgenannten Komplex gehören die sog. klassischen freien Berufe, d.h. etwa Ärzte, Apotheker, Rechtsanwälte, Steuerberater, Notare und Architekten; für sie besteht auch die Pflicht zur Mitgliedschaft in Berufskammern[47].

Andere Berufe kennen keine solche Pflichtmitgliedschaft, aber eine staatliche Reglementierung des Berufszugangs oder das Führen einer bestimmten Berufsbezeichnung (z.B. Diplompsychologen). Schließlich unterliegen Angehörige anderer freier Berufe hinsichtlich Berufszugang und -ausübung keinen besonderen, sondern nur allgemeinen Regeln (z.B. Journalisten)[48].

Die vorliegende Arbeit beleuchtet verschiedene klassische freie Berufe, da für sie bezüglich Berufszugang und -beendigung spezielle Vorschriften und nicht nur die generellen Regeln, die jeden Berufstätigen betreffen, gelten. Zudem unterliegen die Angehörigen aller untersuchten freien Berufe einer Berufsgerichtsbarkeit; dies ist bei gemeinschaftswichtigen Tätigkeiten der Fall[49]. Dieser Umstand ermöglicht einen Vergleich zu den Angehörigen der hier relevanten Gruppen des öffentlichen Dienstes, denn diese sind einer Disziplinargerichtsbarkeit unterworfen. Zudem stellen die Angehörigen der betrachteten freien Berufe einen nicht unbedeutenden Teil an der Gesamtzahl der Angehörigen freier Berufe. Zwar ist eine genaue Bezifferung nur für die Berufsträger mit Kammerpflicht wegen der geführten Mitgliederstatistiken möglich[50]. Da eine solche nicht für alle freien Berufe besteht (s.o.), ist eine genaue zahlenmäßige Erfassung schwierig und statistisch auf Grundlage des Mikrozensus nur schätzbar. Nach den Zahlen des Instituts für freie Berufe dürfte aber etwa ein Drittel aller Angehörigen eines freien Berufs einen der hier untersuchten ausüben[51]. Schließlich beschränkt sich die Arbeit auf bundesrechtlich geregelte Tätigkeiten. Berufe, die hauptsächlich speziellen landesrechtlichen Normen unterworfen sind, werden nicht betrachtet. Zu dieser Gruppe gehören etwa Ingenieure[52] und Architekten. Zwar bestehen für die akademischen Heilberufe auch relevante landes-

---

46 Vgl. hierzu näher BT-Drs. 12/21, S. 10 (Fortschreibung des Berichts der Bundesregierung über die Lage der Freien Berufe in der Bundesrepublik Deutschland).

47 BT-Drs. 16/2460, Nr. 877 (Sechzehntes Hauptgutachten der Monopolkommission 2004/2005).

48 BT-Drs. 16/2460, Nr. 878 (Sechzehntes Hauptgutachten der Monopolkommission 2004/2005).

49 Hartmer, Disziplinarrecht, S. 36f., charakterisiert sie als echte freie Berufe.

50 BT-Drs. 16/2460, Nr. 882 (Sechzehntes Hauptgutachten der Monopolkommission 2004/2005).

51 Vgl. hierzu http://www.ifb.uni-erlangen.de/fileadmin/ifb/pic/statistiken/2009/01_zahlenmaessige_struktur_2009.png (Stand: 01.01.2009), abgerufen am 10.12.2010.

52 Vgl. hierzu Taupitz, Standesordnungen, S. 101f.

rechtliche Vorschriften, ganz wesentlich ist aber jeweils ein bundesrechtlicher Regelungskomplex.

Die Behandlung der Vorschriften für Gewerbetreibende als Abschluss der Untersuchung der einzelnen Berufsgruppen erscheint zunächst als Fremdkörper. Während in allen weiteren Bereichen für die Begründung der Berufszugehörigkeit ein rechtsgestaltender Verwaltungsakt erforderlich ist, bedarf der Gewerbeangehörige für die Ausübung seiner Tätigkeit grundsätzlich keines solchen.

Ordnungspolitisch kommt den freien Berufen eine Zwischenstellung zwischen dem Staat und seiner Verwaltung und der gewerblichen Wirtschaft zu, wobei sich auf den jeweiligen Schnittstellen einerseits etwa der Notar bzw. andererseits der Apotheker befinden[53]. Der Notar auf der einen Seite übt aufgrund seiner Eigenschaft als Träger eines öffentlichen Amtes nicht unter allen rechtlichen Gesichtspunkten einen freien Beruf aus[54]. Diese hoheitliche Komponente[55] rückt den Notar in die Nähe zum öffentlichen Dienst[56]. Der Apotheker auf der anderen Seite wird mit dem Gewerberecht in Verbindung gebracht. Zwar ist eine Gewerbetätigkeit prinzipiell Gegenentwurf zur Ausübung eines freien Berufs[57], indes übt der Apotheker einen freien Beruf aus, ist aber auch Kaufmann und seine Tätigkeit Handelsgewerbe[58]. Um der Untersuchung im Hinblick auf die Trias Verwaltung - freier Beruf - Gewerbe ein in sich schlüssiges Gesamtkonzept zu geben, erscheint der Einbezug wesentlicher gewerberechtlicher Vorschriften erforderlich. Zudem handelt es sich auch bei dem Begriff des Gewerbes, ebenso wie etwa bei dem des Beamten, wegen der zahlreichen hieran anknüpfenden Rechtsfolgen um einen Statusbegriff[59].

Betrachtet werden bestimmte Hinderungs- bzw. Beendigungsgründe hinsichtlich beruflicher Rechtsstellungen. Relevant sind allein solche, bei denen ein Bezug zur Verwirklichung von Straftaten besteht, andere spielen keine Rolle. Zudem werden querschnittsartig unterschiedliche öffentlich-rechtlich geregelte Berufsgruppen betrachtet. Andere Untersuchungen befassen sich mit einzelnen

---

53 Aufschlussreiche Erläuterungen finden sich in der BT-Drs. 12/21, S. 7 (Fortschreibung des Berichts der Bundesregierung über die Lage der Freien Berufe in der Bundesrepublik Deutschland); vgl. auch Taupitz, Standesordnungen, S. 88ff.

54 BT-Drs. 12/21, S. 7 (Fortschreibung des Berichts der Bundesregierung über die Lage der Freien Berufe in der Bundesrepublik Deutschland).

55 Meurers, in: Kuhls, StBerG, § 4 Rn. 6; vgl. zu der besonderen Stellung des Notars auch BGHZ 73, 46 (48ff.).

56 Vgl. zu dieser Mittelstellung Mann, in: Sachs, GG, Art. 12 Rn. 62.

57 Vgl. hierzu Tettinger, in: Tettinger/Wank, GewO, § 1 Rn. 51.

58 Vgl. BT-Drs. 16/2460, Nr. 881 (Sechzehntes Hauptgutachten der Monopolkommission 2004/2005).

59 Vgl. Tettinger, in: Tettinger/Wank, GewO, § 1 Rn. 4.

Berufen bzw. Berufsgruppen und mit Teilbereichen der für diese Untersuchung relevanten Vorschriften[60]. Eine ausführliche vergleichende Untersuchung der Trias des öffentlichen Dienstes, der freien Berufe und des Gewerberechts in Bezug auf die Auswirkungen von strafbarem Verhalten auf den Berufszugang sowie die Verhinderung der Berufsausübung existiert bisher nicht.

C. Gang der Untersuchung

Der Gang der Untersuchung vollzieht sich wie folgt.

Zunächst werden die relevanten Regelungen für die einzelnen betrachteten Berufe herausgearbeitet. Den Ausgangspunkt bilden verschiedene Berufsgruppen des öffentlichen Dienstes, hier werden Beamte, Berufsrichter und Soldaten betrachtet (2. Teil). Dann wendet sich die Arbeit den Angehörigen unterschiedlicher freier Berufe zu, im Fokus stehen Rechtsanwälte, Notare, Steuerberater, Wirtschaftsprüfer sowie akademische Heilberufe (also Ärzte, Zahn- und Tierärzte, Psychotherapeuten und Apotheker) (3. Teil). Abschließend werden die Vorschriften für Gewerbetreibende untersucht (4. Teil).

Grundsätzlich ist die Untersuchung der Berufsgruppen jeweils gleich strukturiert. An die Skizzierung der rechtlichen Grundlagen schließt sich eine Analyse der materiell-rechtlichen Regelungen an. Hier werden grundsätzlich die zwei Komplexe des Berufszugangs und der Berufsbeendigung unterschieden.

Im ersten Komplex wird beleuchtet, wie sich die Verwirklichung einer Straftat in der Vergangenheit auf die Begründung des Berufsstatus auswirkt. Fraglich ist, ob ein entsprechendes Hindernis für die Erlangung der Berufszugehörigkeit besteht und wie der Bezug zu strafbarem Verhalten hergestellt wird. Hier wird geprüft, ob etwa spezielle Straftaten genannt oder unbestimmte Rechtsbegriffe verwendet werden, unter die deliktische Verhaltensweisen subsumiert werden können. Außerdem wird ermittelt, ob der Verdacht eines strafbaren Verhaltens ausreicht bzw. ob und von wem ein solches tatsächlich festgestellt werden muss.

Im zweiten Komplex wird eingehend betrachtet, ob die Begehung von Straftaten zur Berufsbeendigung führt. Hierbei liegt das Hauptaugenmerk auf dem möglichen Verlust der Berufszugehörigkeit. Abgesehen davon, dass die schon im Rahmen des ersten Komplexes überprüften Aspekte untersucht werden, wird weiter erforscht, ob ein etwaiger Verlust zwangsläufig und automatisch durch

60 Vgl. etwa Becker, Pflichtverletzungen; Heidelmann, Disziplinarrecht; Kessal, Anwaltschaft; Hartmer, Disziplinarrecht; Ziegenhagen, Berufsgerichtsbarkeit; Lambrecht, Strafrecht und Disziplinarrecht; Wagner, Konkurrenz; Brockhausen, Verwaltungssachen; Bohrer, Notare.

Gesetz eintritt oder ob zwischen das strafbare Verhalten und den Statusverlust eine besondere Verwaltungs- oder Gerichtsentscheidung tritt. In diesem Bereich werden außerdem dauerhafte bzw. längerfristige Berufsverbote betrachtet. Zwar führen diese nicht zu einem Verlust der beruflichen Rechtsstellung als solcher, d.h. der Betreffende bleibt weiterhin Berufsträger. Allerdings ergeht auch in diesen Fällen ein Berufsausübungsverbot an den Betroffenen, so dass mit ihnen eine - für eine nicht unerhebliche Zeitdauer - erzwungene Berufsbeendigung verbunden ist und sie sich damit hinsichtlich der Schwere mit einem Verlust des Status vergleichen lassen. Zudem könnte ihr Verhältnis zu den dazu führenden Maßnahmen wichtig werden. In allen Rechtsgebieten bestehen auch Möglichkeiten einer vorläufigen Verhinderung der Berufsausübung. Diese bleiben - auch wenn sie teilweise einen nicht nur unwesentlichen Zeitraum betreffen - in der vorliegenden Untersuchung außer Betracht, da sie grundsätzlich im Vorfeld einer endgültigen Entscheidung vorgesehen sind.

Schließlich wird für jede Berufsgruppe untersucht, welche Zuständigkeiten bestehen, und wie sich das Verhältnis der Maßnahmen und zuständigen Stellen darstellt.

Da die Arbeit einen systematisierenden Ansatz verfolgt, schließt sich an die Untersuchung der einzelnen Regelungen der verschiedenen Rechtsgebiete als weiterer Schwerpunkt ein Vergleich an. Hier soll ermittelt werden, ob sich abweichende Regelungen oder Gemeinsamkeiten feststellen lassen. Betrachtet werden außerdem sich aus den Vorschriften ergebende Probleme (5. Teil). Den Abschluss bildet eine kurze Zusammenfassung der wesentlichen Erkenntnisse der Arbeit (6. Teil).

2. Teil: Berufsgruppen des öffentlichen Dienstes

A. Beamte

I. Rechtliche Grundlagen

Für den Bereich des Beamtenrechts normiert das Grundgesetz keine einheitliche Gesetzgebungszuständigkeit. Daraus resultiert auch nach der sog. Föderalismusreform[61] im Jahr 2006 trotz geänderter Kompetenzverteilung eine Gemengelage bundes- und landesrechtlicher Regelungen. Im Rahmen der vorliegenden Untersuchung sind für Bundesbeamte das Bundesbeamtengesetz und das Bundesdisziplinargesetz relevant. Für Landesbeamte finden sich wichtige Normen im Beamtenstatusgesetz sowie in den Landesdisziplinargesetzen. Hier wird sich auf die bundesrechtlichen Vorschriften beschränkt; in Hessen gelten für Landesbeamte weitgehend identische Normierungen.

Beamter im staatsrechtlichen Sinn ist, wer zu einer dienstherrnfähigen juristischen Person des öffentlichen Rechts in einem öffentlich-rechtlichen Dienst- und Treueverhältnis steht[62]. Das Berufsbeamtentum ist damit Teil des öffentlichen Dienstes.

Die Rechtsstellung als Beamter wird durch Ernennung begründet (§ 10 I Nr. 1 BBG), diese ist Verwaltungsakt[63]. Es kann zwischen verschiedenen Beamtengruppen unterschieden werden, wobei die vorliegende Arbeit aktive Beamtenverhältnisse[64] auf Lebenszeit, auf Probe und auf Widerruf betrachtet. Das Lebenszeitbeamtenverhältnis ist aufgrund Art. 33 V GG der Regelfall[65], während sowohl das Beamtenverhältnis auf Probe[66] als auch das auf Widerruf Durchgangsstadien darstellen (vgl. § 6 III, IV BBG).

II. Folgen der Verwirklichung einer Straftat

1. Straftatbegehung vor Begründung des Beamtenverhältnisses

Zur Beantwortung der Frage, ob die Verwirklichung einer Straftat in der Vergangenheit ein Hindernis für die Ernennung darstellt und welche Konsequenzen sich für den Fall einer fehlerhaften Ernennung ergeben, ist eine Differenzierung

---

61 Gesetz zur Änderung des Grundgesetzes vom 28.08.2006, BGBl. I S. 2034.

62 Battis, in: Achterberg/Püttner/Würtenberger, Bes. VerwR, § 31 Rn. 23.

63 Wagner/Leppek, Beamtenrecht, Rn. 76.

64 D.h. das Ruhestandsbeamtenverhältnis wird nicht untersucht.

65 Vgl. Wagner/Leppek, Beamtenrecht, Rn. 51; Battis, BBG, § 6 Rn. 3.

66 Vgl. BVerwGE 92, 147 (148), zum LBG NRW; Oswald, Rechtsstellung, S. 9.

zwischen den unterschiedlichen Beamtengruppen nicht erforderlich, da die Voraussetzungen für eine Ernennung grundsätzlich allgemein gelten; Besonderheiten werden im Folgenden kenntlich gemacht.

Im Beamtenrecht lassen sich zwei Gruppen von Ernennungsvoraussetzungen unterscheiden. Es existieren zum einen solche positiver Art (vgl. §§ 7, 11 BBG, letztere Vorschrift gilt nur für Beamte auf Lebenszeit), d.h. normiert werden bestimmte Tatbestände, auf die sich teilweise obligatorische oder fakultative Rechtsfolgeregelungen für Fälle fehlerhafter Ernennungen beziehen (vgl. etwa §§ 13 I Nr. 3a), 14 I Nr. 3 BBG). Zum anderen lassen sich solche negativer Art finden. Hierbei handelt es sich um Rechtsfolgevorschriften, die nicht mit positiv formulierten Voraussetzungen verknüpft sind, aus denen aber solche[67] im Umkehrschluss abgeleitet werden (vgl. etwa § 14 I Nr. 2 BBG, hierzu 2. Teil A. II. 1. b.).

Wesentlich ist, dass das Bundesbeamtengesetz eine abschließende Sonderregelung hinsichtlich Nichtigkeits- und Rücknahmegründe der Ernennung enthält[68]. Damit sind die allgemeinen Regeln des Verwaltungsverfahrensgesetzes nicht anwendbar[69], so dass bei fehlender Rechtsfolgeregelung der Fehler unbeachtlich und die (rechtswidrige) Ernennung wirksam ist. Die hier relevanten Voraussetzungen werden nach der Intensität der für fehlerhafte Ernennungen vorgesehenen Konsequenz in absteigender Reihenfolge sortiert.

a. Fehlende Fähigkeit zur Bekleidung öffentlicher Ämter

Eine Ernennung ist nichtig, wenn zum Zeitpunkt der Ernennung die Fähigkeit zur Wahrnehmung öffentlicher Ämter nicht vorlag (§ 13 I Nr. 3b) BBG). Voraussetzung der Ernennung ist, dass der Betreffende die entsprechende Fähigkeit besitzt[70]. Dieser Tatbestand hängt direkt mit der Verwirklichung einer Straftat zusammen, denn die auf fünf Jahre befristete Amtsunfähigkeit tritt bei einer Verurteilung wegen eines Verbrechens zu einer Freiheitsstrafe von mindestens einem Jahr ein (§ 45 I StGB), eine etwaige Aussetzung zur Bewährung ist unerheblich[71]. Nach der Legaldefinition des § 12 I StGB sind Verbrechen rechtswidrige Taten, die im Mindestmaß mit Freiheitsstrafe von einem Jahr oder darüber bedroht sind. Der Verweis auf die tatsächliche Verhängung erklärt sich dadurch,

67 Vgl. Battis, BBG, § 7 Rn. 32.

68 Vgl. Battis, BBG, § 13 Rn. 1, § 14 Rn. 1f.; Kunig, in: Schmidt-Aßmann/Schoch, Bes. VerwR, 6. Kapitel, Rn. 93, 98; Wagner, DÖV 1988, 277 (283).

69 Vgl. hierzu Wagner/Leppek, Beamtenrecht, Rn. 98ff.; vgl. auch Wichmann/Langer, Öffentliches Dienstrecht, Rn. 139, hinsichtlich eines Rückgriffs auf § 48 VwVfG.

70 Fischer, StGB, § 45 Rn. 10.

71 Günther, DÖD 1990, 281 (290), zu § 11 II Nr. 3 BBG a.F.

dass sich bei Vorliegen bestimmter Milderungsgründe das Mindestmaß der zu verhängenden Strafe reduzieren kann (vgl. ausführlich 2. Teil C. II. 1. a.).

Außerdem kann[72] in gesetzlich besonders vorgesehenen Fällen eine gerichtliche Aberkennung für die Dauer von zwei bis fünf Jahren erfolgen (§ 45 II StGB, vgl. etwa §§ 92a, 101, 102 II, 109i, 129a VIII, 264 VI, 358 StGB, § 375 AO). Diese Möglichkeit ist insbesondere bei Staatsschutz- und Amtsdelikten, Straftaten gegen Verfassungsorgane und solche im Zusammenhang mit Wahlen und Abstimmungen eröffnet[73]; ihr gemeinsames oberstes Schutzgut ist die Funktionsfähigkeit des demokratischen Rechtsstaats[74]. In der Praxis wird eine solche Anordnung allerdings überaus selten getroffen, in den Jahren 2002 bis 2008 lediglich in insgesamt sieben Fällen[75].

In jedem Fall wird der Verlust mit Rechtskraft des Urteils wirksam (§ 45a I StGB). Umstritten ist die Rechtsnatur des Verlusts nach § 45 I StGB bzw. besonders nach § 45 II StGB[76], was im Hinblick darauf Bedeutung besitzt, ob für die Anordnung die allgemeinen Grundsätze der Strafzumessung gelten. Während überwiegend davon ausgegangen wird, dass § 46 StGB anzuwenden ist[77], handelt es sich nach anderer Ansicht qualitativ um eine beamtenrechtliche (bzw. wahlrechtliche) Norm, so dass sich das Ermessen an den entsprechenden Grundsätzen orientieren muss[78].

Außerdem kann das BVerfG im Rahmen der Entscheidung über die Verwirkung von Grundrechten (Art. 18 GG) daneben die Fähigkeit zur Bekleidung öffentlicher Ämter aberkennen (vgl. § 39 II BVerfGG); diese Möglichkeit ist nicht unumstritten[79].

---

72 Vgl. MüKo-Radtke, StGB, § 45 Rn. 23.

73 MüKo-Radtke, StGB, § 45 Rn. 4, bezogen auch auf den Entzug des Wahlrechts.

74 Schwarz, Aberkennung, S. 55, vgl. ausführlich zu den Schutzgütern S. 50ff.

75 Vgl. - insgesamt auf § 45 StGB bezogen - jeweils die Jahresbände des Statistischen Bundesamtes (Fachserie 10, Reihe 3: Rechtspflege - Strafverfolgung): keine Anordnung des Verlusts der Amtsfähigkeit in den Jahren 2002, 2004, 2005, 2007 (vgl. jeweils S. 292, 306, 310, 334), zweimalige Anordnung in 2003 (S. 302, näher zu den Straftaten S. 304, 316), viermalige Anordnung in 2006 (vgl. S. 310, näher zu den Straftaten S. 324), einmalige Anordnung in 2008 (vgl. S. 360).

76 Ausführlich Schwarz, Aberkennung, S. 45ff.; Nelles, JZ 1991, 17 (17ff.).

77 Vgl. Fischer, StGB, § 45 Rn. 9; Schönke/Schröder-Stree/Kinzig, StGB, § 45 Rn. 4; MüKo-Radtke, StGB, § 45 Rn. 7ff.; LK-Theune, StGB, § 45 Rn. 15.

78 Vgl. Nelles, JZ 1991, 17 (22); Kindhäuser/Neumann/Paeffgen-Albrecht, StGB, § 45 Rn. 6.

79 Ablehnend Pestalozza, VerfPrR, § 3 Rn. 2, 16; Schwarz, Aberkennung, S. 89f.; bejahend Benda/Klein, VerfPrR, Rn. 1154; Lechner/Zuck, BVerfGG, § 39 Rn. 8; Klein, in: Maunz/Schmidt-Bleibtreu/Bethge, BVerfGG, § 39 Rn. 20; vgl. auch Storost, in: Umbach/Clemens/Dollinger, BVerfGG, § 39 Rn. 12.

Fehlt die Amtsfähigkeit, ist die Ernennung nichtig (§ 13 I Nr. 3b) BBG). Das Beamtenverhältnis gilt als von Anfang an nicht zustande gekommen; die gesetzlich eintretende Folge[80] ist nicht heilbar[81].

b. *Verurteilung wegen einer Straftat*

Die Ernennung ist zurückzunehmen, wenn dem Dienstherrn nicht bekannt war, dass die ernannte Person wegen einer Straftat rechtskräftig verurteilt ist und deswegen für die Berufung in das Beamtenverhältnis als unwürdig erscheint (§ 14 I Nr. 2 BBG). Oft wird als positive Voraussetzung festgestellt, dass der zu Ernennende keine Straftat begangen haben darf, die ihn unwürdig für die Berufung in das Beamtenverhältnis erscheinen lässt[82]. Diese Folgerung ist nicht abwegig, aber vorsichtig zu handhaben, denn für die Rücknahme ist nach dem Wortlaut der Norm die mangelnde Kenntnis der Behörde erforderlich. Erfolgte eine Ernennung trotz Kenntnis, ist die Rücknahme nach § 14 I Nr. 2 BBG nicht möglich und, da die Regelungen des Bundesbeamtengesetzes abschließend sind, die Ernennung wirksam[83]. Auch diese Vorschrift nimmt explizit auf die Verwirklichung einer Straftat Bezug. Eine Konkretisierung der relevanten Delikte erfolgt lediglich durch den unbestimmten Rechtsbegriff[84] der Unwürdigkeit.

Grundsätzlich berücksichtigt werden können alle Verurteilungen, die nicht unter das Vorhalte- und Verwertungsverbot des § 51 I BZRG fallen, d.h. grundsätzlich bis zu ihrer Tilgung oder Tilgungsreife (vgl. näher §§ 45ff. BZRG). Das Bundeszentralregistergesetz eröffnet allerdings eine hier relevante[85] Ausnahme. Die Tat kann zeitlich danach weiter u.a. bei einem Antrag auf Einstellung in den öffentlichen Dienst berücksichtigt werden, wenn die Einstellung sonst zu einer erheblichen Gefährdung der Allgemeinheit führen würde (§ 52 I Nr. 4 BZRG)[86].

Durch Rechtsprechung und Literatur wurden zahlreiche Konkretisierungsversuche dahingehend unternommen, festzulegen, welche Straftaten die Unwür-

80 Wagner/Leppek, Beamtenrecht, Rn. 107.

81 Battis, BBG, § 13 Rn. 8.

82 Vgl. Büchner, RiA 1991, 65 (69); Lemhöfer, in: Plog/Wiedow, BBG, § 7 BBG Rn. 48; vgl. auch Budde, Anstellungsbetrug, S. 144.

83 Vgl. dazu auch Budde, Anstellungsbetrug, S. 150.

84 Vgl. Wagner/Leppek, Beamtenrecht, Rn. 114 (hier wird allerdings eine falsche Norm zitiert); Battis, BBG, § 14 Rn. 10; BVerwG, DÖD 1966, 193 (194); BVerwGE 15, 128 (130), beide Urteile zu § 12 I Nr. 2 BBG a.F.

85 Vgl. OVG Koblenz, NVwZ-RR 1994, 595 (595f.).

86 Der Wahrscheinlichkeitsgrad wird unterschiedlich eingeschätzt, vgl. Rebmann/Uhlig, BZRG, § 52 Rn. 13: konkrete Gefahr erforderlich; Götz/Tolzmann, BZRG, § 52 Rn. 13: ausreichend, dass erhebliche Gefahr nach der Sachlage nicht ausgeschlossen werden kann.

digkeit des Betroffenen begründen. Nach dem OVG Koblenz hängt die Einstufung als unwürdig von der Art der Straftat, der Person des Täters, seinen Motiven und den sonstigen Umständen des Einzelfalls ab[87]. Andere stellen regelmäßig die Unwürdigkeit bei bestimmten Kategorien von Straftaten (etwa Straftaten gegen das Leben, die sexuelle Selbstbestimmung oder schwere Eigentums- und Vermögensdelikte)[88] oder Delikten (z.B. Diebstahl[89]) - mit Ausnahme besonders leichter Fälle oder bei Vorliegen sonstiger besonderer Umstände[90] - fest. Außerdem wird an die Situation für ernannte Beamte angeknüpft und die Unwürdigkeit in der Regel bei einer Verurteilung bejaht, die zum Verlust der Beamtenrechte nach § 41 BBG führen würde[91]. Der Vorteil liegt in der exakten Regelung (vgl. 2. Teil A. II. 2. a. aa.), außerdem wird eine bestimmte Mindestschwelle hinsichtlich der Schwere eines Delikts festgelegt. Indes ist ein Gegenschluss nicht möglich, so dass nicht nur in den Fällen des § 41 BBG Amtsunwürdigkeit vorliegt[92] und dann wieder eine Einzelfallbetrachtung erfolgen muss. Ein anderer Ansatz stellt auf den Gegensatz zwischen Verbrechen sowie vorsätzlich begangenen Vergehen erheblicher Art bzw. Fahrlässigkeitsdelikten ab; entscheidend sei aber immer der Einzelfall[93].

Diese Zusammenstellung zeigt deutlich die Schwierigkeiten der Konturierung des Begriffs der Unwürdigkeit. Indes erscheint auch die nähere gesetzliche Aufzählung bestimmter Delikte wegen der Vielzahl möglicherweise relevanter Straftaten sowie deren Einzelfallumstände unpraktikabel bzw. unmöglich; denkbar wäre allenfalls die gesetzliche Festschreibung abstrakter Kriterien, anhand derer die Straftat im Hinblick auf eine eventuell vorhandene Unwürdigkeit zu prüfen ist.

Verschieden wird weiter beurteilt, ob die Unwürdigkeit in Bezug zu dem angestrebten bzw. dann ausgeübten Tätigkeitsbereich zu setzen ist. Teilweise wird eine Differenzierung zwischen verschiedenen Beamtengruppen für notwendig erachtet[94], zum Teil wird die Würdigkeit, überhaupt Beamter zu sein

---

87 OVG Koblenz, NVwZ-RR 1994, 595 (595).

88 Kunig, in: Schmidt-Aßmann/Schoch, Bes. VerwR, 6. Kapitel, Rn. 100; Wagner/Leppek, Beamtenrecht, Rn. 114, verweist auf einige dieser Gruppen.

89 Vgl. BVerwG, DÖD 1966, 193 (194); BVerwGE 15, 128 (130f.), beide Urteile zu § 12 I Nr. 2 BBG a.F.

90 Vgl. hierzu Battis, BBG, § 14 Rn. 10; Wagner/Leppek, Beamtenrecht, Rn. 114; BVerwGE 15, 128 (131), zu § 12 I Nr. 2 BBG a.F.

91 Battis, BBG, § 14 Rn. 10; vgl. auch Wagner/Leppek, Beamtenrecht, Rn. 114.

92 Günther, DÖD 1990, 281 (294f.), zu § 48 BBG a.F.

93 Günther, DÖD 1990, 281 (295), zu § 12 I Nr. 2 BBG a.F.

94 Vgl. näher Günther, DÖD 1990, 281 (294), zu § 12 I Nr. 2 BBG a.F.

(gleichgültig in welcher Stellung), als entscheidend angesehen[95]. Das BVerwG nimmt keine eindeutige Position ein. Zwar könne grundsätzlich die Bewertung der Unwürdigkeit nur für alle Laufbahnen und Dienststellungen einheitlich beantwortet werden, weil das Beamtenverhältnis schlechthin gemeint sei, in derselben Entscheidung wird aber eingestanden, dass die gleiche Tat bei gehobener Stellung des Täters in der Regel verwerflicher erscheine als in geringerer Dienststellung und damit eine unterschiedliche Beurteilung möglich sei[96]. Die Ansicht des BVerwG erscheint zunächst irritierend, im Ergebnis aber nachvollziehbar. Zwar verweist der Wortlaut der Vorschrift auf das Beamtenverhältnis an sich, allerdings sind immer die Umstände des Einzelfalls zu würdigen (s.o.), worunter sich auch unterschiedliche Stellungen subsumieren lassen.

In zeitlicher Hinsicht ist erforderlich, dass die Tat vor der Ernennung begangen wurde, die Verurteilung kann auch zeitlich danach liegen[97]; die Rücknahme ist erst nach rechtskräftiger Verurteilung möglich[98]. Da die Unwürdigkeit im Zeitpunkt der Ernennung vorliegen muss, sind dienstliche Bewährung und außerdienstliches Wohlverhalten nach der Ernennung unerheblich[99].

Nach allgemeiner Auffassung ist der Begriff der Unwürdigkeit gerichtlich voll überprüfbar, d.h. die entscheidende Stelle besitzt keinen nur beschränkt gerichtlicher Kontrolle unterliegenden Beurteilungsspielraum[100]. Liegen alle genannten Voraussetzungen vor, ist die Rücknahme obligatorisch[101].

c. *Herbeiführung der Ernennung durch unlautere Mittel*

Die Ernennung ist zurückzunehmen, wenn diese durch Zwang, arglistige Täuschung oder Bestechung herbeigeführt wurde (§ 14 I Nr. 1 BBG). Dieser Tatbestand besitzt eine zeitliche Sonderposition. Zwar beginnt die wesentliche Handlung vor der Berufszulassung und wird daher in den entsprechenden Komplex in dieser Untersuchung eingeordnet. Allerdings handelt es sich nicht um eine zu

---

95 OVG Koblenz, NVwZ-RR 1994, 595 (595), allerdings unter Verweis auf BVerwGE 15, 128ff.; OVG Greifswald, LKV 2005, 131 (132), zum LBG M-V.

96 BVerwGE 15, 128 (131), zu § 12 I Nr. 2 BBG a.F.

97 Battis, BBG, § 14 Rn. 9, bezieht sich weiter auf den Ausdruck „rechtskräftig verurteilt war oder wird", obwohl sich der Wortlaut der Norm mittlerweile geändert hat.

98 Wagner/Leppek, Beamtenrecht, Rn. 114; ausreichend ist auch ein Strafbefehl, vgl. Battis, BBG, § 14 Rn. 9; BVerwGE 12, 322 (326), beide zu § 12 I Nr. 2 BBG a.F.

99 Battis, BBG, § 14 Rn. 10.

100 BVerwG, DÖD 1966, 193 (194); BVerwGE 15, 128 (132), beide Urteile zu § 12 I Nr. 2 BBG a.F.; Günther, DÖD 1990, 281 (294 Fn. 204), zu § 12 I Nr. 2 BBG a.F.: denkbar ist allenfalls die vorsichtige Anerkennung von „Faktoren", für die ein Beurteilungsspielraum besteht.

101 Battis, BBG, § 14 Rn. 9.

beanstandende Handlung vor, sondern bei der Ernennung. Die erste und dritte Alternative der Vorschrift haben direkt mit der Verwirklichung eines Straftatbestandes zu tun, denn nach allgemeiner Auffassung ist die Feststellung von Zwang und Bestechung strafrechtlich auszurichten; Maßstab sind Nötigung (§ 240 StGB) und Bestechung (§ 334 StGB)[102]. Eine Bestrafung ist nicht erforderlich[103].

Im Unterschied hierzu ist der Begriff der arglistigen Täuschung dem bürgerlichen Recht entlehnt (vgl. § 123 I BGB)[104]. Durch ein hierunter fallendes Verhalten kann u.U. auch der Straftatbestand des Betrugs (§ 263 StGB) verwirklicht werden[105], eine strafrechtlich relevante Täuschung ist aber nicht zwingend erforderlich[106].

Bei allen Varianten muss zwischen dem Einsatz der unlauteren Mittel und der Ernennung ein ursächlicher Zusammenhang bestehen[107]; bei Vorliegen der Voraussetzungen ist die Rücknahme obligatorisch.

d. Entfernung aus dem Dienst in der Vergangenheit

Eine Ernennung soll zurückgenommen werden, wenn dem Dienstherrn nicht bekannt war, dass gegen den Ernannten in einem Disziplinarverfahren auf Entfernung aus dem Beamtenverhältnis oder auf Aberkennung des Ruhegehalts erkannt worden war (§ 14 II 1 BBG). Die Tatbestandsvoraussetzungen der Vorschrift sind eindeutig und nicht weiter klärungsbedürftig. Sie steht deswegen in Bezug zur Verwirklichung einer Straftat, weil die genannte Disziplinarmaßnahme u.U. bei einem gleichzeitig strafrechtlich relevanten Verhalten verhängt wird (2. Teil A. II. 2. a. bb.). Auch hier ist für die Rücknahme der Ernennung die

---

102 Kunig, in: Schmidt-Aßmann/Schoch, Bes. VerwR, 6. Kapitel, Rn. 99; auch eine Vorteilsannahme (§ 331 StGB) soll ausreichen, vgl. Wichmann/Langer, Öffentliches Dienstrecht, Rn. 140; Günther, DÖD 1990, 281 (293), beide zu § 12 I Nr. 1 BBG a.F. (die Begrifflichkeit bezieht sich auf die frühere strafrechtliche Regelung, vgl. Silberkuhl, in: Franke/Weiß, GKÖD, § 19 DRiG Rn. 10, zur entsprechenden richterrechtlichen Norm).

103 Hinsichtlich eines Bestechungsdeliktes vgl. Günther, DÖD 1990, 281 (294), zu § 12 I Nr. 1 BBG a.F.

104 Kunig, in: Schmidt-Aßmann/Schoch, Bes. VerwR, 6. Kapitel, Rn. 99; vgl. auch BVerwGE 13, 156 (158), zum LBG Berlin.

105 Vgl. hierzu Braun, RiA 2003, 218 (219ff.); Budde, Anstellungsbetrug, S. 154ff., insb. 168ff., 184ff., 222ff., 233f.; ausführlich und kontrovers diskutiert Wessel, Anstellungserschleichung, den Anstellungsbetrug.

106 Vgl. Günther, DÖD 1990, 281 (292 Fn. 159), zu § 12 I Nr. 1 BBG a.F.

107 Vgl. Battis, BBG, § 14 Rn. 4; vgl. auch BVerwGE 16, 340 (342), zu § 12 I Nr. 1 BBG a.F.

Nichtkenntnis des Dienstherrn von der Maßnahme erforderlich. Auf der Rechtsfolgenseite wird durch die Verwendung des Begriffs „soll" deutlich, dass Ermessen nur noch für atypische Fälle eingeräumt wird[108].

Dass eine frühere Entfernung aus dem Beamtenverhältnis einer neuen Ernennung entgegensteht, ergibt sich allerdings nicht allein aus dieser Rücknahmevorschrift, sondern bereits aus einem zwingenden positiven Ernennungshindernis (vgl. § 10 VI BDG). Indes normiert diese Vorschrift keine Konsequenz für fehlerhafte Ernennungen; ein Rückgriff auf die Rücknahmeregelung des Verwaltungsverfahrensgesetzes ist wegen der abschließenden Regelung durch das Bundesbeamtengesetz nicht zulässig.

e. Eignung, Befähigung und fachliche Leistung/ Bewährung

Die Auswahl der Bewerber richtet sich nach Eignung, Befähigung und fachlicher Leistung ohne Rücksicht auf Geschlecht, Abstammung, Rasse oder ethnische Herkunft, Behinderung, Religion oder Weltanschauung, politische Anschauungen, Herkunft, Beziehungen oder sexuelle Identität (§ 9 S. 1 BBG). Das sog. Leistungsprinzip (Art. 33 II GG, § 9 S. 1 BBG) ist ein hergebrachter Grundsatz des Berufsbeamtentums[109]. Die Vorschrift ist nicht nur in Konkurrenzsituationen anwendbar, sondern auch dann, wenn es lediglich um einen Bewerber geht.

Relevant für die vorliegende Untersuchung ist die Eignung im engeren Sinne[110]. Der Bewerber muss dem angestrebten Amt in körperlicher, psychischer und charakterlicher Hinsicht gewachsen sein[111]. Die Verwirklichung von Straftaten könnte zur Verneinung der charakterlichen Voraussetzungen führen. Hiervon sind u.a. die anlage- und entwicklungsbedingten Persönlichkeitsmerkmale und die berechtigte Erwartung, der Bewerber werde alle dienstlichen und außerdienstlichen Pflichten aus dem Beamtenverhältnis erfüllen, umfasst[112]. Zur Beurteilung der Eignung nimmt die Einstellungsbehörde - bezogen auf das angestrebte Amt[113] - eine Prognose auf der Grundlage einer konkreten und einzelfallbezogenen Würdigung der gesamten Persönlichkeit vor[114].

---

108 Battis, BBG, § 14 Rn. 13.

109 Statt aller Battis, BBG, § 9 Rn. 2.

110 Vgl. BVerwGE 47, 330 (337): das Merkmal der Eignung umfasst die ganze Persönlichkeit des Bewerbers und damit auch seine Befähigung und fachliche Leistung; nach Battis, BBG, § 9 Rn. 5, trifft dies auf die Eignung im weiteren Sinne zu.

111 Wichmann/Langer, Öffentliches Dienstrecht, Rn. 113.

112 Vgl. näher Battis, BBG, § 9 Rn. 7.

113 Kunig, in: Schmidt-Aßmann/Schoch, Bes. VerwR, 6. Kapitel, Rn. 85.

114 Vgl. Wichmann/Langer, Öffentliches Dienstrecht, Rn. 113.

Strafbares Verhalten wird teilweise unmittelbar mit der Eignungsvoraussetzung dergestalt verknüpft, indem darauf verwiesen wird, dass die charakterliche Eignung u.a. anhand eines Führungszeugnisses überprüft werde[115]. Auch die Rechtsprechung hat die Eignung aufgrund von Straftaten verneint[116]. Allerdings lassen sich keine weiteren Verallgemeinerungen treffen, entscheidend ist der Einzelfall, wobei die Verwertungsbeschränkungen des Bundeszentralregistergesetzes zu beachten sind[117] (vgl. 2. Teil A. II. 1. b.).

Um die Eignung zu verneinen, ist aber eine strafrechtliche Relevanz des Verhaltens nicht erforderlich[118]. Ebenso wenig ist eine Verurteilung notwendig, denn zur Verneinung der Eignung sollen bereits diesbezügliche Zweifel genügen[119]. Daher erscheint folgerichtig, dass diese Zweifel auch etwa durch ein Ermittlungsverfahren hervorgerufen werden können[120].

Wegen der persönlichkeitsbezogenen Prognose wird dem Dienstherrn ein gerichtlich nur beschränkt überprüfbarer Beurteilungsspielraum zugestanden, d.h. das Gericht prüft lediglich, ob Beurteilungsfehler vorliegen[121].

Eine Rechtsfolge für den Fall einer Ernennung trotz fehlender Eignung ist nicht vorgesehen, folglich ist diese wirksam.

Als Ernennungsvoraussetzung eines Beamten auf Lebenszeit wird die Bewährung in einer Probezeit genannt (vgl. § 11 I 1 Nr. 2 BBG). Da sich die Bewährung auf Eignung, Befähigung und fachliche Leistung bezieht[122], kann auf die soeben erfolgten Ausführungen verwiesen werden[123]. Hinsichtlich der Bewährungsfeststellung wird dem Dienstherrn ein Beurteilungsspielraum mit beschränkter gerichtlicher Nachprüfbarkeit zugebilligt[124].

---

115 Vgl. Wichmann/Langer, Öffentliches Dienstrecht, Rn. 113.

116 OVG Münster, DÖD 1979, 36f., zum LBG NRW, zu einem mehrmals rechtskräftig bestraften Lehramtsanwärter; Günther, DÖD 1987, 7 (9 Fn. 24), verweist auf die Bestätigung durch das BVerwG durch einen nicht veröffentlichten Beschluss.

117 Vgl. hierzu VGH Baden-Württemberg, ZBR 1984, 281 (282), zum LBG BW.

118 Vgl. näher Wichmann/Langer, Öffentliches Dienstrecht, Rn. 113.

119 Vgl. zur Verneinung der Bewährung OVG Sachsen-Anhalt, B.v. 27.01.2006 (1 L 14/06), juris, Rn. 17, zum LBG LSA.

120 Vgl. Wichmann/Langer, Öffentliches Dienstrecht, Rn. 113; vgl. auch die differenzierte Betrachtung durch das OVG Nordrhein-Westfalen, RiA 2005, 253 (254), zu einer Beförderung.

121 Battis, BBG, § 9 Rn. 5.

122 Battis, BBG, § 11 Rn. 5; vgl. auch BVerwGE 11, 139 (139), zu § 31 I BBG a.F.

123 Vgl. zur Verneinung der charakterlichen Eignung wegen eines - auch strafrechtlich relevanten - Sachverhalts OVG Sachsen-Anhalt, B.v. 08.05.2000 (3 M 26/00), juris, zum LBG LSA.

124 Battis, BBG, § 11 Rn. 8; BVerwGE 11, 139 (140), zu § 31 I BBG a.F.

f. Verfassungstreue

In das Beamtenverhältnis darf nur berufen werden, wer die Gewähr dafür bietet, jederzeit für die freiheitliche demokratische Grundordnung im Sinne des Grundgesetzes einzutreten (§ 7 I Nr. 2 BBG). Als freiheitliche demokratische Grundordnung wird die Ordnung angesehen, die unter Ausschluss jeglicher Gewalt- und Willkürherrschaft eine rechtsstaatliche Herrschaftsordnung auf der Grundlage der Selbstbestimmung des Volkes nach dem Willen der jeweiligen Mehrheit und der Freiheit und der Gleichheit darstellt[125].

Möglicherweise ist die sog. Gewähr der Verfassungstreue bei der Begehung von Straftaten zu verneinen. Zur Beantwortung der Frage nach einer entsprechenden Gewähr bildet sich die Ernennungsbehörde vor der Ernennung ein prognostisches[126] Urteil über die Persönlichkeit des Bewerbers[127], wobei schon bei erheblichen Zweifeln hinsichtlich der künftigen Befolgung der Pflicht das Gewährbieten verneint werden kann[128]. Ihr Urteil gründet sich auf „eine von Fall zu Fall wechselnde Vielzahl von Elementen“[129], auf feststellbares und festgestelltes äußeres Verhalten der Vergangenheit und Gegenwart[130], wobei nicht ein oder mehrere bestimmte Vorgänge ausschlaggebend sind, sondern ihre zusammenfassende Bewertung[131]. Somit können etwa auch bestimmte Verhaltensweisen erst in der Summe die genannten Zweifel auslösen[132]. Die vorzunehmende Persönlichkeitsbewertung im Einzelfall und die Tatsache, dass nicht einzelne

---

125 BVerfGE 2, 1 (12f.); zu den grundlegenden Prinzipien werden mindestens gezählt die Achtung vor den im Grundgesetz konkretisierten Menschenrechten, vor allem dem Recht der Persönlichkeit auf Leben und freie Entfaltung, die Volkssouveränität, die Gewaltenteilung, die Verantwortlichkeit der Regierung, die Gesetzmäßigkeit der Verwaltung, die Unabhängigkeit der Gerichte, das Mehrparteiensystem und die Chancengleichheit für alle politischen Parteien mit dem Recht auf verfassungsmäßige Bildung und Ausübung der Opposition, vgl. dazu auch BVerwGE 47, 330 (335); 52, 313 (325); 61, 176 (178).

126 Kunig, in: Schmidt-Aßmann/Schoch, Bes. VerwR, 6. Kapitel, Rn. 76; BVerwGE 52, 313 (336), zum HmbBG.

127 BVerfGE 39, 334 (353); BVerwGE 52, 313 (336), zum HmbBG; 61, 176 (185), zum BayBG.

128 Wichmann/Langer, Öffentliches Dienstrecht, Rn. 104, zum LBG NRW; BVerwGE 47, 330 (338), zum LBG RP.

129 BVerfGE 39, 334 (353); BVerwGE 52, 313 (336), zum HmbBG; auch 61, 176 (183), zum BayBG.

130 BVerwGE 61, 176 (181), zum BayBG.

131 BVerwGE 61, 176 (185), zum BayBG.

132 Vgl. Wichmann/Langer, Öffentliches Dienstrecht, Rn. 104, zum LBG NRW.

Verhaltensweisen ausschlaggebend sind[133], spricht dagegen, dass einzelne Straftaten zur Verneinung der Verfassungstreue führen. Allerdings soll bei ausdrücklicher Erklärung gegen die freiheitliche demokratische Grundordnung, insbesondere durch Verwirklichung des Straftatbestandes des § 92 StGB[134], ein Gewährbieten nicht bejaht werden können.

Zudem können auch andere strafbare Verhaltensweisen Rückschlüsse auf die Persönlichkeit des Bewerbers zulassen, und zwar in den Fällen, in denen das Schutzgut der freiheitlichen demokratischen Grundordnung betroffen ist. Dabei kommen solche Straftaten in Betracht, die dieses Schutzgut unmittelbar besitzen (vgl. §§ 80ff. StGB), oder sich die mangelnde Verfassungstreue neben anderen Verhaltensweisen auch in der Begehung von Straftaten manifestiert, also in einem bestimmten Kontext erfolgt[135]. In diesen Fällen ist die Verneinung der Gewähr der Verfassungstreue mit strafbarem Verhalten also nur indirekt verknüpft.

Hinsichtlich der oben genannten Prognose besitzt die Behörde nach allgemeiner Auffassung einen Beurteilungsspielraum[136] - unabhängig davon, ob die Bewertung als Teil der Eignungsbeurteilung eingeordnet wird[137] oder nicht[138] -, womit entscheidende Gerichte auf die Prüfung etwaiger Beurteilungsfehler beschränkt sind[139].

Das Verfassungstreueerfordernis gilt für jedes Beamtenverhältnis[140], wobei grundsätzlich nicht zwischen den jeweils wahrgenommenen Funktionen unterschieden wird[141]. Aber bei der Einstellung in den Vorbereitungsdienst findet gewissermaßen eine vorläufige Beurteilung statt, denn hier besteht in dem sich anschließenden Verhältnis die umfassende Möglichkeit des Dienstvorgesetzten, sich ein Urteil über die Persönlichkeit des Betreffenden zu bilden[142].

---

133 BVerfGE 39, 334 (354f.): verfassungsrechtlich bedenklich, wenn ein Gesetz allgemein zwingend vorschreibt, dass einzelne konkrete Verhaltensweisen die Gewähr der Verfassungstreue ausschließen.

134 Battis, BBG, § 7 Rn. 17.

135 Vgl. zu dieser Schlussfolgerung eine Entscheidung des BVerfG (E 46, 43 [46ff.]).

136 BVerwGE 61, 176 (185), zum BayBG; VGH München, NJW 1976, 1858 (1859), zum BayBG; Battis, in: Achterberg/Püttner/Würtenberger, Bes. VerwR, § 31 Rn. 65; vgl. auch Schnellenbach, Beamtenrecht in der Praxis, Rn. 15, zu § 7 I Nr. 2 BBG a.F.; Wichmann/Langer, Öffentliches Dienstrecht, Rn. 104, zum LBG NRW.

137 Battis, BBG, § 7 Rn. 16; vgl. auch BVerwGE 61, 176 (186), zum BayBG; vgl. zu Art. 33 II GG auch BVerfGE 47, 330 (334, 337, 348), zum LBG RP; 47, 365 (366f.), zum BayBG.

138 Zweifelnd Schnellenbach, Beamtenrecht in der Praxis, Rn. 15, zu § 7 I Nr. 2 BBG a.F.

139 Vgl. hierzu BVerwGE 61, 176 (185), zum BayBG.

140 BVerfGE 39, 334 (355); BVerwG, NJW 1982, 784 (785), zum BayBG.

141 Vgl. BVerwGE 47, 330 (340), zum LBG RP; 47, 365 (367), zum BayBG.

142 Vgl. hierzu BVerfGE 39, 334 (356); BVerwGE 61, 176 (191).

Da keine Rechtsfolge für den Fall einer fehlerhaften Ernennung normiert ist und die allgemeinen Regeln nicht anwendbar sind, beeinflusst ein Verstoß gegen § 7 I Nr. 2 BBG nicht die Wirksamkeit der Ernennung[143].

2. Straftatbegehung nach Begründung des Beamtenverhältnisses

a. Beamtenverhältnis auf Lebenszeit

aa. Beendigung aufgrund des Bundesbeamtengesetzes

Die den Verlust der Beamtenrechte regelnde Norm des § 41 BBG bezieht sich direkt auf die Begehung von Straftaten. Das Beamtenverhältnis endet, wenn ein Beamter im ordentlichen Strafverfahren durch das Urteil eines deutschen Gerichts wegen einer vorsätzlichen Tat zu einer Freiheitsstrafe von mindestens einem Jahr verurteilt wird (§ 41 I 1 Nr. 1 BBG). Der Tatbestand wurde von der Rechtsprechung in mehrfacher Hinsicht konkretisiert. So soll, anders als es etwa der Wortlaut möglicherweise nahelegt[144], eine Gesamtfreiheitsstrafe von einem Jahr aufgrund mehrerer Vorsatzdelikte ausreichen[145]. Bestehe Tateinheit zwischen einem Vorsatz- und einem Fahrlässigkeitsdelikt, müsse aus dem Urteil hervorgehen, dass die Mindeststrafe gerade wegen der Vorsatztat verhängt wurde[146]; eine etwaige Aussetzung zur Bewährung sei unerheblich[147].

Das Beamtenverhältnis endet auch, wenn der Beamte wegen einer vorsätzlichen Tat, die nach den Vorschriften über Friedensverrat, Hochverrat, Gefährdung des demokratischen Rechtsstaates oder Landesverrat, Gefährdung der äußeren Sicherheit oder Bestechlichkeit, soweit sich die Tat auf eine Diensthandlung im Hauptamt bezieht, zu einer Freiheitsstrafe von mindestens sechs Monaten verurteilt wird (§ 41 I 1 Nr. 2 BBG). Hierunter werden die Vorschriften der §§ 80, 80a, 81-83a, 84-91 und 93-101a StGB subsumiert[148].

Nach überwiegender Auffassung ist für den Verlust der Beamtenrechte in beiden Konstellationen eine Verurteilung erforderlich, ein Strafbefehl reicht nicht aus[149]. Hierfür sprechen die Unterschiede zwischen Strafbefehlsverfahren

---

143 Battis, BBG, § 7 Rn. 29.

144 Vgl. VG Frankfurt a.M., DÖV 2002, 532 (532), zu § 46 S. 1 Nr. 1 HBG; das BVerwG, ZBR 1992, 314 (314), zum NBG, erkennt keinen Widerspruch zum Wortlaut.

145 BVerwG, ZBR 1992, 314 (314), zum NBG; vgl. näher auch VG Frankfurt a.M., DÖV 2002, 232f., zum HBG, BVerwGE 53, 236 (236f.), zum SG mit Verweis auf § 48 Nr. 1 BBG a.F.

146 BVerwG, NJW 1990, 1865 (1865), zu § 48 S. 1 Nr. 1 BBG a.F.

147 BVerwG, ZBR 1980, 381 (381f.), zu § 48 S. 1 Nr. 1 BBG a.F.

148 Battis, BBG, § 41 Rn. 5.

149 Battis, BBG, § 41 Rn. 4; BVerwG, NJW 2000, 3297 (3297), zum LBG NRW; vgl. Fleig, ZBR 2000, 121 (123), zu § 48 BBG a.F.

und ordentlichem Strafverfahren bzw. Strafbefehl und Urteil[150] sowie der Wortlaut des § 41 BBG[151].

Wird der Beamte rechtskräftig verurteilt, endet das Beamtenverhältnis kraft Gesetzes[152]. Zwar wird teilweise die schriftliche Mitteilung über den Zeitpunkt und Grund des Ausscheidens (vgl. § 1 IV der Durchführungsbestimmungen zur Anordnung des Bundespräsidenten über die Ernennung und Entlassung der Beamtinnen, Beamten, Richterinnen und Richter des Bundes) als feststellender Verwaltungsakt interpretiert[153]. Überzeugend erscheint wegen der normierten Automatik, dass weder ein rechtsgestaltender[154] noch ein feststellender Verwaltungsakt[155] zwischen die Verurteilung und den Verlust des Status treten. Die unterschiedlichen Ansichten wirken sich indes lediglich auf die statthafte Klageart aus[156], der Verlust des Status tritt kraft Gesetzes ein.

Schließlich endet das Beamtenverhältnis, wenn die Fähigkeit zur Wahrnehmung öffentlicher Ämter aberkannt wird und wenn der Beamte aufgrund einer Entscheidung des BVerfG gemäß Art. 18 GG ein Grundrecht verwirkt hat (§ 41 I 2 BBG). Voraussetzung für die zweite Alternative ist, dass der Betreffende bestimmte Grundrechte zum Kampf gegen die freiheitliche demokratische Grundordnung missbraucht (vgl. zum Schutzgut 2. Teil A. II. 1. f.). Das Handeln muss unter den Begriff des Kampfes subsumiert werden können. Erforderlich ist also eine aktiv aggressive Haltung, die auf die Beseitigung der freiheitlichen demokratischen Grundordnung zielt[157], zudem ist eine Gefahr für die Zukunft erforderlich[158]. Zwar ist eine strafbare Betätigung[159], ebenso wie ein konkret eingetretener Schaden[160] nicht erforderlich, aber auch hier gilt das oben gefundene Ergebnis, dass das Bekämpfen der freiheitlichen demokratischen Grundordnung durch strafbares Verhalten erfolgen kann, wenn die Straftat das genannte Schutzgut betrifft oder in einem bestimmten Kontext erfolgt.

---

150 Vgl. BVerwG, NJW 2000, 3297 (3297), zum LBG NRW.

151 BVerwG, NJW 2000, 3297 (3297), zum LBG NRW; kritisch hinsichtlich des Wortlauts wegen § 410 III StPO Fleig, in: GS Gülzow, S. 233 (243), zu § 48 BBG a.F.

152 Wichmann/Langer, Öffentliches Dienstrecht, Rn. 293, 276, zu § 48 BBG a.F.

153 Vgl. Wichmann/Langer, Öffentliches Dienstrecht, Rn. 293, 276, zu § 48 BBG a.F.; Battis, BBG, § 41 Rn. 9; vgl. auch BVerwGE 34, 353 (354), zu § 48 BBG sowie den Durchführungsbestimmungen a.F.

154 Wagner/Leppek, Beamtenrecht, Rn. 155.

155 Kunig, in: Schmidt-Aßmann/Schoch, Bes. VerwR, 6. Kapitel, Rn. 125.

156 Vgl. insoweit Battis, BBG, § 41 Rn. 13.

157 Vgl. näher Brenner, in: von Mangoldt/Klein/Stark, GG, Art. 18 Rn. 30.

158 BVerfGE 38, 23 (24); Butzer/Clever, DÖV 1994, 637 (641).

159 Brenner, in: von Mangoldt/Klein/Stark, GG, Art. 18 Rn. 31; Butzer/Clever, DÖV 1994, 637 (641).

160 Butzer/Clever, DÖV 1994, 637 (641).

Die Vorschrift des Art. 18 GG hat indes kaum praktische Bedeutung. Bis heute wurden lediglich vier Verfahren eingeleitet und keines davon führte zur Anordnung der Verwirkung[161]. Die Vorschrift besitzt präventiv verfassungsschützenden Charakter[162] und dient nicht einer strafrechtsähnlichen Sanktionierung[163], zudem machen die Instrumente des Strafrechts und andere Vorschriften[164] den Rückgriff hierauf weitgehend entbehrlich[165].

bb. Beendigung aufgrund Disziplinarrechts

Außerdem kommt ein Verlust des Status infolge der Entfernung aus dem Beamtenverhältnis in Betracht. Nach dem Bundesdisziplinargesetz kommen als Disziplinarmaßnahmen Verweis, Geldbuße, Kürzung der Dienstbezüge, Zurückstufung und Entfernung aus dem Beamtenverhältnis (vgl. §§ 5, 6 ff. BDG) in Betracht. Diese stehen in einem Stufenverhältnis, die Entfernung ist die schärfste Maßnahme.

Voraussetzung für die Verhängung einer Disziplinarmaßnahme ist die Feststellung eines Dienstvergehens. Ein Dienstvergehen liegt vor, wenn der Betreffende schuldhaft eine ihm obliegende Pflicht verletzt (§ 77 I 1 BBG). Es existieren allerdings weder eine erschöpfende Aufzählung aller Beamtenpflichten[166] noch eng umrissene Tatbestände[167]. Beamtenrechtliche Pflichten können aus dem Pflichtenkatalog der §§ 60ff. BBG, aber auch aus anderen Gesetzen, Rechtsverordnungen oder Verwaltungsvorschriften folgen[168]. Sie ergeben sich aus dem Dienst- und Treueverhältnis[169], also gewissermaßen aus dem Innenverhältnis des Beamten zu seinem Dienstherrn. Damit stehen sie grundsätzlich in Kontrast zu Straftaten als Verstöße gegen Außenrecht. Die Begriffe der Straftat und des Dienstvergehens sind nicht deckungsgleich, d.h. ein Verhalten kann ein Dienstvergehen, aber keine Straftat darstellen und umgekehrt[170], es ist aber möglich, dass sich ein strafbares Verhalten unter die Verletzung bestimmter beamtenrechtlicher Pflichten subsumieren lässt. Hier ist aber nicht - zumindest nicht primär - an den erfüllten Straftatbestand, sondern an das jeweilige tatsächliche

161 Vgl. Brenner, in: von Mangoldt/Klein/Stark, GG, Art. 18 Rn. 10.
162 Vgl. Brenner, in: von Mangoldt/Klein/Stark, GG, Art. 18 Rn. 7.
163 Vgl. näher Butzer/Clever, DÖV 1994, 637 (639).
164 Vgl. Butzer/Clever, DÖV 1994, 637 (639).
165 Brenner, in: von Mangoldt/Klein/Stark, GG, Art. 18 Rn. 11, vgl. Rn. 12ff. zu weiteren Gründen.
166 Becker-Kavan, DÖD 1999, 249 (249).
167 Vgl. Schwandt, DÖD 2001, 237 (237), allgemein auf das Disziplinarrecht bezogen.
168 Wagner/Leppek, Beamtenrecht, Rn. 166.
169 Becker-Kavan, DÖD 1999, 249 (249).
170 Vgl. Kunig, in: Schmidt-Aßmann/Schoch, Bes. VerwR, 6. Kapitel, Rn. 142.

Verhalten anzuknüpfen. Die Feststellung eines Dienstvergehens erfolgt durch die Rechtsprechung mehr oder minder ausführlich.

Im Folgenden werden einige wesentliche beamtenrechtliche Pflichten aufgeführt, die bei strafbarem Verhalten betroffen sein können. Zunächst kann die Verfassungstreuepflicht (§ 60 I 3 BBG) nach dem oben gefundenen Ergebnis durch die Begehung von Straftaten verletzt werden (vgl. 2. Teil A. II. 1. f.). Es besteht aber keine komplette Deckungsgleichheit zwischen der Treuepflicht und dem Inhalt der disziplinarisch zu ahndenden Treuepflichtverletzung, letztere erfordert ein Mindestmaß an Gewicht und Evidenz[171]. Weiter ist der Beamte verpflichtet, sein Amt uneigennützig nach bestem Gewissen wahrzunehmen (§ 61 I 2 BBG). Diese Grenze wird bei unrechtmäßiger Bereicherung und daraus folgender Schädigung anderer überschritten, wenn das Verhalten einen Bezug zum konkreten Amt besitzt; die Pflicht kann durch bestimmte Vermögensdelikte betroffen sein[172]. Weiter besteht eine Verschwiegenheitspflicht (§ 67 BBG), diese Pflicht ist allgemein (vgl. § 353b StGB), aber auch besonders (vgl. etwa §§ 355, 206 StGB) strafrechtlich abgesichert[173]. Auch das Verbot der Annahme von Belohnungen, Geschenken und sonstigen Vorteilen in Bezug auf das ausgeübte Amt (§ 71 I 1 BBG) kann bei strafbarem Verhalten betroffen sein (vgl. §§ 331ff. StGB); diese Pflicht soll die Pflicht zur unparteiischen, gerechten (§ 60 I 2 BBG) und uneigennützigen (§ 61 I 2 BBG) Amtsführung sicherstellen[174].

Schließlich ist die Generalklausel zu erwähnen (§ 61 I 3 BBG). Hiernach muss das Verhalten des Beamten innerhalb und außerhalb des Dienstes der Achtung und dem Vertrauen gerecht werden, die sein Beruf erfordert. Für einen Pflichtenverstoß ist die Eignung des Verhaltens zur Achtungs- und Vertrauensschädigung (das eine Merkmal bezieht sich auf die Öffentlichkeit, das andere auf das Verhältnis zum Dienstherrn[175]), aber keine tatsächliche Einbuße erforderlich. Die wesentliche Erkenntnis, die sich aus der Vorschrift ableiten lässt, ist, dass der Beamte nicht nur innerdienstlich, sondern auch außerdienstlich einer sog. Wohlverhaltenspflicht unterworfen ist. Damit unterscheidet sich diese Pflicht von den bisher betrachteten Pflichten, die immer einen Bezug zur Amtsführung an sich besitzen. Viele innerdienstliche Fehlverhaltensweisen werden bereits durch besondere Verhaltenspflichten erfasst; eine Verletzung der Generalklausel kann aber bei Beleidigungen, Tätlichkeiten oder sexuellen Verfehlun-

---

171 Vgl. BVerfGE 39, 334 (350), zum BBG a.F.

172 Vgl. näher Bauschke/Weber, BDG, Anh § 2 Rn. 145ff.; BVerwG, NVwZ 1995, 603 (603); BVerwGE 93, 255 (261), alle zu § 54 S. 2 BBG a.F.

173 Vgl. Battis, BBG, § 67 Rn. 2.

174 Battis, BBG, § 71 Rn. 2.

175 Kunkel, Bestimmtheitsgebot, S. 28, zum HBG.

gen im Dienst vorliegen[176]. Außerdem kann die Vorschrift im Zusammenhang mit anderen Pflichten wichtig werden. Zur Feststellung eines Dienstvergehens wird nicht unbedingt auf eine verletzte Norm, sondern auf mehrere Vorschriften in einer Zusammenschau abgestellt[177].

Relevant wird die Vorschrift aber insbesondere bei außerdienstlichen Pflichtverletzungen, d.h. also auch bei außerdienstlichen Straftaten. Für die Abgrenzung zwischen inner- und außerdienstlichem Verhalten sind nach allgemeiner Auffassung nicht allein zeitliche, d.h. die Dienstzeit, oder örtliche Kriterien, d.h. der Dienstort, entscheidend. Maßgeblich ist der materielle Bezug eines Verhaltens auf den Amtsbereich[178], ein innerdienstliches Verhalten ist zu bejahen, wenn der Betreffende hierzu „nur aufgrund seiner dienstlichen Tätigkeit und unter Ausnutzung dienstlicher Möglichkeiten in der Lage“ war[179].

Wird ein außerdienstliches Verhalten festgestellt, ist die Vorschrift des § 77 I 2 BBG zu beachten. Danach ist dieses nur dann ein Dienstvergehen, wenn die Pflichtverletzung des Betreffenden nach den Umständen des Einzelfalls in besonderem Maße geeignet ist, das Vertrauen[180] in einer für sein Amt oder das Ansehen des Beamtentums bedeutsamen Weise zu beeinträchtigen. Diese Beschränkung gilt auch für strafbares Verhalten[181].

Schon § 77 I 2 BBG a.F. bezweckte, den Privatbereich von disziplinaren Einwirkungen weitgehend freizuhalten[182], von einem Beamten wird außerdienstlich kein wesentlich anderes Sozialverhalten als vom Durchschnittsbürger erwartet[183]. Außerdienstliches Verhalten ist weiter relevant, wenn es sich zum Nachteil des Staates auswirkt, oder bei vorsätzlichen schwerwiegenden mit Freiheitsstrafe geahndeten Straftaten (vgl. § 41 BBG); ansonsten sind bei einmaligem außerdienstlichen, sogar strafbarem Fehlverhalten besondere qualifizie-

---

176 Vgl. näher Bauschke/Weber, BDG, Anh § 2 Rn. 170f., zu § 54 S. 3 BBG a.F.

177 Vgl. etwa BVerwG, NVwZ 1995, 603 (603); BVerwGE 93, 255 (261); BVerwG, U.v. 11.10.1995 (1 D 11/95), juris, Rn. 10, 16.

178 Die Definitionen unterscheiden sich im Detail, vgl. Kunig, in: Schmidt-Aßmann/Schoch, Bes. VerwR, 6. Kapitel, Rn. 141; BVerwGE 83, 237 (239), zum BBG a.F.; Schwandt, DÖD 2001, 237 (250), zum BBG a.F.

179 Vgl. BVerwG, U.v. 21.08.1996 (1 D 66/95), juris, Rn. 31; Schwandt, DÖD 1999, 169 (176), jeweils zum BBG a.F.

180 Das weitere Tatbestandsmerkmal der Achtung ist durch das DNeuG entfallen, dies gilt hingegen nicht im Rahmen des Pflichtverletzungstatbestandes des § 61 I 3 BBG, vgl. hierzu Battis, BBG, § 77 Rn. 11.

181 Claussen/Benneke/Schwandt, Disziplinarverfahren, Rn. 128.

182 Gramlich, RiA 1991, 261 (267), zu § 77 I 2 BBG a.F.

183 Vgl. BVerwGE 112, 19 (26), zu § 77 I 2 BBG a.F.

rende Umstände erforderlich (z.B. durch den Bezug zu übertragenen Dienst- und Obhutspflichten)[184].

Überzeugend erscheint, dass § 77 I 2 BBG bereits den Pflichtentatbestand des § 61 I 3 BBG teilweise modifiziert[185], dies ist aber nicht unumstritten[186]. Als der Wortlaut der Vorschrift zuletzt geändert wurde, stellte die Gesetzesbegründung weiter auf eine Zweiteilung der Prüfung dergestalt ab, dass zunächst eine Pflichtverletzung und dann ein Dienstvergehen festzustellen sind[187], dies wird vom BVerwG auch nicht grundsätzlich in Frage gestellt[188]. Wesentlich ist, dass bei einem außerdienstlichen Fehlverhalten immer die einschränkende Norm des § 77 I 2 BBG zu beachten ist.

Eine abschließende Aufzählung aller beamtenrechtlichen Pflichten, die bei strafbarem Verhalten betroffen sein können, ist aufgrund der Vielzahl an Straftaten, beamtenrechtlichen Pflichten sowie Einzelfallumständen nicht möglich. Zu beantworten ist immer die Frage, ob sich ein bestimmtes Verhalten unter die Verletzung eines oft generalklauselartig gefassten Pflichtentatbestandes subsumieren lässt. Anknüpfungspunkt für die disziplinarische Ahndung ist nicht der Verstoß gegen Strafgesetze, sondern gegen den beamtenrechtlichen Pflichtenkreis[189]. Das Dienstvergehen muss erwiesen[190] und die Dienstpflichtverletzung schuldhaft, d.h. vorsätzlich oder fahrlässig, erfolgt sein[191].

Fraglich ist dann, welche Disziplinarmaßnahme verhängt wird[192]. Da in der Vergangenheit gesetzliche Bemessungsgrundsätze fehlten, entwickelte sich hierzu im Laufe der Zeit eine Rechtsprechung[193], die ihren Anfang in der Bewertung von Zugriffsdelikten und der Maßnahme der Entfernung aus dem Dienst nahm[194], sich dann aber auf weitere Dienstvergehen und Disziplinarmaßnahmen

184 Vgl. näher BVerwGE 112, 19 (26f.), zu § 77 I 2 BBG a.F.; Schwandt, DÖD 2001, 237 (151), zum BRRG a.F.; ausführlich auch Claussen/Benneke/Schwandt, Disziplinarverfahren, Rn. 369ff. m.w.N.

185 Vgl. näher BVerwGE 112, 19 (24f.), zu §§ 54 S. 3, 77 I 2 BBG a.F.

186 Vgl. etwa Weiß, ZBR 2001, 42 (43ff.), zu §§ 54 S. 3, 77 I 2 BBG a.F.

187 BT-Drs. 16/7076, S. 117.

188 BVerwGE 112, 19 (25), zu §§ 54 S. 3, 77 I 2 BBG a.F.

189 Kunkel, Bestimmtheitsgebot, S. 189f.; vgl. auch Köhler, in: Hummel/Köhler/Mayer, BDG, Zweiter Teil, A. Rn. 63.

190 Bauschke/Weber, BDG, § 3 Rn. 4.

191 Battis, BBG, § 77 Rn. 16.

192 Einen guten Überblick, welche Disziplinarmaßnahmen gerade auch bei strafbarem Verhalten verhängt wurden, liefert Claussen/Janzen, Bundesdisziplinarrecht (Berücksichtigung der Rechtsprechung bis Oktober 2000).

193 BT-Drs. 14/4659, S. 37; Hertel, ZBR 1993, 289 (308).

194 Claussen, ZBR 1986, 223 (239).

ausdehnte[195]. Durch das Bundesdisziplinargesetz wurden nun Grundsätze zur Bemessung der Disziplinarmaßnahme ins Gesetz aufgenommen (vgl. § 13 BDG). Danach ergehen Maßnahmen nach pflichtgemäßem Ermessen, richten sich nach der Schwere des Dienstvergehens und sollen das Persönlichkeitsbild des Beamten und den Umfang der Beeinträchtigung des Vertrauens des Dienstherrn oder der Allgemeinheit berücksichtigen (§ 13 I BDG). Hinsichtlich der Entfernung aus dem Beamtenverhältnis findet eine Konkretisierung[196] dergestalt statt, dass diese bei einem endgültigen Vertrauensverlust wegen eines schweren Dienstvergehens erfolgt (§ 13 II 1 BDG), d.h. sie ist dann obligatorisch[197]. Die genannten Kriterien der Zerstörung des Vertrauensverhältnisses[198] sowie der Betrachtung der Einzelfallumstände[199] und der gesamten Persönlichkeit[200] waren nach der Rechtsprechung schon vor der gesetzlichen Positivierung der Zumessungsregeln entscheidend. Mit § 13 BDG wurde damit nur der status quo gesetzlich festgeschrieben[201]; eine inhaltliche Änderung oder Weiterentwicklung ist mit der Vorschrift nicht verbunden. Tatsächlich ist indes die weitere Verrechtlichung der Grundsätze schwierig. Aufgrund der vielen möglichen Sachverhalte ist kaum die Regelung möglich, dass bei einem klar definierten Dienstvergehen eine ganz bestimmte Maßnahme zu verhängen ist; diese Problematik besteht bereits für die weitere Ausformung typischer Dienstvergehenstatbestände[202]. Der Gewinn der Norm besteht darin, dass die Zumessungsregeln nunmehr gesetzlich fixiert wurden[203].

Nach dem Grundsatz der Einheit des Dienstvergehens (vgl. § 77 I 1 BBG) wird über alle zum Zeitpunkt der Verhängung der Disziplinarmaßnahme begangenen und noch nicht geahndeten Pflichtverletzungen gleichzeitig entschieden und diese bei der Zumessungsentscheidung berücksichtigt[204].

Betrachtet man mehrere Gerichtsentscheidungen, lässt sich eine Grundlinie erkennen, wann die schärfste Maßnahme verhängt wird. Hierbei lassen sich zwei

---

195 Vgl. Lambrecht, ZBR 2001, 194 (195).

196 BVerwG, U.v. 20.10.2005 (2 C 12/04), juris, Rn. 21: Maßstäbe für die Auslegung des § 13 II 1 BDG ergeben sich aus § 13 I 2-4 BDG; a.A. Weiß, in: Franke/Weiß, GKÖD, § 13 BDG Rn. 32: § 13 II 1 BDG ist abschließende Regelung ohne Bezug auf § 13 I 2-4 BDG; vgl. auch Weiß, PersV 2007, 316 (324).

197 Bauschke/Weber, BDG, § 10 Rn. 4; Ebert, Disziplinarrecht, S. 128; vgl. bereits BT-Drs. 14/4659, S. 37.

198 Vgl. nur BVerwG, NVwZ 1995, 603 (603); BVerwG, NVwZ-RR 1996, 453 (453).

199 Vgl. hierzu BVerfG, NVwZ 2003, 1504 (1504).

200 Vgl. BVerwGE 86, 1 (3f.).

201 Vgl. hierzu Weiß, in: Franke/Weiß, GKÖD, § 13 BDG Rn. 4f.

202 Zu Schwierigkeiten siehe BT-Drs. 14/4659, S. 37; Weiß, ZBR 2002, 17 (22).

203 Vgl. hierzu BT-Drs. 14/4659, S. 37.

204 Battis, BBG, § 77 Rn. 10 m.w.N.; vgl. auch BVerwGE 73, 166 (167), zum BBG a.F.

Gruppen unterscheiden. Zum einen sollen bestimmte Handlungen bzw. Straftaten regelmäßig geeignet sein, eine Zerstörung des Vertrauensverhältnisses auszulösen. Dies wurde insbesondere bei der Verwendung amtlich anvertrauten Geldes zu eigenen Zwecken bejaht[205], also bei einer Unterschlagung[206]. Außerdem lassen sich hierunter Diebstähle bei Ausübung des Dienstes[207] oder zu Lasten von Kollegen[208], gewisse Verstöße gegen die Verfassungstreuepflicht[209] sowie bestimmte Fälle von Bestechlichkeit[210] fassen.

Zum anderen können nach einer Einzelfallbetrachtung weitere Straftaten zur Entfernung aus dem Beamtenverhältnis führen. Diese Möglichkeit besteht bei Untreue und Betrug zum Nachteil des Dienstherrn[211] sowie Betäubungsmitteldelikten[212].

Diese Gruppen sind allerdings nicht starr, bestimmte Delikte können unterschiedlich eingeordnet werden und die Zuordnung kann sich ändern. Erkennen lässt sich allerdings ein besonderer Tätigkeitsbezug der Delikte, die regelmäßig zur Entfernung führen. Letztlich führt aber selbst ein solches Dienstvergehen nicht zwangsläufig zur schärfsten Disziplinarmaßnahme. Parallel zu der dargestellten Regelrechtsprechung hatte sich eine differenzierte Rechtsprechung hinsichtlich sog. Milderungsgründe[213] herausgebildet. Lag ein solcher vor, konnte eine leichtere Disziplinarmaßnahme verhängt werden[214]. Die Judikatur bezog sich zunächst auf Fälle des Zugriffs auf amtlich anvertrautes Geld, wobei nur ganz wenige bestimmte Gründe (wie etwa das Vorliegen einer unverschuldeten, unausweichlichen wirtschaftlichen Notlage oder einer einmaligen persönlichkeitsfremden Gelegenheitstat[215]) anerkannt wurden. Im Laufe der Zeit kamen

---

205 Vgl. BVerwGE 93, 38 (39); 93, 314 (316); 114, 140 (147).

206 Schnellenbach, Beamtenrecht in der Praxis, Rn. 160; vgl. auch BVerwG, DVBl. 1991, 115 (115).

207 Vgl. BVerwG, NVwZ-RR 1996, 453 (453): bei Bewachungstätigkeit; vgl. aber BVerwGE 83, 237 (240); sowie BVerwG, U.v. 11.10.1995 (1 D 11/95), juris, Rn. 19ff.: Umstände des Einzelfalls entscheidend.

208 BVerwG, ZBR 1985, 28 (29); BDiszG, NVwZ-RR 1996, 216 (216f.).

209 BVerwG, NVwZ-RR 1996, 516 (516).

210 Vgl. BVerwGE 86, 5 (8); 86, 74 (77), bei Vornahme der als Äquivalent gedachten pflichtwidrigen Maßnahme oder der Annahme von Bargeld.

211 Vgl. BVerwGE 93, 255 (262f.): keine Entfernung; BVerwG, U.v. 27.11.1997 (1 D 39/97), juris, Rn. 14.

212 Vgl. BVerwG, ZBR 1995, 26 (26f.); OVG Koblenz, NVwZ-RR 2003, 877 (877f.), zum LBG RP.

213 Ausführlich Bieler, ZBR 1996, 252ff.

214 Vgl. BVerwG, NVwZ-RR 1993, 42 (43); BVerwG, U.v. 25.08.1993 (1 D 33/92), juris, Rn. 28; Bauschke/Weber, BDG, Anh § 2 Rn. 201.

215 Vgl. BVerwG, DVBl. 1991, 115 (115f.).

neue hinzu (so die Wiedergutmachung des Schadens[216], eine Offenbarung gegenüber dem Dienstherrn vor Entdeckung[217] oder die Geringwertigkeit[218]), andere wurden präzisiert. Die Verhängung einer milderen Maßnahme wurde mit dem nicht endgültig (bzw. vollständig) zerstörten, sondern wiederherstellbaren[219] Vertrauensverhältnis begründet, daher durften auch keine weiteren erschwerenden Umstände vorliegen[220].

Mittlerweile wurde indes nicht nur geklärt, dass die Milderungsgründe bei bestimmten Gruppen von Dienstvergehen anders geartet sein können[221], sondern es wurde höchstrichterlich klargestellt, dass auch bei Zugriffsdelikten, die regelmäßig zur Entfernung aus dem Beamtenverhältnis führen, eine umfassende Würdigung des Persönlichkeitsbildes erforderlich ist, um einen endgültigen Vertrauensverlust festzustellen. Damit ist die Prüfung nicht auf die Verneinung sog. anerkannter Milderungsgründe beschränkt[222]. Aufgrund dessen findet auch bei Vorliegen eines Regelentfernungsgrundes eine Einzelfallbetrachtung statt[223].

b. Beamtenverhältnis auf Probe

Die Regelung zum Verlust der Beamtenrechte (§ 41 BBG, vgl. 2. Teil A. II. 2. a. aa.) gilt auch für Beamte auf Probe, ansonsten weicht die rechtliche Situation hinsichtlich der Beendigung des Status für Beamte auf Probe von der für Beamte auf Lebenszeit ab.

aa. Beendigung wegen eines Dienstvergehens

Da Beamte auf Probe nicht in einem Disziplinarverfahren aus dem Beamtenverhältnis entfernt werden können (vgl. § 5 III 1 BDG), ist ein spezieller beamtenrechtlicher[224] Entlassungstatbestand wegen eines Dienstvergehens vorgesehen (vgl. § 34 I 1 Nr. 1 BBG, § 5 III 2 BDG). Danach kann der Beamte auf Probe

216 BVerwGE 86, 1 (2f.).

217 BVerwGE 86, 283 (285f.).

218 BVerwGE 93, 314 (317).

219 Vgl. hierzu BVerwGE 83, 49 (52); 86, 74 (77); 86, 283 (285f.); 93, 38 (39).

220 Vgl. BVerwG, NVwZ 1996, 184 (185); BVerwG, DVBl. 1999, 320 (321); BVerwGE 93, 314 (318); 114, 140 (148f.).

221 Vgl. BVerwGE 83, 49 (51f.); vgl. auch BVerwG, DVBl. 1987, 253 (253).

222 BVerwG, U.v. 20.10.2005 (2 C 12/04), juris, Rn. 28; BVerwG, U.v. 03.05.2007 (2 C 9/06), juris, Rn. 23; vgl. vor dieser Rechtsprechung bereits Vogelgesang, in: Franke/Summer/Weiß, FS Fürst, S. 369 (380ff.), allerdings auch sehr restriktiv.

223 Vgl. BVerwG, U.v. 20.10.2005 (2 C 12/04), juris, Rn. 28ff.; BVerwG, U.v. 03.05.2007 (2 C 9/06), juris, Rn. 24.

224 BVerwGE 66, 19 (20), zum LBG NRW.

bei einem Verhalten entlassen werden, das im Beamtenverhältnis auf Lebenszeit mindestens eine Kürzung der Dienstbezüge zur Folge hätte.

Zwei Aspekte dieser Entlassungsvorschrift erscheinen wesentlich. Zum einen wird aufgrund einer hypothetischen Betrachtung[225] beantwortet, ob das der Entlassungsverfügung zugrunde liegende Verhalten eine Dienstpflichtverletzung darstellt, die so schwerwiegend ist, dass sie bei einem Beamten auf Lebenszeit mit Sicherheit mindestens zur genannten Disziplinarmaßnahme führen würde. Dabei ist schwierig zu bestimmen, wann die erforderliche Sicherheit zu bejahen ist[226], anerkannt ist, dass die bloße Möglichkeit nicht ausreicht[227]. Fehlt Rechtsprechung zu gleichgelagerten oder ähnlichen Sachverhalten, müssen die entscheidenden Stellen unter Beachtung einschlägiger disziplinarrechtlicher bzw. verwaltungsgerichtlicher Grundsätze, Maßstäbe und Tendenzen nachvollziehbar eine eigenständige Bewertung des Verhaltens vornehmen[228]; eine unterschiedliche Bewertung entsprechenden Verhaltens von Beamten auf Lebenszeit und solchen auf Probe muss vermieden werden[229]. Ein strafbares Verhalten kann gleichzeitig ein Dienstvergehen darstellen, allerdings sind die Begriffe nicht deckungsgleich (vgl. 2. Teil A. II. 2. a. bb.).

Zum anderen besteht die Entlassungsmöglichkeit für Beamte auf Probe schon bei einem Dienstvergehen, welches bei einem Beamten auf Lebenszeit nicht zur Entfernung aus dem Beamtenverhältnis, sondern nur zur drittschwersten bzw. -leichtesten Disziplinarmaßnahme geführt hätte. Hinsichtlich der Bemessung der Disziplinarmaßnahme hat die Rechtsprechung nicht nur Fallgruppen für die regelmäßige Entfernung, sondern auch weitere Regelmaßnahmen für bestimmte Dienstvergehen herausgearbeitet[230]. Entscheidend ist, dass die Schwelle hinsichtlich des Verlustes der Rechtsstellung für Probebeamte erheblich niedriger liegt als für Lebenszeitbeamte. Der Grund hierfür liegt darin, dass die Übernahme eines Beamten auf Probe, der sich eines solchen, über die zu verhängende Maßnahme definierten (mittleren bis schweren) Dienstvergehens

---

225 Bartha, ZBR 1985, 217 (218); vgl. auch Oswald, Rechtsstellung, S. 121, beide zu § 31 I Nr. 1 BBG a.F.

226 Oswald, Rechtsstellung, S. 121f., zu § 31 I Nr. 1 BBG a.F.

227 Schnellenbach, Beamtenrecht in der Praxis, Rn. 159; BVerwGE 62, 280 (282), beide zu § 31 I Nr. 1 BBG a.F.

228 Vgl. BVerwGE 62, 280 (284), zu § 31 I Nr. 1 BBG a.F., noch zu disziplinarrechtlichen Grundsätzen und der Rechtsprechungspraxis der Disziplinargerichte; vgl. weiter Schnellenbach, Beamtenrecht in der Praxis, Rn. 159, insb. Fn. 11a, 12a, zu § 31 I 1 Nr. 1 BBG a.F.

229 Schnellenbach, Beamtenrecht in der Praxis, Rn. 159, zu § 31 I 1 Nr. 1 BBG a.F.

230 Vgl. z.B. BVerwGE 103, 375 (381); VGH München, ZBR 1993, 220 (221), zum BayBG.

schuldig gemacht hat, in ein Beamtenverhältnis auf Lebenszeit regelmäßig nicht vertretbar erscheint[231].

Zwar indiziert der Wortlaut der Vorschrift Ermessen hinsichtlich der Entlassung („kann"); dieses wird aber mehr oder minder deutlich zu einer Entlassungsverpflichtung verengt. Teilweise findet sich die vorsichtige Formulierung, dass eine Entlassung bei erfülltem Tatbestand in der Regel nicht ermessensfehlerhaft sei[232], zum Teil wird deutlicher auf eine Ermessensreduzierung auf Null im Regelfall verwiesen[233].

Die Entlassungsmöglichkeit ist für eine spezielle Konstellation beschränkt. Unter bestimmten Umständen[234] kann ein Anspruch auf Umwandlung des Beamtenverhältnisses auf Probe in ein solches auf Lebenszeit entstehen (vgl. § 11 II Nr. 1 BBG), diese Umwandlung wird aber nicht vorgenommen. Begeht der Probebeamte dann ein Dienstvergehen, darf er nicht schlechter gestellt werden als ein Beamter auf Lebenszeit. Zwar kann er wegen des formalen Status als Beamter auf Probe nach § 34 I 1 Nr. 1 BBG entlassen werden, die Vorschrift wird aber auf Dienstvergehen reduziert, die bei einem Beamten auf Lebenszeit zur Entfernung aus dem Beamtenverhältnis führen würden[235].

bb. Beendigung wegen fehlender Bewährung

Außerdem kann die Verwirklichung einer Straftat im Rahmen der Entlassungsvorschrift relevant werden, die auf eine fehlende Bewährung des Beamten auf Probe abstellt (§ 34 I 1 Nr. 2 BBG). Diese bezieht sich auf die Merkmale der Eignung, Befähigung und fachlichen Leistung[236], wobei diese Begriffe wie in Art. 33 II GG[237], § 9 S. 1 BBG verstanden werden. Strafbares Verhalten kann

---

231 BVerwGE 66, 19 (20), zum LBG NRW; BVerwG, ZBR 1984, 10 (11), zum NBG; Battis, BBG, § 34 Rn. 3.

232 Vgl. BVerwG, ZBR 1984, 10 (12), zum NBG; BVerwGE 66, 19 (25), zum LBG NRW: ermessensgemäß; vgl. auch Schnellenbach, Beamtenrecht in der Praxis, Rn. 162ff., zu § 31 I 1 Nr. 1 BBG a.F., siehe auch Rn. 158: grundsätzliche Verpflichtung zur Entlassung.

233 Vgl. Fleig, RiA 1999, 265 (267), zu § 31 BBG a.F.

234 Zu den verschiedenen „Stadien" des Beamtenverhältnisses auf Probe vgl. Bongartz/Rogmann, RiA 1994, 9ff.

235 Vgl. Bartha, ZBR 1985, 217 (220); Oswald, Rechtsstellung, S. 106; Bongartz/Rogmann, RiA 1994, 9 (12); der Anspruch auf Umwandlung war noch nicht entstanden bei BVerwGE 82, 356 (358); das Verhalten erfolgte vor Ablauf der Statusdienstzeit bei BVerwGE 26, 228 (231), alle zu § 31 I Nr. 1 BBG a.F.; vgl. auch Battis, BBG, § 34 Rn. 4.

236 BVerwGE 11, 139 (139), zu § 31 I BBG a.F.; Wagner/Leppek, Beamtenrecht, Rn. 152b.

237 BVerwGE 106, 263 (267f.), zum NBG.

relevante Zweifel[238] an der charakterlichen Eignung auslösen und damit zur Verneinung der Bewährung führen. Das die Entlassungsverfügung überprüfende Gericht darf den sog. Akt wertender Erkenntnis[239] nicht selbst vornehmen[240]; die Behörde besitzt einen Beurteilungsspielraum und ihre Entscheidung ist nur beschränkter richterlicher Nachprüfbarkeit unterworfen[241].

Der Wortlaut der Regelung deutet auf eine fakultative Entlassungsmöglichkeit hin („kann"). Parallel zu der Entlassungsvorschrift des § 34 I 1 Nr. 1 BBG wird auch im Rahmen dieser Norm auf den in aller Regel nicht fehlerhaften Ermessensgebrauch bei Vorliegen der Tatbestandsvoraussetzungen abgestellt[242] bzw. weitergehend eine Entlassungspflicht vertreten, wenn die Nichtbewährung endgültig feststeht[243]. Dies erscheint überzeugend. Für die Berufung in ein Beamtenverhältnis auf Lebenszeit ist erforderlich, dass sich der Beamte in einer Probezeit bewährt hat[244] (vgl. § 11 I 1 Nr. 2 BBG). Das Beamtenverhältnis auf Probe verliert jeden Sinn, wenn der Betreffende mangels Bewährung in der Probezeit nicht zum Beamten auf Lebenszeit ernannt werden dürfte[245]. Der Terminus „kann" bezieht sich auf die alternativen Möglichkeiten des Dienstherrn bei einer noch nicht endgültig feststehenden Nichtbewährung[246].

Entscheidend ist das Verhalten in der laufbahnrechtlichen Probezeit[247], Vorkommnisse nach deren Ablauf sind allgemein irrelevant[248]. Erfolgt damit spätestens am Ende der laufbahnrechtlichen Probezeit keine Entlassung wegen mangelnder Bewährung, kann nach Ablauf der statusrechtlichen Probezeit die Übernahme in das Beamtenverhältnis auf Lebenszeit aus diesem Grund nicht mehr verwehrt werden[249].

---

238 BVerwGE 85, 177 (180), zum LBG SH; BVerwG, NVwZ-RR 2002, 49 (49), zu § 31 I Nr. 2 BBG a.F., zur gesundheitlichen Eignung; Battis, BBG, § 34 Rn. 6.

239 BVerwGE 11, 139 (140), zu § 31 I BBG a.F.; BVerwG, NVwZ-RR 2002, 49 (49), zu § 31 I Nr. 2 BBG a.F., zur gesundheitlichen Eignung.

240 Vgl. Wichmann/Langer, Öffentliches Dienstrecht, Rn. 282, zu § 31 I 1 Nr. 2 BBG a.F.

241 BVerwGE 11, 139 (140), zu § 31 I BBG a.F.; 106, 263 (266f.), zum NBG; BVerwG, NVwZ-RR 2002, 49 (49), zu § 31 I Nr. 2 BBG a.F., zur gesundheitlichen Eignung.

242 BVerwG, ZBR 1984, 10 (12), zum NBG.

243 Battis, BBG, § 34 Rn. 5; vgl. auch BVerwGE 85, 177 (184f.), zum LBG SH; 106, 263 (271), zum NBG; vgl. zur Ermessensausübung auch Schnellenbach, Beamtenrecht in der Praxis, Rn. 175, zu § 31 I 1 Nr. 2 BBG a.F.

244 BVerwGE 85, 177 (184), zum LBG SH.

245 Günther, DÖD 1985, 148 (154) m.w.N., zu § 31 I BBG a.F.

246 Vgl. hierzu BVerwGE 85, 177 (184f.), zum LBG SH; 106, 263 (271), zum NBG.

247 Vgl. BVerwGE 92, 147 (150), zum LBG NRW.

248 Günther, ZBR 1985, 321 (330), zu § 32 I Nr. 2 BBG a.F.

249 Vgl. hierzu Bongartz/Rogmann, RiA 1994, 9 (17).

c. *Beamtenverhältnis auf Widerruf*

Die Vorschrift hinsichtlich des Verlusts der Beamtenrechte (§ 41 BBG) gilt auch für Beamte auf Widerruf. Ansonsten weicht die Regelung hinsichtlich der Beendigung des Status von der für Lebenszeit- und Probebeamte ab, denn Beamte auf Widerruf können jederzeit entlassen werden (§ 37 I BBG). Zwar ist zunächst keine Begrenzung dieses Entlassungstatbestandes ersichtlich, eine willkürliche Entlassung ist aber nicht möglich[250]. Erforderlich[251], umgekehrt aber auch ausreichend, ist ein sachlicher Grund[252], wobei es sich nicht um einen wichtigen (besonders gravierenden) Grund handeln muss[253]. Dieser kann sich auf die Person des Betroffenen und bzw. oder auf Sachgegebenheiten der Verwaltung beziehen[254].

Für die vorliegende Untersuchung sind lediglich personenbedingte Gründe interessant, wobei sich hiermit unterschiedlich auseinandergesetzt wird. Teilweise werden einfach verschiedene sachliche Gründe genannt (beispielsweise der Verdacht schwerer strafrechtlicher Verstöße[255]) oder es werden bestimmte Obergruppen gebildet, etwa mit Bezug auf die Begriffstrias der Eignung, Befähigung und fachlichen Leistung[256]. Überzeugend erscheint tatsächlich die grundsätzliche Differenzierung zwischen zwei Komplexen, d.h. zwischen allgemeinen Defiziten des Betroffenen und spezifischem Fehlverhalten[257], wobei eine weitere Aufschlüsselung möglich bleibt, hier aber nicht erfolgen soll. Zum ersten Bereich gehören etwa berechtigte Zweifel an der erforderlichen Eignung oder Verfassungstreue[258].

Erhebliche Dienstpflichtverletzungen[259] lassen sich dem zweiten Komplex zuordnen, denn ein Disziplinarverfahren mit dem Ziel der Entfernung aus dem Beamtenverhältnis ist bei einem Beamten auf Widerruf nicht möglich (vgl. § 5 III 1 BDG). Früher war die disziplinarisch motivierte Entlassung auch mittelbar tatbestandsmäßig durch den Verweis auf Vorschriften zur Sachverhaltsaufklärung für Beamte auf Probe normiert, was für eine Unterscheidung der

---

250 Vgl. Günther, ZBR 1987, 129 (130), zu § 32 I 1 BBG a.F.

251 BVerwGE 62, 267 (268), zum BayBG; Wagner/Leppek, Beamtenrecht, Rn. 152c.

252 Günther, DÖD 1987, 51 (53), zu § 32 I 1 BBG a.F.

253 Günther, ZBR 1987, 129 (130), zu § 32 I 1 BBG a.F.

254 Günther, DÖD 1987, 51 (53), zu § 32 I 1 BBG a.F.

255 Vgl. Battis, in: Achterberg/Püttner/Würtenberger, Bes. VerwR, § 31 Rn. 95, zu § 32 BBG a.F.; vgl. weiter Battis, BBG, § 37 Rn. 3.

256 Vgl. Günther, ZBR 1987, 129 (130f.), zu § 32 I 1 BBG a.F.

257 Vgl. bereits Günther, ZBR 1987, 129 (130), zu § 32 I 1 BBG a.F.

258 BVerwGE 62, 267 (268f.), zum BayBG.

259 Günther, DÖD 1987, 51 (53), zu § 32 I 1 BBG a.F.; das BVerwG (E 62, 267 [269]), zum BayBG, verlangt indes nicht den Nachweis eines konkreten Dienstvergehens.

Konstellationen sprach. Ein solcher Verweis fehlt indes nach der letzten Gesetzesnovellierung. Trotzdem werden teilweise die für die Entlassung eines Beamten auf Probe aufgrund eines Dienstvergehens geltenden Vorschriften der §§ 21 bis 29 BDG (vgl. § 34 III 2 BBG) sowie die Regelung zur Frist (§ 34 III 1 BBG) ohne nähere Begründung weiter für Beamte auf Widerruf entsprechend angewendet[260]. Die Gesetzesbegründung geht davon aus, dass § 37 BBG - abgesehen von redaktionellen Anpassungen - der Vorgängervorschrift des § 32 BBG a.F. entspricht[261]. Selbst wenn die entsprechende Anwendung der Vorschriften für Beamte auf Probe abgelehnt wird (vgl. aber § 5 III 2 BDG), ist gegen eine Bildung verschiedener Obergruppen im Rahmen der Prüfung eines sachlichen Grundes nichts einzuwenden.

Die Entlassungsverfügung erfolgt nach Ausübung des pflichtgemäßen Ermessens („kann“).

III. Entscheidende Stellen

Während die Ernennung und ihre Rücknahme durch eine Behörde verfügt werden (vgl. §§ 12 I, 14 III 1 BBG), ist keine besondere Entscheidung für die Nichtigkeit der Ernennung erforderlich und auch der Verlust der Beamtenrechte (§ 41 BBG) erfolgt automatisch. Für Klagen der Beamten und früheren Beamten aus dem Beamtenverhältnis ist der Verwaltungsrechtsweg gegeben (vgl. § 126 I BBG). Die Vorschrift gilt bei Rechtsstreitigkeiten wegen des Verlusts der Beamtenrechte[262] und soll zumindest entsprechend auf die Klagen von Personen anwendbar sein, deren Ernennung zum Beamten nichtig oder zurückgenommen worden ist[263]. Fraglich ist, ob die Vorschrift auch bei Klagen von Noch-nicht-Beamten anzuwenden ist[264] oder ob für diese Streitigkeiten § 40 I 1 VwGO gilt; in jedem Fall ist aber der Verwaltungsrechtsweg eröffnet.

Es gilt der nach der Verwaltungsgerichtsordnung allgemein vorgesehene Instanzenzug. Grundsätzlich besteht also die erstinstanzliche Zuständigkeit des

---

260 Vgl. Battis, BBG, § 37 Rn. 3, 5.

261 BT-Drs. 16/7076, S. 110.

262 Hier besteht allerdings eine Bindung an den Strafausspruch des rechtskräftigen Urteils, vgl. Battis, BBG, § 41 Rn. 13; vgl. auch BVerwGE 34, 353 (355f.), zu § 48 S. 1 Nr. 2 BBG a.F.; BVerwG, NJW 1990, 1865 (1865), zu § 48 S. 1 Nr. 1 BBG a.F.

263 Battis, BBG, § 126 Rn. 6; vgl. auch BGH, DVBl. 1988, 684 (684f.), zu § 126 BRRG a.F.: auch Streitigkeiten vor- und nachbeamtlicher Art sind umfasst.

264 Bejahend OVG Koblenz, NVwZ 2007, 1099 (1100), zu § 126 BRRG a.F.: Ansprüche vorbeamtenrechtlicher Art, etwa bei Geltendmachung eines Rechtsanspruchs auf Übernahme in das Beamtenverhältnis; Eichler, DÖD 1994, 112ff., zu § 126 BRRG a.F.; Battis, BBG, § 126 Rn. 7: auch Ansprüche vorbeamtlicher Art.

VG (§ 45 VwGO) mit der Möglichkeit der Berufung zum OVG (§ 46 Nr. 1 VwGO) sowie der Revision zum BVerwG (§ 49 Nr. 1 VwGO), wobei diese Rechtsmittel jeweils zugelassen werden und besondere Berufungs- und Revisionsgründe vorliegen müssen (§§ 124ff., 132ff. VwGO). Auch die Besetzung der Spruchkörper wird nicht besonders geregelt. Daher entscheidet die Kammer des VG in der Besetzung von drei Richtern und zwei ehrenamtlichen Richtern, außer die Entscheidung wurde auf einen Einzelrichter übertragen (§§ 5 III 1, 6 VwGO). Der Senat des VGH entscheidet in der Besetzung von drei Richtern, Hessen hat von der landesrechtlich bestehenden Möglichkeit der Erweiterung der Besetzung mit zwei ehrenamtlichen Richtern Gebrauch gemacht (vgl. § 9 III 1 VwGO i.V.m. § 17 I HessAGVwGO). Der Senat des BVerwG entscheidet in der Besetzung von fünf Richtern (§ 10 III 1. Hs. VwGO).

Die Entlassung eines Beamten auf Probe bzw. auf Widerruf erfolgt aufgrund behördlicher Entscheidung (§ 38 S. 1 BBG). Für gerichtliche Verfahren ist der Verwaltungsrechtsweg eröffnet (§ 126 I BBG). Hinsichtlich des Instanzenzuges und der Besetzung der Spruchkörper kann auf die gerade erfolgten Ausführungen verwiesen werden.

Um einen Beamten auf Lebenszeit disziplinarisch aus dem Beamtenverhältnis zu entfernen, muss Disziplinarklage erhoben werden (vgl. § 34 I BDG), d.h. es ergeht eine gerichtliche Entscheidung. Hierfür besteht seit der Einführung des Bundesdisziplinargesetzes nicht mehr die Zuständigkeit besonderer Disziplinargerichte, sondern die der Gerichte der Verwaltungsgerichtsbarkeit (§ 45 S. 1 BDG). Beim VG und beim OVG werden aber Fachkammern bzw. -senate für Disziplinarsachen eingerichtet (vgl. § 45 S. 2 BDG). Die Kammer des VG - in Hessen besteht eine einheitliche Zuständigkeit des VG Wiesbaden (§ 6a HessAGVwGO) - entscheidet in der Besetzung mit drei Berufsrichtern und zwei Beamtenbeisitzern als ehrenamtlichen Richtern, soweit nicht ein Einzelrichter entscheidet (vgl. § 46 I 1 BDG). Gegen die Entscheidung ist grundsätzlich zulassungsfrei Berufung (vgl. § 64 I 1 BDG) zum OVG und dann Revision zum BVerwG möglich, letztere ist allerdings zulassungspflichtig (vgl. § 69 BDG i.V.m. 132 I VwGO). Die Besetzung des Senats des OVG entspricht der der Kammer des VG (§§ 51 I, 46 I 1 BDG), während die Kammer des BVerwG mangels besonderer Regelung mit fünf Richtern und keinen Beamtenbeisitzern besetzt ist (vgl. § 10 III VwGO).

IV. Verhältnis der Tatbestände

1. Straftatbegehung vor Begründung des Beamtenverhältnisses

Grundsätzlich ist davon auszugehen, dass die Ernennungsvoraussetzungen gleichwertig nebeneinander stehen. Sie sind unterschiedlich präzise; während teilweise genaue Tatbestände normiert werden, die eine einfache Subsumtion ermöglichen, enthalten andere Regelungen unbestimmte Rechtsbegriffe, bei denen diese im Einzelfall schwierig sein kann.

Durch die verschiedenen Rechtsfolgeregelungen ergibt sich eine gewisse Reihenfolge. Denn ist die Ernennung bereits nichtig, ist eine Rücknahme nicht mehr erforderlich. Die zwingenden Rücknahmegründe sind selbständig nebeneinander oder miteinander anwendbar[265] und eine obligatorische Rücknahme geht einer fakultativen vor; letztere kann aber erfolgen, wenn unklar ist, ob die obligatorische Rücknahme durchgreift[266].

2. Straftatbegehung nach Begründung des Beamtenverhältnisses

Das Verhältnis zwischen dem Verlust des Beamtenstatus (vgl. § 41 BBG) und der disziplinaren Entfernung aus dem Beamtenverhältnis ist klar. Erfolgte ein automatischer Verlust, ist die Durchführung eines Disziplinarverfahrens nicht mehr notwendig und möglich, weil die Voraussetzung der Beamteneigenschaft fehlt[267].

Das Bundesdisziplinargesetz enthält mehrere Regelungen, die den Vorrang des Strafverfahrens gegenüber dem Disziplinarverfahren zum Ausdruck bringen. Zum einen wird bei identischem Sachverhalt eine Pflicht zur Aussetzung des Disziplinarverfahrens ab Erhebung der öffentlichen Klage normiert (§ 22 I 1 BDG, zu den Ausnahmen vgl. § 22 I 2 BDG). Materiell sind die entscheidenden Stellen an die tatsächlichen Feststellungen eines rechtskräftigen Urteils[268] im sachgleichen Strafverfahren gebunden. Es besteht die Möglichkeit eines Lösungsbeschlusses in Fällen offenkundig unrichtiger Feststellungen (§ 57 I BDG); dies wird als eine äußerst restriktiv zu interpretierende Ausnahme ange-

---

265 Vgl. BVerwGE 22, 248 (250), zum NBG; 59, 366 (371), zum LBG BW; vgl. auch Günther, DÖD 1990, 281 (291), zu § 12 I Nr. 1 und 2 BBG a.F.

266 Günther, DÖD 1990, 281 (291), zu § 12 I, II BBG a.F.

267 Dieser Status ist in jedem Stand des Verfahrens erforderlich, vgl. näher Weiß, in: Franke/Weiß, GKÖD, § 1 BDG Rn. 4.

268 Überwiegend wird ein Strafbefehl nicht als ausreichend erachtet, Schwandt, DÖD 2003, 1 (4); vgl. BVerwGE 93, 255 (259), zu § 18 I 1 BDO; eine vom Bundesrat im Gesetzgebungsverfahren vertretene Bindung wurde abgelehnt, vgl. BT-Drs. 14/4659, S. 60, 64, 42.

sehen[269]. Außerdem wird die Verhängung bestimmter Disziplinarmaßnahmen eingeschränkt, wenn bereits eine Strafe erfolgte (vgl. § 14 I BDG), wobei sich die Vorschrift nicht auf die hier relevante Maßnahme der Entfernung bezieht. Außerdem ist nach einem Freispruch wegen desselben Sachverhalts eine disziplinare Ahndung nur möglich, wenn dieser Sachverhalt ein Dienstvergehen darstellt, ohne den Tatbestand einer Straf- oder Bußgeldvorschrift zu erfüllen (§ 14 II BDG). Normiert wird damit das Erfordernis eines sog. disziplinaren Überhangs[270], die Wertung des Verhaltens muss über die strafrechtliche Beurteilung dienstrechtlich hinausgehen[271].

Die Aussetzung des Disziplinarverfahrens dient der Vermeidung widersprüchlicher Entscheidungen in den beiden Verfahren[272]. Für den Vorrang des Strafverfahrens sprechen die besseren Möglichkeiten der Sachaufklärung[273] und dessen weite Rechtsgarantien[274].

Auch die Entlassung eines Beamten auf Probe bzw. auf Widerruf (vgl. §§ 34, 37 BBG) ist nicht mehr möglich, wenn ein Verlust des Status bereits automatisch (§ 41 BBG) erfolgte.

Die beiden für diese Untersuchung relevanten Entlassungstatbestände für Beamte auf Probe stehen selbständig[275] nebeneinander, d.h. bei Vorliegen der Tatbestandsvoraussetzungen kann die Entlassung grundsätzlich auf die eine oder andere bzw. beide Vorschriften gestützt werden[276]. Zwar sind die Entlassungstatbestände nicht deckungsgleich[277] und außerdem unterschiedlich zeitlich anwendbar. Sie können sich aber überschneiden, wenn die Begehung eines Dienstvergehens zur mangelnden charakterlichen Eignung führt[278]. Dabei konnte durch die Entlassung wegen mangelnder Bewährung - auch wenn ausschlaggebender Grund ein Dienstvergehen war - ein für die Entlassung aufgrund eines Dienstvergehens erforderliches Untersuchungsverfahren (vgl. § 126 BDO a.F.) ver-

---

269 BVerwG, DÖD 1990, 123 (124), zu § 18 BDO.

270 Weiß, in: Franke/Weiß, GKÖD, § 14 BDG Rn. 81.

271 Weiß, in: Franke/Weiß, GKÖD, § 14 BDG Rn. 98 (z.B. kann ein Verhalten, welches keinen Straftatbestand erfüllt, trotzdem dienstpflichtwidrig sein, vgl. Rn. 99).

272 Vgl. BT-Drs. 14/4659, S. 41.

273 BT-Drs. 14/4659, S. 41; zweifelnd Bauschke/Weber, BDG, § 22 Rn. 1.

274 Schwandt, DÖD 2001, 237 (249), zur BDO.

275 BVerwGE 61, 200 (208), zum LBG BW; BVerwG, ZBR 1984, 10 (12), zum NBG; Günther, ZBR 1985, 321 (329), zum BBG a.F.

276 BVerwG, ZBR 1984, 10 (12), zum NBG; vgl. bereits BVerwGE 21, 50 (55), zum BayBG; Günther, ZBR 1985, 321 (329), zum BBG a.F.

277 Vgl. näher Günther, ZBR 1985, 321 (329), zum BBG a.F.

278 Vgl. Wichmann/Langer, Öffentliches Dienstrecht, Rn. 282, zum LBG NRW; vgl. auch Bartha, ZBR 1985, 217 (218), zum BBG a.F.; vgl. auch BVerwG, ZBR 1984, 10 (12), zum NBG; vgl. bereits BVerwGE 21, 50 (55), zum BayBG.

mieden werden. Stellte das Dienstvergehen den alleinigen Grund für die Entlassung dar, wurde dies als Umgehung scharf angegriffen[279]. Mit der Einführung des Bundesdisziplinargesetzes wurde das besondere Untersuchungsverfahren abgeschafft[280]. Da eine vorangehende Sachverhaltsaufklärung nach §§ 21 bis 29 BDG nur für die Entlassung wegen eines Dienstvergehens, nicht aber für eine solche aufgrund mangelnder Bewährung vorgesehen ist (vgl. § 34 III 2 BBG), erscheint die Problematik auf die Rechtslage unter Geltung des Bundesdisziplinargesetzes übertragbar[281]. Sie ist dergestalt zu lösen, dass für die allein aus disziplinaren Gründen motivierte Entlassung zwingend eine solche Sachverhaltsaufklärung durchzuführen ist und nicht umgangen werden kann.

B. Berufsrichter

I. Rechtliche Grundlagen

Die vorliegende Untersuchung befasst sich allein mit dem Status von Berufsrichtern, nicht mit dem von ehrenamtlichen Richtern. Abhängig davon, ob diese im Dienst des Bundes oder eines Landes stehen (vgl. § 3 DRiG), sind unterschiedliche Regelungskomplexe relevant. Zentral für Richter im Bundesdienst ist das Deutsche Richtergesetz, welches sich auf unterschiedliche Gesetzgebungskompetenzen des Bundes stützt[282]. Viele rechtliche Aspekte für Richter im Landesdienst werden ebenfalls durch das Deutsche Richtergesetz geregelt[283]; zudem existieren Landesrichtergesetze. Hier wird sich auf eine Analyse der Vorschriften für Richter im Bundesdienst beschränkt; hinsichtlich der Richter im Landesdienst wird die für Hessen geltende Rechtslage kurz aufgezeigt.

Richter stehen als Angehörige des öffentlichen Dienstes[284] in einem besonderen Dienst- und Treueverhältnis zu ihrem Dienstherrn, sind aber keine Beamten[285]. Der Grund hierfür liegt in den unterschiedlichen wahrgenommenen Aufgaben. Richter gehören der rechtsprechenden Gewalt an, Beamte der Exekuti-

279 Vgl. hierzu Fleig, RiA 1999, 265 (267).

280 Schwandt, DÖD 2003, 1 (14).

281 Nach BT-Drs. 14/4659, S. 53, zu § 31 IV 2 BBG a.F., erfolgte inhaltlich lediglich insoweit eine Anpassung, als der Verweis auf die disziplinarrechtlichen Vorschriften über die Ermittlungen die bislang erforderliche Untersuchung ersetzt.

282 Vgl. näher Schmidt-Räntsch, DRiG, Vor § 8 Rn. 4, Vorbem. §§ 71ff. Rn. 1ff.

283 Vgl. Schmidt-Räntsch, DRiG, Vorbem. §§ 71ff. Rn. 7.

284 Schmidt-Räntsch, DRiG, Einleitung, Rn. 1.

285 Ebert, Disziplinarrecht, S. 38; Gerner/Decker/Kauffmann, DRiG, Einleitung, S. 57f.; vgl. Schmidt-Räntsch, DRiG, Einleitung, Rn. 32, Vor § 8 Rn. 2: Dienst- und Treueverhältnis eigener Art; vgl. auch Detterbeck, in: Sachs, GG, Art. 98 Rn. 2.

ve[286], jene sind in eine Hierarchie eingeordnet, was mit der richterlichen Stellung nicht zu vereinbaren ist[287].

Die Begründung des Status, die Ernennung, erfolgt durch Verwaltungsakt[288] (§ 17 II Nr. 1 DRiG). Es lassen sich unterschiedliche Statusformen eines aktiven Richterverhältnisses unterscheiden. Möglich ist eine Berufung auf Lebenszeit, auf Zeit[289], auf Probe und kraft Auftrags (vgl. § 8 DRiG). Der Grundsatz ist die Berufung auf Lebenszeit (vgl. § 28 I DRiG); die anderen hier betrachteten Statusformen betreffen ein dem Richterverhältnis auf Lebenszeit vorgeschaltetes Dienstverhältnis[290]. Im Rahmen eines Richterverhältnisses auf Probe (vgl. § 12 DRiG) muss die Eignung für eine Einstellung auf Lebenszeit noch unter Beweis gestellt werden[291], als Richter kraft Auftrags kann ein Beamter auf Lebenszeit oder auf Zeit ernannt werden, wenn er später als Richter auf Lebenszeit verwendet werden soll (vgl. §§ 14 I, 16 I DRiG)[292]. Auch bei diesen Richtern handelt es sich um Berufsrichter[293].

II. Folgen der Verwirklichung einer Straftat

1. Straftatbegehung vor Begründung des Richterverhältnisses

Das Deutsche Richtergesetz enthält positive und negative Voraussetzungen hinsichtlich der Berufung in das Richterverhältnis, d.h. es werden explizit Ernennungserfordernisse (vgl. etwa § 9 Nr. 2 DRiG) sowie Rechtsfolgen beim Vorliegen bestimmter Tatbestandsmerkmale (vgl. etwa § 18 II Nr. 3 DRiG) normiert. Grundsätzlich gelten diese für alle betrachteten Statusformen und richten sich sowohl an Richter im Bundes- als auch an solche im Landesdienst; Abweichungen werden im Folgenden kenntlich gemacht. Sie werden hier - der Darstellung für Beamte entsprechend - absteigend nach der Intensität der Rechtsfolge bei fehlerhaften Ernennungen sortiert.

Eine Ernennung ist nichtig, wenn der Ernannte im Zeitpunkt der Ernennung nicht die Fähigkeit zur Bekleidung öffentlicher Ämter hatte (§ 18 II Nr. 3

---

286 Schmidt-Räntsch, DRiG, Einleitung, Rn. 32.

287 Vgl. näher Schmidt-Räntsch, DRiG, Vor § 8 Rn. 2; vgl. auch Leinemann, BB 1997, 2322 (2325), unter Verweis auf die persönliche und sachliche Unabhängigkeit.

288 Schmidt-Räntsch, DRiG, § 17 Rn. 4.

289 Das Richterverhältnis auf Zeit wird hier nicht betrachtet, es handelt sich um einen besonderen Status (vgl. § 11 DRiG).

290 Schmidt-Räntsch, DRiG, Einleitung, Rn. 34f.

291 Schmidt-Räntsch, DRiG, § 8 Rn. 6.

292 Vgl. zu dem Erprobungsverhältnis BFH, U.v. 22.08.1968 (IV R 199/66), juris, Rn. 1.

293 Gerner/Decker/Kauffmann, DRiG, § 1 Rn. 11.

DRiG). Der Verlust der Amtsfähigkeit erfolgt automatisch bei einer Verurteilung wegen eines Verbrechens zu einer Freiheitsstrafe von mindestens einem Jahr sowie aufgrund besonderer straf- bzw. bundesverfassungsgerichtlicher Aberkennung (vgl. 2. Teil. A. II. 1. a.).

Weiter gibt es zwei ex tunc wirkende[294] obligatorische Rücknahmegründe mit Bezug zur Verwirklichung von Straftaten. Zum einen lässt sich hierunter der Rücknahmetatbestand fassen, der voraussetzt, dass nicht bekannt war, dass der Ernannte ein Verbrechen oder Vergehen begangen hatte, das ihn der Berufung in das Richterverhältnis unwürdig erscheinen lässt, und er deswegen rechtskräftig zu einer Strafe verurteilt war oder wird (§ 19 I Nr. 4 DRiG). Bei dem Begriff der Unwürdigkeit handelt es sich zwar um einen konkretisierungsbedürftigen unbestimmten Rechtsbegriff, jedoch findet sich eine vergleichbare Normierung im Beamtenrecht (vgl. § 14 I Nr. 2 BBG). Die Ausführungen hierzu (vgl. 2. Teil A. II. 1. b.) können - unter Berücksichtigung der Besonderheiten - auf die Gruppe der Richter übertragen werden; dies erscheint aufgrund der spärlichen Literatur und Rechtsprechung für diesen Bereich sinnvoll. Auch hier soll eine Straftat, die bei einem bestehenden Richterverhältnis zwingend zu dessen Beendigung führt, bereits die Unwürdigkeit auf der Ebene der Ernennungsentscheidung begründen[295]. Hinsichtlich weiterer vorsätzlicher Straftaten wird abgestellt auf die Funktion des Richters und seine Integrität - diese ist besonders betroffen bei Straftaten mit Bezug zur Rechtspflege und solchen, bei denen das staatliche Handeln fehlgelenkt oder behindert wird - sowie auf die Schwere von Delikten ohne Berufsbezug; Fahrlässigkeitstaten sollen nur unter besonderen Umständen Unwürdigkeit begründen[296]. Insgesamt ist es eine Frage des Einzelfalls, wann strafbares Verhalten zur Qualifizierung des Betreffenden als unwürdig führt. Bezüglich der Ausfüllung des Begriffs besteht kein Beurteilungsspielraum der Behörde; zwar werde in gewissem Umfang eine Prognose vorgenommen, im Kern gehe es aber um eine Wertung[297].

Zum anderen hat die Rücknahme der Ernennung zu erfolgen, wenn diese durch die unlauteren Mittel des Zwangs, der arglistigen Täuschung oder der Bestechung herbeigeführt wurde (§ 19 I Nr. 3 DRiG). Sie nimmt hinsichtlich der zeitlichen Einordnung eine Sonderstellung ein, weil das u.U. strafrechtlich rele-

---

294 Schmidt-Räntsch, DRiG, § 19 Rn. 2.

295 Vgl. Schmidt-Räntsch, DRiG, § 19 Rn. 12, unter Bezug auf § 24 DRiG, die Regelung entspricht der Vorschrift des § 41 BBG; Gerner/Decker/Kaufmann, DRiG, § 19 Rn. 5, stellen daher auf die Höhe der verhängten Strafe ab.

296 Vgl. hierzu ausführlich Schmidt-Räntsch, DRiG, § 19 Rn. 12, unter Verwendung von auf das Beamtenrecht bezogene Gerichtsentscheidungen.

297 Vgl. Schmidt-Räntsch, DRiG, § 19 Rn. 14.

vante Verhalten[298] nicht vor, sondern bei der Ernennung erfolgt (vgl. 2. Teil A. II. 1. c.).

Schließlich kann[299] eine Rücknahme der Ernennung dann erfolgen, wenn nicht bekannt war, dass der Ernannte in einem gerichtlichen Verfahren aus dem Dienst oder Beruf entfernt worden war (§ 19 II DRiG). Die erste Alternative betrifft die disziplinare Entfernung aus dem Dienst in der Vergangenheit (vgl. 2. Teil B. II. 2. a. bb.). Unter die zweite Alternative wird die dauerhafte Untersagung der Ausübung des Berufs durch eine berufsgerichtliche Entscheidung subsumiert. Erfasst sind aber nicht etwa die Rücknahme oder der Widerruf einer Zulassung zur Rechtsanwaltschaft, denn diese Maßnahmen betreffen nur die konkret erteilte Zulassung[300]; sie erfolgen durch die Rechtsanwaltskammer. Die vorangegangenen Entscheidungen müssen nicht notwendigerweise rechtskräftig sein[301] und kommen bei einem auch strafrechtlich relevanten Verhalten in Betracht (vgl. beispielsweise für Rechtsanwälte 3. Teil A. II. 2. b.).

Da sowohl die Nichtigkeits-[302] als auch die Rücknahmeregelung[303] abschließend sind, ist die Ernennung wirksam, auch wenn die im Folgenden genannten weiteren Voraussetzungen zu diesem Zeitpunkt nicht vorlagen. Zum einen gilt dies für die notwendige Gewähr der Verfassungstreue (vgl. § 9 Nr. 2 DRiG), wobei dieses Merkmal nur einen mittelbaren Bezug zu strafbarem Verhalten besitzt (vgl. 2. Teil A. II. 1. f.). Außerdem betrifft es das - unter Verweis auf unterschiedliche Normen angenommene - Erfordernis der Eignung[304] (vgl. hierzu 2. Teil A. II. 1. e.).

---

298 Vgl. zum strafrechtlichen Bezug der arglistigen Täuschung Schmidt-Räntsch, DRiG, § 19 Rn. 8.

299 Vgl. Schmidt-Räntsch, DRiG, § 19 Rn. 14; Staats, DRiG, § 19 Rn. 5: Ermessen.

300 Vgl. Staats, DRiG, § 19 Rn. 5.

301 Staats, DRiG, § 19 Rn. 5.

302 Vgl. Schmidt-Räntsch, DRiG, § 18 Rn. 2: auch die Landesgesetzgebung kann keine weiteren Nichtigkeitsgründe vorsehen.

303 Vgl. Schmidt-Räntsch, DRiG, § 19 Rn. 2: auch landesrechtlich können keine weiteren Rücknahmegründe vorgesehen werden.

304 Schmidt-Räntsch, DRiG, § 9 Rn. 26; vgl. auch Silberkuhl, in: Franke/Weiß, GKÖD, § 9 DRiG Rn. 23f.; für Hessen vgl. § 8 HRiG.

2. Straftatbegehung nach Begründung des Richterverhältnisses

a. Richterverhältnis auf Lebenszeit

aa. Beendigung aufgrund des Deutschen Richtergesetzes

Die Beendigung des Richterverhältnisses nach § 24 DRiG ist direkt mit der Begehung von Straftaten verknüpft. Wird durch das Urteil[305] eines deutschen Gerichts erkannt auf Freiheitsstrafe von mindestens einem Jahr wegen einer vorsätzlichen Tat (Nr. 1), Freiheitsstrafe wegen einer vorsätzlichen Tat, die nach den Vorschriften über Friedensverrat, Hochverrat, Gefährdung des demokratischen Rechtsstaats oder Landesverrat und Gefährdung der äußeren Sicherheit strafbar ist (Nr. 2), Aberkennung der Fähigkeit zur Bekleidung öffentlicher Ämter (Nr. 3) oder Verwirkung eines Grundrechts gemäß Art. 18 GG (Nr. 4), endet das Richterverhältnis mit Rechtskraft des Urteils, ohne dass es einer weiteren gerichtlichen Entscheidung bedarf. Diese Beendigungsgründe entsprechen im Grundsatz denen des § 41 BBG (vgl. hierzu 2. Teil A. II. 2. a. aa.), weswegen die Grundsätze des Beamtenrechts übertragbar sind[306].

Der Verlust der Rechtsstellung erfolgt automatisch. Für die Richter im Bundesdienst ist eine schriftliche Mitteilung vorgesehen (vgl. § 1 IV der Durchführungsbestimmungen zur Anordnung des Bundespräsidenten über die Ernennung und Entlassung der Beamtinnen, Beamten, Richterinnen und Richter des Bundes), für Richter im Landesdienst richtet sich ein mögliches Erfordernis nach Landesrecht. Umstritten ist, ob es sich bei der Mitteilung um einen Verwaltungsakt handelt[307]; dies ist, parallel zur Situation für Beamte, abzulehnen.

bb. Beendigung aufgrund Disziplinarrechts

Hinsichtlich des Disziplinarrechts sind für Richter im Bundesdienst und Richter im Landesdienst unterschiedliche rechtliche Vorgaben maßgeblich.

Das Deutsche Richtergesetz enthält für Richter im Bundesdienst nur wenige disziplinarrechtliche Vorschriften (vgl. § 63ff. DRiG). Weder das materielle Disziplinarrecht, d.h. das Dienstvergehen, noch das formelle Disziplinarrecht, d.h. Disziplinarverfahren und -maßnahmen, werden vollständig geregelt[308]. Für das Disziplinarverfahren gelten die Vorschriften des Bundesdisziplinargesetzes sinngemäß (vgl. § 63 I DRiG). Gegen einen Richter im Bundesdienst kann die

---

305 Ein Strafbefehl reicht nicht aus, vgl. Staats, DRiG, § 24 Rn. 2.

306 Schmidt-Räntsch, DRiG, § 24 Rn. 2.

307 Verneinend Schmidt-Räntsch, DRiG, § 24 Rn. 8; a.A. trotz des deklaratorischen Charakters Gerner/Decker/Kauffmann, DRiG, § 24 Rn. 9.

308 Schmidt-Räntsch, DRiG, Vor § 63 Rn. 1.

Maßnahme der Entfernung aus dem Richterverhältnis verhängt werden (vgl. § 63 I DRiG i.V.m. §§ 5 I, 10 BDG)[309].

Bezüglich des Dienstvergehens sind, sofern nichts Abweichendes normiert ist, die Regelungen des Bundesbeamtengesetzes entsprechend anwendbar (vgl. § 46 DRiG). So gelten beispielsweise die Definition des Dienstvergehens (§ 77 I BBG)[310] und die allgemeinen Pflichten innerhalb und außerhalb des Amtes[311] auch für Richter. Damit stimmt das materielle Disziplinarrecht für Richter im Bundesdienst und für Bundesbeamte im Wesentlichen überein[312]. In §§ 38ff. DRiG werden besondere Pflichten für Richter normiert; die Pflicht zur Unabhängigkeit (§ 39 DRiG) könnte etwa bei Bestechlichkeit oder beleidigenden Äußerungen[313] betroffen sein. Wichtig für das Richterdisziplinarrecht ist allerdings, dass aufgrund der richterlichen Unabhängigkeit der Inhalt einer richterlichen Entscheidung nur dann disziplinarisch geahndet werden kann, wenn eine strafrechtlich relevante Rechtsbeugung (§ 339 StGB) zu bejahen ist[314].

Erfüllt ein strafbares Verhalten gleichzeitig den Tatbestand eines Dienstvergehens, ist fraglich, ob die Maßnahme der Entfernung aus dem Richterverhältnis verhängt wird. Der Richter wird aus dem Dienst entfernt, wenn diese Disziplinarmaßnahme zur Sicherung der Funktionsfähigkeit des öffentlichen Dienstes erforderlich ist[315]. Dies ist dann der Fall, wenn das Vertrauen des Dienstherrn oder der Allgemeinheit in die Amtsführung des Richters unheilbar zerstört ist[316] bzw. das Dienstvergehen einen so großen Ansehensverlust bewirkt hat, dass eine Weiterverwendung des Richters die Integrität des Richtertums unzumutbar belasten würde[317]. Insoweit sind die Bemessungsgrundsätze des § 13 BDG aufgrund der Verweisungsvorschrift des § 63 DRiG auf das Richterdisziplinarrecht übertragbar[318].

309 Schmidt-Räntsch, DRiG, § 64 Rn. 3; nach Staats, DRiG, § 46 Rn. 5, gilt dies aufgrund § 46 DRiG i.V.m. § 5 I BDG.

310 Schmidt-Räntsch, DRiG, Vor § 63 Rn. 3.

311 Schmidt-Räntsch, DRiG, Vor § 63 Rn. 6; näher Schmidt-Räntsch, DRiG, § 46 Rn. 34a, b, 37, 41, 45; vgl. auch Silberkuhl, in: Franke/Weiß, GKÖD, § 46 DRiG Rn. 14ff.

312 Schmidt-Räntsch, DRiG, Vor § 63 Rn. 1.

313 Vgl. zu diesen näher Silberkuhl, in: Franke/Weiß, GKÖD, § 39 DRiG Rn. 11.

314 Gerner/Decker/Kauffmann, DRiG, § 63 Rn. 3.

315 BVerfG, JZ 2005, 411 (413).

316 BGH, NJW 2004, 2910 (2910).

317 BVerfG, JZ 2005, 411 (413); vgl. auch DienstG des LG Düsseldorf, NJW-RR 2001, 500 (502).

318 Schmidt-Räntsch, DRiG, Vor § 63 Rn. 26.

Weil Richterdisziplinarverfahren sehr selten sind und eine Entfernung aus dem Dienst die Ausnahme ist[319], hat sich keine derart differenzierte Rechtsprechung hinsichtlich der Verhängung dieser Maßnahme wie für den Bereich des Beamtendisziplinarrechts herausgebildet. Eine Entscheidung des BGH verweist auf eine regelmäßige Zerstörung des Vertrauensverhältnisses bei Betrug[320], was die Schlussfolgerung ermöglicht, dass sich auch für den Bereich des Richterdisziplinarrechts Regelfälle entwickelt haben bzw. entwickeln können. Dennoch sind immer die Umstände des Einzelfalls entscheidend, ob diese Maßnahme verhängt wird[321]. Betrachtet wird etwa, ob das Eigengewicht der Tat besonders hoch ist, weitere erhebliche Verfehlungen zu bejahen sind und durchgreifende Milderungsgründe fehlen, wobei keine Beschränkung auf anerkannte Milderungsgründe erfolgt[322]. Allgemein sind entscheidend die Schwere der Verfehlung und das Ausmaß der Gefährdung dienstlicher Belange bei einer Weiterverwendung[323]. Weitere Spezifizierungen wurden etwa dergestalt entwickelt, dass ein Versagen im Kernbereich richterlicher Aufgaben besonders schwerwiegend[324] und die Höhe der verhängten Strafe nicht ausschlaggebend ist[325]. Außerdem soll eine Entfernung aus dem Richterverhältnis aufgrund außerdienstlichen Verhaltens nur ausnahmsweise in Betracht kommen. Die Konkretisierung dahingehend, dass dies besonders bei strafrechtlich relevantem Verhalten der Fall sein soll[326], ist für diese Untersuchung jedoch lediglich bedingt hilfreich, denn nur solches Verhalten wird betrachtet.

Für Richter im Landesdienst treffen die Bundesländer hinsichtlich des Disziplinarverfahrens entsprechende Normierungen (vgl. näher § 83 S. 1 DRiG, für Hessen vgl. §§ 60 ff. HRiG). In Bezug auf das materielle Disziplinarrecht wird auf die Regelungen des Beamtenstatusgesetz verwiesen (vgl. § 71 DRiG); diese werden nicht weiter betrachtet, da dies an dieser Stelle zu weit führen würde.

cc. Beendigung wegen eines Richteranklageverfahrens

Außerdem kann ein Richteranklageverfahren zu einer Beendigung des Richterverhältnisses führen (vgl. Art. 98 II GG). Voraussetzung ist, dass ein Richter im

319 Gärditz, JZ 2005, 414 (414); vgl. aber DienstG des LG Düsseldorf, NJW-RR 2001, 500ff.

320 BGH, NJW 2004, 2910 (2911).

321 BGH, NJW 2004, 2910 (2911).

322 BGH, NJW 2004, 2910 (2911), unter Verweis auf die Rechtsprechung des BVerwG.

323 BVerfG, JZ 2005, 411 (413).

324 BVerfG, JZ 2005, 411 (413).

325 BGH, NJW 2004, 2910 (2911).

326 BVerfG, JZ 2005, 411 (413).

Bundesdienst - auf Lebenszeit[327] - im Amt oder außerhalb des Amtes vorsätzlich gegen die Grundsätze des Grundgesetzes oder gegen die verfassungsmäßige Ordnung eines Landes verstößt. Da das Verfahren den Schutz der freiheitlichen demokratischen Grundordnung bezweckt, sind die Begriffe der Grundsätze des Grundgesetzes und der verfassungsmäßigen Ordnung in dieser Weise zu interpretieren[328]. Sanktioniert ist nicht jede Missachtung, erforderlich ist eine aggressiv-kämpferische Haltung[329]. Ansonsten kann auf die beamtenrechtlichen Ausführungen zur Verfassungstreue verwiesen werden (vgl. 2. Teil A. II. 1. f.), d.h. es besteht eher ein mittelbarer Zusammenhang mit der Begehung von Straftaten. Zu einer Richteranklage ist es bislang nicht gekommen[330]. Gründe hierfür sind wohl die Tatbestandsvoraussetzungen an sich, das Bestehen anderer, einfacherer Sanktionsmöglichkeiten bei richterlichem Fehlverhalten sowie die prozessualen Hürden einer Richteranklage (vgl. §§ 58ff. BVerfGG).

Für Landesrichter kann durch die Länder eine entsprechende Regelung getroffen werden (Art. 98 V 1 GG). Nach der Hessischen Verfassung kann der Hessische StGH über den Verlust des Amtes sowie die Entlassung entscheiden, wenn der Richter nach seiner Persönlichkeit und richterlichen Tätigkeit nicht (mehr) die Gewähr dafür bietet, dass er sein Amt im Geiste der Demokratie und des sozialen Verständnisses ausüben wird (Art. 127 II, IV HV). Die Vorschrift weicht damit vom Wortlaut des Art. 98 II GG ab; sie besitzt einen weiteren Umfang[331]. Wegen der praktischen Bedeutungslosigkeit der Richteranklage ist die Auseinandersetzung, ob Abweichungen von Art. 98 II GG auf Landesebene grundgesetzwidrig oder aufgrund von Art. 98 V 2 GG - hiernach bleibt geltendes Landesverfassungsrecht unberührt - zulässig sind[332], rein akademischer Natur geblieben[333]. Die Entscheidung des Hessischen StGH, dass er nicht mehr die Möglichkeit hat, einen Richter nach Art. 127 IV HV seines Amtes für verlustig

---

327 Thomas, Richterrecht, S. 95. Die obersten Bundesgerichte sind ohnehin nicht mit Richtern auf Probe und kraft Auftrags besetzt (in den entsprechenden Gerichtszweigen ist ihre Verwendung nur in den unteren Instanzen vorgesehen, vgl. §§ 22 V, 59 III GVG, § 17 VwGO, § 15 FGO, § 18 VII ArbGG, § 11 III SGG), vgl. zu den anderen Gerichten des Bundes aber §§ 65 III, 71 I 1 PatG sowie § 71 III 1 WDO, hier ist die Verwendung von Richtern kraft Auftrags möglich.

328 Detterbeck, in: Sachs, GG, Art. 98 Rn. 13; vgl. auch Thomas, Richterrecht, S. 95f.; vgl. aber Lechner/Zuck, BVerfGG, Vor § 58 Rn. 7: dieser Begriff ist weiter.

329 Detterbeck, in: Sachs, GG, Art. 98 Rn. 14; Meyer, in: von Münch/Kunig, GG, Art. 98 Rn. 9.

330 Schmidt-Räntsch, in: Gaier/Wolf/Göcken, Anwaltliches Berufsrecht, § 7 BRAO Rn. 27; Detterbeck, in: Sachs, GG, Art. 98 Rn. 12: bislang keine praktische Bedeutung.

331 Thomas, Richterrecht, S. 96f.

332 Bejahend Schulze-Fielitz, in: Dreier, GG, Art. 98 Rn. 36.

333 Sodan, in: Isensee/Kirchhof, HB des Staatsrechts, § 113 Rn. 7.

zu erklären[334], bezieht sich allein auf seine Zuständigkeit, die in jedem Fall auf das BVerfG übergeht (vgl. Art. 98 V 3 GG)[335]. Ganz überwiegend wird für Hessen aufgrund der vorkonstitutionellen Regelung trotz abweichender Voraussetzungen die Möglichkeit der Richteranklage nach Art. 127 IV GG bejaht[336], wobei das BVerfG seiner Entscheidung einschlägiges Landesverfassungsrecht zugrunde legt[337]. Überlegenswert erscheint, ob eine inhaltliche Anpassung der Vorschrift der Hessischen Verfassung an die des Grundgesetzes erfolgen sollte[338].

b. Richterverhältnis auf Probe und kraft Auftrags

Der Beendigungstatbestand des § 24 DRiG gilt für alle Richterverhältnisse. Ansonsten weicht die Situation hinsichtlich der Beendigung des Status für Richter auf Probe und kraft Auftrags von der für Richter auf Lebenszeit ab. Sie können nicht in einem Disziplinarverfahren aus dem Dienst entfernt werden (vgl. § 63 I DRiG i.V.m. § 5 III 1 BDG[339] bzw. § 67 I HRiG) und auch ein Richteranklageverfahren nach Art. 98 II GG ist nicht möglich. Allerdings existieren für Richter auf Probe weitere für die Untersuchung relevante Entlassungstatbestände (§ 22 DRiG). Diese gelten entsprechend für Richter kraft Auftrags (vgl. § 23 DRiG), daher werden diese Richtergruppen gemeinsam betrachtet. Indes enthält die maßgebliche Entlassungsvorschrift bestimmte zeitliche Abstufungen. Da ein Richter kraft Auftrags spätestens zwei Jahre nach seiner Ernennung als Richter auf Lebenszeit zu ernennen oder einem Richterwahlausschuss zur Wahl vorzuschlagen ist (§ 16 I 1 DRiG), können die Tatbestände teilweise nicht eingreifen.

Für die Rechtmäßigkeit der Entlassung ist grundsätzlich der Zeitpunkt der letzten Behördenentscheidung maßgeblich[340].

---

334 StGH Hessen, B.v. 09.12.1992 (P. St. 1140), juris, Rn. 6.

335 Denninger, in: Benda/Maihofer/Vogel, HB des Verfassungsrechts, § 16 Rn. 67.

336 Schulze-Fielitz, in: Dreier, GG, Art. 98 Rn. 18; Gehb, Hessischer Staatsgerichtshof, S. 113; Pestalozza, VerfPrR, § 27 Rn. 8; Lechner/Zuck, BVerfGG, Vor 58 Rn. 10; Reh, in: Zinn/Stein, Verfassung des Landes Hessen, Art. 127, 128 S. 19.

337 Maunz, in: Maunz/Schmidt-Bleibtreu/Klein/Bethge, BVerfGG, § 62 Rn. 2; vgl. auch Lechner/Zuck, BVerfGG, Vor § 58 Rn. 10; Hinkel, Verfassung des Landes Hessen, Art. 127.

338 Gehb, Hessischer Staatsgerichtshof, S. 114, lässt dies offen.

339 Vgl. zum Richter kraft Auftrags auch Schmidt-Räntsch, DRiG, § 15 Rn. 7.

340 BGH, U.v. 10.07.1996 (RiZ (R) 3/95), juris, Rn. 24, zu § 22 I DRiG, danach eintretende Umstände sind prinzipiell unbeachtlich, außer sie lassen „ausnahmsweise den Entlassungssachverhalt rückblickend in einem anderen Licht erscheinen".

aa. Beendigung wegen eines sachlichen Grundes

Zunächst besteht eine Entlassungsmöglichkeit zum Ablauf des sechsten, zwölften, achtzehnten oder vierundzwanzigsten Monats nach der Ernennung, ohne dass diese an weitere Voraussetzungen geknüpft wird (§ 22 I [i.V.m. § 23] DRiG). Mithin ist eine Entlassung ohne besonderen Grund[341] - anders formuliert: aus jedem sachlichen Grund[342] - zulässig. Hierfür sind etwa (ernstliche) Zweifel an der erforderlichen Eignung ausreichend[343]. Es handelt sich um eine Entscheidung wertender Art mit gerichtlich nur beschränkt überprüfbarem Beurteilungsspielraum[344]. Auch andere Gründe in der Person des Richters können relevant werden, wobei alle Umstände gegeneinander abzuwägen sind[345]. Die Begehung einer Straftat kann zu Zweifeln an der Eignung des Richters führen (vgl. schon 2. Teil A. II. 1. e.) und einen für die Entlassung erforderlichen sachlichen Grund darstellen.

Nach dem Wortlaut der Vorschrift wird der entscheidenden Stelle Ermessen[346] eingeräumt. Dieses wird unter bestimmten Umständen mehr oder minder deutlich reduziert. So wird beim Vorliegen ernstlicher Zweifel an der Eignung ein Ermessensspielraum prinzipiell abgelehnt[347] bzw. auf eine regelmäßige Ermessensreduktion hingewiesen, wenn die mangelnde Eignung oder ernstliche Zweifel an dieser feststehen[348].

bb. Beendigung aufgrund mangelnder Eignung

Zum Ablauf des dritten oder vierten Jahres nach der Ernennung kann eine Entlassung aufgrund mangelnder Eignung für das Richteramt erfolgen (§ 22 II Nr. 1 DRiG). Sachlich bestehen keine Unterschiede zwischen der mangelnden Bewährung des Beamtenrechts und der für das Richterrecht maßgeblichen Nichteig-

---

341 Schmidt-Räntsch, DRiG, § 22 Rn. 6.

342 BGH, U.v. 13.05.1977 (RiZ (R) 7/76), juris, Rn. 11; BGH, U.v. 10.07.1996 (RiZ (R) 3/95), juris, Rn. 27; BGHZ 78, 93 (98); BGH, NJW-RR 2007, 279 (281).

343 BGH, U.v. 13.05.1977 (RiZ (R) 7/76), juris, Rn. 11; BGH, U.v. 10.07.1996 (RiZ (R) 3/95), juris, Rn. 27; BGH, U.v. 02.02.2000 (RiZ (R) 3/99), juris, Rn. 19; BGH, NJW-RR 2007, 279 (281).

344 BGH, U.v. 13.05.1977 (RiZ (R) 7/76), juris, Rn. 11; BGH, NJW-RR 2007, 279 (281).

345 Schmidt-Räntsch, DRiG, § 22 Rn. 8.

346 Vgl. BGH, U.v. 13.05.1977 (RiZ (R) 7/76), juris, Rn. 12; Staats, DRiG, § 22 Rn. 2; Gerner/Decker/Kauffmann, DRiG, § 22 Rn. 6.

347 DGH für Richter bei dem OLG Naumburg, B.v. 26.11.1998 (DGH 1/98), juris, Rn. 25 m.w.N.

348 Vgl. näher Schmidt-Räntsch, DRiG, § 22 Rn. 8.

nung[349]. Ausreichend sind ernstliche Zweifel an der Eignung[350], wobei diese schlechthin überprüft wird, d.h. keine Differenzierung im Hinblick auf das konkret in Aussicht genommene Richteramt erfolgt[351]. Bei der Eignungsbeurteilung handelt es sich um einen sog. Akt wertender Erkenntnis[352] und die entscheidende Stelle besitzt einen nur beschränkt gerichtlicher Nachprüfung unterliegenden Beurteilungsspielraum[353].

Der Wortlaut der Norm deutet auf Ermessen hin; dieses soll aber auf eine Verpflichtung zur Entlassung reduziert sein, wenn der Dienstherr unter Abwägung aller Umstände zu dem Ergebnis kommt, dass der Betroffene nicht geeignet ist[354].

cc. Beendigung wegen eines Dienstvergehens

Gegen Richter auf Probe und kraft Auftrags findet kein gerichtliches Disziplinarverfahren statt, ein solches ist allerdings für die Entfernung aus dem Richterverhältnis notwendig.

Möglich ist aber die Entlassung wegen eines Dienstvergehens aufgrund richterdienstrechtlicher Entscheidung[355] bei einem Verhalten, das bei Richtern auf Lebenszeit eine im gerichtlichen Disziplinarverfahren zu verhängende Disziplinarmaßnahme zur Folge hätte (§ 22 III [i.V.m. § 23] DRiG). Durch Disziplinarverfügung kann lediglich ein Verweis erteilt werden (vgl. § 64 I DRiG bzw. § 60 III HRiG). Daher kann der Richter auf Probe bzw. kraft Auftrags bereits entlassen werden, wenn eine Geldbuße - also die zweitleichteste Disziplinarmaßnahme - verhängt werden würde. Für das Richterdisziplinarrecht hat sich keine derart umfassende Regelrechtsprechung wie im Beamtendisziplinarrecht dazu herausgebildet, wann die jeweiligen Maßnahmen verhängt werden. Dieser Frage-

---

349 BGH, U.v. 07.05.2009 (RiZ (R) 1/08), juris, Rn. 35; BGH, U.v. 24.11.1970 (RiZ (R) 1/69), juris, Rn. 10; Schmidt-Räntsch, DRiG, § 22 Rn. 10; Gerner/Decker/Kauffmann, DRiG, § 22 Rn. 9.

350 Staats, DRiG, § 22 Rn. 4.

351 BGH, NJW 1999, 2528 (2529); Schmidt-Räntsch, DRiG, § 22 Rn. 10.

352 BGH, U.v. 24.09.2009 (RiZ (R) 6/08), juris, Rn. 23; BGH, U.v. 20.06.2001 (RiZ (R) 1/00), juris, Rn. 30.

353 Schmidt-Räntsch, DRiG, § 22 Rn. 11; Staats, DRiG, § 22 Rn. 5; vgl. auch BGH, U.v. 24.11.1970 (RiZ (R) 1/69), juris, Rn. 10; BGH, U.v. 26.08.1991 (RiZ (R) 7/90), juris, Rn. 13.

354 Vgl. Schmidt-Räntsch, DRiG, § 22 Rn. 9: außer es liegen besondere Umstände vor; BGH, U.v. 24.09.2009 (RiZ (R) 6/08), juris, Rn. 29 (bezieht sich auf die Entlassung zum Ablauf des vierten Jahres nach der Ernennung); offen gelassen durch BGH, U.v. 07.05.2009 (RiZ (R) 1/08), juris, Rn. 42.

355 BGH, U.v. 05.07.2007 (RiZ (R) 1/07), juris, Rn. 24.

stellung soll hier auch nicht weiter nachgegangen werden. Wesentlich ist, dass die Schwelle hinsichtlich eines Verlusts der Rechtsstellung für Richter auf Probe bzw. kraft Auftrags wegen eines Dienstvergehens erheblich niedriger liegt als für Richter auf Lebenszeit.

Die Entlassung erfolgt aufgrund einer Abwägung im Einzelfall („kann“)[356]. Im Ermessen soll der Ablauf der Statusdienstzeit (vgl. § 12 II 1 DRiG) zu berücksichtigen sein[357].

III. Entscheidende Stellen

Für Richter auf Lebenszeit bestehen die Besonderheiten, dass die Nichtigkeit der Ernennung erst geltend gemacht werden kann, nachdem ein Gericht sie rechtskräftig festgestellt hat (vgl. § 18 III DRiG), und die Rücknahme der Ernennung ohne schriftliche Zustimmung nur aufgrund rechtskräftiger richterlicher Entscheidung möglich ist (§ 19 III DRiG). Für Richter im Bundesdienst entscheidet hierüber das Dienstgericht des Bundes endgültig (§ 62 I Nr. 3 a), b) DRiG). Dieses Gericht besitzt außerdem die Zuständigkeit für Disziplinarsachen (§ 62 I Nr. 1 DRiG). Bei dem Dienstgericht des Bundes handelt es sich um einen besonderen Senat des BGH (§ 61 I DRiG) und damit um kein organisatorisch selbständiges Gericht[358]. Es verhandelt und entscheidet in der Besetzung mit einem Vorsitzenden und zwei ständigen Beisitzern, die dem BGH, sowie zwei nichtständigen Beisitzern, die dem Gerichtszweig des betroffenen Richters jeweils als Richter auf Lebenszeit angehören (§ 61 II 1, 2 DRiG). Bei Streitigkeiten hinsichtlich der automatischen Beendigung des Richterverhältnisses (vgl. § 24 DRiG) ist umstritten, ob das Dienstgericht[359] oder das Verwaltungsgericht[360] zuständig ist. Für eine Kompetenz des Dienstgerichts spricht, dass eine umfassende Regelung bezweckt wurde. Über eine Richteranklage entscheidet das BVerfG (Art. 98 II, V 3 GG).

Hinsichtlich der Dienstgerichte der Länder enthält das Deutsche Richtergesetz bestimmte Vorgaben für den Landesgesetzgeber (vgl. §§ 77ff. DRiG, §§ 49ff. HRiG). Wesentlich ist, dass auf Landesebene mehrere Instanzen vorgesehen sind. Das Hessische Dienstgericht (§ 49 I HRiG) besitzt dem Dienstgericht

---

356 Schmidt-Räntsch, DRiG, § 22 Rn. 13; vgl. auch BGH, U.v. 05.07.2007 (RiZ (R) 1/07), juris, Rn. 24.

357 BGH, U.v. 30.03.1987 (RiZ (R) 6/86), Rn. 8, unter Verweis auf das Beamtenrecht.

358 Vgl. näher Schmidt-Räntsch, DRiG, § 61 Rn. 4.

359 Vgl. Gerner/Decker/Kauffmann, DRiG, § 62 Rn. 13, § 24 Rn. 9; vgl. auch Silberkuhl, in: Franke/Weiß, GKÖD, § 62 DRiG Rn. 6, 10 (vgl. aber § 24 DRiG Rn. 9).

360 Vgl. Schmidt-Räntsch, DRiG, § 24 Rn. 8.

des Bundes entsprechende Zuständigkeiten (§ 50 Nr. 3a), b), Nr. 1 HRiG), der Hessische Dienstgerichtshof (§ 49 I HRiG) ist für die hier interessierenden Verfahren zulassungsfreie[361] Berufungsinstanz (§ 51 Nr. 1 HRiG). Die genannten Gerichte sind an das LG bzw. das OLG Frankfurt am Main angegliedert (§ 49 II HRiG). Das Dienstgericht des Bundes ist Revisionsinstanz (§ 62 II DRiG), wobei die Revision bei Entscheidungen über Nichtigkeit und Rücknahme der Ernennung stets (§ 68 I, II HRiG, §§ 79 II, 80 II DRiG), bei einer Disziplinarmaßnahme unter bestimmten Voraussetzungen (§ 63 HRiG i.V.m. § 81 DRiG) zuzulassen ist. Das Dienstgericht entscheidet in der Besetzung mit einem Vorsitzenden und einem ständigen und einem nichtständigen Beisitzer (§ 57 I HRiG), wobei der nichtständige Beisitzer dem Gerichtszweig des betroffenen Richters angehören soll (§ 57 II HRiG). Für den Dienstgerichtshof wirken der Vorsitzende sowie zwei ständige und zwei nichtständige Beisitzer mit, auch hier sollen die nichtständigen Beisitzer dem Gerichtszweig des betroffenen Richters angehören (vgl. § 59 I, II HRiG). Von der interessanten Möglichkeit, durch Landesrecht Rechtsanwälte als nichtständige Beisitzer vorzusehen (§ 77 IV DRiG)[362], hat der hessische Gesetzgeber damit keinen Gebrauch gemacht.

Die Entlassung eines Richters auf Probe bzw. kraft Auftrags im Bundesdienst nach § 22 (i.V.m. § 23) DRiG erfolgt aufgrund einer Entlassungsverfügung. Über eine Anfechtung entscheidet - ebenso wie über Streitigkeiten hinsichtlich einer Rücknahme sowie einer Nichtigkeitsfeststellung - das Dienstgericht (vgl. § 62 I Nr. 4c) DRiG). Für Richter im Landesdienst entscheidet in diesen Fällen das Hessische Dienstgericht (§ 50 Nr. 4d) HRiG). Der Hessische Dienstgerichtshof ist Berufungsinstanz (§ 51 Nr. 1 HRiG) und die Revision an das Dienstgericht des Bundes ist gegen seine Urteile stets zuzulassen (§ 68 I, II HRiG, §§ 79 II, 80 II DRiG).

IV. Verhältnis der Tatbestände

1. Straftatbegehung vor Begründung des Richterverhältnisses

Da die Regelungen bezüglich der Straftatbegehung vor Begründung der Rechtsstellung für Richter denen für Beamte entsprechen, sind die dort angestellten Überlegungen (vgl. 2. Teil A. IV. 1.) übertragbar, d.h. prinzipiell stehen die Ernennungsvoraussetzungen nebeneinander; eine gewisse Reihenfolge ergibt sich durch die unterschiedlichen Rechtsfolgeregelungen.

361 Vgl. BGH, B.v. 04.10.2000 (RiZ (B) 5/99), juris, Rn. 13f., unter Verweis auf BGH, U.v. 29.03.2000 (RiZ (R) 4/99), juris, Rn. 26ff., zu der Rechtslage in Baden-Württemberg.

362 Vgl. hierzu ausführlich Wittreck, NJW 2004, 3011ff.

2. Straftatbegehung nach Begründung des Richterverhältnisses

Das Verhältnis zwischen dem Verlust des Status nach § 24 DRiG und der disziplinarischen Entfernung aus dem Richterverhältnis ist eindeutig. Erfolgte die automatische Beendigung, ist die Durchführung eines Disziplinarverfahrens nicht mehr notwendig und möglich, weil die Voraussetzung der bestehenden Rechtsstellung als Richter fehlt.

Von dem Verweis auf die sinngemäße Geltung der Regelungen des Bundesdisziplinargesetzes für das Disziplinarverfahren (§ 63 I DRiG) sind die Vorschriften zum Vorrang des Strafverfahrens umfasst (vgl. hierzu 2. Teil A. IV. 2.).

Zu klären bleibt, wie sich das Verhältnis zwischen Disziplinar- und Richteranklageverfahren darstellt. Zwar stehen die Verfahren grundsätzlich unabhängig nebeneinander[363]. Ein gewisser Vorrang des Richteranklageverfahrens[364] ergibt sich aber daraus, dass mit seiner Anhängigkeit vor dem BVerfG (also ab Einreichung eines Antrags des Bundestages, vgl. §§ 58 I, 49 I BVerfGG) ein anhängiges sachgleiches Disziplinarverfahren bis zur Beendigung dieses Verfahrens[365] ausgesetzt wird (§ 60 S. 1 BVerfGG). Weiter ist das Disziplinarverfahren nach Abschluss des Richteranklageverfahrens einzustellen, wenn das BVerfG auf eine mögliche Maßnahme (d.h. auf Entlassung aus dem Amt bzw. Anordnung der Versetzung in ein anderes Amt oder in den Ruhestand) erkennt, ansonsten (d.h. bei Freispruch bzw. Einstellung[366]) wird es fortgesetzt (§ 60 S. 2 BVerfGG) und die Maßnahme der Entfernung ist dann weiter möglich.

Außerdem soll für den Fall eines rechtskräftig abgeschlossenen Disziplinarverfahrens dieses wieder aufgenommen und eingestellt werden, wenn danach ein Richteranklageverfahren eingeleitet und eine vom gefundenen Ergebnis abweichende Maßnahme angeordnet wird, da die Entscheidung des BVerfG vorgehe[367]. Dies erscheint indes - insbesondere nach einer disziplinarischen Entfernung - fraglich, denn die Einleitung eines Richteranklageverfahrens gegen einen aus dem Amt geschiedenen Richter ist nicht mehr möglich[368].

---

363 Lechner/Zuck, BVerfGG, § 60 Rn. 1; Umbach, in: Umbach/Clemens/Dollinger, BVerfGG, § 60 Rn. 2, 4.

364 Lechner/Zuck, BVerfGG, § 60 Rn. 2; Umbach, in: Umbach/Clemens/Dollinger, BVerfGG, § 60 Rn. 4; Leibholz/Rupprecht, BVerfGG, § 60.

365 Lechner/Zuck, BVerfGG, § 60 Rn. 2.

366 Vgl. Lechner/Zuck, BVerfGG, § 59 Rn. 1, 60 Rn. 3; Leibholz/Rupprecht, BVerfGG, § 60; vgl. auch Umbach, in: Umbach/Clemens/Dollinger, BVerfGG, § 60 Rn. 12.

367 Umbach, in: Umbach/Clemens/Dollinger, BVerfGG, § 60 Rn. 13.

368 Leibholz/Rupprecht, BVerfGG, § 58 Rn. 1; vgl. auch Lechner/Zuck, BVerfGG, § 58 Rn. 2; vgl. auch Umbach, in: Umbach/Clemens/Dollinger, BVerfGG, § 58 Rn. 5.

Die Entlassung eines Richters auf Probe bzw. kraft Auftrags nach § 22 (i.V.m. § 23) DRiG ist nicht mehr möglich, wenn der Verlust des Status bereits nach § 24 DRiG automatisch erfolgte. Die Entlassungsmöglichkeiten nach § 22 I (i.V.m. § 23) DRiG und nach § 22 II Nr. 1 DRiG überschneiden sich nicht, denn die eine Vorschrift betrifft die ersten zwei Jahre, die andere Normierung die darauf folgenden zwei Jahre nach der Ernennung. Das Verhältnis dieser Tatbestände zur Entlassungsmöglichkeit wegen eines Dienstvergehens nach § 22 III (i.V.m. § 23) DRiG ist gesetzlich nicht geregelt. Die Tatbestände können sich überschneiden, weil sich die fehlende Eignung bzw. diesbezügliche Zweifel auch aus einem Dienstvergehen ergeben können. Grundsätzlich stehen die Entlassungsnormen selbständig nebeneinander; aufgrund der speziellen Regelung ist aber auf § 22 III DRiG zurückzugreifen, wenn ein Dienstvergehen den alleinigen Grund für die Entlassung darstellt.

C. Soldaten

I. Rechtliche Grundlagen

Von den zahlreichen Regelungen für Soldaten sind für diese Untersuchung das Soldatengesetz und die Wehrdisziplinarordnung relevant; eine Unterscheidung zwischen Bundes- und Landesebene ist nicht notwendig.

Auch Soldaten sind Angehörige des öffentlichen Dienstes[369], wobei es sich bei dem Wehrdienstverhältnis um ein gegenseitiges Treueverhältnis zum Staat (vgl. § 1 I 2 SG), aufgrund verfassungsrechtlicher Grundlagen aber nicht um ein Beamtenverhältnis[370] handelt. Soldaten haben kein Amt inne, sondern einen militärischen Status[371].

Soldat ist, wer aufgrund der Wehrpflicht oder freiwilliger Verpflichtung in einem Wehrdienstverhältnis steht (§ 1 I 1 SG). Da hier nur berufliche Stellungen wesentlich sind, beschränkt sich die Betrachtung auf Berufssoldaten und Soldaten auf Zeit[372].

Der Status als Soldat aufgrund freiwilliger Verpflichtung (vgl. § 1 II 1, 2 SG) wird durch Ernennung, d.h. durch Verwaltungsakt[373], begründet (§ 4 I Nr. 1

369 Scherer/Alff/Poretschkin, SG, § 1 Rn. 2.

370 Scherer/Alff/Poretschkin, SG, Vorbemerkungen Rn. 3.

371 Vogelgesang, in: Franke/Weiß, GKÖD, vor § 1 SG Rn. 3.

372 Vgl. zum Berufscharakter des Soldatenverhältnisses auf Zeit Scherer/Alff/Poretschkin, SG, § 1 Rn. 13; Walz, in: Walz/Eichen/Sohm, SG, § 1 Rn. 33.

373 Weniger, SG, § 1 Rn. 4, § 4 Rn. 2; Dau, WDO, § 1 Rn. 14; Scherer/Alff/Poretschkin, SG, § 4 Rn. 5.

SG: Berufung); beleuchtet wird nur das aktive Soldatenverhältnis. Gelten für Soldaten auf Lebenszeit und solche auf Zeit unterschiedliche Regelungen, wird an der entsprechenden Stelle darauf hingewiesen.

II. Folgen der Verwirklichung einer Straftat

1. Straftatbegehung vor Begründung des Soldatenverhältnisses

Das Soldatengesetz nennt bestimmte Voraussetzungs- und Hindernistatbestände hinsichtlich einer Berufung eines Berufssoldaten und Soldaten auf Zeit (vgl. §§ 37, 38 SG). Außerdem werden negative Voraussetzungen normiert. Damit sind verschiedene Entlassungsgründe gemeint, die sich auf vergangenes Verhalten beziehen, die aber nicht mit den angeführten Voraussetzungen und Hindernissen verknüpft sind. Das Soldatengesetz sieht für die hier interessierenden Fälle fehlerhafter Ernennungen keine unterschiedlichen Beendigungsmöglichkeiten vor. Möglich ist lediglich die Differenzierung zwischen Sachverhalten, die zur Entlassung führen, und solchen, bei denen dies nicht der Fall ist.

Zwar kann die Ernennung nach der allgemeinen verwaltungsrechtlichen Vorschrift (d.h. § 44 VwVfG[374]) nichtig sein. Diese Norm bezieht sich aber nicht auf ein vergangenes strafbares Verhalten des Ernannten. Die Rücknahme der Berufung kommt lediglich in der Sondersituation in Betracht, dass die Ernennung eines Soldaten auf Zeit ausnahmsweise noch nicht wirksam geworden ist (vgl. § 41 III 2 SG) und wird daher hier nicht weiter beleuchtet. Im Übrigen ist die Rücknahme einer fehlerhaften Ernennung nicht möglich, § 48 VwVfG ist nicht anwendbar[375].

Betrachtet werden daher zunächst die Ernennungshindernisse (§ 38 SG), denn auf diese bezieht sich ein Entlassungstatbestand (§ 46 II 1 Nr. 1 [i.V.m. § 55 I 1] SG), sowie die sog. negativen Voraussetzungen (vgl. § 46 II 1 Nr. 2, 3 [i.V.m. § 55 I 1] SG). Liegen die Tatbestandsmerkmale vor, ist die Entlassung des Betreffenden zwingend[376]. Im Anschluss werden die Ernennungsvoraussetzungen (§ 37 SG) beleuchtet. Liegt eine von ihnen zum Zeitpunkt der Berufung nicht vor, findet diese aber trotzdem statt, ist sie wirksam. Das ergibt sich daraus, dass keine hierauf bezogene Entlassungsvorschrift besteht, die Entlassungsgründe abschließend sind und auch eine Rücknahme der Ernennung nicht möglich ist (s.o.).

---

374 Weniger, SG, § 4 Rn. 3.

375 Weniger, SG, § 4 Rn. 3, § 26 Rn. 6, Gleiches gilt für § 49 VwVfG.

376 Scherer/Alff/Poretschkin, SG, § 46 Rn. 6.

a. Vorliegen eines Ernennungshindernisses

Erfolgte die Ernennung trotz des Vorliegens eines Hindernisses nach § 38 SG und besteht dieses noch fort, wird der Soldat entlassen (§ 46 II 1 Nr. 1 [i.V.m. § 55 I 1] SG).

Zunächst liegt ein Ernennungshindernis bei einer Verurteilung[377] durch ein deutsches Gericht wegen eines Verbrechens zu Freiheitsstrafe von mindestens einem Jahr vor (§ 38 I Nr. 1 1. Alt. SG). Aufgrund der Definition eines Verbrechens, die sich auf eine abstrakt angedrohte Mindestfreiheitsstrafe von einem Jahr bezieht (vgl. § 12 I StGB), erscheint der Verweis auf die tatsächlich verhängte Strafe zunächst überflüssig, ist aber deswegen bedeutsam, weil sich beim Vorliegen besonderer gesetzlicher Milderungsgründe das Mindestmaß einer Freiheitsstrafe wegen eines Verbrechens auf weniger als ein Jahr vermindern kann[378]. Außerdem hindert die Verurteilung zu Freiheitsstrafe wegen einer vorsätzlichen Tat, die nach den Vorschriften über Friedensverrat, Hochverrat, Gefährdung des demokratischen Rechtsstaates oder Landesverrat und Gefährdung der äußeren Sicherheit strafbar ist, die Berufung (§ 38 I Nr. 1 2. Alt. SG). Einbezogen werden können alle Verurteilungen, die nicht unter das Vorhalte- und Verwertungsverbot des § 51 I BZRG fallen (vgl. aber die weitere Berücksichtigungsmöglichkeit nach § 52 I Nr. 4 BZRG[379]), diese Vorschriften gelten auch im Rahmen der Entlassung nach § 46 II 1 Nr. 1 SG[380]. Von den genannten Hindernissen kann das Bundesministerium der Verteidigung in Einzelfällen Ausnahmen zulassen (vgl. § 38 III SG)[381]. Nach der Verurteilung kann es zu einer derartigen Persönlichkeitsentwicklung des Betreffenden gekommen sein, dass von ihm in Zukunft eine rechtstreue Einstellung erwartet werden kann mit der Folge, dass das vergangene Verhalten einer Ernennung nicht mehr entgegensteht[382].

Außerdem wird der Betreffende nicht berufen, wenn er infolge Richterspruchs die Fähigkeit zur Bekleidung öffentlicher Ämter nicht besitzt (§ 38 I Nr. 2 SG). Der Verlust der Amtsfähigkeit tritt bei einer Verurteilung wegen eines Verbrechens zu Freiheitsstrafe von mindestens einem Jahr oder aufgrund beson-

---

377 Nach Weniger, SG, § 38 Rn. 7, reicht ein Strafbefehl trotz § 410 III StPO nicht aus; a.A. Scherer/Alff/Poretschkin, SG, § 38 Rn. 1; Sohm, in: Walz/Eichen/Sohm, SG, § 38 Rn. 10.

378 Weniger, SG, § 38 Rn. 3.

379 Sohm, in: Walz/Eichen/Sohm, SG, § 38 Rn. 13.

380 Sohm, in: Walz/Eichen/Sohm, SG, § 46 Rn. 22.

381 Dies gilt auch für die Entlassung, vgl. Sohm, in: Walz/Eichen/Sohm, SG, § 46 Rn. 22, näher § 38 Rn. 20.

382 Vgl. Scherer/Alff/Poretschkin, SG, § 38 Rn. 12.

derer strafgerichtlicher[383] Aberkennung ein (vgl. 2. Teil A. II. 1. a.). Daher kann bei Vorliegen des Berufungshindernisses nach § 38 I Nr. 1 SG auch der Tatbestand des § 38 I Nr. 2 SG erfüllt sein[384].

Indes sind die Verurteilungen für eine unterschiedlich zeitliche Dauer zu berücksichtigen. Während für das zuerst genannte Ernennungshindernis die Vorschriften des Bundeszentralregistergesetzes maßgeblich sind, besteht das andere bis zum Ablauf der vorgesehenen Frist (§ 45 I, II StGB) bzw. bis zur Wiederverleihung der Fähigkeit (§ 45b StGB)[385]. Die Tatbestände stehen daher selbständig nebeneinander.

Fraglich ist, ob die Rechtskraft der Verurteilung erforderlich ist. Dies trifft auf die sich auf den Verlust der Amtsfähigkeit beziehende Regelung zu, denn der Verlust tritt erst mit Rechtskraft des Urteils ein (§ 45a I StGB). Für das andere Ernennungshindernis (§ 38 I Nr. 1 SG) ist ein etwaiges Erfordernis umstritten[386]. Der Wortlaut der Norm nennt nicht die Rechtskraft der Verurteilung und Rückschlüsse aus entsprechenden beamten- und richterrechtlichen Vorschriften sind nicht möglich, da diese lediglich auf die fehlende Fähigkeit zur Bekleidung öffentlicher Ämter abstellen (vgl. § 13 I Nr. 3b) BBG, § 18 II Nr. 3 DRiG). Indes nennen sowohl weitere Rücknahme- bzw. Entlassungsvorschriften sowie die den Verlust der Berufszugehörigkeit regelnden Tatbestände, die explizit mit strafgerichtlichen Verurteilungen verknüpft sind, nur im Beamten- und Richterrecht das Erfordernis der Rechtskraft (vgl. § 14 I Nr. 2 BBG, § 19 I Nr. 4 DRiG, § 46 II 1 Nr. 3 SG bzw. § 41 BBG, § 24 DRiG, § 48 SG); ein solches besteht trotz fehlender ausdrücklicher Normierung aber auch im Rahmen der soldatenrechtlichen Vorschriften (vgl. nur 2. Teil C. II. 1. b.).

Schließlich hindert die Unterworfenheit unter eine Maßregel der Besserung und Sicherung nach §§ 64 oder 66 StGB die Ernennung (§ 38 I Nr. 3 SG). Die Unterbringung in einer Entziehungsanstalt kann nach rechtwidrigen Taten im Rausch alkoholischer Getränke oder anderer Mittel verhängt werden (vgl. näher § 64 StGB). Die Anordnung der Sicherungsverwahrung kommt aufgrund unterschiedlicher Voraussetzungen in Betracht, erforderlich ist aber in jedem Fall eine bestimmte verhängte Mindestfreiheitsstrafe in Verbindung mit früheren Verurteilungen und einer besonderen Gefährlichkeit für die Allgemeinheit (vgl. nä-

---

383 Scherer/Alff/Poretschkin, SG, § 38 Rn. 8.

384 Vgl. Sohm, in: Walz/Eichen/Sohm, SG, § 38 Rn. 17.

385 Weniger, SG, § 46 Rn. 10.

386 Bejahend Scherer/Alff/Poretschkin, SG, § 38 Rn. 1; a.A. aber Weniger, SG, § 38 Rn. 6, unter Verweis auf den Wortlaut der Norm und auf das fehlende Interesse der Streitkräfte an der Einstellung eines Bewerbers, der noch Angeklagter eines Strafprozesses ist.

her § 66 StGB). Dieses Ernennungshindernis besteht bis zum Ablauf der Höchstfrist oder bis zur Erklärung der Erledigung fort[387].

b. *Verurteilung wegen einer Straftat*

Weiter ist der Betreffende zu entlassen, wenn sich herausstellt, dass er vor seiner Ernennung eine Straftat begangen hat, die ihn der Berufung in das Dienstverhältnis eines Berufssoldaten (bzw. Soldaten auf Zeit) unwürdig erscheinen lässt, und er deswegen zu einer Strafe verurteilt war oder wird (§ 46 II 1 Nr. 3 [i.V.m. § 55 I 1] SG). Erforderlich ist die Verwirklichung einer Straftat in der Vergangenheit, welche durch den gerichtlich voll nachprüfbaren[388] unbestimmten Rechtsbegriff der Unwürdigkeit konkretisiert wird. Da dessen Handhabung in der Praxis Schwierigkeiten verursacht, wurde verschiedentlich eine nähere Bestimmung der relevanten Straftaten versucht. Allgemein lässt sich auf die Art der Straftat, die Person des Täters, seine Motive und sonstige besondere Umstände des Einzelfalls[389], d.h. auf allgemeine Kriterien abstellen, unter die der jeweilige Sachverhalt subsumiert wird. Teilweise werden nähere Spezifizierungen vorgenommen, so sollen unehrenhafte Taten, die „die Treulosigkeit, Rücksichtslosigkeit, Eigensucht oder sittliche Niedrigkeit des Täters beweisen"[390], oder Straftaten, die im bestehenden Soldatenverhältnis eine Beendigung nach § 48 SG auslösen[391], zur Entlassung nach § 46 II 1 Nr. 3 SG führen. Zudem wird regelmäßig Unwürdigkeit in Fällen von Sittlichkeits- und Eigentumsdelikten, außer in besonders leichten Fällen, und Betäubungsmittelstraftaten bejaht[392], bei Fahrlässigkeitstaten hingegen im Allgemeinen verneint[393]. Diese Konkretisierungsversuche ähneln denen im Rahmen der vergleichbaren Vorschrift des Beamtenrechts (vgl. 2. Teil A. II. 1. b.). Die weiteren Überlegungen in diesem Rechtsgebiet erscheinen - unter Berücksichtigung der Besonderheiten des Soldatenrechts - generell übertragbar; maßgeblich sind immer die Einzelfallumstände.

---

387 Weniger, SG, § 46 Rn. 10.

388 OVG Nordrhein-Westfalen, NZWehrr 2000, 128 (128).

389 OVG Nordrhein-Westfalen, NZWehrr 2000, 128 (128); vgl. auch Sohm, in: Walz/Eichen/Sohm, SG, § 46 Rn. 53.

390 Weniger, SG, § 46 Rn. 20; vgl. auch Scherer/Alff/Poretschkin, SG, § 46 Rn. 12.

391 Sohm, in: Walz/Eichen/Sohm, SG, § 46 Rn. 53; Vogelgesang, in: Franke/Weiß, GKÖD, § 46 SG Rn. 12; vgl. auch Weniger, SG, § 46 Rn. 20, zu § 48 S. 1 Nr. 2 SG.

392 Sohm, in: Walz/Eichen/Sohm, SG, § 46 Rn. 53; zu Eigentumsdelikten auch OVG Nordrhein-Westfalen, NZWehrr 2000, 128 (128).

393 Scherer/Alff/Poretschkin, SG, § 46 Rn. 12; Sohm, in: Walz/Eichen/Sohm, SG, § 46 Rn. 53; vgl. auch Vogelgesang, in: Franke/Weiß, GKÖD, § 46 SG Rn. 12.

Für die obligatorische[394] Entlassung ist eine rechtskräftige[395] Verurteilung[396] wegen der Straftat erforderlich, wobei diese vor oder nach der Ernennung erfolgt sein kann. Das Delikt darf bei Ernennung nicht bekannt gewesen sein[397]; für die Beurteilung der Unwürdigkeit ist auf den Zeitpunkt der Ernennung abzustellen[398].

c. Herbeiführung der Ernennung durch unlautere Mittel

Eine zeitliche Sonderposition nimmt die Entlassung wegen der Herbeiführung der Ernennung durch die unlauteren Mittel des Zwangs, der arglistigen Täuschung oder der Bestechung ein (§ 46 II 1 Nr. 2 [i.V.m. § 55 I 1] SG). Hinsichtlich dieser Merkmale und ihres Zusammenhangs mit einer Straftatbegehung kann im Grundsatz[399] auf die Ausführungen zum Beamtenrecht verwiesen werden (vgl. 2. Teil A. II. 1. c.). Die zeitliche Sonderstellung besteht deswegen, weil die Entlassung nicht wegen eines strafbaren Verhaltens in der Vergangenheit erfolgt, sondern die Verwendung unlauterer Mittel zu der Ernennung führt. Allerdings kann das Bundesministerium der Verteidigung wegen besonderer Härte eine Ausnahme von diesem Entlassungstatbestand zulassen (vgl. § 46 II 2 SG).

d. Eignung

Weiter ist die charakterliche, geistige und körperliche Eignung, die zur Erfüllung der Aufgaben als Soldat erforderlich ist, Berufungsvoraussetzung (§ 37 I Nr. 3 SG, vgl. bereits § 3 SG).

Relevant werden kann im Zusammenhang mit strafbaren Verhaltensweisen die charakterliche Eignung, denn diese umfasst alle wesentlichen Eigenschaften eines Menschen, d.h. seine Persönlichkeit; Straftaten können insoweit Persönlichkeitsmängel offenbaren[400]. Zur Feststellung der charakterlichen Eignung fin-

394 Vgl. zur Vereinbarkeit mit dem Verhältnismäßigkeitsgrundsatz OVG Nordrhein-Westfalen, NZWehrr 2000, 128 (130).

395 Sohm, in: Walz/Eichen/Sohm, SG, § 46 Rn. 50; Vogelgesang, in: Franke/Weiß, GKÖD, § 46 SG Rn. 11.

396 Ein Strafbefehl soll ausreichen, vgl. Sohm, in: Walz/Eichen/Sohm, SG, § 46 Rn. 50.

397 Näher Sohm, in: Walz/Eichen/Sohm, SG, § 46 Rn. 51.

398 OVG Nordrhein-Westfalen, NZWehrr 2000, 128 (128); Scherer/Alff/Poretschkin, SG, § 46 Rn. 12.

399 Vgl. näher Sohm, in: Walz/Eichen/Sohm, SG, § 46 Rn. 26, zu einer Abweichung vgl. bereits den Wortlaut von § 46 II 1 Nr. 2 SG im Vergleich zu § 14 I Nr. 1 BBG.

400 Scherer/Alff/Poretschkin, SG, § 3 Rn. 18; vgl. bereits Vogelgesang, in: Franke/Weiß, GKÖD, § 37 SG Rn. 8: Straftaten können die charakterliche Eignung ausschließen.

det regelmäßig (nur) eine schematische Überprüfung u.a. hinsichtlich Verurteilungen oder Strafverfahren[401] statt, insbesondere im Hinblick auf verwertungsfähige Vorstrafen (vgl. §§ 51 I, 52 I Nr. 4 BZRG), die nicht unter § 38 I SG zu subsumieren sind[402].

Allgemein entscheidend sind insbesondere die Dauer der straffreien Bewährung, das abgeurteilte Delikt sowie Art und Höhe der verhängten Strafe[403]. Bei Verfehlungen vor Eintritt in die Streitkräfte wird auch betrachtet, ob den verletzten Rechtsgütern im Hinblick auf die Verwendung als Soldat besonderes Gewicht zukommt; genannt werden hier etwa Waffen- und Körperverletzungsdelikte von einigem Gewicht[404]. Wegen der Unbestimmtheit und Weite der Norm werden weitere Einzelfälle genannt, so soll sich eine fehlende Eignung etwa ergeben können aus strafbarem Verhalten, das bei bestehendem Status zum Verlust der Rechtsstellung nach § 48 Nr. 2 SG führen würde, in § 38 I SG aber nicht genannt wird[405], oder aus im Rahmen von § 38 I Nr. 1 SG nicht relevanten, ausländischen Verurteilungen[406].

Hinsichtlich der Eignungsbeurteilung soll die entscheidende Stelle einen gerichtlich nur eingeschränkt überprüfbaren Beurteilungsspielraum besitzen[407]. Da keine Rechtsfolge für den Fall vorgesehen ist, dass eine Ernennung trotz fehlender Eignung erfolgte, ist eine Entlassung oder Rücknahme der Ernennung nicht möglich (vgl. 2. Teil C. II. 1.).

e. *Verfassungstreue*

Schließlich darf der Betreffende nur ernannt werden, wenn er die Gewähr der Verfassungstreue bietet (§ 37 I Nr. 2 SG). Diese Voraussetzung wird von vorneherein verneint, wenn der Bewerber aktiv die freiheitliche demokratische Grundordnung bekämpft und dabei die Schwelle zur Strafbarkeit überschreitet[408]. Ob damit nicht strafbares Verhalten tatsächlich auszuklammern ist, wird hier nicht näher betrachtet, da diese Untersuchung nur strafrechtlich relevantes Verhalten interessiert. Vorstrafen können Zweifel an der Verfassungstreue aus-

---

401 Weniger, SG, § 37 Rn. 11, § 3 Rn. 10; vgl. auch Sohm, in Walz/Eichen/Sohm, SG, § 37 Rn. 34.

402 Scherer/Alff/Poretschkin, SG, § 37 Rn. 8.

403 Scherer/Alff/Poretschkin, SG, § 37 Rn. 8; vgl. näher zu Straftaten auch Sohm, in: Walz/Eichen/Sohm, SG, § 37 Rn. 33.

404 Sohm, in: Walz/Eichen/Sohm, SG, § 37 Rn. 33.

405 Vgl. Vogelgesang, in: Franke/Weiß, GKÖD, § 38 SG Rn. 1.

406 Weniger, SG, § 38 Rn. 14.

407 Vgl. näher Weniger, SG, § 3 Rn. 13; Sohm, in: Walz/Eichen/Sohm, SG, § 37 Rn. 32.

408 Sohm, in: Walz/Eichen/Sohm, SG, § 37 Rn. 25.

lösen[409] (vgl. hierzu bereits 2. Teil A. II. 1. f.). Da sich die Gewähr der Verfassungstreue auf ein künftiges Verhalten bezieht, besitzt die Entscheidung hierüber Prognosecharakter, wobei der einstellenden Stelle ein eingeschränkt gerichtlich überprüfbarer Beurteilungsspielraum eingeräumt wird[410].

Wurde der Betreffende trotz zu verneinender Gewähr ernannt, kommen weder eine Entlassung - außer es liegt eine Täuschung über diesen Umstand vor (vgl. § 46 II 1 Nr. 2 SG) - noch eine Rücknahme der Berufung in Betracht.

2. Straftatbegehung nach Begründung des Soldatenverhältnisses

a. Berufssoldat

aa. Beendigung aufgrund gerichtlicher Entscheidung

Der automatische Verlust der Rechtsstellung als Berufssoldat nach § 48 SG hängt direkt mit strafbarem Verhalten zusammen.

Die Vorschrift nimmt zunächst auf die Ernennungshindernisse des § 38 SG Bezug. Wird auf die dort genannten Strafen, Maßregeln oder Nebenfolgen durch Urteil[411] erkannt, verliert der Soldat seinen Status (§ 48 S. 1 Nr. 1 SG). Erfasst werden somit die Verurteilung durch ein deutsches Gericht wegen eines Verbrechens zu einer Mindestfreiheitsstrafe von einem Jahr und zu Freiheitsstrafe wegen bestimmter vorsätzlicher Bezugstaten, ebenso wie der Verlust der Fähigkeit zur Bekleidung öffentlicher Ämter und die Unterworfenheit unter eine Maßregel der Besserung und Sicherung nach §§ 64 oder 66 StGB (vgl. 2. Teil C. II. 1. a.).

Außerdem erfolgt ein Verlust der Rechtsstellung im Fall der Verhängung von Freiheitsstrafe von mindestens einem Jahr durch Urteil[412] wegen einer vorsätzlichen Tat (§ 48 S. 1 Nr. 2 SG) sowie von sechs Monaten wegen Bestechlichkeit, soweit sich die Tat auf eine Diensthandlung im Wehrdienst bezieht (§ 48 S. 1 Nr. 3 SG); Entsprechendes gilt für eine Verwirkungsentscheidung des BVerfG nach Art. 18 GG (§ 48 S. 2 SG). Der zuletzt genannte Verlustgrund besitzt aber nur einen indirekten Bezug zu strafbarem Verhalten und ist bisher nie praktisch geworden (vgl. 2. Teil A. II. 2. a. aa.).

Zwischen die straf- bzw. bundesverfassungsgerichtliche Entscheidung und den Verlust des Soldatenstatus tritt kein besonderer verwaltungsbehördlicher oder -gerichtlicher Akt; der Verlust erfolgt kraft Gesetzes. Auch hier wird erör-

---

409 Vgl. Sohm, in: Walz/Eichen/Sohm, SG, § 37 Rn. 30.

410 Sohm, in: Walz/Eichen/Sohm, SG, § 37 Rn. 19.

411 Ein Strafbefehl reicht nicht, vgl. Walz, in: Walz/Eichen/Sohm, SG, § 48 Rn. 16.

412 Ein Strafbefehl ist nicht ausreichend, vgl. Weniger, SG, § 48 Rn. 6; Walz, in: Walz/Eichen/Sohm, SG, § 48 Rn. 16; Dau, WDO, § 1 Rn. 32; BVerwGE 118, 262ff., zur soldatenrechtlichen Vorgängerregelung.

tert, ob ein feststellender Verwaltungsakt zweckmäßig ist[413]. Es erfolgt eine schriftliche Mitteilung über den Grund und Zeitpunkt des Ausscheidens[414], wobei diese richtigerweise nicht als Verwaltungsakt eingeordnet wird[415]; Rechtsschutz ist trotzdem möglich.

bb. Beendigung wegen mangelnder Eignung

Berufssoldaten im Dienstgrad eines Leutnant können in Ausnahmefällen bis zum Ende des dritten Dienstjahres als Offizier, spätestens vor dem Ende des zehnten Jahres der Gesamtdienstzeit in der Bundeswehr wegen mangelnder Eignung als Berufsoffizier entlassen werden (§ 46 VIII 1 SG). Diese Vorschrift, die sich auf einen Mangel bezieht, der während des Dienstes aufgetreten ist oder sich erst dann offenbart hat[416], bezieht sich auf die körperliche, charakterliche und geistige Eignung[417] (vgl. 2. Teil C. II. 1. d.), auch Zweifel an der Gewähr der Verfassungstreue[418] des Betreffenden sollen umfasst sein. Maßgeblich ist die Prognose, ob der Soldat in Zukunft den Anforderungen eines Berufsoffiziers gerecht werden kann[419].

Bei dem Begriff der mangelnden Eignung handelt es sich um einen unbestimmten Rechtsbegriff. Im Rahmen der Beurteilung besitzt die Entlassungsdienststelle einen gerichtlich nur eingeschränkt überprüfbaren Beurteilungsspielraum.

Der Wortlaut der Vorschrift deutet darauf hin, dass es sich um eine Ermessensentscheidung handelt. Vertreten wird aber, dass sich das Ermessen bei festgestellter fehlender Eignung zu einer Verpflichtung reduziert[420].

cc. Beendigung aufgrund Disziplinarrechts

Das Soldatendisziplinarrecht richtet sich nicht nach den für Beamte geltenden Vorschriften, sondern nach dem Soldatengesetz und der Wehrdisziplinarordnung. In Betracht kommen einfache - d.h. schon durch den Vorgesetzten verhängbare - Disziplinarmaßnahmen ([strenger] Verweis, Disziplinarbuße, Ausgangsbeschränkung und Disziplinararrest, § 22 I WDO), sowie gerichtliche

---

413 Vgl. Scherer/Alff/Poretschkin, SG, § 48 Rn. 1.

414 Vgl. § 1 IV der Durchführungsbestimmungen zur Anordnung des Bundespräsidenten über die Ernennung und Entlassung der Soldaten (ZDv 14/5 B 111).

415 Weniger, SG, § 82 Rn. 23 „Beispiel"; Walz, in: Walz/Eichen/Sohm, SG, § 48 Rn. 13.

416 Weniger, SG, § 46 Rn. 58.

417 Weniger, SG, § 46 Rn. 58; vgl. auch Sohm, in: Walz/Eichen/Sohm, SG, § 46 Rn. 134.

418 Sohm, in: Walz/Eichen/Sohm, SG, § 46 Rn. 134.

419 Sohm, in: Walz/Eichen/Sohm, SG, § 46 Rn. 134.

420 Vgl. Weniger, SG, § 46 Rn. 61.

Disziplinarmaßnahmen (Kürzung der Dienstbezüge, Beförderungsverbot, Herabsetzung in der Besoldungsgruppe, Dienstgradherabsetzung und Entfernung aus dem Dienstverhältnis, § 58 I WDO). Diese stehen in einem Stufenverhältnis. Die schärfste Disziplinarmaßnahme ist die Entfernung aus dem Dienst (§ 58 I Nr. 5 WDO), sie führt zum Verlust des Status und ist damit hier relevant.

Zur Verhängung einer Disziplinarmaßnahme muss eine bestimmte Handlung zunächst unter den Tatbestand eines Dienstvergehens subsumiert werden. Dafür ist die schuldhafte Verletzung von Pflichten erforderlich (vgl. § 23 SG). Rechte und Pflichten des Soldaten ergeben sich aus §§ 6ff. SG sowie weiteren Vorschriften[421], die hier allerdings nicht betrachtet werden. Zwar sind die Begriffe der Straftat und des Dienstvergehens nicht deckungsgleich, nichtsdestotrotz gibt es verschiedene soldatenrechtliche Pflichten[422], die bei auch strafbarem Verhalten betroffen sein können. Im Folgenden werden einige wesentliche kurz dargestellt.

Die Grundpflicht zum treuen Dienen (§ 7 1. Hs. SG) kann mit strafbarem Verhalten in Verbindung stehen. Teilweise werden in der Literatur einfach die Fälle aufgelistet, in denen die Rechtsprechung einen Verstoß festgestellt hat[423]. Zum Teil wird zwischen den Obergruppen der gewissenhaften Diensterfüllung und Loyalität sowie weiteren Untergliederungen unterschieden[424]. Auch die Verfassungstreuepflicht (§ 8 SG) kann durch Straftaten betroffen sein (vgl. bereits 2. Teil C. II. 1. e.).

Außerdem hat ein Vorgesetzter für seine Untergebenen zu sorgen (§ 10 III SG), d.h. er hat diese nach Recht und Gesetz zu behandeln. Die Pflicht kann bei deliktischem Verhalten eines Vorgesetzten gegenüber einem Untergebenen verletzt werden[425]. Umgekehrt können Straftaten gegenüber Vorgesetzten im Rahmen von § 17 I SG relevant werden[426], nach dieser Regelung hat der Soldat Disziplin zu wahren und die dienstliche Stellung des Vorgesetzten in seiner Person auch außerhalb des Dienstes zu achten. Straftaten gegenüber Kameraden können

---

421 Vgl. näher Scherer/Alff/Poretschkin, SG, Vorbemerkungen vor § 6 Rn. 8; Dau, WDO, Vorbem. zu § 15 Rn. 2.

422 Vgl. hierzu Schwandt, ZBR 1993, 161ff.

423 Eine alphabetische Auflistung erfolgt durch Walz, in: Walz/Eichen/Sohm, SG, § 7 Rn. 36, da wegen kasuistischer Judizierung eine Kategorisierung nicht möglich sei.

424 Vgl. Weniger, SG, § 7 Rn. 3ff.; vgl. zu einer weiteren Gliederung auch Vogelgesang, in: Franke/Weiß, GKÖD, § 7 SG Rn. 29ff.

425 Vgl. hierzu Walz, in: Walz/Eichen/Sohm, SG, § 10 Rn. 43f.; vgl. auch Scherer/Alff/Poretschkin, SG, § 10 Rn. 23.

426 Zu ehrverletzenden Äußerungen vgl. Walz, in: Walz/Eichen/Sohm, SG, § 17 Rn. 35; Weniger, SG, § 17 Rn. 4.

gegen die Pflicht zur Kameradschaft (§ 12 SG) verstoßen[427]. Nach dieser Norm sind alle Soldaten verpflichtet, die Würde, die Ehre und die Rechte des Kameraden zu achten und ihm in Not und Gefahr beizustehen (§ 12 S. 2 SG). Umfasst sind damit immaterielle Rechtsgüter und sonstige Rechte, wie z.B. Leben, Gesundheit und Eigentum, sowie alle durch die Rechtsordnung geschützten Interessen[428], wobei eine Gefährdung regelmäßig ausreicht und eine Verletzung nicht erforderlich ist[429].

Außerdem kann die Pflicht zur Wahrheit (§ 13 SG) durch Straftaten, die Täuschungscharakter besitzen, verletzt werden[430]; die Pflicht zur Verschwiegenheit (§ 14 SG) kann ebenso bei strafbarem Verhalten betroffen sein (§ 48 I, II WStG i.V.m. § 353b I StGB) wie das Verbot der Annahme von Belohnungen oder Geschenken (§ 19 SG, vgl. § 48 I, II WStG i.V.m. §§ 332, 335 StGB).

Schließlich kann strafbares Verhalten im Rahmen der Generalklausel des § 17 II 1, 2 SG relevant werden[431], wobei sich Satz 1 auf den dienstlichen, Satz 2 auf den außerdienstlichen Bereich bezieht[432]. Um das Verhalten dem einen oder anderen Bereich zuzuordnen, soll entscheidend sein, ob es entweder räumlich in den Bereich militärischer Unterkünfte und Anlagen fällt oder ob sich der Soldat im Dienst befand[433].

Das Verhalten des Soldaten muss dem Ansehen der Bundeswehr sowie der Achtung und dem Vertrauen gerecht werden, die sein Dienst als Soldat erfordert (S. 1). Als Verstöße hiergegen wurden etwa Straftaten zum Nachteil des Dienstgebers oder die Misshandlung Untergebener angesehen[434]. Außer Dienst hat sich der Soldat außerhalb der dienstlichen Unterkünfte und Anlagen so zu verhalten, dass er das Ansehen der Bundeswehr oder die Achtung und das Vertrauen, die seine dienstliche Stellung erfordert, nicht ernsthaft beeinträchtigt (S. 2), wobei

---

427 Vgl. Scherer/Alff/Poretschkin, SG, § 12 Rn. 11.

428 Vgl. näher Scherer/Alff/Poretschkin, SG, § 12 Rn. 7.

429 Weniger, SG, § 12 Rn. 3; Scherer/Alff/Poretschkin, SG, § 12 Rn. 8.

430 Vgl. BVerwGE 113, 235 (238), zu Betrug; BVerwGE 117, 117 (122), zu Meineid; BVerwG, NZWehrr 1989, 203 (204), zu Urkundenfälschung.

431 Vgl. die Auflistung von Rechtsprechung durch Walz, in: Walz/Eichen/Sohm, SG, § 17 Rn. 45, 52, eine Bildung von Fallkategorien sei nicht möglich, denn das BVerwG habe sich nicht um eine solche „dogmatisch begründete Bündelung“ bemüht.

432 Weniger, SG, § 17 Rn. 7.

433 BVerwGE 46, 87 (89); Weniger, SG, § 17 Rn. 7; vgl. aber auch Vogelgesang, in: Franke/Weiß, GKÖD, § 17 SG Rn. 15, der daneben auch den materiellen Bezug der Handlung als maßgeblich erachtet.

434 Vgl. Weniger, SG, § 17 Rn. 8, auch zu weiteren Fallgruppen; vgl. ausführlich auch Scherer/Alff/Poretschkin, SG, § 17 Rn. 20; Vogelgesang, in: Franke/Weiß, GKÖD, § 17 SG Rn. 10.

eine Eignung hierzu ausreichen soll[435]. Diese Pflicht kann durch außerdienstliche Straftaten verletzt werden[436]. Aufgrund des Erfordernisses der ernsthaften Beeinträchtigung des Ansehens der Bundeswehr oder[437] von Achtung und Vertrauen wird nicht jedes private Fehlverhalten erfasst[438], die Anforderungen an außerdienstliches Verhalten werden - in Bezug zu denen an innerdienstliches Verhalten - herabgesetzt[439]. Entscheidend sind die Umstände des Einzelfalls[440], wobei dies teilweise als in der Praxis nicht hilfreich kritisiert wird[441].

Kontrovers wird diskutiert, wie sich das Verhältnis der Pflichten zueinander darstellt, insbesondere dasjenige spezieller Pflichten zu §§ 7, 17 SG[442], denn oft wird auf eine Zusammenschau abgestellt[443]; dieser Frage wird hier aber nicht weiter nachgegangen.

Für ein Dienstvergehen ist weiter die schuldhafte Pflichtverletzung, d.h. vorsätzliches oder fahrlässiges Verhalten[444], erforderlich.

Wurde ein solches schließlich festgestellt, ist das disziplinare Gewicht entscheidend, d.h. es ist zu ermitteln, ob das Verhalten so schwerwiegend ist, dass es zur Entfernung aus dem Dienst führt. Nach dem Grundsatz der Einheit des Dienstvergehens sind mehrere Pflichtverletzungen, über die gleichzeitig entschieden werden kann, als ein Dienstvergehen zu ahnden (§ 18 II WDO); es wird eine Disziplinarmaßnahme verhängt.

Die Wehrdisziplinarordnung zählt bestimmte Aspekte auf, die im Rahmen der Entscheidung zu berücksichtigen sind. Hierbei handelt es sich um die Eigenart und Schwere des Dienstvergehens und seine Auswirkungen, das Maß der

---

435 BVerwGE 73, 15 (18).

436 Vgl. von Rechenberg, Wohlverhaltenspflicht, S. 119; Weniger, SG, § 17 Rn. 10; Scherer/Alff/Poretschkin, SG, § 17 Rn. 27; Heinen, NZWehrr 1996, 133 (138ff.); Vogelgesang, in: Franke/Weiß, GKÖD, § 17 SG Rn. 19, 20; außerdem BVerwGE 111, 291 (293), zu einem Fall der Verbreitung kinderpornographischer Schriften (§ 184 V StGB).

437 Vgl. Scherer/Alff/Poretschkin, SG, § 17 Rn. 23: Alternativität.

438 Vgl. Weniger, SG, § 17 Rn. 9.

439 Vgl. BVerwGE 73, 15 (18).

440 BVerwGE 73, 15 (18); vgl. auch Scherer/Alff/Poretschkin, SG, § 17 Rn. 26, zur Achtungs- und Vertrauenswürdigkeit des Soldaten.

441 Walz, in: Walz/Eichen/Sohm, SG, § 17 Rn. 50.

442 Vgl. zu § 7 SG etwa Walz, in: Walz/Eichen/Sohm, SG, § 7 Rn. 22ff.; Vogelgesang, in: Franke/Weiß, GKÖD, § 7 SG Rn. 20ff.; zu § 17 SG etwa Walz, in: Walz/Eichen/Sohm, SG, § 17 Rn. 38; Weniger, SG, § 17 Rn. 19; Vogelgesang, in: Franke/Weiß, GKÖD, 17 SG Rn. 8ff.; zu §§ 7, 17 SG vgl. BVerwG, U.v. 22.05.1990 (2 WD 3/90), juris, Rn. 4f.; vgl. zu weiteren Pflichten auch Lingens, NZWehrr 1989, S. 251ff.

443 BVerwG, U.v. 22.05.1990 (2 WD 3/90), juris, Rn. 3ff.; BVerwGE 113, 235 (238); vgl. die Ausführungen zur Vorinstanz in BVerwGE 117, 117 (118).

444 Dau, WDO, Vorbem. zu § 15 Rn. 20.

Schuld sowie die Persönlichkeit, bisherige Führung und Beweggründe des Soldaten (§§ 58 VII, 38 I WDO). Die Rechtsprechung führt weiter generalpräventive Erwägungen[445] und den Rang des Soldaten[446] an.

Gesetzlich nicht näher spezifiziert wird indes, wann die Maßnahme der Entfernung zu verhängen ist. Bejaht wird dies bei so gröblichen und schwerwiegenden Pflichtverstößen, dass die Vertrauensgrundlage zwischen dem Soldaten und dem Dienstherrn unheilbar zerstört ist; dem Dienstherrn kann die Fortsetzung des Dienstverhältnisses nicht mehr zugemutet werden[447].

Damit muss geklärt werden, wann eine derartige unheilbare Zerstörung des Vertrauensverhältnisses vorliegt. Auch im Soldatendisziplinarrecht führen gewisse Dienstvergehen regelmäßig zu bestimmten Maßnahmen[448] - dies gilt auch hinsichtlich der Entfernung aus dem Dienst[449] -, wobei erschwerende Gründe zu einer Verschärfung, erhebliche Entlastungsgründe zu einer Milderung führen können[450]. Die Rechtsprechung zur Entfernung aus dem Dienst soll hier im Gegensatz zur parallelen Problematik im Beamtendisziplinarrecht nicht weiter untersucht werden. Eine sich über einen Zeitraum von fünf Jahren erstreckende Aufsatzreihe wertet die Rechtsprechung aus und bietet einen hervorragenden Überblick zu Dienstvergehen und ihrer Bewertung[451].

Auch mit Milderungsgründen wurde sich intensiv auseinandergesetzt[452]. Letztlich ist immer der Einzelfall für die Maßnahmebemessung entscheidend[453]. Dies muss auch für die Entfernung gelten.

---

445 Vgl. BVerwGE 111, 291 (296).

446 Vgl. BVerwG, ZBR 2005, 262 (262).

447 Dau, WDO, § 63 Rn. 2.

448 Vgl. etwa Schwandt, ZBR 1997, 301 (301); Dau, WDO, § 38 Rn. 26; Weiß, in: Franke/Weiß, GKÖD, § 38 WDO Rn. 23ff.; vgl. aber auch Vogelgesang, in: Ipsen/Raap/Stein/Steinkamm, FS Dau, S. 289 (289f.).

449 BVerwG, ZBR 2005, 262 (262), Meineid; BVerwGE 111, 291 (295ff.): Verbreitung kinderpornographischer Schriften durch einen Vorgesetzten.

450 Schwandt, ZBR 1997, 301 (301); zum Erschwerungsgrund der Vorgesetzteneigenschaft vgl. nur BVerwGE 93, 140 (142); 117, 117 (121, 123).

451 Schwandt, ZBR 1997, 301ff.; 1999, 77ff.; 2001, 269ff.; 2002, 297ff.; 2002, 382ff., zu Entscheidungen des 2. Wehrdienstsenats des BVerwG.

452 Nach Dau, WDO, § 38 Rn. 45, ist der Katalog sog. Milderungsgründe in der Tat abschließend; nach Vogelgesang, in: Ipsen/Raap/Stein/Steinkamm, FS Dau, S. 289 (298f.), sind wohl Erweiterungen in engen Grenzen möglich; vgl. zu einem Milderungsgrund wegen mehrerer entlastender Umstände auch BVerwGE 113, 99 (101f.), zur Dienstgradherabsetzung.

453 Vogelgesang, in: Ipsen/Raap/Stein/Steinkamm, FS Dau, S. 289 (289f.); vgl. bereits die Betrachtung durch BVerwG, NZWehrr 1989, 203ff.

b. Soldat auf Zeit

Das Dienstverhältnis eines Soldaten auf Zeit endet ebenfalls bei bestimmten straf- oder bundesverfassungsgerichtlichen Entscheidungen (vgl. § 54 II Nr. 2 SG i.V.m. § 48 SG) und auch der Soldat auf Zeit kann disziplinargerichtlich aus dem Dienst entfernt werden (vgl. § 54 II Nr. 3 SG i.V.m. § 58 I Nr. 5 WDO). Für dieses Soldatenverhältnis werden aber noch weitere Entlassungsgründe relevant.

aa. Beendigung wegen mangelnder Eignung

Ein Soldat auf Zeit kann in den ersten vier Jahren seiner Dienstzeit entlassen werden, wenn er die Anforderungen, die an ihn in seiner Laufbahn zu stellen sind, nicht mehr erfüllt (§ 55 IV 1 SG); davon unbeschadet sollen Anwärter bestimmter Laufbahnen entlassen werden, denen die Eignung hierfür fehlt (vgl. § 55 IV 2 SG, § 55 IV 3 SG zur Rückführung in die frühere Laufbahn).

Erfasst werden die geistige, charakterliche und körperliche Eignung[454], wobei strafbares Verhalten die charakterliche Eignung betreffen kann (vgl. 2. Teil C. II. 1. d.).

Die Entlassungsdienststelle besitzt im Rahmen der Eignungsfeststellung einen gerichtlich nur beschränkt überprüfbaren Beurteilungsspielraum[455].

Der Wortlaut des § 55 IV 1 SG weist auf Ermessen hin. Steht im Rahmen des § 55 IV 2 SG die mangelnde Eignung fest, soll der Betreffende entlassen werden; ein Absehen von der Entlassung komme nicht in Betracht[456].

bb. Beendigung wegen eines Dienstvergehens

Abgesehen davon, dass ein Soldat auf Zeit im gerichtlichen Disziplinarverfahren aus dem Dienst entfernt werden kann (§ 58 I Nr. 5 WDO), besteht eine behördliche Entlassungsmöglichkeit wegen eines Dienstvergehens. Ein Soldat auf Zeit kann während der ersten vier Dienstjahre fristlos entlassen werden, wenn er seine Dienstpflichten schuldhaft verletzt hat und sein Verbleiben in seinem Dienstverhältnis die militärische Ordnung oder das Ansehen der Bundeswehr ernstlich gefährden würde (§ 55 V SG).

Zunächst ist also eine schuldhafte Pflichtverletzung erforderlich, wobei der Begriff der schuldhaften Dienstpflichtverletzung deckungsgleich mit dem des Dienstvergehens i.S.v. § 23 I SG ist, nicht aber mit dem der Straftat[457].

---

454 Scherer/Alff/Poretschkin, SG, § 55 Rn. 9; Sohm, in: Walz/Eichen/Sohm, SG, § 55 Rn. 28, zu S. 1.

455 Sohm, in: Walz/Eichen/Sohm, SG, § 55 Rn. 28, 37.

456 Vgl. näher Sohm, in: Walz/Eichen/Sohm, SG, § 55 Rn. 39.

Als einschränkende Voraussetzung muss das Verbleiben des Betroffenen in seinem Dienstverhältnis zu einer ernstlichen Gefährdung der militärischen Ordnung oder des Ansehens der Bundeswehr[458] führen. Hinsichtlich dieser unbestimmten Rechtsbegriffe besteht, da die Entscheidung nicht von persönlichkeitsbedingten Werturteilen abhängt, kein beschränkt gerichtlicher Nachprüfung unterliegender Beurteilungsspielraum der Entlassungsbehörde[459].

Zunächst könnte man meinen, dass die Vorschrift besonders gravierende Pflichtverletzungen erfassen will. Indes sieht das BVerwG gerade nicht die Schwere der Pflichtverletzung als entscheidend an[460], sondern die Gefahr für die genannten Schutzgüter ohne eine fristlose Entlassung[461]. Dienstpflichtverletzungen im militärischen Kernbereich, die unmittelbar die Einsatzbereitschaft beeinträchtigen, sollen regelmäßig zu einer ernstlichen Gefährdung der militärischen Ordnung führen. Außerhalb dieses Bereichs wird abgestellt auf Straftaten von erheblichem Gewicht bei bestehender Wiederholungs- oder Nachahmungsgefahr, wobei zumindest für diese aber eine einzelfallbezogene Würdigung der konkreten Pflichtverletzung erforderlich sein soll[462]. Das Dienstvergehen wird durch den Bezug auf spezielle Schutzgüter besonders qualifiziert; maßgeblich sind die Umstände des Einzelfalls.

Der Wortlaut der Vorschrift weist für den Fall der Erfüllung der Tatbestandsvoraussetzungen auf ein bestehendes Ermessen der zuständigen Entlas-

---

457 Nach Scherer/Alff/Poretschkin, SG, § 55 Rn. 20, ist zwar eine strafrechtliche Relevanz nicht erforderlich, eine Straftat sei aber immer auch eine Dienstpflichtverletzung; dies ist abzulehnen, da die Begriffe nicht deckungsgleich sind, vgl. Busch, NZWehrr 2004, 196 (197): sie besitzen unterschiedliche Bezugspunkte.

458 Vgl. zu den Begriffen BVerwGE 42, 20ff., allerdings zum WPflG; Scherer/Alff/Poretschkin, SG, § 55 Rn. 21ff.; ausführlich auch Busch, NZWehrr 2004, 196ff.

459 Vgl. BVerwGE 17, 5 (8); vgl. zum fehlenden Beurteilungsspielraum auch OVG Mecklenburg-Vorpommern, U.v. 03.02.2010 (2 L 302/06), juris, Rn. 17; Scherer/Alff/Poretschkin, SG, § 55 Rn. 31; Weniger, SG, § 55 Rn. 18, zur ernstlichen Gefährdung.

460 BVerwGE 59, 361 (363).

461 BVerwG, NJW 1984, 938 (938); vgl. hierzu auch OVG Sachsen-Anhalt, B.v. 23.04.2009 (1 L 29/09), juris, Rn. 6; OVG Lüneburg, NZWehrr 1983, 114 (115); OVG Niedersachsen und Schleswig-Holstein, NZWehrr 1989, 122 (123); VG Oldenburg, NZWehrr 2000, 215 (217); vgl. aber Sohm, in: Walz/Eichen/Sohm, SG, § 55 Rn. 66: die zusätzlichen Voraussetzungen werden in der Regel von der Art und Schwere sowie den konkreten Umständen des Dienstvergehens abhängen, vgl. auch Rn. 74: Anwendung der Kriterien des § 38 WDO.

462 BVerwG, B.v. 16.08.2010 (2 B 33/10), juris, Rn. 8; vgl. zu den Fallgruppen auch Heintzen, NZWehrr 1985, 192 (195).

sungsdienststelle hin[463]. Teilweise wird davon ausgegangen, dass weitere Verhältnismäßigkeitserwägungen möglich sind[464]. Überzeugend erscheint aber die Auffassung des BVerwG, dass mit dem Erfordernis der ernstlichen Gefährdung der Schutzgüter die Frage nach der Verhältnismäßigkeit direkt von der Vorschrift beantwortet wurde und zusätzliche Erwägungen grundsätzlich nicht möglich sind[465]. Verhältnismäßigkeitsüberlegungen sind damit bereits im Rahmen der Prüfung der ernstlichen Gefährdung anzustellen[466]. Liegen die Tatbestandsvoraussetzungen vor, sind kaum Aspekte denkbar, wieso der Betreffende im Dienst verbleiben kann[467].

III. Entscheidende Stellen

Für Klagen der Soldaten und früheren Soldaten ist der Verwaltungsrechtsweg gegeben, soweit nicht ein anderer Rechtsweg gesetzlich vorgeschrieben ist (vgl. § 82 I SG). Die Vorschrift erfasst damit alle Sachverhalte, die den Status des Soldaten betreffen[468], darunter die hier betrachteten Entlassungen und der Verlust der Rechtsstellung nach § 48 SG. Auch Ernennungsstreitigkeiten werden als von der Norm umfasst angesehen[469]; lehnt man dies ab, ergibt sich der Verwaltungsrechtsweg aus § 40 I 1 VwGO. Aufgrund fehlender besonderer Normierung gelten die Vorschriften der Verwaltungsgerichtsordnung hinsichtlich Instanzenzug und Besetzung der Spruchkörper.

Für eine Entscheidung im gerichtlichen Disziplinarverfahren sind die Wehrdienstgerichte zuständig (§§ 68ff. WDO). Erste Instanz ist eines der beiden Truppendienstgerichte (Nord und Süd[470], vgl. §§ 68, 69 WDO), wobei die Kammern in der Besetzung von einem zivilen Berufsrichter und zwei militäri-

---

463 Vgl. Scherer/Alff/Poretschkin, SG, § 55 Rn. 25; OVG Lüneburg, NZWehrr 1983, 114 (115); vgl. auch BVerwGE 42, 20 (21); 59, 361 (363, 366).

464 Vgl. näher Weniger, SG, § 55 Rn. 19.

465 BVerwGE 59, 361 (363); BVerwG, NJW 1984, 938 (938f.); OVG Nordrhein-Westfalen, U.v. 23.07.2009 (1 A 2084/07), juris, Rn. 122: Berücksichtigung atypischer Ausnahmefälle möglich; OVG Niedersachen und Schleswig-Holstein, NZWehrr 1989, 122 (123f.); VG Oldenburg, NZWehrr 2000, 215 (217).

466 Vgl. hierzu OVG Niedersachsen und Schleswig-Holstein, NZWehrr 1989, 122 (125); Sohm, in: Walz/Eichen/Sohm, SG, § 55 Rn. 76; die Vertatbestandlichung des Grundsatzes der Verhältnismäßigkeit ist unbedenklich, vgl. Heintzen, NZWehrr 1985, 192 (192).

467 Vgl. hierzu Sohm, in: Walz/Eichen/Sohm, SG, § 55 Rn. 62.

468 Vgl. Scherer/Alff/Poretschkin, SG, § 82 Rn. 9, 13.

469 Vgl. Scherer/Alff/Poretschkin, SG, § 37 Rn. 12; vgl. auch Weniger, SG, § 37 Rn. 13, § 38 Rn. 18, § 82 Rn. 12.

470 Vgl. näher Dau, WDO, § 68 Rn. 1.

schen ehrenamtlichen Richtern entscheiden (§ 75 I 1 WDO, näher § 75 II-IV WDO). Der Vorsitzende kann vor Anberaumung der Hauptverhandlung zwei weitere Richter heranziehen, wenn dies nach Umfang oder Bedeutung der Sache geboten ist (§ 76 WDO). Als zulassungsfreie Berufungs- und damit Tatsacheninstanz (§ 115 I 1 WDO) sind gegen Urteile der Truppendienstgerichte derzeit zwei[471] Wehrdienstsenate des BVerwG vorgesehen (§ 80 I 1 WDO). Diese entscheiden in der Besetzung von drei zivilen Berufsrichtern und zwei Soldaten als ehrenamtlichen Richtern (§ 80 III [i.V.m. § 75 II, III] WDO).

IV. Verhältnis der Tatbestände

1. Straftatbegehung vor Begründung des Soldatenverhältnisses

Grundsätzlich stehen die Berufungshindernisse des § 38 SG selbständig neben den Ernennungsvoraussetzungen des § 37 SG[472] und sind gleichermaßen zu beachten.

Allerdings werden die Berufungshindernisse im Allgemeinen ebenfalls Zweifel an der charakterlichen Eignung i.S.v. § 37 I Nr. 3 SG auslösen. Daher stellt sich die Frage nach der praktischen Relevanz der Vorschrift des § 38 SG; für ihre Beibehaltung werden systematische Gründe im Hinblick auf das Wehrpflichtgesetz angeführt, in Fällen sich überschneidender Sachverhalte schade die soldatenrechtliche Norm nicht[473].

Abgesehen davon, dass der Tatbestand der Eignung weiter ist[474], unterscheidet sich die Regelungsstruktur der genannten Vorschriften. Während die Hindernisse lediglich auf bestimmte strafgerichtliche Entscheidungen verweisen, erfordern sowohl die Prüfung der Verfassungstreue als auch die der Eignung eine Prognoseentscheidung hinsichtlich zukünftigen Verhaltens[475]. Außerdem differieren die Normierungen dergestalt, als dass im Fall der Ernennung trotz vorliegendem Berufungshindernis die Entlassung erfolgt (vgl. § 46 II 1 Nr. 1 SG), während die Ernennung trotz fehlender Eignung bzw. Gewähr der Verfassungstreue wirksam ist.

471 Dau, WDO, § 80 Rn. 1.

472 Vgl. Sohm, in: Walz/Eichen/Sohm, SG, § 38 Rn. 1, zu § 38 SG und § 37 I Nr. 3 SG; nach Vogelgesang, in: Franke/Weiß, GKÖD, § 38 SG Rn. 1, ist § 38 SG eine Konkretisierung des § 37 I Nr. 3 SG.

473 Vgl. hierzu Sohm, in: Walz/Eichen/Sohm, SG, § 38 Rn. 2.

474 Vgl. Weniger, SG, § 38 Rn. 1: relevant werden können Verurteilungen, die im Rahmen des § 38 I SG nicht (mehr) berücksichtigt werden können.

475 Vgl. Sohm, in: Walz/Eichen/Sohm, SG, § 38 Rn. 1.

Ist der Entlassungstatbestand wegen der Herbeiführung der Ernennung mittels unlauterer Mittel (§ 46 II 1 Nr. 2 SG) zu bejahen, können sich bei einem bereits bestehenden Soldatenverhältnis, das in ein Berufssoldatenverhältnis umgewandelt wird, Konkurrenzfragen bezüglich eines Disziplinarverfahrens ergeben[476]; dies wird hier nicht betrachtet.

2. Straftatbegehung nach Begründung des Soldatenverhältnisses

Verliert ein Berufssoldat automatisch den Soldatenstatus aufgrund einer straf- oder bundesverfassungsgerichtlichen Entscheidung (§ 48 SG), ist ein gerichtliches Disziplinarverfahren nicht mehr möglich[477].

Ein Entlassungsverfahren wegen mangelnder Eignung (§ 46 VIII 1 SG) steht neben einem gerichtlichen Disziplinarverfahren mit dem Ziel der Entfernung aus dem Dienst; scheitert eines von ihnen, bleibt das andere im Rahmen der gesetzlichen Möglichkeiten zulässig[478].

Die Wehrdisziplinarordnung enthält mehrere Regelungen zum Verhältnis zwischen Straf- und Disziplinarverfahren für den Fall, dass den Verfahren ein gleicher Sachverhalt zugrunde liegt. Zu nennen sind hier die Vorschriften zur grundsätzlichen Aussetzungspflicht des gerichtlichen Disziplinarverfahrens ab Erhebung der öffentlichen Klage (§ 83 I WDO) und zur Bindung an die tatsächlichen Feststellungen eines rechtskräftigen Strafurteils[479] (§ 84 I 1 WDO) mit der restriktiv auszulegenden[480] Möglichkeit eines Lösungsbeschlusses (§ 84 I 2 WDO). Nach verhängter Strafe wird die disziplinare Ahndung eingeschränkt (§ 16 I WDO[481]), wobei die Vorschrift nicht die Entfernung aus dem Dienst erfasst; außerdem ist die Ahndung für den Fall eines vorausgegangenen Freispruchs auf Fälle begrenzt, in denen ein disziplinarer Überhang zu bejahen ist (§ 16 III 1 WDO).

Auch gegen einen Soldaten auf Zeit ist ein Disziplinarverfahren nach dem automatischen Verlust der Rechtsstellung nicht mehr möglich.

---

476 Vgl. hierzu BVerwGE 103, 287 (288ff.); Schattschneider/Weniger, NZWehrr 2004, 233 (240); Lingens, NZWehrr 1996, 233 (234f.); Sohm, in: Walz/Eichen/Sohm, SG, § 46 Rn. 28ff.; vgl. auch Weniger, SG, § 46 Rn. 17, 67, zur Entlassung wegen mangelnder Eignung.

477 Vgl. BVerwGE 93, 363 (363f.); näher Dau, WDO, § 1 Rn. 35, 22.

478 Weniger, SG, § 46 Rn. 62.

479 Ein Strafbefehl reicht nicht aus, vgl. BVerwG, NJW 1988, 1340 (1340), zu § 77 I 1 WDO a.F.

480 BVerwGE 111, 291 (293).

481 Aus Gründen der Verhältnismäßigkeit, vgl. Dau, WDO, § 16 Rn. 1.

Die beiden Entlassungsvarianten aufgrund mangelnder Eignung nach § 55 IV SG stehen nebeneinander[482]. Im Verhältnis der Entlassung wegen fehlender Eignung und der aufgrund eines Dienstvergehens (§ 55 V SG) ist allein nach der letztgenannten Bestimmung zu verfahren, wenn die Nichteignung nur auf den dort genannten Gründen beruht[483]; die fristlose Entlassung geht als schärfere und dringlichere Entlassungsform vor[484].

Schwieriger ist die Bestimmung des Verhältnisses zwischen einem behördlichen Entlassungsverfahren wegen eines Dienstvergehens und einem gerichtlichen Disziplinarverfahren. Regelungen der Wehrdisziplinarordnung setzen voraus, dass ein Verfahren ein bestimmtes Stadium erreicht hat.

So ist nach Zustellung einer Entlassungsverfügung während der ersten vier Dienstjahre nach § 55 V SG die Einleitung oder Fortsetzung eines gerichtlichen Disziplinarverfahrens wegen derselben Tat erst dann möglich, wenn unanfechtbar feststeht, dass die Entlassungsverfügung nicht zur Beendigung des Dienstverhältnisses führt (§ 143 I 1 WDO), wobei eine Entfernung aus dem Dienst wegen derselben Tat bei gerichtlicher Aufhebung der Entlassungsverfügung nicht möglich ist (§ 143 I 2 WDO). Umgekehrt ist für den Fall, dass ein gerichtliches Disziplinarverfahren vor Zustellung der Entlassungsverfügung anhängig[485] wurde, eine Entlassung nach § 55 V SG nicht mehr möglich (§ 143 II WDO)[486].

Mit § 55 V SG sollte die Beendigung des Dienstverhältnisses eines Soldaten auf Zeit in den ersten vier Jahren erleichtert und die Notwendigkeit eines Disziplinarverfahrens zur Entfernung aus dem Dienst vermieden werden[487].

Überwiegend wird ein Vorrang der fristlosen Entlassung bejaht, es handele sich um das einfachere und schnellere Verfahren[488]. Der Erlass des Bundesministeriums der Verteidigung zur Durchführung des § 143 der Wehrdisziplinar-

---

482 Weniger, SG, § 55 Rn. 9.

483 BT-Drs. 14/4062, S. 23.

484 Vgl. Weniger, SG, § 55 Rn. 4: die Entlassung nach § 55 IV SG ist aber bei Nichterfüllen des Tatbestands des § 55 V SG möglich; vgl. zur Vorsicht hierbei aber Sohm, in: Walz/Eichen/Sohm, SG, § 55 Rn. 30.

485 Dau, WDO, § 143 Rn. 11.

486 Unerheblich ist, wie das gerichtliche Disziplinarverfahren endete, vgl. Dau, WDO, § 143 Rn. 13; eine Entlassung trotz eines Verstoßes gegen § 143 II WDO soll aber wirksam sein, vgl. Sohm, in: Walz/Eichen/Sohm, SG, § 55 Rn. 83.

487 Sohm, in: Walz/Eichen/Sohm, SG, § 55 Rn. 46; vgl. bereits BT-Drs. II/1700, S. 34, zu § 50 V SG-E.

488 Vgl. hierzu Scherer/Alff/Poretschkin, SG, § 55 Rn. 28; Dau, WDO, § 143 Rn. 1; vgl. bereits BT-Drs. III/2213, S. 28, zu § 114 WDO-E: allerdings wird die Möglichkeit der Einleitung und Durchführung eines Disziplinarverfahrens bis zum Zeitpunkt der Entscheidung über die Einreichung der Anschuldigungsschrift nicht ausgeschlossen.

ordnung (ZDv 14/3 B 165) trifft nähere Regelungen insbesondere zum Prozedere zwischen Entlassungsdienststelle und Einleitungsbehörde; schon die Gesetzesbegründung verweist auf eine Abstimmung durch Erlass[489].

Überzeugend erscheint dennoch, dass kein prinzipieller Vorrang des Entlassungsverfahrens besteht, denn geregelt wird lediglich das verfahrensrechtliche Verhältnis[490]. Allerdings ist das gerichtliche Disziplinarverfahren weniger zur Abwehr der Gefahren für die in § 55 V SG genannten Rechtsgüter geeignet und zeitintensiver[491]; für die Ausgangsentscheidung ist das Tätigwerden eines Gerichts nicht erforderlich. Zwar besitzt der genannte Erlass keine Gesetzesqualität, es kann aber davon ausgegangen werden, dass sich die zuständigen Stellen danach richten und faktisch ein gewisser Vorrang des Entlassungsverfahrens besteht.

Allgemein sind die auf die Statusbeendigung gerichteten Verfahren dergestalt verknüpft, dass ein solches Verfahren nicht mehr möglich ist, wenn durch ein anderes die entsprechende Folge herbeigeführt wurde.

Im Soldatenrecht besteht nun die Besonderheit, dass das Dienstverhältnis eines Berufssoldaten und eines Soldaten auf Zeit zwar durch alle hier betrachteten Tatbestände endet (§§ 43 II Nr. 2-4, 54 II SG), ein Dienstgradverlust aber nur bei dem automatischen Verlust der Rechtsstellung, einer disziplinargerichtlichen Entfernung und der behördlichen Entlassung wegen eines Dienstvergehens erfolgt (§§ 26 i.V.m. 49 II i.V.m. 48, 63 I 2, 56 II i.V.m. 54 II Nr. 2, 48 bzw. 55 V SG), nicht aber bei der Entlassung wegen fehlender Eignung (vgl. §§ 26 i.V.m. 49 II, 56 II SG). Daher ist ein gerichtliches Disziplinarverfahren mit dem Ziel einer Degradierung oder einer Aberkennung des Dienstgrades möglich[492] (vgl. auch § 82 I WDO); weitere Einzelheiten werden hier nicht betrachtet.

---

489 Vgl. hierzu näher BT-Drs. III/2213, S. 28f., zu § 114 WDO-E.

490 BVerwGE 103, 212 (214ff.); vgl. auch Heintzen, NZWehrr 1985, 192 (196 Fn. 21), beide zu § 135 WDO a.F.

491 Busch, NZWehrr 2004, 196 (203).

492 Dau, WDO, § 58 Rn. 7; vgl. auch BVerwGE 46, 244 (246); vgl. allgemeiner auch Scherer/Alff/Poretschkin, SG, § 55 Rn. 15; Sohm, in: Walz/Eichen/Sohm, SG, § 55 Rn. 40.

3. Teil: Angehörige freier Berufe

A. Rechtsanwälte

I. Rechtliche Grundlagen

Der Rechtsanwalt wird gesetzlich als unabhängiges Organ der Rechtspflege bezeichnet (§ 1 BRAO), er ist unabhängiger Berater und Vertreter in allen Rechtsangelegenheiten (§ 3 I BRAO) und übt einen freien Beruf, kein Gewerbe aus (vgl. § 2 BRAO). Zur Begründung der Berufszugehörigkeit ist die Zulassung zur Rechtsanwaltschaft erforderlich. Diese erfolgt nach Antrag durch die zuständige Rechtsanwaltskammer (§§ 6 I, 33 I BRAO).

Jeder Rechtsanwalt ist Mitglied der Rechtsanwaltskammer, die ihn zugelassen hat (vgl. § 60 I 2 BRAO). In jedem Oberlandesgerichtsbezirk gibt es eine Rechtsanwaltskammer (§ 60 I 1 BRAO)[493], zur Zeit sind es 28 im Bundesgebiet[494]. Sie sind Körperschaften des öffentlichen Rechts (§ 62 I BRAO) und in der Bundesrechtsanwaltskammer zusammengeschlossen (§ 175 I BRAO), die ebenfalls diesen Rechtscharakter besitzt (§ 176 I BRAO).

II. Folgen der Verwirklichung einer Straftat

1. Straftatbegehung vor der Zulassung zur Rechtsanwaltschaft

Die Bundesrechtsanwaltsordnung sieht bestimmte Versagungsgründe hinsichtlich der Zulassung vor (§ 7 BRAO), wobei ihre Aufzählung abschließend ist[495]. Ist die Zugangsvoraussetzung nach § 4 BRAO erfüllt und liegen Versagungsgründe nicht vor, besitzt der Antragsteller einen Rechtsanspruch auf Zulassung[496] (§ 6 II BRAO). Indes sind die Versagungsgründe aber auch zwingend[497]. Liegt einer von ihnen zum Zeitpunkt der Zulassung vor[498], ist die Zulassung zu versagen.

Eine Konsequenz für den Fall, dass trotz Vorliegens eines Versagungsgrundes die Zulassung des Betreffenden zur Rechtsanwaltschaft erfolgte, sieht die Bundesrechtsanwaltsordnung nur für eine bestimmte Konstellation vor. Nor-

---

493 Von der Möglichkeit der Bildung einer weiteren Kammer (§ 61 BRAO) wurde bisher kein Gebrauch gemacht, vgl. Feuerich/Weyland-Weyland, BRAO, § 61 BRAO Rn. 2.

494 Vgl. http://www.brak.de/seiten/01_03.php, abgerufen am 11.12.2010.

495 Steinkraus/Schaaf, JuS 2001, 167 (169); Jessnitzer/Blumberg, BRAO, § 7 Rn. 1.

496 Vgl. Otten, Anwaltliches Berufsrecht, S. 13.

497 Feuerich/Weyland-Feuerich, BRAO, § 7 BRAO Rn. 1; Jessnitzer/Blumberg, BRAO, § 7 Rn. 1.

498 Vgl. Feuerich/Weyland-Feuerich, BRAO, § 14 BRAO Rn. 4.

miert wird die obligatorische Rücknahme mit Wirkung für die Zukunft, wenn nachträglich Tatsachen bekannt werden, bei deren Kenntnis die Zulassung hätte versagt werden müssen (§ 14 I 1 BRAO). Hierunter kann auch die Zulassung trotz bestehenden Versagungsgrundes fallen[499]. Es besteht die Möglichkeit, von der Rücknahme abzusehen, wenn dieser Grund mittlerweile nicht mehr besteht (§ 14 I 2 BRAO)[500]. Fraglich ist, ob eine Ernennung, die trotz Kenntnis eines Versagungsgrundes erfolgte, zurückgenommen werden kann. Die Anwendbarkeit des § 48 VwVfG ist abzulehnen[501], d.h. eine insoweit rechtswidrige Zulassung ist wirksam.

a. Grundrechtsverwirkung

Ein Versagungsgrund liegt vor, wenn der Betreffende nach der Entscheidung des BVerfG ein Grundrecht verwirkt hat (§ 7 Nr. 1 BRAO). Der bundesverfassungsgerichtliche Ausspruch kann auf der einen Seite nicht durch die Zulassungsstellen oder Gerichte ersetzt werden, auf der anderen Seite sind diese wiederum hieran gebunden[502]. Voraussetzung für die Verwirkung ist der Missbrauch bestimmter Grundrechte zum Kampf gegen die freiheitliche demokratische Grundordnung (Art. 18 GG). Der Versagungsgrund hat aber nur mittelbar mit der Verwirklichung von Straftaten zu tun (2. Teil A. II. 2. a. aa.) und ist mangels bundesverfassungsgerichtlicher Entscheidung bisher noch nie zur Anwendung gelangt[503].

b. Fehlende Fähigkeit zur Bekleidung öffentlicher Ämter

Weiterer Versagungsgrund ist die infolge strafgerichtlicher Verurteilung fehlende Fähigkeit zur Bekleidung öffentlicher Ämter (§ 7 Nr. 2 BRAO). Dieser Tatbestand hat unmittelbar mit strafbarem Verhalten zu tun, denn der Verlust der Amtsfähigkeit erfolgt aufgrund einer Verurteilung wegen eines Verbrechens zu Freiheitsstrafe von mindestens einem Jahr (§ 45 I StGB) bzw. aufgrund besonderer gerichtlicher Aberkennung (§ 45 II StGB). Nicht umfasst ist die bundesverfassungsgerichtliche Aberkennung (vgl. den Wortlaut des § 7 Nr. 2 BRAO,

---

499 Otten, Anwaltliches Berufsrecht, S. 19.

500 Vgl. hierzu Feuerich/Weyland-Feuerich, BRAO, § 14 BRAO Rn. 10.

501 Fraglich ist, ob die Jahresfrist (§§ 48 IV, 49 III 2 VwVfG) anwendbar ist, zweifelnd Quaas/Dahns, NJW 2009, 2705 (2706); bejahend Kleine-Cosack, AnwBl. 2009, 619 (621).

502 Feuerich/Weyland-Feuerich, BRAO, § 7 BRAO Rn. 16; Jessnitzer/Blumberg, BRAO, § 7 Rn. 2.

503 Vgl. Römermann/Hartung, Berufsrecht, § 4 Rn. 12.

ansonsten zum Verlust der Amtsfähigkeit 2. Teil A. II. 1. a.); sie kann aber im Rahmen einer Verwirkungsentscheidung erfolgen (§ 39 II BVerfGG).

c. Vorangegangener Ausschluss aus der Rechtsanwaltschaft

Außerdem ist die Zulassung zu versagen, wenn der Bewerber durch rechtskräftiges Urteil aus der Rechtsanwaltschaft ausgeschlossen ist und seit Rechtskraft des Urteils noch nicht acht Jahre verstrichen sind (§ 7 Nr. 3 BRAO). Diese Vorschrift bezieht sich damit auf ein rechtskräftiges anwaltsgerichtliches Urteil (vgl. § 114 I Nr. 5 BRAO), wobei die Ausschließung aus der Rechtsanwaltschaft mit der Begehung von Straftaten in Zusammenhang stehen kann (vgl. 3. Teil A. II. 2. b.).

Vor Ablauf der normierten Sperrfrist kann der Betreffende im Zulassungsverfahren weder ein Entfallen der Gefährdung der Rechtspflege mit der Folge des Entfallens des Versagungsgrundes, noch eine Unrichtigkeit des anwaltsgerichtlichen Urteils erfolgreich geltend machen[504]. Die achtjährige Sperrfrist wurde in Folge eines Urteils des BVerfG eingeführt. Die vorher bestehende Regelung ohne eine solche konnte zu einem lebenslangen Berufsverbot führen, was als Verstoß gegen die Berufsfreiheit nach Art. 12 I GG angesehen wurde[505]. Gegen die Sperrfrist wurden ebenfalls verfassungsrechtliche Bedenken vorgebracht[506]; sie wurde aber höchstrichterlich für zulässig erklärt, weil eine längere Sperrfrist wegen der nachhaltigen Schäden für das Ansehen des Berufs bei einem derartigen Verhalten notwendig sei[507]. Nach ihrem Ablauf besteht weiter die Möglichkeit, dass der Versagungsgrund des § 7 Nr. 5 BRAO zu bejahen ist[508] (§ 7 Nr. 3 BRAO, vgl. zu § 7 Nr. 5 BRAO 3. Teil A. II. 1. e.).

d. Vorangegangene Entfernung aus dem Dienst

Weiter ist die Zulassung zur Rechtsanwaltschaft zu versagen, wenn gegen den Bewerber im Verfahren über die Richteranklage auf Entlassung oder im Disziplinarverfahren auf Entfernung aus dem Dienst in der Rechtspflege rechtskräftig

---

504 Vgl. Otten, Anwaltliches Berufsrecht, S. 5.

505 Vgl. näher BVerfGE 72, 51 (63f.); Eckertz-Höfer, ZRP 1986, 4ff., überlegt Alternativen zu einer Sperrfristregelung, bezieht sich aber auf BVerfGE 66, 337ff., in der schon Bedenken hinsichtlich der Verfassungsmäßigkeit eines lebenslänglichen Ausschlusses geäußert wurden, aber § 7 Nr. 3 BRAO a.F. nicht unmittelbar entscheidungserheblich war.

506 Vgl. Kleine-Cosack, BRAO, § 7 Rn. 7.

507 Vgl. BGH, BRAK-Mitt. 1991, 100 (100); Feuerich/Weyland-Feuerich, BRAO, § 7 BRAO Rn. 23; BR-Drs. 256/85, S. 23f., zu § 7 Nr. 3 BRAO-E.

508 Otten, Anwaltliches Berufsrecht, S. 5; Feuerich/Weyland-Feuerich, BRAO, § 7 BRAO Rn. 23.

erkannt worden ist (§ 7 Nr. 4 BRAO). Von dieser Vorschrift werden die Entlassung im Rahmen eines Richteranklageverfahrens und Disziplinarmaßnahmen gegen frühere Richter, Staatsanwälte, Rechtspfleger sowie Notare erfasst[509]; strafbares Verhalten kann hierbei eine Rolle spielen (vgl. 2. Teil B. II. 2. a. bb., cc., 3. Teil B. II. 2. b.).

Der Unterschied zu der vergleichbaren Vorschrift des § 7 Nr. 3 BRAO besteht darin, dass keine Sperrfrist vorgesehen ist; damit kann die Regelung ein lebenslängliches Berufsverbot auslösen. Dies wird - parallel zu § 7 Nr. 3 BRAO a.F. - als mit Art. 12 GG unvereinbar angesehen[510]. Die Konsequenzen werden unterschiedlich beurteilt. Teilweise wird auf die Nichtigkeit der Vorschrift verwiesen[511], etwaige nicht tragbare Bewerber könnten durch den Unwürdigkeitstatbestand (§ 7 Nr. 5 BRAO) vom Anwaltsberuf ferngehalten werden[512].

Dieser Rückgriff wird von anderen aber als problematisch erachtet, da an sich § 7 Nr. 4 BRAO als spezieller Tatbestand vorrangig anzuwenden sei[513]. Unabhängig davon, ob ein Spezialitätsverhältnis möglich ist, greift es hier wohl nicht ein, denn auch der parallele Versagungsgrund des § 7 Nr. 3 BRAO verweist auf die Möglichkeit der Anwendung des Unwürdigkeitstatbestandes. Überzeugend erscheint, dass die Norm verfassungskonform ausgelegt[514] und die Sperrfrist übertragen wird.

Umstritten ist, ob eine Vorlage an das BVerfG zulässig wäre[515]. In jedem Fall erscheint eine gesetzliche Klärung wünschenswert, wobei die einfachste - und im Hinblick auf § 7 Nr. 3 BRAO auch konsistente - Alternative die gesetzliche Festschreibung einer entsprechenden Sperrfrist wäre.

---

509 Otten, Anwaltliches Berufsrecht, S. 5; vgl. auch Feuerich/Weyland-Feuerich, BRAO, § 7 BRAO Rn. 27.

510 Jessnitzer/Blumberg, BRAO, § 7 Rn. 5; Römermann/Hartung, Berufsrecht, § 4 Rn. 15.

511 Feuerich/Weyland-Feuerich, BRAO, § 7 BRAO Rn. 13, 30.

512 Feuerich/Weyland-Feuerich, BRAO, § 7 BRAO Rn. 31; vgl. auch Henssler, in: Henssler/Prütting, BRAO, § 7 BRAO Rn. 28; vgl. zur „entsprechenden" Anwendung des § 7 Nr. 5 BRAO auch Römermann/Hartung, Berufsrecht, § 4 Rn. 15.

513 Jessnitzer/Blumberg, BRAO, § 7 Rn. 5; zur Möglichkeit eines Spezialitätsverhältnisses zwischen Versagungsgründen vgl. auch Schmidt-Räntsch, in: Gaier/Wolf/Göcken, Anwaltliches Berufsrecht, § 7 BRAO Rn. 8.

514 Vgl. Otten, Anwaltliches Berufsrecht, S. 5; Schmidt-Räntsch, in: Gaier/Wolf/Göcken, Anwaltliches Berufsrecht, § 7 BRAO Rn. 23; vgl. auch Henssler, in: Henssler/Prütting, BRAO, § 7 BRAO Rn. 28.

515 Eher ablehnend wegen der Möglichkeit der verfassungskonformen Auslegung Schmidt-Räntsch, in: Gaier/Wolf/Göcken, Anwaltliches Berufsrecht, § 7 BRAO Rn. 23; bejahend Kleine-Cosack, BRAO, § 7 Rn. 9.

e. *Unwürdigkeit*

Weiter ist die Zulassung zur Rechtsanwaltschaft zu versagen, wenn der Bewerber sich eines Verhaltens schuldig gemacht hat, das ihn unwürdig erscheinen lässt, den Beruf eines Rechtsanwalts auszuüben (§ 7 Nr. 5 BRAO). Das Merkmal der Unwürdigkeit wird dann bejaht, wenn der Betreffende nach Abwägung seines Verhaltens und aller erheblichen Umstände (wie Zeitablauf und zwischenzeitliche Führung) nach seiner gesamten Persönlichkeit für den Anwaltsberuf nicht tragbar ist[516] bzw. erscheint[517]. Bei der Abwägung ist das Grundrecht der Berufsfreiheit zu beachten[518], so dass trotz zwingender Versagung der Zulassung kein Verstoß gegen den Verhältnismäßigkeitsgrundsatz vorliegt[519].

Teilweise wird eine Prognose hinsichtlich zukünftigen Verhaltens für erforderlich erachtet[520]. Dies ist abzulehnen, denn bei dem Begriff der Unwürdigkeit handelt es sich um einen wertungsabhängigen Begriff[521]. Ist eine Prognose erforderlich, werden andere Begriffe, etwa der der Unzuverlässigkeit (vgl. 3. Teil E. II. 1.) oder der Besorgnis des Nichtgenügens von Berufspflichten (vgl. 3. Teil C. II. 1. b.), verwendet.

Verschiedene Handlungen können zur Unwürdigkeit des Bewerbers führen, hier wird lediglich strafbares Verhalten betrachtet. Unumstritten ist, dass dies eine Gruppe möglicherweise zu Unwürdigkeit führender Verhaltensweisen darstellt[522]. Die weitere Präzisierung der Unwürdigkeit ist aber in der Praxis nicht unproblematisch. Grundsätzlich können alle nicht unter das Verwertungsverbot nach § 51 I BZRG fallende Verurteilungen einbezogen werden, bei der Berufszulassung kommt darüber hinaus sogar eine weitere zeitliche Berücksichtigung in Betracht (vgl. § 52 I Nr. 4 BZRG)[523].

---

516 Vgl. BGH, DtZ 1995, 441 (442); BGH, NJW-RR 1995, 1016 (1016); vgl. mit ähnlicher Formulierung auch BGH, B.v. 07.12.2009 (AnwZ (B) 113/08), juris, Rn. 6.

517 Vgl. BGH, B.v. 06.11.2006 (AnwZ (B) 87/05), juris, Rn. 8; BGH, NJW-RR 2000, 1445 (1445); BGH, NJW-RR 1999, 1219 (1219).

518 Vgl. BGH, NJW 1994, 1732 (1732), zu einem Widerruf nach § 1 I RNPG; vgl. auch Kleine-Cosack, BRAO, § 7 Rn. 10, 14.

519 Vgl. zum Verhältnismäßigkeitsgrundsatz näher BVerfGE 63, 266 (287f.).

520 Henssler, in: Henssler/Prütting, BRAO, § 7 BRAO Rn. 42; Kleine-Cosack, NJW 2004, 2473 (2477).

521 BVerfGE 63, 266 (287); Feuerich, AnwBl. 1989, 133 (133).

522 Vgl. zu strafrechtlichen Verurteilungen Vogel, Anwaltszulassung, S. 29ff.; Kleine-Cosack, BRAO, § 7 Rn. 21.

523 Kleine-Cosack, BRAO, § 7 Rn. 19; näher Henssler, in: Henssler/Prütting, BRAO, § 7 BRAO Rn. 46f.; sowie Feuerich/Weyland-Feuerich, BRAO, § 7 BRAO Rn. 49ff.

Versucht wurde, bestimmte verallgemeinerungsfähige Aussagen zu treffen. Genannt werden verschiedene vorsätzliche Delikte, die regelmäßig den Schluss auf Unwürdigkeit zulassen sollen[524] und die sich unter verschiedene Obergruppen fassen lassen[525]; derartige Systematisierungen erscheinen zwar sinnvoll, sind aber nicht abschließend. Unwürdigkeit wird regelmäßig bei Straftaten bejaht, die sich gegen Rechtsgüter richten, die für die anwaltliche Berufsausübung von unmittelbarer Bedeutung sind[526], sowie bei einem Verhalten, welches andere wichtige Belange der Rechtspflege betrifft[527]. Unter diese Gruppen werden beispielsweise strafgerichtliche Verurteilungen wegen eines Aussagedelikts[528], Untreue[529] oder weitere Vermögensdelikte[530] subsumiert.

Allerdings widerspricht jede Form von Automatismus zwischen Fehlverhalten und Zulassungsversagung der Pflicht zu einer einzelfallbezogenen Gewichtung aller für und gegen den Betroffenen sprechenden Umstände[531]. Die Entwicklung typisierender Versagungsgründe ist daher nur zurückhaltend möglich[532]; es ist davon auszugehen, dass trotz ihres Vorliegens der konkrete Einzelfall zu betrachten und entscheidend ist[533].

Fraglich ist, wie lange ein in der Vergangenheit gezeigtes Verhalten Einfluss auf die Frage besitzt, ob der Bewerber unwürdig ist. Allgemein ist anerkannt, dass auch ein schwerwiegendes Fehlverhalten nach bestimmtem Zeitablauf u.a. durch Wohlverhalten so viel an Bedeutung verlieren kann, dass es die (Wieder-) Zulassung nicht mehr hindert[534]. Problematisch ist die Bestimmung der genauen zeitlichen Dimension. Abgewogen werden das Interesse des Betroffenen an der beruflichen und sozialen (Wieder-)Eingliederung und das Interesse der Öffentlichkeit, insbesondere der Rechtsuchenden an der Integrität und der Erhaltung

---

524 Vgl. zu der Rechtsprechung Feuerich, AnwBl. 1989, 133ff.

525 Vgl. etwa Vogel, Anwaltszulassung, S. 30ff.; Schmidt-Räntsch, in: Gaier/Wolf/Göcken, Anwaltliches Berufsrecht, § 7 BRAO Rn. 35.

526 BGH, BRAK-Mitt. 1998, 198 (199); Henssler, in: Henssler/Prütting, BRAO, § 7 BRAO Rn. 51, differenziert weiter, ob die Tat als Anwalt oder Nicht-Anwalt begangen wurde.

527 Vgl. näher BGHZ 77, 331 (332).

528 BGH, NJW-RR 1999, 1219 (1220).

529 Insbesondere, wenn es sich bei dem Geschädigten um einen Mandanten handelt, vgl. BGH, NJW-RR 1995, 1016 (1017); BGH, BRAK-Mitt. 1999, 269 (270).

530 Vgl. BGH, BRAK-Mitt. 1998, 198 (199).

531 BGH, DtZ 1995, 441 (442).

532 BGH, DtZ 1995, 441 (442).

533 Vgl. Otten, Anwaltliches Berufsrecht, S. 6; Vogel, Anwaltszulassung, S. 29; Feuerich/Weyland-Feuerich, BRAO, § 7 BRAO Rn. 57; Schmidt-Räntsch, in: Gaier/Wolf/Göcken, Anwaltliches Berufsrecht, § 7 BRAO Rn. 46.

534 BGH, NJW-RR 2000, 1445 (1445); BGH, NJW 1988, 1793 (1793); Feuerich/Weyland-Feuerich, BRAO, § 7 BRAO Rn. 39.

des Ansehens des Anwaltsstandes bzw. der Vermeidung einer Gefährdung der Rechtsuchenden[535]. Betrachtet werden die Gesamtumstände des Falles[536], eine schematische Festsetzung einer Zeitangabe ist nicht möglich[537]. Die Rechtsprechung versucht eine Einteilung dergestalt, dass in leichteren Fällen vier bis fünf Jahre ausreichend seien, bei besonders gravierenden Straftaten fünfzehn bis zwanzig Jahre[538], im Einzelfall auch mehr[539]. Außerdem wird auf die achtjährige Sperrfrist des § 7 Nr. 3 BRAO verwiesen[540]. Hierbei handelt es sich aber keineswegs um starre Fristen[541].

Obwohl ein Beurteilungsspielraum der Rechtsanwaltskammer hinsichtlich der Unwürdigkeitsfeststellung abgelehnt wird[542], lässt sich damit sagen, dass aufgrund der Prüfung aller Einzelfallumstände ein erheblicher faktischer Beurteilungsspielraum besteht[543].

f. Bekämpfen der freiheitlichen demokratischen Grundordnung

Schließlich ist die Zulassung zur Rechtsanwaltschaft zu versagen, wenn der Bewerber die freiheitliche demokratische Grundordnung in strafbarer Weise bekämpft (§ 7 Nr. 6 BRAO). Im Rahmen der Prüfung der Verfassungstreue wurde in anderen Rechtsgebieten herausgearbeitet, dass sich eine fehlende Gewähr auch durch die Begehung bestimmter Straftaten ergeben kann, aber eher mittelbar damit verknüpft ist (vgl. zum Beamtenrecht 2. Teil A. II. 1. f.). Der Versagungsgrund für Rechtsanwaltsbewerber ist in doppelter Weise im Vergleich zu der Voraussetzung im öffentlichen Dienst beschränkt. Zum einen ist ein Bekämpfen notwendig; dies erfordert ein aktives Einsetzen für die Änderung der

---

535 Vgl. insgesamt BGH, BRAK-Mitt. 1992, 106 (107); BGH, BRAK-Mitt. 1999, 187 (187); BGH, NJW-RR 2000, 1445 (1445); BGH, NJW 1988, 1793 (1793).

536 BGH, NJW 1988, 1793 (1793); vgl. zu den Kriterien BGH, BRAK-Mitt. 1995, 70 (70); vgl. auch Feuerich/Weyland-Feuerich, BRAO, § 7 BRAO Rn. 41.

537 BGH, NJW-RR 2000, 1445 (1445); BGH, BRAK-Mitt. 1999, 187 (187); vgl. auch Feuerich/Weyland-Feuerich, BRAO, § 7 BRAO Rn. 41.

538 Vgl. näher BGH, BRAK-Mitt. 1992, 106 (107); BGH, DtZ 1995, 441 (442); BGH, NJW-RR 2000, 1445 (1445); kritisch zu einer Grenze von 20 Jahren Kleine-Cosack, BRAO, § 7 Rn. 13, 16.

539 Vgl. BGH, NJW 1988, 1793 (1793), nennt schwerere Fälle von Untreue oder Betrug.

540 BGH, BRAK-Mitt. 1995, 70 (71); BGH, BRAK-Mitt. 1996, 123 (124); BGH, NJW-RR 2000, 1445 (1446); vgl. auch Feuerich/Weyland-Feuerich, BRAO, § 7 BRAO Rn. 41.

541 Vgl. BGH, B.v. 07.12.2009 (AnwZ (B) 113/08), juris, Rn. 8.

542 Kleine/Cosack, BRAO, § 7 Rn. 3.

543 Hinsichtlich der zeitlichen Berücksichtigung vgl. BGH, BRAK-Mitt. 1992, 106 (107); Feuerich/Weyland-Feuerich, BRAO, § 7 BRAO Rn. 41; vgl. weitergehend Schmidt-Räntsch, in: Gaier/Wolf/Göcken, Anwaltliches Berufsrecht, § 7 BRAO Rn. 46.

bestehenden Grundordnung[544]. Zum anderen muss das Handeln strafbar sein, d.h. ein bloß verfassungsfeindliches, nicht strafbares Verhalten reicht nicht aus[545]. In Betracht kommen daher insbesondere Delikte nach §§ 80ff. StGB[546], aber auch nach anderen Vorschriften strafbare Verhaltensweisen, wenn sich die Tat im Einzelfall gegen die freiheitliche demokratische Grundordnung richtet[547]. Als Beispiele werden Vergehen gegen die Landesverteidigung, Widerstand gegen die Staatsgewalt, Vergehen oder Verbrechen gegen die öffentliche Ordnung sowie Münzdelikte genannt[548]. Das strafbare Bekämpfen muss noch andauern und darf nicht endgültig eingestellt sein[549]. Da eine strafrechtliche Verurteilung nicht erforderlich ist[550], würdigt die Rechtsanwaltskammer ein bestimmtes Verhalten strafrechtlich[551]. Sie kann aber auch das Zulassungsverfahren aussetzen (vgl. § 10 I BRAO).

2. Straftatbegehung nach der Zulassung zur Rechtsanwaltschaft

a. Beendigung wegen Widerrufs der Zulassung

Bei einer Straftatverwirklichung nach Berufszulassung kommt deren Widerruf mit Wirkung für die Zukunft[552] in Betracht. Die Widerrufsgründe (vgl. § 14 II BRAO) sind zwingend, d.h. es besteht kein Ermessen, und abschließend, d.h. eine Anwendung des § 49 VwVfG ist nicht möglich[553].

Mit strafbarem Verhalten hängen mittelbar der Widerruf wegen der Verwirkung eines Grundrechts nach der Entscheidung des BVerfG (§ 14 II Nr. 1 BRAO) und direkt derjenige wegen des strafgerichtlichen Verlusts der Fähigkeit zur Bekleidung öffentlicher Ämter (§ 14 II Nr. 2 BRAO) zusammen. Der Statusverlust, der sich aus der Einbuße der Amtsfähigkeit direkt nur für Inhaber ei-

---

544 Feuerich/Weyland-Feuerich, BRAO, § 7 BRAO Rn. 71.

545 Otten, Anwaltliches Berufsrecht, S. 9.

546 Feuerich/Weyland-Feuerich, BRAO, § 7 BRAO Rn. 71; Kleine-Cosack, BRAO, § 7 Rn. 27; Römermann/Hartung, Berufsrecht, § 4 Rn. 17.

547 Vgl. Jessnitzer/Blumberg, BRAO, § 7 Rn. 13.

548 Feuerich/Weyland-Feuerich, BRAO, § 7 BRAO Rn. 71; Vogel, Anwaltszulassung, S. 42f.; vgl. auch Schmidt-Räntsch, in: Gaier/Wolf/Göcken, Anwaltliches Berufsrecht, § 7 BRAO Rn. 48.

549 Feuerich/Weyland-Feuerich, BRAO, § 7 BRAO Rn. 71.

550 Jessnitzer/Blumberg, BRAO, § 7 Rn. 13.

551 Henssler, in: Henssler/Prütting, BRAO, § 7 BRAO Rn. 65; Feuerich/Weyland-Feuerich, BRAO, § 7 BRAO Rn. 71.

552 Sächsischer AGH, BRAK-Mitt. 1997, 260 (260); Feuerich/Weyland-Feuerich, BRAO, § 14 BRAO Rn. 16.

553 Vgl. Quaas/Dahns, NJW 2009, 2705 (2706), allerdings sei eine gewisse Öffnung zu den Grundgedanken der §§ 48f. VwVfG geboten.

nes öffentlichen Amtes ergibt (vgl. § 45 III StGB), wird damit auf den Rechtsanwalt, der kein solches Amt bekleidet[554], übertragen.

Teilweise stimmen die Widerrufsgründe also mit den Versagungsgründen hinsichtlich der Berufszulassung (vgl. § 7 BRAO) überein. Die Versagungstatbestände, die sich auf den Verlust eines bestimmten Berufsstatus vor der Zulassung beziehen (vgl. §§ 7 Nr. 3, 4 BRAO), sind im Rahmen des Widerrufs nicht relevant, denn bei bestehender Rechtsstellung erfolgt eine solche Maßnahme unmittelbar. Auch eine nach der Zulassung eintretende Unwürdigkeit (§ 7 Nr. 5 BRAO) erfüllt keinen Widerrufstatbestand. Der Grund hierfür liegt darin, dass ab der Zulassung eine berufsgerichtliche Maßnahme[555] und damit die differenzierte Ahndung eines Fehlverhaltens möglich ist (vgl. 3. Teil A. II. 2. b.); eine entsprechende Widerrufsmöglichkeit erscheint nicht erforderlich.

Für den Widerruf ist grundsätzlich die Sach- und Rechtslage im Zeitpunkt des Erlasses der Widerrufsverfügung maßgeblich. Nach der Rechtsprechung des BGH ist allerdings das Rechtsmittel gegen einen Widerruf bei einem nachträglichen (zweifelsfreien) Wegfall des Widerrufsgrundes erfolgreich[556], da der Betreffende nach dem Verlust des Status sofort wieder zugelassen werden müsste[557]. Ein zum Zeitpunkt seines Ausspruchs nicht berechtigter Widerruf kann zu Lasten des Rechtsanwalts nicht auf einen Widerrufsgrund gestützt werden, der sich erst danach ergeben hat[558].

b. Beendigung aufgrund berufsgerichtlichen Verfahrens

Für Rechtsanwälte besteht eine Berufsgerichtsbarkeit, in deren Rahmen anwaltsgerichtliche Maßnahmen verhängt werden können. Die Bundesrechtsanwaltsordnung sieht abgestuft Warnung, Verweis, Geldbuße bis zu fünfundzwanzigtausend Euro, das Verbot, auf bestimmten Rechtsgebieten als Vertreter und Beistand für die Dauer von einem Jahr bis zu fünf Jahren tätig zu werden, sowie als schwerste Maßnahme die Ausschließung aus der Rechtsanwaltschaft vor (§ 114 I BRAO). Das Vertretungsverbot (§ 114 I Nr. 4 BRAO) führt lediglich zu einem Verbot nach außen wirkender und sichtbarer Handlungen als Vertreter oder Beistand in einem (oder mehreren[559]) ausdrücklich genannten Rechtsge-

554 Vgl. Schönke/Schröder-Stree/Kinzig, StGB, § 45 Rn. 8.

555 Schmidt-Räntsch, in: Gaier/Wolf/Göcken, Anwaltliches Berufsrecht, § 14 BRAO Rn. 12; Henssler, in: Hennsler/Prütting, BRAO, § 14 BRAO Rn. 8.

556 Vgl. BGH, B.v. 21.11.2006 (AnwZ (B) 49/05), juris, Rn. 3; BGH, B.v. 24.01.2008 (AnwZ (B) 15/07), juris, Rn. 4.

557 BGH, B.v. 31.03.2008 (AnwZ (B) 27/07), juris, Rn. 12.

558 BVerwG, AnwBl. 2005, 217 (217), zum Widerruf wegen Vermögensverfall.

559 Vgl. näher Otten, Anwaltliches Berufsrecht, S. 76.

biet(en) für einen bestimmten Zeitraum und darf nicht einem Berufsverbot auf Zeit nahekommen[560]. Daher besitzt der Betroffene - trotz gegenständlicher Beschränkung - weiter die Möglichkeit zur Berufsausübung[561], weswegen die Maßnahme nicht näher betrachtet wird und hier allein die Ausschließung aus dem Beruf (§ 114 I Nr. 5 BRAO) relevant ist.

Voraussetzung für die Verhängung einer anwaltsgerichtlichen Maßnahme ist der schuldhafte Verstoß gegen Pflichten, die sich aus der Bundesrechtsanwaltsordnung oder der Berufsordnung ergeben (§ 113 I BRAO). An dieser Stelle werden einige Pflichten betrachtet, die bei strafbarem Verhalten betroffen sein können.

Zu den Grundpflichten des Rechtsanwalts gehört die Pflicht zur Verschwiegenheit (§ 43a II BRAO), diese kann bei strafrechtlich relevantem Verhalten betroffen sein (vgl. § 203 I Nr. 3 StGB). Außerdem darf sich der Rechtsanwalt bei seiner Berufsausübung nicht unsachlich verhalten (§ 43a III 1 BRAO), wobei exemplarisch genannt werden die bewusste Verbreitung von Unwahrheiten oder solche herabsetzenden Äußerungen, zu denen andere Beteiligte oder der Verfahrensverlauf keinen Anlass gegeben haben (§ 43a III 2 BRAO); der Zusammenhang zu strafbaren Verhaltensweisen ist unübersehbar[562]. Außerdem darf der Rechtsanwalt keine widerstreitenden Interessen vertreten (§ 43a IV BRAO); ein Verhalten, welches gegen diese Pflicht verstößt, kann auch strafrechtlich relevant sein (§ 356 StGB)[563]. Der Rechtsanwalt unterliegt einer Sorgfaltspflicht beim Umgang mit anvertrauten Vermögenswerten und Fremdgeldern (§ 43a V BRAO), ein Fehlverhalten in diesem Bereich kann auch den Tatbestand der Untreue[564] oder Unterschlagung[565] erfüllen; bei Pflichtverstößen im Zusammenhang mit der Vergütung (§ 49b BRAO) können die Tatbestände der Gebührenüberhebung (§ 352 StGB)[566], Betrug und Geldwäsche[567] relevant werden.

560 Feuerich/Weyland-Feuerich, BRAO, § 114 BRAO Rn. 32.

561 Vgl. näher Feuerich/Weyland-Feuerich, BRAO, § 114 BRAO Rn. 21.

562 Nach Rick, Stellung, S. 124f., ist wegen grundrechtlicher Aspekte sogar eine Strafbarkeit des Verhaltens erforderlich.

563 Vgl. hierzu BVerfGE 108, 150 (159); Kleine-Cosack, BRAO, § 43a Rn. 88.

564 Otten, Anwaltliches Berufsrecht, S. 44; Kleine-Cosack, BRAO, § 43a Rn. 134.

565 Vgl. Feuerich/Weyland-Feuerich, BRAO, § 43a BRAO Rn. 85; Römermann/Hartung, Berufsrecht, § 16 Rn. 58; Wagner, Konkurrenz, S. 16.

566 Kilian, in: Henssler/Prütting, BRAO, § 49b BRAO Rn. 148.

567 Vgl. Otten, Anwaltliches Berufsrecht, S. 57; ablehnend Kilian, in: Henssler/Prütting, BRAO, § 49b BRAO Rn. 150, zum Betrug.

Auch nicht strafbares Verhalten kann gegen Berufspflichten verstoßen, diese reichen meist weiter als die strafrechtlichen Verbote[568]. Die Begriffe der schuldhaften Berufspflichtverletzung und der Straftat sind nicht deckungsgleich.

Schließlich enthält auch die Bundesrechtsanwaltsordnung eine Generalklausel, unter die sich strafbares Verhalten subsumieren lässt. Nach § 43 BRAO hat der Rechtsanwalt seinen Beruf gewissenhaft auszuüben und sich innerhalb und außerhalb des Berufes der Achtung und des Vertrauens, welche die Stellung des Rechtsanwalts erfordert, würdig zu erweisen. Umstritten ist die Reichweite dieser Norm.

In jedem Fall soll ihr eine Transformationsfunktion bei Verstößen gegen andere, nicht in der Bundesrechtsanwalts- oder Berufsordnung enthaltene Normen zukommen, eine Ahndung ist damit etwa bei einem Verhalten möglich, welches Strafvorschriften verletzt[569]. Dieser Umweg ergibt sich aus dem Wortlaut des § 113 I BRAO wegen der Erforderlichkeit eines Verstoßes gegen „in diesem Gesetz oder in der Berufsordnung" bestimmte Pflichten[570]. Die anderen gesetzlichen Vorschriften werden damit mittels § 43 BRAO in das anwaltliche Berufsrecht übertragen[571], allerdings nur die, die im Sinne dieser Norm berufsrechtlich relevant sind[572]. Umstritten ist, ob § 43 BRAO auch angewendet werden kann, wenn kein Verstoß gegen eine gesetzliche Vorschrift vorliegt[573], d.h. ob sie weitere in der Bundesrechtsanwalts- und der Berufsordnung nicht speziell geregelte Pflichten begründet. Dies wird überwiegend abgelehnt[574], teilweise - einschrän-

568 Jessnitzer/Blumberg, BRAO, § 43a Rn. 2, 4; sowie Hartung, in: Hartung/Römermann, Berufs- und FachanwaltsO, § 2 BerufsO Rn. 14 und § 43a BRAO Rn. 59, jeweils zur Verschwiegenheitspflicht bzw. dem Verbot der Vertretung widerstreitender Interessen; nach Kleine-Cosack, BRAO, § 43a Rn. 1, gehen die berufsrechtlichen Pflichten nach § 43a BRAO kaum über die strafrechtlichen Tatbestände hinaus, vgl. dann aber Rn. 7.

569 Otten, Anwaltliches Berufsrecht, S. 32; vgl. zu einzelnen Normen Grunewald/Piepenstock, MDR 2000, 869 (871).

570 Vgl. hierzu Feuerich/Weyland-Feuerich, BRAO, § 43 BRAO Rn. 7.

571 Feuerich/Weyland-Feuerich, BRAO, § 43 BRAO Rn. 8, § 113 BRAO Rn. 10; vgl. auch Römermann/Hartung, Berufsrecht, § 12 Rn. 11.

572 Römermann/Hartung, Berufsrecht, § 12 Rn. 12; vgl. auch Otten, Anwaltliches Berufsrecht, S. 32; Grunewald/Piepenstock, MDR 2000, 869 (871).

573 Römermann/Hartung, Berufsrecht, § 12 Rn. 17.

574 Feuerich/Weyland-Feuerich, BRAO, § 43 BRAO Rn. 6f.; Grunewald/Piepenstock, MDR 2000, 869 (871); Prütting, in: Henssler/Prütting, BRAO, § 43 BRAO Rn. 23; ebenfalls Prütting, AnwBl. 1999, 361 (362f.); Hartung, in: Hartung/Römermann, Berufs- und FachanwaltsO, § 43 BRAO Rn. 10, vgl. zu seiner Darstellung des Meinungsstandes auch Rn. 4ff.

kend - bejaht[575], hier aber nicht näher erörtert, denn die Untersuchung befasst sich nur mit strafbaren Verhaltensweisen, die grundsätzlich von der Transformationswirkung erfasst werden.

Strafbares Verhalten muss sich allerdings weiter unter die normierten Voraussetzungen des § 43 BRAO subsumieren lassen. Teilweise werden Vorsatztaten (im beruflichen Bereich[576]) im Allgemeinen als umfasst angesehen[577], Fahrlässigkeitstaten hingegen nur unter bestimmten Umständen[578].

Durch eine andere Vorschrift wird die Relevanz außerberuflichen Fehlverhaltens eingeschränkt. Zwar wird bei einem Verstoß gegen § 43 BRAO eine Pflichtverletzung nach § 113 I BRAO bejaht[579], eine Ahndung soll aber nur erfolgen können, wenn die Voraussetzungen des § 113 II BRAO vorliegen[580].

Entscheidend für die Abgrenzung zwischen inner- und außerberuflichem Verhalten ist nicht die formale[581], d.h. Zeit und Ort, sondern die materielle Berufsbezogenheit, d.h. der funktionale und kausale Zusammenhang mit der anwaltlichen Berufsausübung[582].

Beschränkt wird die Ahndung auf rechtswidrige Taten oder mit Geldbuße bedrohte Handlungen (§ 113 II 1. Hs. BRAO). Straftaten lassen sich unter den Begriff der rechtswidrigen Taten subsumieren, Schuldaspekte bleiben ausgeklammert. Außerdem muss das außerberufliche Fehlverhalten nach den Umständen des Einzelfalls in besonderem Maße geeignet sein, Achtung und Vertrauen der Rechtsuchenden in einer für die Ausübung der Anwaltstätigkeit bedeutsamen Weise zu beeinträchtigen (§ 113 II 2. Hs. BRAO). Als relevante Umstände des Einzelfalls werden insbesondere das äußere Verhalten, seine Folgen und der Grad des Verschuldens genannt[583]. Die Bestimmung der unter diese

---

575 Vgl. Kleine-Cosack, BRAO, § 43 Rn. 11ff.; Zuck, in: Gaier/Wolf/Göcken, Anwaltliches Berufsrecht, § 113 BRAO Rn. 26.

576 Prütting, in: Henssler/Prütting, BRAO, § 43 BRAO Rn. 25; Hartung, in: Hartung/Römermann, Berufs- und FachanwaltsO, § 43 BRAO Rn. 14.

577 Feuerich/Weyland-Feuerich, BRAO, § 43 BRAO Rn. 11; a.A. Hartung, in: Hartung/Römermann, Berufs- und FachanwaltsO, § 43 BRAO Rn. 15: im außerberuflichen Bereich ist der Einzelfall entscheidend.

578 Hartung, in: Hartung/Römermann, Berufs- und FachanwaltsO, § 43 BRAO Rn. 16; Prütting, in: Hennsler/Prütting, BRAO, § 43 BRAO Rn. 26, bezogen auf den beruflichen Bereich.

579 Vgl. BGHSt 28, 150 (153).

580 Vgl. Feuerich/Weyland-Feuerich, BRAO, § 113 BRAO Rn. 12f.: betroffen ist die Verfolgbarkeit.

581 BGHSt 28, 150 (154); vgl. auch Feuerich/Weyland-Feuerich, BRAO, § 113 BRAO Rn. 15.

582 Vgl. BGH, NJW 1996, 1836 (1836); vgl. auch Otten, Anwaltliches Berufsrecht, S. 71.

583 Feuerich/Weyland-Feuerich, BRAO, § 113 BRAO Rn. 18.

Vorschrift fallenden Delikte kann schwierig sein. Bei einmaligen Fahrlässigkeitsdelikten werden die Voraussetzungen grundsätzlich verneint, bei bestimmten Vorsatztaten hingegen bejaht[584]. Ein gänzlicher Ausschluss der Ahndung außerberuflicher Straftaten, der auch vertreten wird[585], überzeugt dennoch nicht, denn in diesem Fall wäre die Begrenzung auf rechtswidrige Taten sinnlos. Maßgeblich ist die Berücksichtigung aller Einzelfallumstände, wobei zu beachten ist, dass die Einfügung des § 113 II BRAO der allgemeinen Tendenz folgte, rein private Verfehlungen nicht mehr berufsgerichtlich zu ahnden[586].

Da die als Satzung erlassene Berufsordnung[587] (§ 59b Nr. 4 BRAO) lediglich die Berufspflichten der Bundesrechtsanwaltsordnung wiederholt und konkretisiert[588], wird sie hier nicht betrachtet.

Wird eine Pflichtverletzung festgestellt, ist für die Verhängung einer anwaltsgerichtlichen Maßnahme die Schuldhaftigkeit[589] des Pflichtverstoßes erforderlich.

Schließlich ist fraglich, wann die Ausschließung aus dem Beruf erfolgt. Nach dem Grundsatz der Einheitlichkeit der Pflichtverletzung wird eine anwaltsgerichtliche Maßnahme für mehrere Pflichtenverstöße verhängt (vgl. § 113 I BRAO).

Die Bundesrechtsanwaltsordnung gibt grundsätzlich weder konkrete Maßnahmen (vgl. aber §§ 114a III, 156 I BRAO) noch Bemessungsregeln vor[590]. Allgemein ist das Maß der Betroffenheit des Vertrauens der Öffentlichkeit in die Integrität des Anwaltsstandes, also die Schädigung des Ansehens der Rechtsanwaltschaft, wesentlich zu berücksichtigen[591]. Geprüft wird, welche Maßnahme erforderlich ist, um zu gewährleisten, dass der Betreffende künftig seinen Pflichten nachkommt und von ihm keine weiteren Gefahren ausgehen[592]. Es werden

---

584 Vgl. näher Feuerich/Weyland-Feuerich, BRAO, § 113 BRAO Rn. 20.

585 Prütting, in: Henssler/Prütting, BRAO, § 43 BRAO Rn. 31f.

586 Vgl. hierzu bereits BGHSt 28, 150 (153): nicht mehr als Standesverfehlungen zu ahnden.

587 Kompetenz und Berufsordnung wurden in Folge einer Entscheidung des BVerfG (E 76, 171ff.) geschaffen, die die früher übliche Konkretisierung der Berufspflichten durch Standesrichtlinien verwarf.

588 Feuerich/Weyland-Feuerich, Einl. BRAO, Rn. 3.

589 Allerdings besitzt der Schuldgehalt der Tat nicht den gleichen Stellenwert wie im Strafrecht, vgl. BGH, NJW 1996, 1836 (1836); siehe auch Feuerich/Weyland-Feuerich, BRAO, § 114 BRAO Rn. 94.

590 Vgl. Koch/Kilian, Anwaltliches Berufsrecht, C. Rn. 100.

591 Feuerich/Weyland-Feuerich, BRAO, § 114 BRAO Rn. 93; a.A. Koch/Kilian, Anwaltliches Berufsrecht, C. Rn. 100.

592 Vgl. Feuerich/Weyland-Feuerich, BRAO, § 114 BRAO Rn. 93; auch Koch/Kilian, Anwaltliches Berufsrecht, C. Rn. 100 („oder“).

alle Einzelfallumstände betrachtet[593], wobei insbesondere das Grundrecht der Berufsfreiheit (Art. 12 GG) und der Verhältnismäßigkeitsgrundsatz zu berücksichtigen sind. Von der Rechtsprechung wurden bestimmte Grundsätze für die Maßnahme der Ausschließung aus dem Beruf herausgearbeitet.

Diese soll dann erfolgen, wenn sie zur Ahndung schwerer Pflichtverletzungen zum Schutz eines überragend wichtigen Gemeinschaftsgutes, nämlich dem Interesse der Allgemeinheit an einer funktionstüchtigen Rechtspflege und der Wahrung des Vertrauens der Rechtsuchenden in die Integrität des Anwaltsstandes - soweit dies über bloße berufsständische Belange hinaus im Interesse der Rechtspflege liegt - geeignet und erforderlich ist. Damit genügt nicht allein die Feststellung einer schweren Pflichtverletzung[594]. Erforderlich ist die Würdigung von Tat, Persönlichkeit und Gesamtverhalten[595]. Die Prognose muss ergeben, dass der Betreffende untragbar ist, weil von ihm eine Gefahr für die Rechtspflege ausgeht[596].

Genannt werden Delikte, die regelmäßig die Ausschließung rechtfertigen sollen[597], etwa Untreue, Betrug[598], Aussagedelikte[599], Parteiverrat sowie gravierende Straftaten gegen Leib und Leben[600]. Allerdings erfolgt auch dann die Maßnahme keineswegs automatisch, eine einzelfallbezogene Gewichtung aller maßgeblichen Umstände ist weiterhin erforderlich[601].

c. *Strafrechtliches Berufsverbot*

Gegen den Rechtsanwalt kann ein strafrechtliches Berufsverbot nach § 70 I 1 StGB verhängt werden. Hierbei handelt es sich um eine Sicherungsmaßregel, nicht um eine Strafe, d.h. es kann auch bei fehlender Schuldfähigkeit verhängt werden, umgekehrt ist eine Anordnung aus Schuldgründen nicht möglich[602]. Seine Anordnung sowie seine Dauer können nur auf spezialpräventive Gesichts-

---

593 Vgl. näher Feuerich/Weyland-Feuerich, BRAO, § 114 BRAO Rn. 97ff.

594 BGH, BRAK-Mitt. 1991, 229 (229).

595 Vgl. BGH, BRAK-Mitt. 1991, 229 (229); BGHSt 28, 333 (335).

596 BGH, BRAK-Mitt. 1991, 229 (229); Feuerich/Weyland-Feuerich, BRAO, § 114 BRAO Rn. 37, 44; vgl. zur Untragbarkeit auch BVerfGE 66, 337 (355).

597 Vgl. Feuerich/Weyland-Feuerich, BRAO, § 114 BRAO Rn. 47 m.w.N.

598 Vgl. BGHSt 28, 333 (335).

599 Vgl. BGH, NJW 1996, 1836 (1836).

600 Vgl. Otten, Anwaltliches Berufsrecht, S. 76.

601 Vgl. hierzu Feuerich/Weyland-Feuerich, BRAO, § 114 BRAO Rn. 45; Otten, Anwaltliches Berufsrecht, S. 77; BGH, BRAK-Mitt. 1991, 229 (230); BGH, NJW 1996, 1836 (1836).

602 Kindhäuser/Neumann/Paeffgen-Pollähne, StGB, § 70 Rn. 1.

punkte, nicht auf ein Sühnebedürfnis oder generalpräventive Aspekte gestützt werden[603].

Voraussetzung ist zunächst eine rechtswidrige Tat und die Verurteilung bzw. Nichtverurteilung wegen Schuldunfähigkeit. Obwohl die Anordnung des Berufsverbots keine verhängte oder abstrakte Mindeststrafe voraussetzt, wird im Allgemeinen die Erheblichkeit der Anlasstat verlangt[604].

Außerdem muss der Betreffende die Tat unter Missbrauch seines Berufs oder Gewerbes oder unter grober Verletzung der mit ihnen verbundenen Pflichten begangen haben. Die Missbrauchsalternative soll dann zu bejahen sein, wenn der Täter die ihm durch den Beruf oder das Gewerbe gegebene Möglichkeit bewusst und planmäßig zur Begehung der Straftat ausnutzt; die rein faktische Gelegenheit zur Begehung anlässlich der Berufsausübung reicht nicht aus[605]. Die Pflichtverletzungsvariante soll bei einer Verletzung von Pflichten vorliegen, die als Ausfluss der im Einzelfall ausgeübten Tätigkeit mit dieser in einem inneren Zusammenhang stehen[606].

Schließlich muss eine Gesamtwürdigung des Täters und der Tat die Gefahr erkennen lassen, dass der Betreffende bei weiterer Ausübung des Berufs, Berufszweiges, Gewerbes oder Gewerbezweiges erhebliche rechtswidrige Taten der bezeichneten Art begehen wird. Erforderlich ist somit eine Prognose hinsichtlich zukünftigen Verhaltens, notwendig ist eine naheliegende Wahrscheinlichkeit[607] weiterer berufs- bzw. gewerbebezogener erheblicher[608] rechtswidriger Taten.

Bei der Anordnung des Berufsverbots handelt es sich um eine Ermessensentscheidung[609], in deren Rahmen der Verhältnismäßigkeitsgrundsatz zu beachten ist[610]. Zwar stehen einer Entscheidung hierüber andere Maßnahmen, wie ein verwaltungsrechtliches Verbot oder ein möglicher berufsgerichtlicher Aus-

---

603 Schönke/Schröder-Stree/Kinzig, StGB, § 70 Rn. 1; MüKo-Bockemühl, StGB, § 70 Rn. 2.

604 Kindhäuser/Neumann/Paeffgen-Pollähne, StGB, § 70 Rn. 12; vgl. auch LK-Hanack, StGB, § 70 Rn. 8f.

605 Fischer, StGB, § 70 Rn. 3, 3b; vgl. zu Beispielen Schönke/Schröder-Stree/Kinzig, StGB, § 70 Rn. 6.

606 MüKo-Bockemühl, StGB, § 70 Rn. 10; vgl. zu Beispielen Schönke/Schröder-Stree/Kinzig, StGB, § 70 Rn. 7.

607 LK-Hanack, StGB, § 70 Rn. 35; Kindhäuser/Neumann/Paeffgen-Pollähne, StGB, § 70 Rn. 20: Wahrscheinlichkeit höheren Grades; vgl. auch Schönke/Schröder-Stree/Kinzig, StGB, § 70 Rn. 10, 12: Wahrscheinlichkeit.

608 Vgl. näher Schönke/Schröder-Stree/Kinzig, StGB, § 70 Rn. 11; LK-Hanack, StGB, § 70 Rn. 38; Fischer, StGB, § 70 Rn. 7.

609 BGH, U.v. 24.04.2007 (1 StR 439/06), juris, Rn. 16; Fischer, StGB, § 70 Rn. 9.

610 Vgl. LK-Hanack, StGB, § 70 Rn. 49.

schluss, nicht entgegen[611], denn diese differieren in ihren Zwecken und Folgen; sie können aber im strafrechtlichen Ermessen über die Anordnung berücksichtigt werden[612]. Grundsätzlich wird das Berufsverbot für einen Zeitraum von einem Jahr bis zu fünf Jahren verhängt (§ 70 I 1 StGB). Maßgeblich ist die Prognose, wie lange die Gefährlichkeit andauert[613]. In besonderen Fällen kann es auch für immer, d.h. lebenslang[614], angeordnet werden (§ 70 I 2 StGB). Dies setzt die Erwartung voraus, dass das zeitlich befristete Berufsverbot zur Abwehr der Gefahr nicht ausreicht[615], erforderlich ist eine besondere Begründung[616].

Im Rahmen der Anordnung eines Berufsverbots muss der untersagte Beruf oder Berufszweig bzw. das untersagte Gewerbe oder der Gewerbezweig genau bestimmt werden[617]; es bezieht sich auf die Ausübung der Tätigkeit, bei der die Straftat begangen wurde[618].

Allgemein wird in der Praxis ein Berufsverbot selten verhängt. In den Jahren 2002 bis 2008 erging eine solche Entscheidung - bezogen auf alle Berufe - jährlich in etwa 80 bis 150 Fällen, in den letzten vier betrachteten Jahren wurde eine solche Anordnung immer unter 100-mal getroffen, wobei die häufigste Bezugstat Betrug oder Untreue darstellten[619]. Daher verwundert es nicht, dass in den Kommentaren wenige Verweise auf entschiedene Fälle und in den einschlägigen Datenbanken kaum Urteile zu § 70 I 1 StGB in Verbindung mit dem Rechtsanwaltsberuf zu finden sind[620]. Gründe für die seltene Verhängung sind die einschneidenden Folgen, die Schwierigkeit der Gefährlichkeitsprognose und das

---

611 Fischer, StGB, § 70 Rn. 9; vgl. auch Schönke/Schröder-Stree/Kinzig, StGB, § 70 Rn. 2.

612 Vgl. LK-Hanack, StGB, § 70 Rn. 48, zur dogmatischen Einordnung vgl. Rn. 79, 87; vgl. auch Kindhäuser/Neumann/Paeffgen-Pollähne, StGB, § 70 Rn. 23.

613 LK-Hanack, § 70 Rn. 59; vgl. auch Schönke/Schröder-Stree/Kinzig, § 70 Rn. 19.

614 Schönke/Schröder-Stree/Kinzig, StGB, § 70 Rn. 20.

615 Vgl. näher Schönke/Schröder-Stree/Kinzig, StGB, § 70 Rn. 20.

616 Fischer, StGB, § 70 Rn. 14; Schönke/Schröder-Stree/Kinzig, StGB, § 70 Rn. 20.

617 Vgl. näher Fischer, StGB, § 70 Rn. 10.

618 Vgl. näher Fischer, StGB, § 70 Rn. 10; vgl. auch LK-Hanack, StGB, § 70 Rn. 53; Kindhäuser/Neumann/Paeffgen-Pollähne, StGB, § 70 Rn. 25ff.

619 Vgl. jeweils die Jahresbände des Statistischen Bundesamtes (Fachserie 10, Reihe 3: Rechtspflege - Strafverfolgung): 2002: 137-mal (S. 319), 2003: 155-mal (S. 331), 2004: 129-mal (S. 335), 2005: 99-mal (S. 339), 2006: 99-mal (S. 339), 2007: 80-mal (S. 361), 2008: 83-mal (S. 365).

620 Vgl. den Nichtannahmebeschluss des BVerfG vom 30.10.2002 (2 BvR 1837/00), juris, zur Vereinbarkeit des strafgerichtlichen Berufsverbots nach § 70 StGB mit Art. 12 I GG; vgl. zu einer erfolgreichen Revision gegen ein verhängtes Berufsverbot gegen einen Rechtsanwalt und vereidigten Buchprüfer BGH, wistra 2001, 220f.

Bestehen verschiedener außerstrafrechtlicher Sanktionen für berufliches Fehlverhalten[621].

III. Entscheidende Stellen

Hinsichtlich der Zulassung zur Rechtsanwaltschaft sowie deren Rücknahme und Widerruf besteht eine Zuständigkeit der Rechtsanwaltskammern (§ 33 I BRAO). An die jeweiligen Entscheidungen kann sich ein gerichtliches Verfahren anschließen. Grundsätzlich zuständig für alle verwaltungsrechtlichen Streitigkeiten des anwaltlichen Berufsrechts[622] ist die Anwaltsgerichtsbarkeit, soweit die Streitigkeiten nicht ausdrücklich einem anderen Gericht zugewiesen sind (vgl. § 112a I BRAO). Die genannte Vorschrift fasst die früher in der Bundesrechtsanwaltsordnung verteilten Rechtsschutznormen zusammen und enthält die Legaldefinition des Begriffs der verwaltungsrechtlichen Anwaltssachen[623]. Die Terminologie wurde in Abgrenzung zum anwaltsgerichtlichen Verfahren (siehe sogleich) und zum Verfahren vor den allgemeinen Verwaltungsgerichten gewählt[624]. Die hier interessierenden Zulassungssachen sind unter § 112a I BRAO zu subsumieren[625].

Bei der Vorschrift handelt es sich um eine abdrängende Sonderzuweisung im Verhältnis zu § 40 I 1 VwGO[626]. Grundsätzlich wird bei jedem OLG ein AGH errichtet (§ 100 I 1 BRAO). Seine Senate (§ 101 II 1 BRAO) entscheiden in der Besetzung mit einem Vorsitzenden - dieser ist Anwalt, muss aber die Befähigung zum Richteramt besitzen (§ 101 III 1, I 2 BRAO) - sowie zwei anwaltlichen Mitgliedern und zwei Berufsrichtern als Beisitzern (§ 104 BRAO). Der AGH ist dem jeweiligen OLG nur beigeordnet, aber nicht in dieses eingegliedert und damit ein unabhängiges Gericht[627]. In der Sache wird er als besonderes Verwaltungsgericht[628] tätig. Der Senat für Anwaltssachen des BGH (§ 106 I 1

---

621 Vgl. LK-Hanack, StGB, § 70 Rn. 4; vgl. auch Kindhäuser/Neumann/Paeffgen-Pollähne, StGB, § 70 Rn. 4.

622 BT-Drs. 16/11385, S. 40.

623 Quaas/Dahns, NJW 2009, 2705 (2706).

624 BT-Drs. 16/11385, S. 40.

625 Vgl. Schmidt-Räntsch, in: Gaier/Wolf/Göcken, Anwaltliches Berufsrecht, § 112a BRAO Rn. 1, 7; Deckenbrock, in: Hennsler/Prütting, BRAO, § 112a BRAO Rn. 5.

626 Deckenbrock, in: Henssler/Prütting, BRAO, § 112a BRAO Rn. 1; Schmidt-Räntsch, in: Gaier/Wolf/Göcken, Anwaltliches Berufsrecht, § 112a BRAO Rn. 1.

627 Brockhausen, Verwaltungssachen, S. 46, 49; vgl. auch Feuerich/Weyland-Feuerich, BRAO, § 100 BRAO Rn. 5.

628 Vgl. Koch/Kilian, Anwaltliches Berufsrecht, C. Rn. 11.

BRAO) ist Berufungs-, d.h. Tatsacheninstanz[629], und besteht aus dem Präsidenten des BGH, der auch grundsätzlich der Vorsitzende ist, sowie zwei weiteren Mitgliedern des BGH und zwei Rechtsanwälten als Beisitzern (§ 106 II 1 BRAO). Die Berufung ist zulassungsbedürftig (vgl. § 112e BRAO i.V.m. § 124 II VwGO). Bei dem Senat handelt es sich nicht um ein besonderes Gericht; er ist dem BGH eingegliedert[630].

Für das anwaltsgerichtliche Verfahren, d.h. das berufsgerichtliche Verfahren gegen Rechtsanwälte, besteht eine erstinstanzliche Zuständigkeit des Anwaltsgerichts (§ 119 I BRAO). Ein solches wird für jeden Bezirk einer Rechtsanwaltskammer gebildet (§ 92 I 1 BRAO). Seine Kammern (§ 92 II 1 BRAO) entscheiden in der Besetzung von drei Mitgliedern einschließlich des Vorsitzenden (§ 96 BRAO). Alle Mitglieder des Anwaltsgerichts sind Rechtsanwälte (§ 94 I 1 BRAO), wobei erforderlich ist, dass der Vorsitzende und ein weiteres Mitglied der Kammer die Befähigung zum Richteramt besitzen (vgl. § 93 I 3 BRAO). Das Anwaltsgericht ist der ordentlichen Gerichtsbarkeit weder an- noch eingegliedert[631]. Gegen ein Urteil ist zulassungsfrei Berufung zum AGH (§ 143 I BRAO) und gegen die Ausschließung aus der Rechtsanwaltschaft zulassungsfrei[632] Revision an den BGH möglich (§ 145 I Nr. 1 BRAO). Die Besetzung der Senate des AGH und des BGH entspricht der in verwaltungsrechtlichen Anwaltssachen; es variiert aber die Einordnung des Senats für Anwaltssachen des BGH als Straf- bzw. Zivilsenat (vgl. § 106 I 2 BRAO i.V.m. § 112c BRAO bzw. § 106 I 2 BRAO i.V.m. § 116 S. 2 BRAO).

IV. Verhältnis der Tatbestände

1. Straftatbegehung vor der Zulassung zur Rechtsanwaltschaft

Die verschiedenen Versagungsgründe des § 7 BRAO stehen grundsätzlich gleichwertig bzw. selbständig nebeneinander[633]; das Verhältnis der Versagungsgründe, die sich auf die Unwürdigkeit des Bewerbers (§ 7 Nr. 5 BRAO) und auf die strafbare Bekämpfung der freiheitlichen demokratischen Grundordnung be-

---

629 BT-Drs. 16/11385, S. 40.

630 Jessnitzer/Blumberg, Vorbemerkung zum Fünften Teil, Rn. 1; vgl. zu den Unterschieden zwischen einem unselbständigen Spruchkörper und einem selbständigen Sondergericht Brockhausen, Verwaltungssachen, S. 51.

631 Jessnitzer/Blumberg, Vorbemerkung zum Fünften Teil, Rn. 1.

632 Vorwerk, in: Gaier/Wolf/Göcken, Anwaltliches Berufsrecht, § 145 BRAO Rn. 3, 5.

633 Feuerich/Weyland-Feuerich, BRAO, § 7 BRAO Rn. 8; Kleine-Cosack, BRAO, § 7 Rn. 3; zum Verhältnis von Nr. 2, 3 und 5 vgl. auch BGHZ 46, 230 (234ff.).

ziehen (§ 7 Nr. 6 BRAO), wurde aber vom BVerfG thematisiert[634]. Gezeigt wurde, dass strafbares Verhalten im Rahmen mehrerer Vorschriften relevant werden kann. Häufig wird sich allerdings bei Vorliegen der speziellen Tatbestände gleichzeitig eine Unwürdigkeit des Bewerbers (§ 7 Nr. 5 BRAO) bejahen lassen.

Teilweise ist die Rechtsanwaltskammer als die über die Zulassung entscheidende Stelle an bestimmte gerichtliche Entscheidungen gebunden, so bezüglich einer Grundrechtsverwirkung (Nr. 1), fehlender Amtsfähigkeit (Nr. 2) und eines Ausschlusses aus der Rechtsanwaltschaft (Nr. 3) sowie einer Entfernung aus dem Dienst in der Rechtspflege (Nr. 4) in der Vergangenheit. Indes ist sie hinsichtlich der Beurteilung der Unwürdigkeit (Nr. 5) nicht an strafgerichtliche tatsächliche Feststellungen gebunden[635], kann sich diese aber aufgrund eigener Prüfung zu eigen machen (wenn keine Anhaltspunkte für deren Unrichtigkeit bestehen)[636]; keine Bindung besteht auch bei der Feststellung des strafbaren Bekämpfens der freiheitlichen demokratischen Grundordnung (Nr. 6).

2. Straftatbegehung nach der Zulassung zur Rechtsanwaltschaft

Widerrufs- und anwaltsgerichtliches Verfahren stehen grundsätzlich nebeneinander. Allerdings sind die Verfahren durch ihr Ergebnis verknüpft[637]. Nach einem bestandskräftigen Widerruf ist die weitere Durchführung eines anwaltsgerichtlichen Verfahrens nicht mehr möglich (vgl. § 139 III Nr. 1 BRAO). Daher kann[638] auch bei einem laufenden Widerrufsverfahren das anwaltsgerichtliche Verfahren ausgesetzt werden (vgl. § 118b BRAO)[639]. Umgekehrt ist nach rechtskräftiger anwaltsgerichtlicher Ausschließung wegen des Erlöschens der Zulassung (vgl. § 13 BRAO) ein Widerruf nicht mehr möglich. Dieser Fall erscheint indes eher unwahrscheinlich, denn bei dem Widerrufsverfahren handelt es sich um das einfachere und schnellere Verfahren; erforderlich ist keine gerichtliche Entscheidung, die Rechtsanwaltskammer widerruft die Zulassung.

---

634 Vgl. BVerfGE 63, 266 (294f.).

635 Näher BGHZ 39, 110 (113); BGH, B.v. 21.09.1987 (AnwZ (B) 23/87), juris, Rn. 7; Kleine-Cosack, BRAO, § 7 Rn. 18.

636 Kleine-Cosack, BRAO, § 7 Rn. 18; vgl. auch Otten, Anwaltliches Berufsrecht, S. 8; BGH, NJW 1988, 1793 (1793); vgl. auch BGHZ 39, 110 (113f.).

637 Vgl. hierzu Görl, BRAK-Mitt. 1987, 54 (58).

638 Vgl. Johnigk, in: Gaier/Wolf/Göcken, Anwaltliches Berufsrecht, § 118b BRAO Rn. 1; Feuerich/Weyland-Feuerich, BRAO, § 118b BRAO Rn. 1.

639 Vgl. näher Feuerich/Weyland-Feuerich, BRAO, § 118b BRAO Rn. 1; vgl. näher auch Johnigk, in: Gaier/Wolf/Göcken, Anwaltliches Berufsrecht, § 118b BRAO Rn. 3: sofern die Widerrufsverfügung bereits ergangen ist.

Das Strafverfahren und das anwaltsgerichtliche Verfahren bestehen prinzipiell nebeneinander, da sie verschiedene Ziele haben[640]. Die Bundesrechtsanwaltsordnung enthält aber verschiedene Vorschriften zum Verhältnis dieser Verfahren und der hierauf beruhenden Entscheidungen. Hierzu gehört die allgemeine Aussetzungspflicht hinsichtlich des anwaltsgerichtlichen Verfahrens ab Erhebung der öffentlichen Klage in einem sachgleichen Strafverfahren (vgl. § 118 I BRAO) und die grundsätzliche Bindung an die tatsächlichen Feststellungen des strafgerichtlichen Urteils[641] mit ausnahmsweiser[642] Lösungsmöglichkeit (vgl. § 118 III BRAO). Außerdem wird eine zusätzliche anwaltsgerichtliche Maßnahme nach verhängter Strafe beschränkt (§ 115b S. 1 BRAO), wobei die beabsichtigte Ausschließung nicht erfasst wird (§ 115b S. 2 BRAO); vereinzelt wird darauf hingewiesen, dass im Rahmen der Maßnahmebemessung trotzdem eine Berücksichtigung des Strafurteils in Betracht komme[643]. Für den Fall eines vorausgegangenen Freispruchs in einem sachgleichen Strafverfahren ist für eine Ahndung erforderlich, dass die Tatsachen, ohne den Tatbestand einer Strafvorschrift zu erfüllen, eine Verletzung von Berufspflichten enthalten (§ 118 II BRAO); erforderlich ist damit ein disziplinarer Überhang.

Die Ausschließung aus der Rechtsanwaltschaft ist von der Entscheidung über ein strafrechtliches Berufsverbot nach weit vertretener Ansicht unabhängig[644]. Im Verhältnis der Maßnahmen greift das Verbot der Doppelbestrafung (vgl. Art. 103 III GG) nicht ein, denn die entsprechenden Verfahren stehen wesensverschieden nebeneinander. Während das Berufsverbot den Schutz vor weiterer Gefährdung bezweckt, dient die Ausschließung auch der Reinhaltung des Anwaltsstandes von untragbaren Mitgliedern[645]. Anwaltsgerichtliche, aber auch verwaltungsrechtliche Maßnahmen - d.h. der Widerruf der Zulassung - sind von

---

640 BGH, NJW 1975, 1712 (1712), zum ehrengerichtlichen Verfahren; vgl. zu dieser früheren Bezeichnung Brockhausen, Verwaltungssachen, S. 45f. Fn. 185.

641 Die Bindungswirkung eines Strafbefehls wird überwiegend verneint, vgl. näher BGHSt 45, 46 (48ff.); BGH, NJW 1999, 2288 (2289); Wagner, Konkurrenz, S. 160ff.; Jessnitzer/Blumberg, BRAO, § 118 Rn. 7; Feuerich/Weyland-Feuerich, BRAO, § 118 BRAO Rn. 42f.

642 BGHSt 33, 155 (156); Wagner, Konkurrenz, S. 155, 166.

643 Vgl. Wagner, Konkurrenz, S. 121.

644 Vgl. insgesamt Koch/Kilian, Anwaltliches Berufsrecht, C. Rn. 119; BGH, NJW 1975, 1712 (1712); vgl. auch BGH, U.v. 30.10.1990 (1 StR 544/90), juris, Rn. 13, Kessal, Anwaltschaft, S. 213; Otten, Anwaltliches Berufsrecht, S. 77; Jessnitzer/Blumberg, BRAO, § 114 Rn. 5.

645 BGH, U.v. 30.10.1990 (1 StR 544/90), juris, Rn. 13; BGH, NJW 1975, 1712 (1712); Koch/Kilian, Anwaltliches Berufsrecht, C. Rn. 119; Feuerich/Weyland-Feuerich, BRAO, § 114 BRAO Rn. 43.

der Anordnung eines Berufsverbots tatsächlich unabhängig[646], denn sie divergieren im Hinblick auf Zweck, Voraussetzungen und Folgen; sie können aber im strafrechtlichen Ermessen hinsichtlich der Verhängung eines Berufsverbots berücksichtigt werden[647] (vgl. 3. Teil A. II. 2. c.).

Für Mehrfachberufler finden sich in der Bundesrechtsanwaltsordnung und den anderen Berufsgesetzen Regelungen zum verfahrensrechtlichen Verhältnis[648] der verschiedenen berufsgerichtlichen Verfahren; sie gelten aber nicht für die hier relevante Maßnahme der Ausschließung aus dem Beruf (vgl. nur § 118a I BRAO).

B. Notare

I. Rechtliche Grundlagen

Notare sind unabhängige Träger eines öffentlichen Amtes und werden für die Beurkundung von Rechtsvorgängen und andere Aufgaben auf dem Gebiet der vorsorgenden Rechtspflege bestellt (vgl. § 1 BNotO). Da es sich hierbei um Angelegenheiten freiwilliger Gerichtsbarkeit und damit originäre Staatsaufgaben handelt, nimmt der Notar staatliche Funktionen wahr[649]. Die Charakterisierung seiner Tätigkeit als öffentliches Amt ist somit nur deklaratorisch[650], der Notar handelt immer, aber auch nur als Amtsträger[651]. Hierbei steht er zwar in einem persönlichen öffentlich-rechtlichen Treueverhältnis[652], es besteht aber kein Dienstverhältnis zum Staat[653]; der Notar ist kein Beamter[654].

Die weitere Einordnung des Notarberufs ist problematisch. Teilweise wird er als freier Beruf[655] bzw. als einem solchen nahestehender Beruf[656] bezeichnet,

---

646 LK-Hanack, StGB, § 70 Rn. 86; Schönke/Schröder-Stree/Kinzig, StGB, § 70 Rn. 2.

647 LK-Hanack, StGB, § 70 Rn. 48, 79, 87; vgl. auch näher Kindhäuser/Neumann/Paeffgen-Lemke, StGB, § 70 Rn. 23.

648 Vgl. Feuerich/Weyland-Feuerich, BRAO, § 118a BRAO Rn. 3; Koch/Kilian, Anwaltliches Berufsrecht, C. Rn. 154.

649 BVerfGE 17, 371 (376).

650 Bohrer, Notare, Rn. 5.

651 Bohrer, Notare, Rn. 10.

652 Bracker, in: Bracker, BNotO, § 1 Rn. 10.

653 Meyer, Anwaltsnotar, S. 37; vgl. umgekehrt Bracker, in: Bracker, BNotO, § 1 Rn. 12, anders ist die Lage in Baden-Württemberg.

654 Lerch, in: Arndt/Lerch/Sandkühler, BNotO, § 1 Rn. 8.

655 Zuck, in: Herrmann/Backhaus, Freiberufe, S. 1 (14).

656 Vgl. BT-Drs. 12/21, S. 7 (Fortschreibung des Berichts der Bundesregierung über die Lage der Freien Berufe in der Bundesrepublik Deutschland).

zum Teil wird dies unter Hinweis auf den Amtscharakter[657] und wegen nicht einem freien Beruf entsprechender Merkmale[658] abgelehnt. Nach dem BVerfG handelt es sich bei dem Notarberuf um einen sog. staatlich gebundenen Beruf mit der Möglichkeit der Relativierung der Gewährleistungen aus Art. 12 GG durch Art. 33 GG[659]. Hier soll die Frage der Zuordnung nicht abschließend geklärt werden. Definitiv wird kein Gewerbe ausgeübt (§ 2 S. 3 BNotO). Ansonsten lässt sich feststellen, dass auf der einen Seite hoheitliche Funktionen ausgeübt werden, auf der anderen Seite ein Tätigwerden in freiberuflichen Strukturen zu bejahen ist[660]. Damit befindet sich der Notar auf einer Schnittstelle zwischen öffentlichem Dienst und freiem Beruf. Da er mangels eines öffentlich-rechtlichen Treueverhältnisses zum Staat nicht dem öffentlichen Dienst zuzuordnen ist, wird er hier im Rahmen der Untersuchung freier Berufe betrachtet.

Die Notare werden von der Landesjustizverwaltung nach Anhörung der Notarkammer bestellt (§ 12 S. 1 BNotO, zur Übertragungsmöglichkeit auf nachgeordnete Behörden vgl. § 112 BNotO). Die Bestellung ist Verwaltungsakt[661] und der Notar ist Amtsträger des bestellenden Landes[662].

Die Bundesnotarordnung sieht grundsätzlich zwei Notarformen vor[663]. Zum einen gibt es die Bestellung zur hauptberuflichen Amtsausübung auf Lebenszeit (§ 3 I BNotO), d.h. der Betreffende darf parallel keinen weiteren Beruf ausüben[664], zum anderen die Bestellung von Rechtsanwälten zur gleichzeitigen Amtsausübung (§ 3 II BNotO), d.h. der Betreffende ist hauptsächlich und wesentlich als Rechtsanwalt tätig[665]. In Hessen werden Anwaltsnotare bestellt[666], so dass Besonderheiten von Nurnotaren nicht betrachtet werden.

Grundsätzlich bilden die Notare eines Oberlandesgerichtsbezirks eine Notarkammer (§ 65 I 1 BNotO)[667], zur Zeit gibt es 21 Landesnotarkammern[668]. Sie besitzen die Rechtsform einer Körperschaft des öffentlichen Rechts (§ 66 I 1 BNotO) und sind in der Bundesnotarkammer mit derselben Rechtsform (§ 77 I BNotO) zusammengefasst (vgl. § 76 I BNotO).

---

657 Vgl. Heidelmann, Disziplinarrecht, S. 11.

658 Vgl. Meyer, Anwaltsnotar, S. 37f.

659 Vgl. BVerfGE 17, 371 (379); 73, 280 (292), zur Begrenzung der Zahl der Notarstellen; vgl. aber etwa auch BVerfG, DNotZ 2004, 560 (560f.).

660 Bracker, in: Bracker, BNotO, § 1 Rn. 14.

661 Eylmann/Vaasen-Frenz, BNotO, § 12 Rn. 8.

662 Bracker, in: Bracker, BNotO, § 1 Rn. 1, 12.

663 Sondernormen werden nicht betrachtet (vgl. §§ 114, 116 BNotO).

664 Eylmann/Vaasen-Schmitz-Valckenberg, BNotO, § 3 Rn. 8.

665 Eylmann/Vaasen-Schmitz-Valckenberg, BNotO, § 3 Rn. 17.

666 Bracker, in: Bracker, BNotO, § 3 Rn. 30.

667 Vgl. zu den Ausnahmen §§ 65 I 2, 117a I BNotO.

668 Vgl. Eylmann/Vaasen-Hartmann, BNotO, § 76 Rn. 7.

II. Folgen der Verwirklichung einer Straftat

1. Straftatbegehung vor der Bestellung als Notar

a. Eignung

Auch der Notar muss für seine Bestellung bestimmte Voraussetzungen erfüllen, wobei die Bundesnotarordnung nur eine positive Bestellungsvoraussetzung nennt, die bei der Begehung von Straftaten möglicherweise zu verneinen ist. Der Bewerber muss nach seiner Persönlichkeit und seinen Leistungen für das Amt des Notars geeignet sein (§ 6 I 1 BNotO). Durch einfaches Gesetz wurden die Elemente des Art. 33 II GG, also Eignung, Befähigung und fachliche Leistung, teilweise auch für den Notarberuf zu subjektiven Zulassungsvoraussetzungen erklärt[669].

Der Bewerber soll nach seiner Persönlichkeit geeignet sein, wenn seine inneren und äußeren Eigenschaften, wie sie sich insbesondere in seinem äußeren Verhalten offenbaren[670], keinen begründeten Zweifel daran aufkommen lassen, dass er die Aufgaben und Pflichten eines Notars gewissenhaft bzw. uneingeschränkt erfüllen wird[671]. Erforderlich ist damit eine Prognose[672], wobei die Bestimmung des Maßstabes der Anforderungen nicht einfach ist. Auf der einen Seite darf dieser wegen der Bedeutung und Schwierigkeiten der Aufgaben eines Notars nicht zu milde sein[673], auf der anderen Seite dürfen die Anforderungen wegen des Verhältnismäßigkeitsgrundsatzes nicht überspannt werden[674].

Überwiegend wird davon ausgegangen, dass eine Bestellung schon ausgeschlossen ist, wenn nach Prüfung aller Umstände noch - begründete bzw. berechtigte - Zweifel an der Eignung bestehen[675]. Die restriktivere Ansicht, dass Zweifel oder Bedenken nicht ausreichen und zur Versagung der Bestellung die Eignung verneint werden muss[676], erscheint nicht überzeugend, denn der Wort-

---

669 Vgl. Bohrer, Notare, Rn. 251ff.; vgl. auch BVerfG, DNotZ 2004, 560 (561).

670 BGHZ 134, 137 (139); der erste Teil der Definition ist die Bestimmung des Begriffs der Persönlichkeit, vgl. Lerch, in: Arndt/Lerch/Sandkühler, BNotO, § 6 Rn. 9; vgl. auch OLG Stuttgart, B.v. 02.05.2008 (Not 2/08), juris, Rn. 19.

671 BGH, B.v. 22.03.2010 (NotZ 21/09), juris, Rn. 6; BGH, DNotZ 2000, 943 (943); BGHZ 134, 137 (139).

672 Lerch, in: Arndt/Lerch/Sandkühler, BNotO, § 6 Rn. 2.

673 BGH, DNotZ 2000, 145 (146); BGH, NJW-RR 1994, 745 (746).

674 BGH, DNotZ 1997, 894 (896).

675 Vgl. BGH, B.v. 12.07.2004 (NotZ 1/04), juris, Rn. 4; BGH, DNotZ 2000, 145 (146); BGH, DNotZ 2000, 943 (943); BGH, NJW-RR 1994, 745 (746); OLG Stuttgart, B.v. 02.05.2008 (Not 2/08), juris, Rn. 19; vgl. auch Eylmann/Vaasen-Schmitz-Valckenberg, BNotO, § 6 Rn. 2.

676 Lerch, in: Arndt/Lerch/Sandkühler, BNotO, § 6 Rn. 11.

laut der Vorschrift deutet auf das Erfordernis der positiven Feststellung der Eignung hin[677] (vgl. § 6 I 1 BNotO).

Mithin ist fraglich, welche Straftaten zur Verneinung der persönlichen Eignung führen. Allgemein sind alle Verurteilungen berücksichtigungsfähig, die nicht unter das Verwertungsverbot des § 51 I BZRG fallen, sie können aber unter bestimmten Umständen auch danach noch einbezogen werden (vgl. § 52 I Nr. 4 BZRG)[678]. Teilweise wird versucht, nähere Regeln für die Ablehnung der persönlichen Eignung aufzustellen, verwiesen wird etwa auf ein Verhalten, bei dem die Bestellung verloren gehen würde, d.h. wenn die Voraussetzungen der (vorläufigen) Amtsenthebung, der Entfernung aus dem Amt[679] sowie des Amtsverlusts[680] vorliegen. Alle diese Tatbestände können mit strafbarem Verhalten in Zusammenhang stehen (vgl. 3. Teil B. II. 1. b., 2. a.). Allerdings sind sie zum einen nicht auf jedes Fehlverhalten anwendbar, da sie sich zum Teil auf berufsbezogenes Verhalten beziehen, welches bei einer erstmaligen Ernennung keine Rolle spielen kann, zum anderen kann die persönliche Eignung nicht nur in diesen Fällen fehlen[681].

Es ist nicht möglich, alle Straftaten abschließend zu benennen, welche die erforderliche Eignung entfallen lassen. Auch die mit strafbarem Verhalten lediglich in mittelbarem Zusammenhang stehende fehlende Verfassungstreue[682] (vgl. 2. Teil A. II. 1. f.) kann zu ihrer Verneinung führen. Dies richtet sich nach einer Gesamtwürdigung aller Umstände des Einzelfalls.

Entscheidend ist nicht eine etwaige Verurteilung, sondern das dieser zugrunde liegende Verhalten[683]. Zwar genügt nicht jeder vage Verdacht eines die persönliche Eignung ausschließenden Fehlverhaltens[684]. Trotzdem kann die Eignung schon bei dem Vorwurf schwerer strafrechtlicher Verstöße, bei laufenden Ermittlungs- bzw. Strafverfahren, verneint werden[685], denn bereits ein solches Verfahren kann entsprechende erhebliche Zweifel hervorrufen[686].

---

677 Görk, in: Bracker, BNotO, § 6 Rn. 6.

678 Vgl. BGH, B.v. 13.07.1992 (NotZ 12/91), juris, Rn. 9; vgl. auch Lerch, in: Arndt/Lerch/Sandkühler, BNotO, § 6 Rn. 18, zu §§ 49, 50 BZRG a.F.

679 Eylmann/Vaasen-Schmitz-Valckenberg, BNotO, § 6 Rn. 5; Lerch, in: Arndt/Lerch/Sandkühler, BNotO, § 6 Rn. 20ff.

680 Vgl. BGH, B.v. 02.08.1993 (NotZ 31/92), juris, Rn. 8.

681 BGH, DNotZ 2001, 573 (573); vgl. auch BGH, DNotZ 1996, 200 (202); Eylmann/Vaasen-Schmitz-Valckenberg, BNotO, § 6 Rn. 5; Lerch, in: Arndt/Lerch/Sandkühler, BNotO, § 6 Rn. 24.

682 Lerch, in: Arndt/Lerch/Sandkühler, BNotO, § 6 Rn. 34.

683 Vgl. Lerch, in: Arndt/Lerch/Sandkühler, BNotO, § 6 Rn. 26.

684 Görk, in: Bracker, BNotO, § 6 Rn. 6.

685 Vgl. BGH, B.v. 31.07.2000 (NotZ 5/00), juris, Rn. 8; vgl. auch Eylmann/Vaasen-Schmitz-Valckenberg, BNotO, § 6 Rn. 8f.; vgl. näher auch BGH, DNotZ 1997, 891

Durch Zeitablauf kann sich früheres Fehlverhalten relativieren, d.h. sein Gewicht kann sich bei Wohlverhalten derart mindern, dass es nicht mehr zum Schluss mangelnder Eignung führt. Für die Bestimmung des notwendigen Zeitraums existieren indes keine feststehenden Regelungen[687]. Die Rechtsprechung zum Anwaltsrecht (zum Unwürdigkeitstatbestand nach § 7 Nr. 5 BRAO) soll nur allgemeine Orientierung[688] sein, da der Notar abweichend vom Rechtsanwalt Träger eines öffentlichen Amtes ist[689]. Entscheidend ist die Betrachtung des Einzelfalls, d.h. eine Gesamtwürdigung der Verfehlungen, der Persönlichkeit und des früheren und späteren Verhaltens des Bewerbers[690].

Maßgeblicher Zeitpunkt für die Beurteilung der persönlichen Eignung ist der Ablauf der Bewerbungsfrist[691], wobei die Eignung noch im Zeitpunkt der Bestellung bestehen muss[692]. In einem Fall, bei dem noch nach diesem Zeitpunkt eingetretene weitere negative Umstände berücksichtigt werden sollten, wurde vom BGH auf die Sach- und Rechtslage im Zeitpunkt der gerichtlichen Entscheidung abgestellt[693].

Fraglich ist, ob die über die Bestellung entscheidende Stelle einen beschränkt gerichtlich überprüfbaren Beurteilungsspielraum hinsichtlich der Eignungsbeurteilung besitzt. Ganz überwiegend wird in Folge eines Urteils des BGH[694] von der vollen gerichtlichen Nachprüfbarkeit der Interpretation der persönlichen Eignung ausgegangen, wobei bei der Prognose, ob jemand aufgrund der „richtig festgestellten und rechtlich zutreffend bewerteten persönlichen Um-

---

(893); BGH, B.v. 13.12.1993 (NotZ 40/92), juris, Rn. 23ff.; BGH, DNotZ 2000, 717 (719): ernster Verdacht.

686 Im Bestellungsverfahren kann der Abschluss der strafrechtlichen Ermittlungen abgewartet werden, hierzu besteht aber keine Pflicht, näher BGH, B.v. 12.07.2004 (NotZ 1/04), juris, Rn. 13.

687 BGH, DNotZ 1997, 894 (897); Eylmann/Vaasen-Schmitz-Valckenberg, BNotO, § 6 Rn. 10.

688 BGH, DNotZ 1997, 894 (897); BGH, B.v. 13.07.1992 (NotZ 12/91), juris, Rn. 7; vgl. auch BGH, B.v. 02.08.1993 (NotZ 32/92), juris, Rn. 18; BGH, B.v. 02.08.1993 (NotZ 31/92), juris, Rn. 10f.

689 Vgl. BGH, B.v. 29.07.1991 (NotZ 16/90), juris, Rn. 13ff.; BGH, B.v. 02.08.1993 (NotZ 32/92), juris, Rn. 18.

690 BGH, B.v. 13.07.1992 (NotZ 12/91), juris, Rn. 7; BGH, NJW-RR 1994, 745 (746).

691 BGH, DNotZ 2000, 145 (146); BGH, DNotZ 2001, 573 (574); bestätigt durch BGHZ 149, 230 (234), hinsichtlich fachlicher und persönlicher Eignung; vgl. auch BGH, B.v. 22.03.2010 (NotZ 21/09), juris, Rn. 8.

692 BGH, DNotZ 2000, 145 (147); BGH, B.v. 12.07.2004 (NotZ 1/04), juris, Rn. 4.

693 BGH, DNotZ 1997, 891 (894).

694 BGHZ 134, 137 (139ff.).

stände für das Amt des Notars geeignet ist“, der Justizverwaltung ein Beurteilungsspielraum zustehen soll[695].

Die Bundesnotarordnung normiert keine Folge für die Ernennung trotz fehlender Eignung. Da die Gründe für einen Statusverlust abschließend festgelegt sind - insbesondere nennen die Amtsenthebungsvorschriften (vgl. § 50 I BNotO) nicht die mangelnde Eignung[696] -, ist diese wirksam.

b. *Hindernisse aufgrund Landesbeamtenrechts*

Zu einem Statusverlust führt die ex nunc wirkende[697] Amtsenthebung. Die zwingenden[698] Amtsenthebungsgründe des § 50 I BNotO besitzen unterschiedliche (zeitliche) Bezugspunkte. Sie sind mit Mängeln der Bestellung, dem nachträglichen Wegfall von Voraussetzungen oder bestimmten Umständen in der Person des Notars verknüpft[699]. Die Tatbestände, die auf ein vor der Bestellung liegendes Verhalten abstellen, sind damit gewissermaßen negative Voraussetzungen der Berufszulassung. Relevant für diese Untersuchung ist lediglich § 50 I Nr. 2 BNotO, denn diese Alternative bezieht sich auf solche Verhaltensweisen. Für den Bezirk der Notarkammer Frankfurt am Main ist bisher kein Fall bekannt, in dem eine Amtsenthebung aufgrund dieser Vorschrift erfolgte[700].

Der Notar ist hiernach seines Amtes zu entheben, wenn eine der Voraussetzungen vorliegt, unter denen die Ernennung eines Landesjustizbeamten nichtig ist, für nichtig erklärt oder zurückgenommen werden muss. Verwiesen wird damit auf Normen des Beamtenstatusgesetzes, wobei nur die relevant sind, die einen Bezug zu strafbarem Verhalten besitzen. Der Notar wird damit seines Amtes enthoben, wenn er im Zeitpunkt der Bestellung nicht die Fähigkeit zur Bekleidung öffentlicher Ämter besaß (vgl. § 50 I Nr. 2 BNotO i.V.m. § 11 I Nr. 3b) BeamtStG).

Außerdem ist der Notar seines Amtes zu entheben, wenn nicht bekannt war, dass er wegen einer Straftat rechtskräftig zu einer Strafe verurteilt war oder wird, die ihn für das Amt des Notars unwürdig erscheinen lässt (§ 50 I Nr. 2 BNotO i.V.m. § 12 I Nr. 2 BeamtStG). Ebenfalls zur Amtsenthebung führt die Herbeiführung der Ernennung durch die unlauteren Mittel des Zwangs, der arg-

---

695 BGH, DNotZ 2000, 145 (146); Eylmann/Vaasen-Schmitz-Valckenberg, BNotO, § 6 Rn. 3; Görk, in: Bracker, BNotO, § 6 Rn. 5.

696 Vgl. näher Eylmann/Vaasen-Custodis, BNotO, § 50 Rn. 71, siehe auch Rn. 72 zur abweichenden Rechtslage bis 1998 aufgrund der Verordnung über die Tätigkeit von Notaren in eigener Praxis.

697 Eylmann/Vaasen-Custodis, BNotO, § 50 Rn. 3.

698 Eylmann/Vaasen-Custodis, BNotO, § 50 Rn. 3.

699 Vgl. Lerch, in: Arndt/Lerch/Sandkühler, BNotO, § 50 Rn. 2.

700 Schriftliche Auskunft der Notarkammer Frankfurt a.M. vom 31.08.2010.

listigen Täuschung oder der Bestechung (vgl. § 50 I Nr. 2 BNotO i.V.m. § 12 I Nr. 1 BeamtStG).

Hinsichtlich der genannten Tatbestände kann auf die Ausführungen zum Beamtenrecht verwiesen werden (vgl. 2. Teil A. II. 1. a.-c.).

Schließlich bezieht sich die fakultative Amtsenthebungsvorschrift[701] auf die Voraussetzungen, unter denen die Ernennung eines Landesjustizbeamten für nichtig erklärt oder zurückgenommen werden kann (§ 50 II BNotO). Erfasst wird damit der Tatbestand, der darauf abstellt, dass nicht bekannt war, dass der Betreffende in einem Disziplinarverfahren aus dem Amt entfernt worden war (§ 50 II BNotO i.V.m. § 12 II BeamtStG). Bei der in Bezug genommenen beamtenrechtlichen Regelung handelt es sich mittlerweile allerdings um eine Soll-Normierung.

Entscheidender Zeitpunkt für das Vorliegen der Voraussetzungen der Amtsenthebung ist die Sach- und Rechtslage bei Erlass des Bescheides[702].

2. Straftatbegehung nach der Bestellung als Notar

a. Beendigung aufgrund strafgerichtlicher Verurteilung

Eine strafgerichtliche Verurteilung hat für den Notar den Amtsverlust in gleicher Weise zur Folge wie für einen Landesjustizbeamten (§ 49 BNotO).

Der Amtsverlust tritt daher ein bei der Verurteilung wegen einer vorsätzlichen Tat zu Freiheitsstrafe von mindestens einem Jahr (§ 49 BNotO i.V.m. § 24 I 1 Nr. 1 BeamtStG) sowie zu Freiheitsstrafe von mindestens sechs Monaten aufgrund bestimmter vorsätzlicher Bezugstaten des Staatsschutzstrafrechts (§ 49 BNotO i.V.m. § 24 I 1 Nr. 2 BeamtStG). Außerdem erfolgt der Verlust des Amtes bei der Aberkennung der Fähigkeit zur Bekleidung öffentlicher Ämter (§ 49 BNotO i.V.m. § 24 I 2 BeamtStG). Als Grund dafür, dass die notarrechtliche Vorschrift nicht an § 45 StGB (wie etwa die Normierung der Bundesrechtsanwaltsordnung, vgl. § 14 II Nr. 2 BRAO), sondern an die beamtenrechtlichen Bestimmungen anknüpft, wird die Nähe zum öffentlichen Dienstrecht angeführt[703].

---

701 Eylmann/Vaasen-Custodis, BNotO, § 50 Rn. 3, 48.

702 Nach BGHZ 149, 230 (234f.) handelt sich nicht um einen Widerspruch zur Rechtsprechung hinsichtlich des Widerrufs einer Rechtsanwaltszulassung (vgl. 2. Teil A. II. 2. a.), da dort grundsätzlich auch auf den Zeitpunkt des Erlasses abgestellt und nur aus Zweckmäßigkeitsgründen die nachträgliche Entwicklung berücksichtigt werde; bei einem Notar seien für eine Wiederbestellung hingegen weitere Voraussetzungen zu beachten; vgl. auch BGH, DNotZ 2004, 886 (886f.), zu § 50 I Nr. 6 BNotO; Sandkühler, in: Arndt/Lerch/Sandkühler, BNotO, § 111 Rn. 103.

703 Eylmann/Vassen-Custodis, BNotO, § 49 Rn. 2.

Bisher erfolgte ein Verlust nach § 49 BNotO im Bezirk der Notarkammer Frankfurt am Main erst einmal[704]; bezüglich der weiteren Details der Vorschrift kann auf die Ausführungen zu § 41 BBG verwiesen werden (vgl. 2. Teil A. II. 2. a. aa.).

b. Beendigung aufgrund Disziplinarrechts

Schließlich kommt ein Verlust der Rechtsstellung aufgrund einer Disziplinarmaßnahme in Betracht. Abschließend[705] werden durch die Bundesnotarordnung als mögliche Disziplinarmaßnahmen Verweis, Geldbuße (vgl. näher § 97 IV BNotO) und Entfernung aus dem Amt genannt (§ 97 I 1 BNotO). Zudem ist gegen den Anwaltsnotar die Entfernung aus dem Amt auf bestimmte Zeit möglich (vgl. § 97 III 1 BNotO), wobei diese zwischen den Maßnahmen der Geldbuße und der dauernden Entfernung aus dem Amt liegt[706]. Betrachtet werden hier sowohl die dauernde als auch die befristete Entfernung aus dem Amt, denn auch letztere führt zu einem Erlöschen des Status[707] für einen nicht unerheblichen Zeitraum.

Voraussetzung für die Verhängung einer Disziplinarmaßnahme ist die Begehung eines Dienstvergehens, d.h. die schuldhafte Verletzung der dem Notar obliegenden Amtspflichten (§ 95 BNotO). Die Amtspflichten ergeben sich u.a. aus Verfassungsrecht sowie formellen und materiellen Gesetzen[708]; die in der Bundesnotarordnung enthaltenen Pflichten werden durch die als Satzung erlassenen Richtlinien der Notarkammern (vgl. § 67 II BNotO) konkretisiert[709].

Eine Verletzung von Amtspflichten kann gleichzeitig den Verstoß gegen strafrechtliche Vorschriften bedeuten[710], dies muss aber nicht der Fall sein[711]. Die Begriffe des Dienstvergehens und der Straftat sind nicht deckungsgleich. Im Folgenden werden einige wesentliche, durch die Bundesnotarordnung normierte Amtspflichten herausgegriffen, die bei strafbarem Verhalten betroffen sein können.

---

704 Schriftliche Auskunft der Notarkammer Frankfurt a.M. vom 31.08.2010.

705 Eylmann/Vaasen-Stockebrand, BNotO, § 97 Rn. 2; Sandkühler, in: Arndt/Lerch/Sandkühler, BNotO, § 97 Rn. 5.

706 Sandkühler, in: Arndt/Lerch/Sandkühler, BNotO, § 97 Rn. 40.

707 Lemke, in: Bracker, BNotO, § 97 Rn. 15.

708 Eylmann/Vaasen-Stockebrand, BNotO, § 95 Rn. 10; Sandkühler, in: Arndt/Lerch/Sandkühler, BNotO, § 95 Rn. 10.

709 Vgl. Eylmann/Vaasen-Hartmann, BNotO, § 67 Rn. 35ff.

710 Bracker, in: Bracker, BNotO, § 2 Rn. 5, vgl. auch Kanzleiter, in: Bracker, BNotO, § 14 Rn. 70.

711 Vgl. zu einem Einzelfall BGH, U.v. 10.03.2003 (NotSt (Brfg) 3/02), juris, Rn. 4.

Es werden Regelungen zur Gebührenerhebung getroffen (§ 17 BNotO); die bewusste Gebührenüberhebung ist strafbar (§ 352 StGB)[712]. Ein Verstoß gegen die Verschwiegenheitsverpflichtung (§ 18 BNotO) kann auch strafrechtlich relevant sein (vgl. § 203 I Nr. 3 StGB)[713]. Außerdem besteht die Verpflichtung des Notars, sich gegenüber Kollegen, Gerichten und weiteren genannten Personen seinem Amt entsprechend zu verhalten (§ 31 BNotO). Diese Pflicht stimmt überwiegend mit dem anwaltlichen Sachlichkeitsgebot überein[714]. Sie kann damit bei zum Nachteil der genannten Personen begangenen Straftaten betroffen sein, etwa bei ehrverletzenden Delikten.

Weiter werden generalklauselartige Amtspflichten aufgeführt (§ 14 BNotO). Der Notar hat sein Amt getreu seinem Eide zu verwalten und ist nicht Vertreter einer Partei, sondern unabhängiger und unparteiischer Betreuer der Beteiligten (§ 14 I BNotO). Hieraus werden die Pflichten zur Unparteilichkeit, Gewissenhaftigkeit - aus dieser sollen sich aber kaum Einzelpflichten folgern lassen[715] - und zur Unabhängigkeit abgeleitet. Außerdem soll eine Pflicht zur Integrität bzw. Redlichkeit bestehen; daraus folge u.a. die Pflicht zur sorgfältigen Führung der Amtsgeschäfte, d.h. auch die zur Beachtung einschlägiger Vorschriften[716].

Außerdem hat der Notar seine Amtstätigkeit zu versagen, wenn sie mit seinen Amtspflichten nicht vereinbar wäre, insbesondere wenn seine Mitwirkung bei Handlungen verlangt wird, mit denen erkennbar unerlaubte oder unredliche Zwecke verfolgt werden (§ 14 II BNotO). Dies gilt vor allem, wenn der Verdacht besteht, dass die notarielle Tätigkeit zur Begehung von Straftaten dienen könnte[717]; an diesen kann sich der Notar strafrechtlich relevant beteiligen.

Schließlich hat sich der Notar durch sein Verhalten innerhalb und außerhalb seines Amtes der Achtung und des Vertrauens, die dem Notaramt entgegengebracht werden, würdig zu zeigen (§ 14 III 1 BNotO). Diese Pflicht kann bei strafbaren Verhaltensweisen betroffen sein[718]. Obwohl die Bundesnotarordnung nicht zwischen inner- und außerberuflichem Fehlverhalten differenziert, soll letzteres nur dann als Dienstvergehen verfolgt werden können, wenn es nach den

712 Sandkühler, in: Arndt/Lerch/Sandkühler, BNotO, § 17 Rn. 74.

713 Kanzleiter, in: Bracker, BNotO, § 18 Rn. 64.

714 Kanzleiter, in: Bracker, BNotO, § 31 Rn. 3.

715 Eylmann/Vaasen-Frenz, BNotO, § 14 Rn. 6.

716 Vgl. näher Eylmann/Vaasen-Frenz, BNotO, § 14 Rn. 19.

717 BGH, U.v. 20.11.2000 (NotSt (Brfg) 4/00), juris, Rn. 17.

718 Vgl. Eylmann/Vaasen-Frenz, BNotO, § 14 Rn. 37, zu außerdienstlichem Verhalten.

Umständen des Einzelfalls in besonderem Maß geeignet ist, Achtung und Vertrauen in das Amt des Notars in bedeutsamer Weise zu beeinträchtigen[719].

Für diesen Bereich wurden Regelfälle entwickelt. So soll eine solche Vertrauensbeeinträchtigung bzw. -zerstörung bei Steuerstraftaten[720], Urkundsdelikten sowie - insbesondere bei der Abwicklung von Verwahrungsgeschäften - bei Vermögensstraftaten[721] in Betracht kommen. Straßenverkehrsdelikte wiederum sind - außer es liegen besondere Umstände vor - regelmäßig keine Dienstvergehen[722]. Ansonsten sind bei außerberuflichen Straftaten alle Umstände des Einzelfalls entscheidend, d.h. etwa der Grad des Verschuldens, das Maß der kriminellen Energie, die Schwere der Folgen und die Beachtung der Straftat in der Öffentlichkeit[723].

Maßgeblich ist, dass sich ein bestimmtes tatsächliches Verhalten als Amtspflichtverletzung darstellt, die Subsumtion erfolgt durch die Rechtsprechung mehr oder minder[724] genau; die strafrechtliche Relevanz der Handlung ist zweitrangig.

Außerdem ist die Schuldhaftigkeit des Pflichtverstoßes erforderlich, es müssen also Vorsatz oder Fahrlässigkeit festgestellt werden, wobei die im Strafrecht entwickelten Grundsätze gelten[725].

Die Entscheidung über die zu verhängende Disziplinarmaßnahme liegt im durch das Verhältnismäßigkeitsprinzip[726] begrenzten Ermessen[727] der zuständigen Stelle. Nach dem Grundsatz der Einheit des Dienstvergehens werden mehrere Pflichtverletzungen zusammen gewürdigt; verhängt wird eine Disziplinarmaßnahme[728].

---

719 Eylmann/Vaasen-Stockebrand, BNotO, § 95 Rn. 13; sowie Sandkühler, in: Arndt/Lerch/Sandkühler, BNotO, § 95 Rn. 14, unter Verweis auf beamten- und anwaltsrechtliche Vorschriften.

720 Vgl. hierzu Lemke, in: Bracker, BNotO, § 95 Rn. 23.

721 Eylmann/Vaasen-Stockebrand, BNotO, § 95 Rn. 14.

722 Näher etwa Sandkühler, in: Arndt/Lerch/Sandkühler, BNotO, § 95 Rn. 17; vgl. aber auch Lemke, in: Bracker, BNotO, § 95 Rn. 23.

723 Eylmann/Vaasen-Stockebrand, BNotO, § 95 Rn. 16; Sandkühler, in: Arndt/Lerch/Sandkühler, BNotO, § 95 Rn. 18.

724 Vgl. etwa BGH, B.v. 21.03.1977 (NotSt (Brfg) 2/76), juris, Rn. 23ff.

725 Eylmann/Vaasen-Stockebrand, BNotO, § 95 Rn. 31; Sandkühler, in: Arndt/Lerch/Sandkühler, BNotO, § 95 Rn. 26ff.; Lemke, in: Bracker, BNotO, § 95 Rn. 10.

726 Lemke, in: Bracker, BNotO, § 97 Rn. 5.

727 Eylmann/Vaasen-Stockebrand, BNotO, § 97 Rn. 4; Sandkühler, in: Arndt/Lerch/Sandkühler, BNotO, § 97 Rn. 7.

728 Sandkühler, in: Arndt/Lerch/Sandkühler, BNotO, § 95 Rn. 34; Eylmann/Vaasen-Stockebrand, BNotO, § 95 Rn. 20.

Im Rahmen der disziplinarrechtlichen Bewertung ist die Eignung des Dienstvergehens zu prüfen, das Ansehen des Notars zu schädigen und das Vertrauen in ihn und seinen Berufsstand zu gefährden[729]. Maßgeblich ist in erster Linie das objektive Gewicht der Pflichtverletzung[730], betrachtet werden das Gesamtverhalten und die gesamte Persönlichkeit[731]. Wichtige Aspekte sind beispielsweise eine etwaige Strafbarkeit, der Umfang des angerichteten Schadens, die Auswirkungen auf das Ansehen des Notarberufs und des betroffenen Notars, der Grad des Verschuldens, die Motive der Tat, die bisherige Führung des Notars, sein Verhalten nach der Tat und die Zukunftsprognose[732]. Es gibt zahlreiche verschärfende und mildernde Umstände[733], als besonders schwerwiegend werden Pflichtverletzungen im Kernbereich der Notartätigkeit eingestuft[734].

Die befristete Entfernung aus dem Amt kommt in Betracht, wenn der Notar auf der einen Seite noch nicht endgültig untragbar erscheint, auf der anderen Seite mildere Maßnahmen nicht ausreichen[735]. Genannt werden beispielhaft bestimmte Pflichtverletzungen, durch die dem Ansehen des Notarstands erheblicher Schaden zugefügt wurde, oder das Vorliegen disziplinarrechtlicher Vorbelastungen[736]. Die Dauer liegt im Ermessen der entscheidenden Stelle. Es muss ein Ausgleich dahingehend gefunden werden, einerseits den Notar zum Überdenken seiner Amtspflichten zu veranlassen und andererseits die Maßnahme in der Weise zu begrenzen, dass eine Wiederbestellung möglich erscheint, denn sonst kommt die Maßnahme einer nicht zulässigen dauernden Entfernung gleich bzw. nahe[737]. Nach Ablauf der Frist muss der Betreffende an denselben Amtssitz wiederbestellt werden[738], eine Versagung ist nur möglich, wenn sich der Notar in der Zwischenzeit eines Verhaltens schuldig gemacht hat, das ihn unwürdig erscheinen lässt, das Amt eines Notars wieder auszuüben (§ 97 III 2 BNotO). Dies wird bei weiteren objektiv schwerwiegenden Verfehlungen bejaht, die den

---

729 Lemke, in: Bracker, BNotO, § 97 Rn. 4.

730 Sandkühler, in: Arndt/Lerch/Sandkühler, BNotO, § 97 Rn. 9; Eylmann/Vaasen-Stockebrand, BNotO, § 97 Rn. 5.

731 Lemke, in: Bracker, BNotO, § 97 Rn. 5.

732 Vgl. hierzu Sandkühler, in: Arndt/Lerch/Sandkühler, BNotO, § 97 Rn. 10; Eylmann/Vaasen-Stockebrand, BNotO, § 97 Rn. 6.

733 Vgl. zu einer Übersicht Lemke, in: Bracker, BNotO, § 97 Rn. 5.

734 Vgl. näher Sandkühler, in: Arndt/Lerch/Sandkühler, BNotO, § 97 Rn. 11.

735 Vgl. Sandkühler, in: Arndt/Lerch/Sandkühler, BNotO, § 97 Rn. 11.

736 Vgl. näher Eylmann/Vaasen-Stockebrand, BNotO, § 97 Rn. 33.

737 Vgl. hierzu Eylmann/Vaasen-Stockebrand, BNotO, § 97 Rn. 34; Lemke, in: Bracker, BNotO, § 97 Rn. 14.

738 Lemke, in: Bracker, BNotO, § 97 Rn. 16.

Betreffenden nach seiner Persönlichkeit für den Notarberuf untragbar machen[739] und wird etwa bei schwerwiegendem vorsätzlichen, eher selten bei fahrlässigem Fehlverhalten[740] der Fall sein.

Eine dauernde Entfernung aus dem Amt erfolgt nur bei so schweren Dienstvergehen des Notars, die ihn unwürdig oder ungeeignet zur weiteren Amtsausübung erscheinen lassen; er muss für das Notaramt untragbar sein[741]. Auch hier werden bestimmte Regelfälle genannt, etwa die Veruntreuung von Verwahrungsgut, nicht nur einmalige vorsätzliche Falschbeurkundung oder schwerwiegende Mitwirkung an unerlaubten oder unredlichen Geschäften. Entscheidend ist eine Gesamtwürdigung aller objektiven und subjektiven Tatumstände[742] und damit der Einzelfall.

Eine Entfernung erfolgte für den Bezirk der Notarkammer Frankfurt am Main seit 1986 in vierzehn Fällen, eine zeitweise Entfernung bisher nicht[743].

III. Entscheidende Stellen

Für die Bestellung der Notare ist die Landesjustizverwaltung zuständig, ebenso wie für die Amtsenthebung (vgl. §§ 12 S. 1, 50 III 1 BNotO, § 112 BNotO zur Übertragungsmöglichkeit auf nachgeordnete Behörden). An die jeweilige Entscheidung kann sich ein Rechtsstreit anschließen. Das OLG entscheidet im ersten Rechtszug über öffentlich-rechtliche Streitigkeiten nach der Bundesnotarordnung (§ 111 I BNotO). Hierunter lassen sich die genannten Streitigkeiten über Bestellung und Amtsenthebung, d.h. Statusstreitigkeiten, subsumieren. Die Bundesnotarordnung enthält eine Legaldefinition der verwaltungsrechtlichen Notarsachen (vgl. § 111 I BNotO) und die genannte Vorschrift eine abdrängende Sonderzuweisung i.S.v. § 40 I 1 VwGO. Berufungsinstanz ist der BGH (§ 111 II Nr. 1 BNotO). Hierbei handelt es sich um eine Zulassungsberufung, wobei die Zulassungsgründe der Verwaltungsgerichtsordnung entsprechend anwendbar sind (vgl. § 111d BNotO [i.V.m. § 124 II VwGO]). In diesen Fällen werden das OLG und der BGH - worauf die Einordnung als verwaltungsrechtliche Notarsachen bereits hinweist - trotz ihrer Zugehörigkeit zur ordentlichen Gerichtsbarkeit der Sache nach als Verwaltungsgerichte tätig. Die Beset-

---

739 Vgl. hierzu näher BGH, B.v. 14.08.1989 (NotZ 3/89), juris, Rn. 60; vgl. auch Eylmann/Vaasen-Stockebrand, BNotO, § 97 Rn. 37.

740 Vgl. BGH, B.v. 14.08.1989 (NotZ 3/89), juris, Rn. 60.

741 Eylmann/Vaasen-Stockebrand, BNotO, § 97 Rn. 38; vgl. auch Sandkühler, in: Arndt/Lerch/Sandkühler, BNotO, § 97 Rn. 48.

742 Vgl. Eylmann/Vaasen-Stockebrand, BNotO, § 97 Rn. 38; Sandkühler, in: Arndt/Lerch/Sandkühler, BNotO, § 97 Rn. 48.

743 Schriftliche Auskunft der Notarkammer Frankfurt a.M. vom 31.08.2010.

zung der Spruchkörper des OLG und des BGH weicht vom Normalfall ab und stimmt mit der in Disziplinarsachen überein (vgl. § 111 IV BNotO).

Die hier relevanten Disziplinarmaßnahmen müssen gerichtlich angeordnet werden (vgl. § 98 I 2 BNotO). In Disziplinarsachen gegen Notare ist im ersten Rechtszug grundsätzlich das OLG zuständig (§ 99 BNotO). Es entscheidet in der Besetzung mit einem Vorsitzenden, der mindestens Vorsitzender Richter am OLG sein muss (§ 102 S. 1 BNotO), sowie einem richterlichen und einem Notarbeisitzer (§ 101 BNotO). Gegen das Urteil ist im zweiten Rechtszug Berufung zum BGH möglich (§ 99 BNotO); die Berufung ist zulassungsfrei (vgl. § 105 BNotO i.V.m. 64 I 1 BDG). Der BGH entscheidet in der Besetzung mit dem Vorsitzenden, zwei Richtern und zwei Notaren als Beisitzern (§ 106 BNotO).

IV. Verhältnis der Tatbestände

1. Straftatbegehung vor der Bestellung als Notar

Strafbares Verhalten kann zur Versagung der Berufszulassung wegen fehlender Eignung führen (§ 6 I 1 BNotO), wobei keine Aufhebungsmöglichkeit für fehlerhafte Bestellungen vorgesehen ist. Weiter sind Amtsenthebungsgründe normiert, die sich auf bestimmte Folgen einer fehlerhaften Ernennung im Landesbeamtenrecht beziehen, und damit gewissermaßen als negative Voraussetzungen bezeichnet werden können. Der maßgebliche Unterschied zur rechtlichen Situation für Beamte besteht darin, dass bei tatbestandlicher Erfüllung allein die Amtsenthebung des Notars vorgesehen ist und keine unterschiedlichen Konsequenzen (d.h. Nichtigkeit und Rücknahme der Berufszulassung) normiert werden. Damit entfällt die im Beamtenrecht durch die unterschiedlichen Rechtsfolgen in gewisser Hinsicht abzuleitende Reihenfolge der Tatbestände, abgesehen davon, dass die obligatorische einer fakultativen Amtsenthebung vorgeht.

Zwar stehen die Eignungsprüfung und die erst nach der Bestellung mögliche Amtsenthebung nebeneinander; bei Vorliegen von Amtsenthebungsgründen ist indes bereits die Eignung für das Amt des Notars zu verneinen, denn bei einer Bestellung trotz ihres Vorliegens müsste der Notar sofort wieder seines Amtes enthoben werden.

2. Straftatbegehung nach der Bestellung als Notar

Möglich ist zunächst der automatische Verlust der Rechtsstellung in bestimmten Sachverhaltskonstellationen (§ 49 BNotO i.V.m. § 24 BeamtStG). Erfolgt ein solcher nicht, ist die disziplinarische Entfernung aus dem Amt möglich. Hinsichtlich des Verhältnisses von Straf- und Disziplinarverfahren sind die Regelungen des Bundesdisziplinargesetzes entsprechend anwendbar (vgl. §§ 96, 105, 109 BNotO, 2. Teil A. IV. 2.).

Abgrenzungsprobleme zu einem Berufsverbot stellen sich ebenfalls nicht, da § 70 StGB grundsätzlich nicht anwendbar ist; § 45 StGB, § 49 BNotO gehen als Spezialgesetze vor[744].

Für Anwaltsnotare bestehen umfangreiche Erstreckungsmöglichkeiten anwalts- bzw. notarrechtlicher Entscheidungen (vgl. §§ 47 Nr. 3, 54 II, III, IV Nr. 2, 3, 97 V BNotO).

C. Steuerberater

I. Rechtliche Grundlagen

Steuerberater und Steuerbevollmächtigte leisten geschäftsmäßig Hilfe in Steuersachen (§ 32 I StBerG). Ihr Tätigkeitsbereich wird gesetzlich näher beschrieben. Sie haben die Aufgabe, ihre Auftraggeber in Steuersachen zu beraten, sie zu vertreten und ihnen bei der Bearbeitung ihrer Steuerangelegenheiten und bei der Erfüllung ihrer steuerlichen Pflichten Hilfe zu leisten (§ 33 S. 1 StBerG, vgl. näher auch § 33 S. 2 StBerG).

In Bezug auf ihre beruflichen Funktionen besteht eine fast völlige Identität der beiden Berufsgruppen[745]. Da für Steuerbevollmächtigte die Vorschriften zur Bestellung sinngemäß angewendet werden und auch die Regelungen zu Rücknahme und Widerruf der Bestellung sowie zum berufsgerichtlichen Verfahren gelten (vgl. §§ 42 S. 2, 46, 89 StBerG), beschränkt sich die Untersuchung auf den Steuerberater.

Die Berufsangehörigen üben einen freien Beruf aus, ihre Tätigkeit ist kein Gewerbe (§ 32 II StBerG). Der Steuerberater kann einen Steuerpflichtigen im steuerlichen Verwaltungsverfahren als Bevollmächtigter vertreten (vgl. § 80 AO). Während das Rechtsdienstleistungsgesetz die Zulässigkeit außergerichtlicher Rechtsdienstleistungen regelt (§ 1 I 1 RDG), wird die Frage, ob - und gegebenenfalls in welchem Umfang - Personen gerichtlich tätig sein dürfen, durch die einzelnen Verfahrensordnungen geklärt[746]. Der Steuerberater ist hinsichtlich bestimmter Streitigkeiten vor Gericht vertretungsberechtigt, so in einem Rechtsstreit vor dem FG und dem BFH (§ 62 II 1, IV 3 FGO). Der Steuerberater kann

744 BGH, wistra 1987, 60 (60); BGH, U.v. 14.07.2000 (3 StR 454/99), juris, Rn. 29; Eylmann/Vaasen-Custodis, BNotO, § 49 Rn. 4; Feuerich/Weyland-Feuerich, BRAO, § 114 BRAO Rn. 43; LK-Hanack, StGB, § 70 Rn. 32.

745 Vgl. Gehre/Koslowski, StBerG, § 32 Rn. 4, vgl. zu den Unterschieden Rn. 5.

746 Weth, in: Henssler/Prütting, BRAO, § 1 RDG Rn. 1.

Verteidiger im Strafverfahren wegen Steuerdelikten sein (vgl. näher § 392 I AO). Außerdem ist auf seine Vertretungsbefugnis in Abgabenangelegenheiten[747] vor dem VG und dem OVG (§ 67 II 2 Nr. 3, IV 7 VwGO) und in Angelegenheiten nach §§ 28h, 28p SGB IV vor dem Sozialgericht und dem LSG (§ 73 II 2 Nr. 4 SGG) hinzuweisen. Da die Steuerberatung Teil der Rechtsberatung ist[748], erscheint die Charakterisierung des Steuerberaters als unabhängiges Organ der Steuerrechtspflege[749] (vgl. § 2 I BO StBer, teilweise wird eine gesetzliche Fixierung des Begriffs gefordert[750]) überzeugend.

Die Rechtsstellung als Steuerberater wird durch Bestellung (vgl. § 32 II 1 StBerG), also durch Verwaltungsakt[751], erlangt. Die Bestellung erfolgt durch die zuständige Steuerberaterkammer (§ 40 I 1 StBerG).

Grundsätzlich bilden die Steuerberater und Steuerbevollmächtigten eines Oberfinanzbezirks eine Steuerberaterkammer (vgl. näher §§ 73 I, 75 StBerG). Zur Zeit existieren im Bundesgebiet 21 Steuerberaterkammern[752]. Sie sind Körperschaften des öffentlichen Rechts (§ 73 II 2 StBerG) und bilden eine Bundessteuerberaterkammer (§ 85 I StBerG), welche dieselbe Rechtsnatur besitzt (§ 85 II 1 StBerG).

II. Folgen der Verwirklichung einer Straftat

1. Straftatbegehung vor der Bestellung als Steuerberater

Im Steuerberatungsgesetz werden mehrere zwingende[753] Versagungsgründe hinsichtlich einer Bestellung geregelt (vgl. § 40 II 2, III StBerG), welche teilweise mit strafbarem Verhalten in Zusammenhang stehen. Bevor die einzelnen Tatbestände aufgeführt werden, wird indes normiert, dass vor einer Bestellung zu prüfen ist, ob der Bewerber persönlich geeignet ist (§ 40 II 1 StBerG). Denkbar wäre, dass Straftaten nicht allein unter einzelne Versagungsgründe subsumiert werden, sondern auch zur fehlenden Eignung i.S.v. § 40 II 1 StBerG und damit zur Versagung der Bestellung führen können. Indes ist ein solcher Schluss nicht

747 Vgl. Hamburgisches OVG, B.v. 29.04.2010 (3 Bf 368/09.Z), juris.

748 Vgl. Kuhls, in: Kuhls, StBerG, § 32 Rn. 3; Gehre/Koslowski, StBerG, Einleitung, Rn. 1.

749 BGHSt 42, 55 (57); vgl. auch Späth, in: Cichon/Späth, Bonner HB der Steuerberatung, Vor § 1 StBerG, B 20.

750 Kuhls, in: Kuhls, StBerG, § 32 Rn. 10.

751 Gehre/Koslowski, StBerG, § 40 Rn. 1.

752 http://www.bstbk.de/, abgerufen am 11.12.2010.

753 Gehre/Koslowski, StBerG, § 40 Rn. 10.

möglich, denn die Aufzählung der Versagungsgründe ist abschließend[754], d.h. diese bestimmen den Begriff der persönlichen Eignung näher.

Das Steuerberatungsgesetz normiert keinen Rücknahmetatbestand dafür, dass eine Berufszulassung trotz eines vorliegenden Versagungsgrundes erfolgte. Lediglich für den Fall, dass die Bestellung mittels arglistiger Täuschung, Drohung oder Bestechung bzw. durch in wesentlicher Beziehung unrichtiger oder unvollständiger Angaben erwirkt wurde, ist ihre zwingende Rücknahme vorgesehen (§ 46 I StBerG). Bejaht man die abschließende Normierung der Rücknahmetatbestände durch diese Vorschrift[755], ist eine erfolgte Bestellung, die diese Mängel nicht aufweist, trotz des Vorliegens von Versagungsgründen wirksam.

Bei einer gerichtlichen Überprüfung der Rechtmäßigkeit der Rücknahme ist der Zeitpunkt der Entscheidung und nicht der der mündlichen Verhandlung entscheidend, da die Rücknahmetatbestände fortbestehen[756].

Bestand bereits eine Berufsangehörigkeit in der Vergangenheit, ist die Vorschrift hinsichtlich der Wiederbestellung zu beachten (§ 48 StBerG). So ist etwa nach einer früheren berufsgerichtlichen Ausschließung aus dem Beruf (vgl. § 90 I Nr. 5 StBerG) eine regelmäßige Sperrfrist von acht Jahren vorgesehen (vgl. § 48 I Nr. 2 StBerG).

a. Fehlende Fähigkeit zur Bekleidung öffentlicher Ämter

Die Bestellung ist zu versagen, wenn der Bewerber infolge strafgerichtlicher Verurteilung die Fähigkeit zur Bekleidung öffentlicher Ämter nicht besitzt (§ 40 II 2 Nr. 2 StBerG). Der Verlust der Amtsfähigkeit tritt bei einer Verurteilung wegen eines Verbrechens zu Freiheitsstrafe von mindestens einem Jahr oder bei besonderer strafgerichtlicher Aberkennung ein (§ 45 I, II StGB); die Vorschrift erfasst nicht die bundesverfassungsgerichtliche Aberkennung.

b. Besorgnis des Nichtgenügens von Berufspflichten

Weiter ist die Bestellung zu versagen, wenn sich der Betreffende so verhalten hat, dass die Besorgnis begründet ist, er werde den Berufspflichten als Steuerberater nicht genügen (§ 40 II 2 Nr. 4 StBerG). Erforderlich ist damit, dass der zu Bestellende ein bestimmtes Verhalten gezeigt hat, aus diesem muss sich die entsprechende Besorgnis ergeben.

---

754 Gehre/Koslowski, StBerG, § 40 Rn. 3.

755 Willerscheid, in: Kuhls, StBerG, § 46 Rn. 5; vgl. auch Späth, in: Cichon/Späth, Bonner HB der Steuerberatung, § 46 StBerG B 616.

756 Willerscheid, in: Kuhls, StBerG, § 46 Rn. 11, vgl. auch BFH, U.v. 13.11.2001 (VII R 14/01), juris, Rn. 15.

Im Rahmen der Prüfung dieses Versagungsgrundes besteht die Schwierigkeit, dass der Bewerber - zumindest bei einer erstmaligen Bestellung - mangels Berufsangehörigkeit noch nicht an Berufspflichten gebunden war. Dies ist erst nach der Berufszulassung der Fall, dann wird eine diesbezügliche Verletzung auch berufsgerichtlich geahndet (vgl. § 89 I StBerG). Daher kann als missbilligte Verhaltensweise nicht jeder Verstoß gegen die den Bewerber noch nicht bindenden Berufspflichten genügen; an sein Verhalten werden nicht dieselben Maßstäbe angelegt wie an Berufsangehörige[757]. Entschiedene Fälle befassen sich indes besonders mit Fallkonstellationen, in denen die Rechtsstellung als Steuerberater in der Vergangenheit bestand. Die Prognose künftiger Verstöße gegen Berufspflichten soll insbesondere dann in Betracht kommen, wenn in besonders schwerwiegender Weise gegen die Regeln einer ordnungsgemäßen Berufsausübung verstoßen wurde. Typischerweise wird dies bei wiederholten oder besonders schwerwiegenden Wirtschafts- und Vermögensdelikten, insbesondere bei Straftaten im Bereich der Steuerhinterziehung, bejaht[758].

Hingegen ist auf eine erstmalige Bestellung übertragbar, dass das zugrunde liegende Verhalten auch eine strafbare Handlung sein kann[759]. Entscheidend ist, dass durch das - inner- oder außerberufliche[760] - Verhalten des Bewerbers zum Ausdruck kommt, dass er eine mit den Standesgrundsätzen unvereinbare Einstellung besitzt, die die Gefahr einer Wiederholung des Verstoßes gegen Berufspflichten begründet[761].

Teilweise wird eine Konkretisierung dergestalt versucht, dass explizit etwa ein Verhalten genannt wird, das bei bestehendem Berufsstatus zur Ausschließung aus dem Beruf geführt hätte[762]. Dies sind aber nicht die einzigen zu berücksichtigenden Sachverhalte, auch andere Rechtsverstöße können relevant werden, etwa wenn sie Interessen potentieller Mandanten tangieren[763].

---

757 Gehre/Koslowski, StBerG, § 40 Rn. 18.

758 FG Berlin-Brandenburg, U.v. 28.10.2009 (12 K 12040/09), juris, Rn. 20; vgl. auch Niedersächsisches FG, U.v. 06.03.2008 (6 K 277/07), juris, Rn. 20, hier wird weiter auf eine nicht nur unerhebliche Freiheitsstrafe abgestellt; ebenso FG Rheinland-Pfalz, U.v. 17.04.2007 (2 K 2416/06), juris, Rn. 23, zu einer erstmaligen Bestellung; vgl. auch FG Bremen, U.v. 01.12.2004 (2 K 323/03 [2]), juris, Rn. 28.

759 Vgl. FG Rheinland-Pfalz, U.v. 17.04.2007 (2 K 2416/06), juris, Rn. 23, eine Strafbewehrung des Verhaltens ist aber nicht notwendig.

760 Gehre/Koslowski, StBerG, § 40 Rn. 18.

761 Niedersächsisches FG, U.v. 06.03.2008 (6 K 277/07), juris, Rn. 20; FG Bremen, U.v. 01.12.2004 (2 K 323/03 [2]), juris, Rn. 28; vgl. auch Gehre/Koslowski, StBerG, § 40 Rn. 18f.

762 Gehre/Koslowski, StBerG, § 40 Rn. 18; Kuhls, in: Kuhls, StBerG, § 40 Rn. 15.

763 Vgl. näher Kuhls, in: Kuhls, StBerG, § 40 Rn. 15.

Das Fehlverhalten kann durch Zeitablauf derart an Gewicht einbüßen, dass es nicht mehr zu der beschriebenen Besorgnis führt[764]. Hierfür gelten allerdings keine festen zeitlichen Regeln. Die Rechtsprechung greift auf die Vorgaben hinsichtlich einer Wiederbestellung, d.h. auf eine regelmäßige Frist von acht Jahren, zurück (vgl. § 48 I Nr. 1, 2 StBerG)[765].

Insgesamt ist im Rahmen der Prüfung des Versagungsgrundes eine Betrachtung der Einzelfallumstände erforderlich; wegen der Bedeutung des Grundrechts der Berufsfreiheit (Art. 12 I GG) kommt dem Verhältnismäßigkeitsgrundsatz hohes Gewicht zu[766].

c. *Erwirkung der Ernennung mittels unlauterer Mittel*

Nach der zeitlich besonders einzuordnenden Rücknahmevorschrift - sie bezieht sich auf ein Fehlverhalten bei der Bestellung - ist[767] die Berufszulassung zurückzunehmen, d.h. rückwirkend aufzuheben[768], wenn sie durch bestimmte unlautere Mittel erwirkt wurde (vgl. § 46 I StBerG). Zum Zusammenhang mit strafbarem Verhalten kann auf die Ausführungen zur vergleichbaren Vorschrift des Beamtenrechts verwiesen werden (vgl. 2. Teil A. II. 1. c.).

2. Straftatbegehung nach der Bestellung als Steuerberater

a. *Beendigung wegen Widerrufs der Bestellung*

Liegt einer der in § 46 II StBerG abschließend[769] geregelten Tatbestände vor, ist[770] die Bestellung als Steuerberater zu widerrufen; der Widerruf wirkt ex nunc[771]. Insgesamt erfolgten in den letzten Jahren im Kammerbezirk der Steuerberaterkammer Hessen wenige Widerrufsentscheidungen, die Zahl liegt unter zehn Fällen pro Jahr bezogen auf sämtliche Widerrufsgründe[772].

---

764 Kuhls, in: Kuhls, StBerG, § 40 Rn. 14.

765 Vgl. FG Berlin-Brandenburg, U.v. 28.10.2009 (12 K 12040/09), juris, Rn. 22; vgl. auch Kuhls, in: Kuhls, StBerG, § 40 Rn. 14; Willerscheid, in: Kuhls, StBerG, § 48 Rn. 9.

766 Vgl. FG Rheinland-Pfalz, U.v. 17.04.2007 (2 K 2416/06), juris, Rn. 24; Kuhls, in: Kuhls, StBerG, § 40 Rn. 14.

767 Willerscheid, in: Kuhls, StBerG, § 46 Rn. 8.

768 Gehre/Koslowski, StBerG, § 46 Rn. 1; vgl. auch Willerscheid, in: Kuhls, StBerG, § 46 Rn. 10: in der Regel rückwirkend.

769 Vgl. Späth, in: Cichon/Späth, Bonner HB der Steuerberatung, § 46 StBerG B 617.1; Willerscheid, in: Kuhls, StBerG, § 46 Rn. 12.

770 Willerscheid, in: Kuhls, StBerG, § 46 Rn. 12; Gehre/Koslowski, StBerG, § 46 Rn. 2.

771 Willerscheid, in: Kuhls, StBerG, § 46 Rn. 12; Gehre/Koslowski, StBerG, § 46 Rn. 1.

772 Vgl. die Einzelberichte zur Kammertätigkeit aus 2009 (sieben Fälle), 2008 (sieben Fälle) und 2007 (acht Fälle), übermittelt durch die Steuerberaterkammer Hessen.

Die Normierungen stimmen in weitem Umfang mit den Versagungsvorschriften überein (vgl. § 40 II 2, III StBerG). Wichtig für diese Untersuchung ist, dass die Bestellung zu widerrufen ist, wenn der Steuerberater infolge strafgerichtlicher Verurteilung die Fähigkeit zur Bekleidung öffentlicher Ämter verloren hat (§ 46 II Nr. 2 StBerG).

Der Versagungsgrund wegen eines Verhaltens, welches die Besorgnis des Nichtgenügens von Berufspflichten auslöst (vgl. § 40 II 2 Nr. 4 StBerG), besitzt keine Entsprechung in einem Widerrufsgrund. Verletzt ein Steuerberater Berufspflichten, kommt eine berufsgerichtliche Ahndung in Betracht (vgl. § 89 I StBerG).

Wird ein Widerruf der Bestellung angegriffen, ist zwar grundsätzlich die Sach- und Rechtslage zum Zeitpunkt der Verwaltungsentscheidung maßgeblich, allerdings muss das Gericht eine im Zeitpunkt seiner Entscheidung bestehende veränderte Sachlage berücksichtigen, wenn sich aus dieser die Pflicht zur sofortigen Wiederbestellung ergibt[773].

b. Beendigung aufgrund berufsgerichtlichen Verfahrens

Auch Steuerberater unterstehen einer Berufsgerichtsbarkeit. Als mögliche, abgestufte berufsgerichtliche Maßnahmen sind abschließend[774] Warnung, Verweis, Geldbuße bis zu fünfzigtausend Euro, ein Berufsverbot für die Dauer von einem bis zu fünf Jahren und schließlich die Ausschließung aus dem Beruf vorgesehen (vgl. § 90 I StBerG). In dieser Untersuchung wird außer der Ausschließung auch das Berufsverbot betrachtet. Zwar führt dieses nicht zu einem Verlust des Status, es handelt sich aber um eine längerfristige Berufsausübungsverhinderung.

Voraussetzung für die Verhängung einer berufsgerichtlichen Maßnahme ist die schuldhafte Verletzung von Berufspflichten (§ 89 I StBerG). Pflichtentatbestände befinden sich im Steuerberatungsgesetz (vgl. §§ 57ff. StBerG), diese werden durch die als Satzung erlassene Berufsordnung konkretisiert[775] (vgl. § 86 II Nr. 2, IV StBerG). Hier werden einige Pflichten herausgegriffen, die bei strafbarem Verhalten betroffen sein können.

Bei einer Gebührenüberhebung kann etwa der spezielle Pflichtentatbestand verletzt sein, der Regelungen zur Gebührenordnung enthält (vgl. § 64 StBerG, § 352 StGB)[776].

---

773 BFH, U.v. 22.08.1995 (VII R 63/94), juris, Rn. 9; vgl. auch BFH, U.v. 13.11.2001 (VII R 14/01), juris, Rn. 14.

774 Vgl. Gehre/Koslowski, StBerG, § 90 Rn. 1.

775 Vgl. näher Schäfer, in: Kuhls, StBerG, § 89 Rn. 32, 36; Gehre/Koslowski, StBerG, § 89 Rn. 5.

776 Kuhls, in: Kuhls, StBerG, § 64 Rn. 45.

Weiter existieren allgemeine Berufspflichten (§ 57 StBerG). Die Pflicht zur Unabhängigkeit (§ 57 I 1. Alt. StBerG) kann bei einem Parteiverrat (§ 356 StGB)[777] betroffen sein. Zur Berufspflicht der Gewissenhaftigkeit (§ 57 I 3. Alt. StBerG) werden u.a. die Pflicht, die Interessen der Mandanten bestmöglich und sorgfältig zu vertreten[778], sowie die Pflicht zur Sachlichkeit[779] gezählt; außerdem besteht die Pflicht zu kollegialem Verhalten gegenüber Berufskollegen[780]. Sie kann tangiert sein, wenn Straftaten begangen werden, die im Zusammenhang mit einem Auftrag stehen bzw. gegenüber Mandanten erfolgen[781]. Auch die Pflicht zur Verschwiegenheit (§ 57 I 4. Alt. StBerG) ist strafrechtlich abgesichert (vgl. §§ 203 I Nr. 3, 204 StGB)[782].

Schließlich müssen sich die Berufsangehörigen auch außerhalb der Berufstätigkeit des Vertrauens und der Achtung würdig erweisen, die ihr Beruf erfordert (vgl. § 57 II 2 StBerG). Wegen der Verwendung des Begriffes „auch" wird vertreten, dass die Verhaltensanforderung sowohl für den beruflichen als auch für den außerberuflichen Bereich gilt[783]. Gegen die Pflicht kann durch strafbares Verhalten verstoßen werden[784]. Verneint man den beruflichen Bezug, lassen sich innerberufliche Straftaten u.U. als Verstoß gegen die Pflicht zur Gewissenhaftigkeit ansehen.

Indes ist ein außerhalb des Berufs liegendes Verhalten, das eine rechtswidrige Tat oder eine mit Geldbuße bedrohte Handlung darstellt, nur dann eine berufsgerichtlich zu ahndende Pflichtverletzung, wenn es nach den Umständen des Einzelfalls in besonderem Maße geeignet ist, Achtung und Vertrauen in einer für die Ausübung der Berufstätigkeit oder für das Ansehen des Berufs bedeutsamen Weise zu beeinträchtigen (§ 89 II StBerG).

Damit findet eine Beschränkung u.a. auf ein Verhalten statt, welches einen Straftatbestand rechtswidrig erfüllt[785], die Ahndung[786] wird damit auf Fälle be-

777 Vgl. Maxl, in: Kuhls, StBerG, § 57 Rn. 85ff.

778 Maxl, in: Kuhls, StBerG, § 57 Rn. 151.

779 Vgl. Späth, in: Cichon/Späth, Bonner HB der Steuerberatung, § 57 StBerG, B 827.1.

780 Späth, in: Cichon/Späth, Bonner HB der Steuerberatung, § 57 StBerG, B 817.2, B 828ff.

781 Vgl. Gehre/Koslowski, StBerG, § 57 Rn. 54, zu bestimmten Vermögensstraftaten; vgl. auch Späth, in: Cichon/Späth, Bonner HB der Steuerberatung, § 57 StBerG, B 818.1; LG Münster, U.v. 24.11.2006 (7a StL 7/06), juris, Rn. 11, zu Steuerstraftaten.

782 Vgl. Gehre/Koslowski, StBerG, § 57 Rn. 60f.

783 Maxl, in: Kuhls, StBerG, § 57 Rn. 330, vgl. aber auch Rn. 332, 152 hinsichtlich der Abgrenzung zur Gewissenhaftigkeitspflicht nach § 57 I StBerG.

784 Vgl. hierzu Maxl, in: Kuhls, StBerG, § 57 Rn. 356, 360; Gehre/Koslowski, StBerG, § 57 Rn. 81, zu außerberuflichem Verhalten.

785 Vgl. Gehre/Koslowski, StBerG, § 57 Rn. 81, § 89 Rn. 7.

786 Vgl. Gehre/Koslowski, StBerG, § 57 Rn. 80: betroffen ist die Verfolgbarkeit.

grenzt, in denen sie im allgemeinen Interesse liegt[787]. Außerdem muss das Verhalten eine besondere Eignung zur Achtungs- und Vertrauensbeeinträchtigung und eine gewisse Bedeutsamkeit besitzen. Dies soll bei bestimmten Straftaten im Allgemeinen abzulehnen sein, wie bei einer erstmaligen Trunkenheitsfahrt[788] oder (einmaligen) Privatklagedelikten[789], bei anderen Delikten hingegen regelmäßig zu bejahen sein, wie bei Untreue und Betrug[790] oder Steuerhinterziehung[791]. Trotz dieser Spezifizierungsversuche sind immer die Umstände des Einzelfalls entscheidend[792].

Für die Abgrenzung zwischen inner- und außerberuflichem Verhalten ist nicht die formelle, sondern die materielle Berufsbezogenheit[793] maßgeblich. Werden Pflichten verletzt, die aufgrund des Berufs zu beachten sind oder sich sonst auf die Berufstätigkeit beziehen, liegt berufliches Verhalten vor, lässt sich das Handeln als das einer Privatperson ohne jeglichen beruflichen Zusammenhang einordnen, ist der außerberufliche Bereich betroffen[794].

Erforderlich ist, dass ein tatsächliches Verhalten unter die Verletzung einer (oder mehrerer[795]) Berufspflicht(en) subsumiert wird; häufig reicht die berufliche Pflicht weiter als der strafrechtlich gesteckte Rahmen[796].

Weiter muss eine schuldhafte Verletzung[797], d.h. ein Verschulden im strafrechtlichen Sinne, festgestellt werden[798].

Schließlich ist zu klären, wann ein Berufsverbot bzw. die Ausschließung aus dem Beruf erfolgt. Nach dem Grundsatz der Einheitlichkeit der Pflichtverletzung wird das gesamte Verhalten beurteilt und eine Maßnahme verhängt[799]. Allgemein soll der Grad der Beeinträchtigung des Vertrauens der Öffentlichkeit in eine funktionstüchtige Steuerrechtspflege entscheidend sein. Es findet eine Gesamtwürdigung aller objektiven und subjektiven Umstände statt[800], wobei die Schwere des Fehlverhaltens und die Auswirkung auf das Ansehen des Berufs-

---

787 Vgl. Schäfer, in: Kuhls, StBerG, § 89 Rn. 42; Gehre/Koslowski, StBerG, § 89 Rn. 7.

788 Vgl. Gehre/Koslowski, StBerG, § 89 Rn. 8.

789 Vgl. Schäfer, in: Kuhls, StBerG, § 89 Rn. 44.

790 Schäfer, in: Kuhls, StBerG, § 89 Rn. 43.

791 Gehre/Koslowski, StBerG, § 89 Rn. 8.

792 Vgl. Schäfer, in: Kuhls, StBerG, § 89 Rn. 43f.

793 BGHSt 29, 97 (98).

794 Schäfer, in: Kuhls, StBerG, § 89 Rn. 46.

795 LG Münster, U.v. 24.11.2006 (7a StL 7/06), juris, Rn. 11.

796 Vgl. zur Gewissenhaftigkeitspflicht Maxl, in: Kuhls, StBerG, § 57 Rn. 168; zur Verschwiegenheitspflicht Maxl, in: Kuhls, StBerG, § 57 Rn. 271.

797 Gehre/Koslowski, StBerG, § 89 Rn. 12.

798 Schäfer, in: Kuhls, StBerG, § 89 Rn. 37.

799 Gehre/Koslowski, StBerG, § 89 Rn. 9f.

800 Schäfer, in: Kuhls, StBerG, § 90 Rn. 60.

standes wesentlich sind[801]. Außerdem werden u.a. das frühere berufliche Verhalten, der Grad der Berufspraxis sowie die Zukunftsprognose im Hinblick auf das weitere berufliche Verhalten berücksichtigt[802]; verschiedene Umstände können sich erschwerend oder mildernd auswirken[803].

Da das zeitlich befristete Berufsverbot in den Kernbereich der Berufsfreiheit (Art. 12 I GG) eingreift, ist eine schwerwiegende Berufspflichtverletzung erforderlich[804]. Hinsichtlich der verhängten Dauer ist das Verhältnismäßigkeitsprinzip zu beachten.

Auch eine Ausschließung aus dem Beruf erfolgt nur bei schweren Pflichtverletzungen zum Schutz eines überragend wichtigen Gemeinschaftsguts[805], wenn eine mildere Maßnahme (insbesondere ein Berufsverbot) nicht ausreicht[806]. Erforderlich ist eine Gesamtwürdigung von Tat, Persönlichkeit und Gesamtverhalten[807]. Diese muss zu der Prognose führen, dass der Betreffende für den Beruf weiterhin nicht tragbar ist, weil von ihm eine Gefährdung der (Steuer-)Rechtspflege ausgeht[808], wobei eine Wiederholungsgefahr für die Zukunft nicht festgestellt werden muss[809]. Damit gelten dieselben Grundsätze wie im Anwaltsrecht[810].

Dementsprechend haben sich auch im Recht der Steuerberater Regelfälle entwickelt. Die schärfste Maßnahme kommt in Betracht bei mehrfachen groben Pflichtverletzungen gegenüber Mandanten (etwa durch Betrug und Unterschlagung), Verstößen gegen die Steuerordnung (z.B. bei Steuerhinterziehung), völliger Gleichgültigkeit gegenüber der Berufsordnung, schwerer Ansehensschädi-

---

801 Streck/Mack, Stbg 1990, 49 (52); Schäfer, in: Kuhls, StBerG, § 90 Rn. 5; vgl. auch Gehre/Koslowski, StBerG, § 90 Rn. 5.

802 Schäfer, in: Kuhls, StBerG, § 89 Rn. 11.

803 Vgl. näher Streck/Mack, Stbg 1990, 49 (52); Gehre/Koslowski, StBerG, § 90 Rn. 6; Schäfer, in: Kuhls, StBerG, § 90 Rn. 64f.; vgl. auch LG Münster, U.v. 24.11.2006 (7a StL 7/06), juris, Rn. 13ff., zu Verweis und Geldbuße.

804 Gehre/Koslowski, StBerG, § 90 Rn. 11; vgl. zu einem verhängten Verbot OLG Koblenz, U.v. 29.07.2009 (2 StO 1/09), juris.

805 Vgl. näher Gehre/Koslowski, StBerG, § 90 Rn. 12; BGH, U.v. 29.11.1993 (StbSt (R) 2/93), juris, Rn. 17; BGH, U.v. 15.12.1997 (StbSt (R) 6/97), juris, Rn. 8.

806 Vgl. BGHSt 39, 281 (285); BGH, U.v. 15.12.1997 (StbSt (R) 6/97), juris, Rn. 8.

807 BGHSt 39, 281 (285f.); BGH, U.v. 29.11.1993 (StbSt (R) 2/93), juris, Rn. 18; Gehre/Koslowski, StBerG, § 90 Rn. 12.

808 Vgl. auch BGHSt 39, 281 (285f.); BGH, U.v. 29.11.1993 (StbSt (R) 2/93), juris, Rn. 18; BGH, U.v. 15.12.1997 (StbSt (R) 6/97), juris, Rn. 8.

809 BGHSt 39, 281 (287); vgl. näher BGH, U.v. 15.12.1997 (StbSt (R) 6/97), juris, Rn. 8; BGH, U.v. 06.08.1993 (StbSt (R) 1/93), juris, Rn. 34.

810 BGHSt 39, 281 (286).

gung sowie leichteren, vielfachen Verstößen gegen Berufspflichten[811]. Außerdem wird auf eine Verurteilung verwiesen, die für Beamte zu einem Verlust der Beamtenrechte geführt hätte[812]. Trotzdem ist für die Verhängung der Maßnahme immer eine Würdigung der Umstände des Einzelfalls entscheidend[813].

c. *Strafrechtliches Berufsverbot*

Weiter besteht die Möglichkeit der strafgerichtlichen Anordnung eines Berufsverbots (vgl. § 70 I 1 StGB). Bezüglich der Voraussetzungen kann auf die Ausführungen im Anwaltsrecht verwiesen werden (vgl. 3. Teil A. II. 2. c.), wobei der Bezug zum Steuerberaterberuf notwendig ist. Auch hier muss ein derartiges Verbot bereits verhängt worden sein[814].

III. Entscheidende Stellen

Die jeweils zuständige Steuerberaterkammer entscheidet über die Bestellung sowie deren Widerruf und Rücknahme (§§ 40 I 1, 46 IV 1 StBerG). An ihre Entscheidung kann sich eine gerichtliche Streitigkeit anschließen, für die der Finanzrechtsweg eröffnet ist (§ 33 I Nr. 3 FGO). Erste Instanz ist das FG (§ 35 FGO). Die Senate des FG entscheiden in der Besetzung mit drei Richtern und zwei ehrenamtlichen Richtern (§ 5 III 1 FGO), wobei die Übertragung auf einen Einzelrichter möglich ist (vgl. § 6 FGO)[815]. Von der den Ländern eingeräumten Möglichkeit, an den Entscheidungen des Einzelrichters die Mitwirkung von zwei ehrenamtlichen Richtern vorzusehen (vgl. § 5 IV 1 FGO), hat Hessen keinen Gebrauch gemacht (vgl. das HessAGFGO). Gegen ein Urteil des FG ist die Revision zum BFH möglich (§ 36 Nr. 1 FGO), welche der Zulassung bedarf (§ 115 FGO). Seine Senate entscheiden in der Besetzung von fünf Richtern (§ 10 III FGO).

Über die Verhängung einer berufsgerichtlichen Maßnahme (§ 90 StBerG) entscheidet in erster Instanz eine besondere Kammer des LG (§ 95 I StBerG).

---

811 Vgl. Gehre/Koslowski, StBerG, § 90 Rn. 12.

812 BGH, U.v. 23.03.1992 (StbSt (R) 1/92), juris, Rn. 5.

813 BGH, U.v. 05.06.1989 (StbSt (R) 11/88), juris, Rn. 14; vgl. auch Streck/Mack, Stbg 1990, 49 (53).

814 Vgl. zur Überprüfung einer Verhängung VerfGH Berlin, B.v. 14.02.2005 (172/04), juris.

815 Vgl. zu der Geltung für Steuerberatersachen FG Baden-Württemberg, U.v. 07.03.2001 (4 K 288/00), juris, Rn. 9, zu einem Widerruf; allgemeiner zur Geltung im Finanzprozess FG Bremen, B.v. 17.05.2004 (2 K 166/03 [2]), juris, Rn. 17.

Diese ist in der Regel eine Strafkammer[816] und in der Hauptverhandlung mit dem Vorsitzenden und zwei Steuerberatern oder Steuerbevollmächtigten als Beisitzern besetzt (§ 95 IV 2 StBerG). Gegen ein Urteil ist die Berufung zum OLG zulassungsfrei möglich (vgl. § 127 I StBerG). Der Senat des OLG (§ 96 I StBerG) entscheidet in der Hauptverhandlung in der Besetzung von drei Mitgliedern des OLG einschließlich des Vorsitzenden und zwei Steuerberatern oder Steuerbevollmächtigten als Beisitzern (vgl. § 96 III StBerG). Bei Streitigkeiten, die sich auf eine Ausschließung beziehen, ist gegen das Urteil zulassungsfrei Revision an den BGH möglich (§ 129 I Nr. 1, 2 StBerG), ansonsten ist eine Zulassung erforderlich (vgl. § 129 I Nr. 3 StBerG). Der Senat des BGH (§ 97 I StBerG) entscheidet in einer dem Senat des OLG in der Hauptverhandlung entsprechenden Besetzung (§ 97 II StBerG). Die Berufsgerichte sind damit Spruchkörper der ordentlichen Gerichtsbarkeit[817].

IV. Verhältnis der Tatbestände

1. Straftatbegehung vor der Bestellung als Steuerberater

Im Steuerberaterrecht können zwei Versagungsgründe relevant werden, die in Zusammenhang mit strafbarem Verhalten stehen. Hierbei handelt es sich zum einen um den Tatbestand, der sich auf den Verlust der Fähigkeit zur Bekleidung öffentlicher Ämter bezieht (§ 40 II 2 Nr. 2 StBerG); die zuständige Steuerberaterkammer ist an die strafgerichtliche Entscheidung gebunden. Weiter kann derjenige relevant werden, der auf ein Verhalten abstellt, welches die Besorgnis des Nichtgenügens von Berufspflichten begründet (§ 40 II 2 Nr. 4 StBerG). Die Vorschriften stehen grundsätzlich selbständig nebeneinander, wobei nicht ausgeschlossen ist, dass sich ein Sachverhalt unter beide subsumieren lässt.

Eine spezielle Rücknahmeregelung für fehlerhafte Berufszulassungen ist nicht vorgesehen; die Rücknahme der Bestellung ist lediglich möglich, wenn sie durch unlautere Mittel erwirkt wurde (§ 46 I StBerG).

2. Straftatbegehung nach der Bestellung als Steuerberater

Das Verhältnis von berufsgerichtlichem Verfahren und Widerrufsverfahren wird nicht explizit gesetzlich geregelt. Teilweise wird das Widerrufsverfahren als vorrangig angesehen[818], da der Widerruf zwingend sei[819]; es handele sich um das

816 Schäfer, in: Kuhls, StBerG, § 95 Rn. 3.

817 Gehre/Koslowski, StBerG, § 95 Rn. 1.

818 Vgl. näher LG Hannover, StB 1990, 413 (413); Gehre/Koslowski, StBerG, § 46 Rn. 1.

819 Vgl. näher LG Hannover, StB 1990, 413 (413).

einfachere Verfahren, die Prüfung subjektiver Umstände[820] sei nicht erforderlich und für die Ausgangsentscheidung kein gerichtliches Tätigwerden notwendig.

Die Verfahren sind durch ihr Ergebnis verbunden. Nach einem rechtskräftigen[821] Widerruf ist ein berufsgerichtliches Verfahren einzustellen (vgl. § 125 III Nr. 1 StBerG), denn die Ahndung erfordert eine bestehende Berufsangehörigkeit im Zeitpunkt der Entscheidung[822]. Das berufsgerichtliche Verfahren kann ausgesetzt werden, wenn in einem anderen gesetzlich geordneten Verfahren über eine Frage zu entscheiden ist, deren Beurteilung für die Entscheidung im berufsgerichtlichen Verfahren von wesentlicher Bedeutung ist (§ 111 StBerG); hierunter lässt sich etwa ein anhängiges Widerrufsverfahren fassen[823]. Umgekehrt ist nach der rechtskräftigen berufsgerichtlichen Ausschließung ein Widerruf nicht möglich, da die erforderliche Berufszugehörigkeit nicht mehr besteht.

Möglicherweise wird ein Widerruf bei einem Verhalten, welches für beide Verfahren bedeutsam ist, bevorzugt, da dieser einfacher und schneller erfolgen kann[824]. Die zur Zeit bestehenden Regelungen und die grundsätzlichen Unterschiede der beiden Verfahren sprechen trotzdem für ihre Gleichrangigkeit[825]; der Vorrang eines Verfahrens müsste gesetzlich festgelegt werden.

Das Steuerberatungsgesetz enthält mehrere Vorschriften zum Verhältnis von Straf- und berufsgerichtlichem Verfahren und den jeweiligen Entscheidungen. Dazu gehört die grundsätzliche Aussetzungspflicht hinsichtlich des berufsgerichtlichen Verfahrens ab Erhebung der öffentlichen Klage in einem sachgleichen Strafverfahren (§ 109 I StBerG). Außerdem wird die Verhängung einer berufsgerichtlichen Maßnahme nach erfolgter Strafe beschränkt (§ 92 S. 1 StBerG)[826], wobei die beabsichtigte Ausschließung ausdrücklich ausgeklammert wird (§ 92 S. 2 StBerG); auch die Ahndung nach einem vorausgegangenen Freispruch wird begrenzt (§ 109 II StBerG). Das über die berufsgerichtliche Maß-

820 Vgl. Gehre/Koslowski, StBerG, § 89 Rn. 18, zu § 46 II Nr. 1, 3 StBerG.

821 Schäfer, in: Kuhls, StBerG, § 125 Rn. 33; Gehre/Koslowski, StBerG, § 125 Rn. 7; erforderlich ist wohl eher seine Bestandskraft.

822 Schäfer, in: Kuhls, StBerG, § 125 Rn. 33; Gehre/Koslowski, StBerG, § 125 Rn. 7.

823 Vgl. Gehre/Koslowski, StBerG, § 111 Rn. 3f., bezogen auf § 46 II Nr. 1, 3 StBerG; vgl. auch Schäfer, in: Kuhls, StBerG, § 89 Rn. 18, § 125 Rn. 34, zu einem laufenden Widerrufsverfahren.

824 Nach Willerscheid, in: Kuhls, StBerG, § 46 Rn. 4, lässt sich dies in der Praxis nicht erkennen.

825 Willerscheid, in: Kuhls, StBerG, § 46 Rn. 4; Schäfer, in: Kuhls, StBerG, § 89 Rn. 17f.

826 Schäfer, in: Kuhls, StBerG, § 92 Rn. 7; wegen des Verhältnismäßigkeitsgrundsatzes, vgl. dazu Schäfer, in: Kuhls, StBerG, § 92 Rn. 8; Gehre/Koslowski, StBerG, § 92 Rn. 2.

nahme entscheidende Gericht ist grundsätzlich an die tatsächlichen Feststellungen eines Strafurteils[827] gebunden (vgl. § 109 III StBerG).

Die Anordnung eines strafrechtlichen Berufsverbots und die Ausschließung aus dem Beruf sollen nebeneinander möglich sein[828]. Dies erscheint plausibel. Abgesehen von dem Sicherungszweck beider Maßnahmen beabsichtigt die Ausschließung auch die Reinhaltung des Berufsstandes von untragbaren Mitgliedern[829], zudem unterscheiden sich ihre Anordnungsvoraussetzungen und Folgen[830].

D. Wirtschaftsprüfer

I. Rechtliche Grundlagen

Wirtschaftsprüfer führen betriebswirtschaftliche Prüfungen durch, insbesondere solche von Jahresabschlüssen wirtschaftlicher Unternehmen, und erteilen Bestätigungsvermerke über die Vornahme und das Ergebnis solcher Prüfungen (§ 2 I WPO). Außerdem beraten und vertreten sie ihre Auftraggeber in steuerlichen Angelegenheiten (§ 2 II WPO), sind Sachverständige auf den Gebieten der wirtschaftlichen Betriebsführung, Berater in wirtschaftlichen Angelegenheiten und zur treuhänderischen Verwaltung befugt (vgl. näher § 2 III WPO).

Auch der Wirtschaftsprüfer übt einen freien Beruf aus, kein Gewerbe (§ 1 II WPO). Für die Berufsausübung ist die öffentliche Bestellung erforderlich (§ 1 I 1 WPO). Diese erfolgt nach bestandener Prüfung auf Antrag des Bewerbers durch die Wirtschaftsprüferkammer (§ 15 S. 1, 2 WPO) und hat den Charakter eines Verwaltungsakts[831].

Alle bestellten Wirtschaftsprüfer sind Mitglieder der Wirtschaftsprüferkammer (vgl. § 58 WPO); diese ist eine Körperschaft des öffentlichen Rechts (§ 4 II 1 WPO). Als Grund für das Bestehen nur einer Berufskammer im gesamten Bundesgebiet wurde die Notwendigkeit einheitlicher Berufsausübungsrichtlinien

---

827 Ein Strafbefehl löst die Bindungswirkung nicht aus, vgl. Gehre/Koslowski, StBerG, § 109 Rn. 11; Schäfer, in: Kuhls, StBerG, § 109 Rn. 42.

828 Vgl. Streck/Mack, Stbg 1990, 49 (53); Gehre/Koslowski, StBerG, § 90 Rn. 15; vgl. auch Schäfer, in: Kuhls, StBerG, § 90 Rn. 54ff.

829 Vgl. hierzu Schäfer, in: Kuhls, StBerG, § 90 Rn. 56; Streck/Mack, Stbg 1990, 49 (54).

830 Vgl. Schäfer, in: Kuhls, StBerG, § 90 Rn. 54; Streck/Mack, Stbg 1990, 49 (53).

831 Uhlmann, in: Hense/Ulrich, WPO, § 15 Rn. 4.

und die im Vergleich zu anderen Berufen relativ geringe Anzahl der Berufsangehörigen bei Erlass der Wirtschaftsprüferordnung im Jahr 1961 genannt[832].

II. Folgen der Verwirklichung einer Straftat

1. Straftatbegehung vor der Bestellung als Wirtschaftsprüfer

Die Wirtschaftsprüferordnung enthält mehrere obligatorische Versagungsgründe (vgl. § 16 I WPO) und einen fakultativen Versagungsgrund hinsichtlich einer Bestellung (vgl. § 16 II WPO), die einen Bezug zu strafbarem Verhalten besitzen. Zudem wird das Erfordernis des Nachweises der persönlichen und fachlichen Eignung im Zulassungs- und staatlichen Prüfungsverfahren normiert (§ 1 I 2 WPO). Liegen die hier relevanten Tatbestände vor, entfällt die Eignung[833], mithin konkretisieren die Versagungsnormierungen die genannte Vorschrift.

Werden nachträglich Tatsachen bekannt, welche zur Versagung der Bestellung hätten führen müssen, ist deren obligatorische[834] Rücknahme mit Wirkung für die Zukunft vorgesehen (§ 20 I WPO). Diese Regelung bezieht sich damit auf alle zwingenden Versagungsgründe (§ 16 I WPO), nicht aber auf den fakultativen Versagungsgrund (§ 16 II WPO)[835]. Außerdem wird die Rücknahme auf Fälle nachträglicher Tatsachenkenntnis beschränkt. Erfasst werden damit etwa nicht die Sachverhalte, bei denen die relevanten Tatsachen bekannt waren, aber falsch gewürdigt wurden[836]. Teilweise wird angenommen, dass die Rücknahmevorschrift nicht abschließend ist und bei Nichtvorliegen ihrer Tatbestandsvoraussetzungen eine Rücknahmemöglichkeit nach § 48 VwVfG besteht[837]. Dies erscheint im Hinblick auf die zuvor betrachteten Berufsbereiche nicht einleuchtend. Seit der Zuständigkeit der Wirtschaftsprüferkammer für diese Entscheidung erfolgte bisher keine Rücknahme der Berufszulassung[838].

Bestand in der Vergangenheit bereits eine Berufsangehörigkeit, ist die Vorschrift zur Wiederbestellung zu beachten (§ 23 WPO), d.h. bei früherer berufsgerichtlicher Ausschließung aus dem Beruf gilt eine regelmäßige Sperrfrist von acht Jahren (vgl. § 23 I Nr. 2 WPO).

---

832 BT-Drs. III/201, S. 35; Goltz, in: Hense/Ulrich, WPO, § 4 Rn. 23, vgl. auch Rn. 24, 29ff. zu den rechtlich unselbständigen Landesgeschäftsstellen.

833 Vgl. BT-Drs. III/201, S. 38, 46, zu § 10, 28 WPO-E; vgl. näher Uhlmann, in: Hense/Ulrich, WPO, § 16 Rn. 4.

834 Vgl. Uhlmann, in: Hense/Ulrich, WPO, § 20 Rn. 8.

835 Uhlmann, in: Hense/Ulrich, WPO, § 20 Rn. 6.

836 Vgl. Uhlmann, in: Hense/Ulrich, WPO, § 20 Rn. 7.

837 Vgl. näher BT-Drs. 15/1241, S. 34; Uhlmann, in: Hense/Ulrich, WPO, § 20 Rn. 10.

838 Schriftliche Auskunft der Wirtschaftsprüferkammer vom 20.08.2010.

a. Grundrechtsverwirkung

Die Bestellung ist zu versagen, wenn nach der Entscheidung des BVerfG ein Grundrecht verwirkt wurde (§ 16 I Nr. 1 WPO). Voraussetzung hierfür ist der Missbrauch eines der in Art. 18 GG genannten Grundrechte zum Kampf gegen die freiheitliche demokratische Grundordnung. Hier besteht eine Bindung der Wirtschaftsprüferkammer an die Entscheidung des BVerfG[839]. Der Versagungsgrund hängt nur mittelbar mit strafbarem Verhalten zusammen und ist mangels einer entsprechenden Entscheidung noch nie angewendet worden (vgl. 3. Teil A. II. 1. a.).

b. Fehlende Fähigkeit zur Bekleidung öffentlicher Ämter

Ein weiterer obligatorischer Versagungsgrund liegt vor, wenn der Bewerber infolge strafgerichtlicher Verurteilung die Fähigkeit zur Bekleidung öffentlicher Ämter nicht besitzt (§ 16 I Nr. 2 WPO). Der Verlust der Amtsfähigkeit hängt direkt mit der Begehung von Straftaten zusammen; er tritt ein bei einer Verurteilung wegen eines Verbrechens zu einer Freiheitsstrafe von mindestens einem Jahr oder aufgrund besonderer strafgerichtlicher Aberkennung (vgl. 3. Teil A. II. 1. b.).

c. Verhalten, das die Ausschließung rechtfertigt

Außerdem ist die Bestellung zu versagen, wenn sich der Betreffende eines Verhaltens schuldig gemacht hat, das die Ausschließung aus dem Beruf rechtfertigen würde (§ 16 I Nr. 4 WPO). Der Tatbestand bezieht sich damit auf die in einem berufsgerichtlichen Verfahren zu verhängende entsprechende Maßnahme (§ 68 I Nr. 4 WPO), welche die schuldhafte Verletzung von Berufspflichten voraussetzt (§ 67 I WPO). Allerdings richtet er sich auch an Personen, die die Berufszugehörigkeit nie besaßen und folglich spezifische Berufspflichten noch nicht beachten mussten. Die Anwendungsprobleme aufgrund der erforderlichen Fiktion stellten einen Grund dar[840], wieso eine vormals für Rechtsanwälte bestehende identische Regelung[841] aufgegeben wurde[842]. Der genannte Bezug erscheint aber nicht gänzlich unzulässig, da im berufsgerichtlichen Verfahren auch außerberufliches Verhalten bedeutsam werden kann (vgl. 3. Teil A. II. 2. b.).

---

839 Uhlmann, in: Hense/Ulrich, WPO, § 16 Rn. 6.

840 Henssler, in: Henssler/Prütting, BRAO, § 7 BRAO Rn. 34.

841 Vgl. hierzu näher Vogel, Anwaltszulassung, S. 21f.; BGHZ 46, 230 (231f.).

842 Vgl. näher BT-Drs. III/120, S. 57, zu § 19 BRAO-E.

Im Rahmen der Prüfung des Versagungsgrundes ist zu berücksichtigen, dass der Bewerber zum Zeitpunkt des Verhaltens noch kein Wirtschaftsprüfer war[843]. Ansonsten sind die Maßstäbe entscheidend, die nach dem Berufsrecht für diesen gelten[844]. Die Ausschließung aus dem Beruf kommt nur bei schweren Pflichtverletzungen zum Schutz eines überragend wichtigen Gemeinschaftsgutes in Betracht. Erforderlich ist eine Gesamtwürdigung von Tat, Persönlichkeit und Gesamtverhalten. Durch Zeitablauf und Wohlverhalten kann ein Fehlverhalten derart an Bedeutung verlieren, dass es der Berufszulassung nicht mehr entgegensteht, wobei die Angabe eines pauschalen Zeitraums nicht möglich ist. Zurückgegriffen wird auf die Rechtsprechung im Anwaltsrecht zum Unwürdigkeitstatbestand (vgl. 3. Teil A. II. 1. e.) sowie auf die Wertung des § 23 I Nr. 2 WPO, d.h. auf eine regelmäßige Zeitspanne von acht Jahren[845].

d. Mangelnde Fähigkeit zur ordnungsgemäßen Berufsausübung

Weiter wird die Bestellung versagt, wenn der Betreffende aus gesundheitlichen oder anderen Gründen nicht nur vorübergehend nicht in der Lage ist, den Beruf ordnungsgemäß auszuüben (§ 16 I Nr. 5 WPO). Strafbares Verhalten könnte dazu führen, dass der Betreffende aus „anderen Gründen" zur ordnungsgemäßen Berufsausübung nicht in der Lage ist. Schwierigkeiten ergeben sich aber dadurch, dass die sog. anderen Gründe nicht weiter bestimmt werden und auch keine Rückschlüsse aus vergleichbaren Vorschriften anderer betrachteter Berufsgesetze möglich sind, da diese lediglich auf gesundheitliche Gründe abstellen (vgl. § 7 Nr. 7 BRAO, § 40 II 2 Nr. 3 StBerG).

Die Vorschrift ist bisher noch nie angewendet worden[846]. Sie lässt sich wohl als Auffangtatbestand u.a. für Fälle mangelnder Eignung einordnen, die sich nicht unter die anderen speziellen Versagungstatbestände subsumieren lassen[847]. Eingeführt wurde sie erst im Jahr 2007[848], allerdings findet sich in der Gesetzesbegründung keine Erklärung[849]. Denkbar erscheint, dass strafbares Verhalten zur fehlenden Eignung führt. Wegen der Bedeutung der Berufsfreiheit ist aber ein den anderen Versagungsgründen innewohnender schwerwiegender Mangel in der Eignung bzw. eine ebenso schwerwiegende Gefährdung der Interessen von

843 Uhlmann, in: Hense/Ulrich, WPO, § 16 Rn. 13; vgl. bereits BT-Drs. III/201, S. 38, zu § 10 WPO-E.

844 Vgl. BT-Drs. III/201, S. 38, zu § 10 WPO-E.

845 Uhlmann, in: Hense/Ulrich, WPO, § 16 Rn. 14.

846 Schriftliche Auskunft der Wirtschaftsprüferkammer vom 20.08.2010.

847 Differenzierend Uhlmann, in: Hense/Ulrich, WPO, § 16 Rn. 18.

848 Vgl. Uhlmann, in: Hense/Ulrich, WPO, § 16 Rn. 17.

849 BT-Drs. 16/2858, S. 23.

Mandanten und Dritten oder des Vertrauens der Öffentlichkeit in die Integrität des Berufsstandes erforderlich[850].

e. Besorgnis des Nichtgenügens von Berufspflichten

Schließlich kann die Bestellung versagt werden, wenn der Bewerber sich so verhalten hat, dass die Besorgnis begründet ist, er werde den Berufspflichten als Wirtschaftsprüfer nicht genügen (§ 16 II WPO). Ein vergangenes Verhalten, hierunter können auch Straftaten fallen[851] - muss den Schluss zulassen, dass der Betreffende künftig gegen Berufspflichten verstoßen wird. Entscheidend ist, ob durch das Verhalten eine mit dem Berufsrecht unvereinbare Einstellung zum Ausdruck kommt, die die Wiederholungsgefahr von Berufspflichtverfehlungen begründet.

Auch hier ist zu berücksichtigen, dass zum Zeitpunkt des Verhaltens eine Berufszugehörigkeit noch nicht bestand. Zweifelhaft erscheint die Annahme, dass nicht nur ein geklärtes Verhalten, sondern bereits der ernste Verdacht, etwa bei Ermittlungen der Strafverfolgungsbehörden, die genannte Besorgnis begründen können soll[852]. Die Vorschrift bezieht sich auf ein bestimmtes Verhalten, auf das sich die Besorgnis gründet. Zur Ablehnung der Bestellung erscheint daher erforderlich, dass die entscheidende Stelle eine Verhaltensweise als tatsächlich erfolgt feststellt.

Hiermit ist aber noch nicht geklärt, welche Straftaten die entsprechende Besorgnis hinsichtlich zukünftigen Verhaltens auslösen. Verwiesen wird auf die Rechtsprechung zu Steuerberatern, d.h. auf Verurteilungen wegen Wirtschafts- bzw. Vermögensdelikten[853]. Eine Übertragbarkeit mag wegen der teilweisen Überschneidung der Kompetenzen des Wirtschaftsprüfers und des Steuerberaters und einem insoweit vergleichbaren Berufsbild nicht abwegig erscheinen. Allgemein ist das Gesamtbild der Entwicklung und der Persönlichkeit des Bewerbers maßgebend[854].

Seit der Zuständigkeit der Wirtschaftsprüferkammer wurde eine Besorgnis in vier Fällen bejaht[855].

Im Rahmen des Ermessens wird das Berufsausübungsinteresse des Bewerbers mit der Gefährdung von Interessen Dritter sowie mit dem Vertrauen in die

---

850 Vgl. hierzu Uhlmann, in: Hense/Ulrich, WPO, § 16 Rn. 18.

851 Vgl Uhlmann, in: Hense/Ulrich, WPO, § 16 Rn. 9, 31.

852 Vgl. Uhlmann, in: Hense/Ulrich, WPO, § 16 Rn. 31, mit der Folge der Versagung der Bestellung.

853 Uhlmann, in: Hense/Ulrich, WPO, § 16 Rn. 31.

854 BT-Drs. III/201, S. 38, zu § 10 WPO-E.

855 Schriftliche Auskunft der Wirtschaftsprüferkammer vom 20.08.2010.

Integrität des Berufsstandes abgewogen[856]; wesentlich ist die Beachtung des Verhältnismäßigkeitsgrundsatzes[857].

2. Straftatbegehung nach der Bestellung als Wirtschaftsprüfer

a. Beendigung wegen Widerrufs der Bestellung

Durch die Wirtschaftsprüferordnung werden abschließend[858] bestimmte obligatorische[859] Widerrufsgründe normiert (vgl. § 20 II WPO), die teilweise mit den Versagungsvorschriften übereinstimmen. So ist ein Widerruf der Bestellung vorgesehen nach einer bundesverfassungsgerichtlichen Verwirkungsentscheidung (§ 20 II Nr. 7 WPO), nach einem strafgerichtlichen Verlust der Fähigkeit zur Bekleidung öffentlicher Ämter (§ 20 II Nr. 2 WPO) sowie bei fehlender Lage zu ordnungsgemäßer Berufsausübung aufgrund gesundheitlicher oder anderer Gründe (§ 20 II Nr. 3 WPO). Ein Widerruf der Bestellung ist noch nicht erfolgt[860].

Die Versagungsgründe wegen eines Verhaltens, welches die Ausschließung aus dem Beruf rechtfertigen würde (vgl. § 16 I Nr. 4 WPO), und aufgrund der Besorgnis der fehlenden künftigen Erfüllung der Berufspflichten (vgl. § 16 II WPO) besitzen keine Entsprechung in den Widerrufstatbeständen. Allerdings wird gegen einen Wirtschaftsprüfer, der Berufspflichten verletzt, eine berufsgerichtliche Maßnahme verhängt (vgl. § 67 I WPO).

Maßgeblicher Zeitpunkt für die Beurteilung des Vorliegens von Widerrufsgründen ist die Sach- und Rechtslage zum Zeitpunkt der letzten Verwaltungsentscheidung[861]. Insbesondere soll eine abweichende Regelung nicht dem materiellen Recht zu entnehmen sein, da die Wirtschaftsprüferordnung zwischen dem Widerruf (§ 20 WPO) und der Wiederbestellung (§ 23 WPO) unterscheidet. Ein Anspruch auf erneute Bestellung muss somit in einem separaten Verfahren und kann nicht in einem Anfechtungsprozess gegen den Widerruf der Bestellung geltend gemacht werden[862]. Bisher wurde höchstrichterlich nicht entschieden, ob

856 Uhlmann, in: Hense/Ulrich, WPO, § 16 Rn. 32.

857 Uhlmann, in: Hense/Ulrich, WPO, § 16 Rn. 34.

858 Uhlmann, in: Hense/Ulrich, WPO, § 20 Rn. 14.

859 Vgl. Uhlmann, in: Hense/Ulrich, WPO, § 20 Rn. 15.

860 Schriftliche Auskunft der Wirtschaftsprüferkammer vom 20.08.2010.

861 BVerwG, NJW 2005, 3795 (3795f.), wegen der Wiederbestellungsmöglichkeit nach § 23 WPO; vgl. auch OVG Nordrhein-Westfalen, B.v. 20.05.2003 (4 A 1673/02), juris, Rn. 5f.; Bayerischer VGH, B.v. 11.09.1998 (7 ZB 98.1578), juris, Rn. 11; die Berücksichtigung nachfolgender Umstände wie bei einem Rechtsanwalt und Steuerberater sei nicht möglich, vgl. OVG Nordrhein-Westfalen, B.v. 20.05.2003 (4 A 1673/02), juris, Rn. 7ff.

862 BVerwG, NJW 2005, 3795 (3796).

geänderte Umstände berücksichtigt werden können, wenn im Zeitpunkt der Entscheidung ein Anspruch auf erneute Zulassung zweifelsfrei feststeht[863].

b. Beendigung aufgrund berufsgerichtlichen Verfahrens

Auch gegen den Wirtschaftsprüfer können berufsgerichtliche Maßnahmen verhängt werden. Möglich sind eine Geldbuße bis zu 500.000 Euro, das Verbot, auf bestimmten Tätigkeitsgebieten für die Dauer von einem Jahr bis zu fünf Jahren tätig zu werden, ein Berufsverbot von einem bis zu fünf Jahren und schließlich als schwerwiegendste Maßnahme die Ausschließung aus dem Beruf (vgl. § 68 I WPO). Abgesehen von der zum Verlust des Status führenden Ausschließung ist hier das Berufsverbot als längerfristiges umfassendes Berufsausübungsverbot, nicht aber das lediglich zu einer Berufsausübungsbeschränkung führende Tätigkeitsverbot relevant.

Voraussetzung für die Verhängung einer Maßnahme ist, dass der Wirtschaftsprüfer schuldhaft seine Pflichten verletzt (§ 67 I WPO). Berufspflichten finden sich insbesondere in §§ 43ff. WPO[864]; diese werden u.a. durch die als Satzung erlassene Berufsordnung (vgl. § 57 III, IV WPO) konkretisiert[865]. Im Folgenden werden verschiedene Berufspflichten betrachtet, die bei strafbarem Verhalten tangiert sein können.

Ein Verstoß gegen das Verbot der Vertretung widerstreitender Interessen (§ 53 WPO) kann etwa im Hinblick auf den Tatbestand des Parteiverrats (§ 356 StGB)[866] strafrechtlich relevant sein. Auch die Pflichten zur Geheimhaltung (§§ 43 I 1 3. Alt., 64, 66b WPO) sind strafbewehrt (vgl. §§ 203 I Nr. 3, 204 StGB, § 333 HGB, § 133b WPO[867]). Außerdem hat der Wirtschaftsprüfer seine Tätigkeit zu versagen, wenn sie für eine pflichtwidrige Handlung in Anspruch genommen werden soll (§ 49 1. Alt. WPO). Ein Verstoß gegen diese Pflicht kann mit der Beteiligung an einer Straftat - nämlich der pflichtwidrigen Handlung - einhergehen.

Zudem enthält § 43 WPO weitere, generalklauselartige Pflichtentatbestände. Der Wirtschaftsprüfer ist zur Gewissenhaftigkeit verpflichtet (§ 43 I 1 2. Alt. WPO). Hierzu soll auch die Beachtung strafrechtlicher Vorschriften bei der Erfüllung beruflicher Aufgaben gehören[868]. Außerdem muss der Wirtschaftsprüfer

---

863 Offen gelassen durch BVerwG, NJW 2005, 3795 (3796).

864 Vgl. Schnepel, in: Hense/Ulrich, WPO, Vor § 43ff. Rn. 1.

865 Schnepel, in: Hense/Ulrich, WPO, Vor § 43ff. Rn. 2.

866 Richter, in: Hense/Ulrich, WPO, § 53 Rn. 23.

867 Vgl. Keller, in: Hense/Ulrich, WPO, § 43 Rn. 57f.; Volkmann, in: Hense/Ulrich, WPO, § 66b Rn. 14f.

868 Vgl. Keller, in: Hense/Ulrich, WPO, § 43 Rn. 49.

sich der besonderen Pflichten bewusst sein, die ihm aus der Befugnis erwachsen, gesetzlich vorgeschriebene Bestätigungsvermerke zu erteilen (§ 43 II 2 WPO); die Erteilung eines unrichtigen Bestätigungsvermerks ist strafbewehrt (§ 332 HGB).

Aus der Zusammenschau verschiedener Pflichten des § 43 WPO wird die Berufspflicht zur Sachlichkeit abgeleitet, gegen die strafbares Verhalten verstoßen kann[869] (etwa eine Beleidigung[870]).

Schließlich ist der Wirtschaftsprüfer verpflichtet, sich auch außerhalb der Berufstätigkeit des Vertrauens und der Achtung würdig zu erweisen, die der Beruf erfordert (§ 43 II 3 WPO). Diese Pflicht kann durch strafbares Verhalten verletzt werden[871], maßgeblich ist der Einzelfall. Der Wortlaut der Vorschrift legt den Bezug sowohl auf inner- als auch außerberufliches Verhalten nahe („auch"), wobei sich die Frage der Abgrenzung zu der Pflicht zur gewissenhaften Berufsausübung stellen kann[872]. Mit der Norm wird die Pflicht zu korrektem Verhalten gegenüber Dritten ausgedehnt[873].

Allerdings wird die Relevanz außerberuflichen Fehlverhaltens eingeschränkt. Dieses ist nur dann eine berufsgerichtlich zu ahndende Pflichtverletzung, wenn es nach den Umständen des Einzelfalls in besonderem Maße geeignet ist, Achtung und Vertrauen in einer für die Ausübung der Berufstätigkeit oder für das Ansehen des Berufs bedeutsamen Weise zu beeinträchtigen (§ 67 II WPO). Erwartet wird damit nicht eine „in jeder Hinsicht untadelige Lebensführung"; eine Ahndung ist nur bei schwersten, in aller Regel kriminellen Verfehlungen oder bei einem Fehlverhalten, das einen besonderen Bezug zum Aufgabenfeld eines Wirtschaftsprüfers besitzt, möglich[874]. Maßgeblich für die Unterscheidung zwischen beruflichem und außerberuflichem Verhalten ist die materielle, nicht die formelle Berufsbezogenheit[875]. Es genügt ein mittelbarer Zusammenhang zur beruflichen Tätigkeit, nur ein Verhalten ohne jeden Berufsbezug ist dem außerberuflichen Bereich zuzuordnen[876].

---

869 KG Berlin, U.v. 07.02.2001 (1 WiO 4/00), juris, Rn. 80.

870 KG Berlin, U.v. 07.02.2001 (1 WiO 4/00), juris, Rn. 81; vgl. auch Silva-Schmidt, in: Hense/Ulrich, WPO, § 43 Rn. 273.

871 Vgl. etwa LG Berlin, U.v. 14.12.2007 (WiL 4/07), juris, Rn. 40.

872 Vgl. Silva-Schmidt, in: Hense/Ulrich, WPO, § 43 Rn. 269.

873 Vgl. Silva-Schmidt, in: Hense/Ulrich, WPO, § 43 Rn. 264.

874 Vgl. Pickel, in: Hense/Ulrich, WPO, § 67 Rn. 11.

875 KG Berlin, U.v. 07.02.2001 (1 WiO 4/00), juris, Rn. 77.

876 Vgl. Silva-Schmidt, in: Hense/Ulrich, WPO, § 43 Rn. 272.

Strafbares Verhalten kann unter eine Berufspflichtverletzung subsumiert werden, dies muss aber nicht immer der Fall sein[877]. Nicht die strafrechtliche Bewertung ist entscheidend, fraglich ist, ob ein tatsächliches Verhalten unter die Verletzung von Berufspflichten zu subsumieren ist[878].

Weiter ist die Schuldhaftigkeit der Pflichtverletzung erforderlich (vgl. § 67 I WPO), der Betreffende muss vorsätzlich oder fahrlässig gehandelt haben[879].

Abschließend ist zu ermitteln, welche Maßnahme verhängt wird, wobei das gesamte Verhalten einheitlich gewürdigt wird (§ 67 I WPO). Alle Maßnahmen - mit Ausnahme der Geldbuße - greifen in den Kernbereich der Berufsfreiheit ein und sind deswegen nur bei besonders schwerwiegenden Berufspflichtverletzungen möglich, d.h. bei besonders gravierendem objektiven Tatbild oder stark erschwerenden subjektiven Gesichtspunkten[880]. Die Auswahl der Maßnahme - ebenso wie die Dauer des Berufsverbots - muss sich am Verhältnismäßigkeitsgrundsatz ausrichten[881]. Daher ist bei der angestrebten Ausschließung aus dem Beruf immer zu fragen, ob nicht eine mildere Maßnahme genügt. Es werden immer alle zu Gunsten des Täters und zu seinen Lasten zu berücksichtigenden Umstände[882] des Einzelfalls betrachtet; schwerwiegend ist ein Verstoß im Kernbereich[883].

Der Wirtschaftsprüfer wird nur aus dem Beruf ausgeschlossen, „wenn nach Würdigung aller die Tat und seine Persönlichkeit betreffenden Umstände noch im Zeitpunkt der Entscheidung einer Gefährdung der Interessen der Mandanten und einer Minderung des Vertrauens der Allgemeinheit in die Zuverlässigkeit des Berufsstandes entgegengewirkt werden muss“[884], eine Wiederholungsgefahr

---

877 Vgl. zur mangelnden Deckungsgleichheit der Pflicht zur Verschwiegenheit im Berufs- und Strafrecht etwa LG Berlin, B.v. 29.04.2008 (WiL 7/08), juris, Rn. 7; nach einer Entscheidung des LG Berlin (U.v. 14.12.2007 [WiL 4/07], juris, Rn. 40) ist wohl jede Straftat zugleich eine Berufspflichtverletzung.

878 Teilweise erfolgt dies weniger genau, vgl. LG Berlin, U.v. 04.06.2004 (WiL 1/04), juris, Rn. 29.

879 Pickel, in: Hense/Ulrich, WPO, § 67 Rn. 5.

880 Pickel, in: Hense/Ulrich, WPO, § 68 Rn. 10.

881 Vgl. Pickel, in: Hense/Ulrich, WPO, § 68 Rn. 11f.

882 Zu einer Einzelfallbetrachtung vgl. LG Berlin, U.v. 14.12.2007 (WiL 4/07), juris, Rn. 41ff.: Geldbuße; LG Berlin, U.v. 11.04.2008 (WiL 12/07), juris, Rn. 12ff.: Geldbuße; vgl. auch KG Berlin, U.v. 01.12.2004 (1 WiO 3/04), juris, Rn. 14: Tätigkeitsverbot.

883 LG Berlin, WPK-Mitt. 2003, 261 (262); LG Berlin, U.v. 11.04.2008 (WiL 12/07), juris, Rn. 12.

884 KG Berlin, U.v. 01.12.2004 (1 WiO 3/04), juris, Rn. 14; vgl. zu abweichenden Formulierungen auch LG Berlin, U.v. 04.06.2004 (WiL 1/04), juris, Rn. 31; sowie LG Berlin, WPK-Mitt. 2003, 260 (261).

ist aber nicht unbedingt erforderlich[885]. Eine Schematisierung, ob die Ausschließung aus dem Beruf oder ein Berufsverbot verhängt wird, ist nicht möglich[886]. Teilweise wird festgestellt, dass bestimmte Taten regelmäßig eine Ausschließung rechtfertigen, da sie eine erhebliche Eignung zur Vertrauensbeeinträchtigung besitzen, dazu zählt etwa Betrug[887]. Maßgeblich ist trotzdem die Gesamtwürdigung. Eine hier interessierende Maßnahme wurde noch nie verhängt[888].

c. Strafrechtliches Berufsverbot

Bezüglich der möglichen Verhängung eines strafgerichtlichen Berufsverbots (§ 70 I 1 StGB) kann grundsätzlich auf die Ausführungen zum Anwaltsrecht verwiesen werden (vgl. 3. Teil A. II. 2. c.).

III. Entscheidende Stellen

Für die Versagung der Bestellung sowie deren Rücknahme und Widerruf ist die Wirtschaftsprüferkammer zuständig (vgl. §§ 16 III, 21 WPO). An ihre Entscheidung kann sich ein Rechtsstreit anschließen. Die Wirtschaftsprüferordnung enthält keine bestimmte Zuweisung an ein Gericht, daher ist wegen des öffentlich-rechtlichen Charakters der Verwaltungsrechtsweg eröffnet (§ 40 I 1 VwGO). Da sich weder besondere Regelungen zum Instanzenzug, noch zur Besetzung der Spruchkörper finden, gelten die allgemeinen Vorschriften der Verwaltungsgerichtsordnung (vgl. hierzu 2. Teil A. III.).

Die Ausschließung aus dem Beruf ist nur aufgrund gerichtlicher Entscheidung möglich (§ 68 I Nr. 4 WPO). Im berufsgerichtlichen Verfahren entscheidet im ersten Rechtszug eine spezielle Kammer des LG (§ 72 I WPO). Diese ist in der Hauptverhandlung mit dem Vorsitzenden und zwei Wirtschaftsprüfern als Beisitzern besetzt (§ 72 II 2 WPO). Gegen das Urteil ist zulassungsfrei Berufung möglich (§ 105 I WPO). Im zweiten Rechtszug entscheidet ein besonderer Senat des OLG (§ 73 I WPO). In der Hauptverhandlung ist er mit drei Mitgliedern (einschließlich des Vorsitzenden) sowie zwei Wirtschaftsprüfern als Beisitzern besetzt (§ 73 II WPO). Bei Streitigkeiten hinsichtlich der Ausschließung aus dem Beruf ist zulassungsfrei Revision gegen das Urteil möglich (§ 107 I Nr. 1, 2 WPO), ansonsten ist die Zulassung der Revision erforderlich (vgl. § 107 I Nr. 3 WPO). Im dritten Rechtszug entscheidet ein Senat des BGH (§ 74 I 1 WPO) in

885 Vgl. Pickel, in: Hense/Ulrich, WPO, § 68 Rn. 11.

886 Vgl. Pickel, in: Hense/Ulrich, WPO, § 68 Rn. 13.

887 LG Berlin, U.v. 04.06.2004 (WiL 1/04), juris, Rn. 30 (als auch versuchte Strafvereitelung); LG Berlin, WPK-Mitt. 2003, 260 (261).

888 Schriftliche Auskunft der Wirtschaftsprüferkammer vom 20.08.2010.

der Besetzung mit einem Vorsitzenden sowie zwei Mitgliedern des BGH und zwei Wirtschaftsprüfern als Beisitzern (§ 74 II WPO). Der Senat des BGH gilt als Strafsenat (§ 74 I 2 WPO). Damit entscheiden im berufsgerichtlichen Verfahren Spruchkörper der ordentlichen Gerichtsbarkeit. Wegen der Konzentration auf den Sitz der Wirtschaftsprüferkammer sind in den Tatsacheninstanzen das LG Berlin und das KG Berlin zuständig[889].

IV. Verhältnis der Tatbestände

1. Straftatbegehung vor der Bestellung als Wirtschaftsprüfer

Die zwingenden Versagungsvorschriften bezüglich einer Berufszulassung (vgl. § 16 I WPO) stehen nebeneinander. Ein Verhalten kann mehrere tatbestandlich erfüllen; sie können sich überschneiden. Die Wirtschaftsprüferkammer ist an eine straf- bzw. bundesverfassungsgerichtliche Entscheidung nur im Rahmen der Bestimmungen gebunden, die auf eine Grundrechtsverwirkung (Nr. 1) bzw. die fehlende Amtsfähigkeit (Nr. 2) abstellen; über das Vorliegen der anderen Tatbestände entscheidet sie selbständig. Der fakultative Versagungsgrund (§ 16 II WPO) ist indes erst anzuwenden, wenn kein zwingender vorliegt[890].

Stellt sich nach der Berufszulassung heraus, dass zum Zeitpunkt der Bestellung ein obligatorischer Versagungsgrund vorlag, ist diese zu widerrufen.

2. Straftatbegehung nach der Bestellung als Wirtschaftsprüfer

Widerrufsverfahren und berufsgerichtliches Verfahren sind grundsätzlich voneinander unabhängig[891]. Sie sind aber durch ihr Ergebnis dergestalt verknüpft, dass nach einem Widerruf ein berufsgerichtliches Verfahren ebensowenig möglich ist (vgl. § 103 III Nr. 1 WPO) wie ein Widerruf nach rechtskräftiger Ausschließung aus dem Beruf[892], da beide Verfahren an die weiter bestehende Rechtsstellung anknüpfen. Das berufsgerichtliche Verfahren kann ausgesetzt werden, wenn ein Widerrufsverfahren eingeleitet wurde (vgl. § 83b WPO)[893].

Das Straf- und das berufsgerichtliche Verfahren bestehen prinzipiell nebeneinander, da sie verschiedene Ziele besitzen. Die Wirtschaftsprüferordnung enthält allerdings verschiedene Vorschriften zu ihrem Verhältnis und dem der hierauf beruhenden Entscheidungen. Vorgesehen ist - insoweit abweichend zu der

889 Vgl. näher Pickel, in: Hense/Ulrich, WPO, Vor § 67 ff. Rn. 1.
890 Vgl. Uhlmann, in: Hense/Ulrich, WPO, § 16 Rn. 30.
891 Pickel, in: Hense/Ulrich, WPO, Vor § 67 ff. Rn. 9.
892 Vgl. Uhlmann, in: Hense/Ulrich, WPO, § 20 Rn. 135; vgl. auch § 19 I Nr. 3 WPO.
893 Pickel, in: Hense/Ulrich, WPO, § 83b Rn. 4.

Situation für Rechtsanwälte und Steuerberater - eine Aussetzungsmöglichkeit hinsichtlich des berufsgerichtlichen Verfahrens bei bestimmten eingeleiteten Verfahren (vgl. § 83b WPO), worunter auch ein Strafverfahren subsumiert wird[894]. Außerdem ist das Berufsgericht an die tatsächlichen Feststellungen eines strafgerichtlichen Urteils gebunden (vgl. näher § 83 II WPO). Die berufsgerichtliche Ahndung wird bei bereits verhängter Strafe beschränkt (§ 69a S. 1 WPO), wobei sich die Begrenzung nicht auf die beabsichtigte Ausschließung aus dem Beruf bezieht (§ 69a S. 2 WPO). Auch nach einem Freispruch in einem sachgleichen Strafverfahren ist die Erfüllung besonderer Tatbestandsmerkmale für eine weitere berufsgerichtliche Ahndung erforderlich (vgl. § 83 I WPO).

Wegen der divergierenden Zwecke der Verfahren[895] sowie der unterschiedlichen tatbestandlichen Voraussetzungen hindert ein strafgerichtliches Berufsverbot nicht die berufsgerichtliche Ausschließung.

E. Angehörige akademischer Heilberufe

I. Rechtliche Grundlagen

Unter den Oberbegriff der akademischen Heilberufe lassen sich die Berufsgruppen der Ärzte, Zahnärzte, Tierärzte, Psychologischen Psychotherapeuten und Kinder- und Jugendlichenpsychotherapeuten sowie Apotheker fassen[896]. Ihre Zusammenfassung bietet sich an, weil sie im hier interessierenden Bereich im Wesentlichen gleichlautenden Regelungen unterworfen sind und grundsätzlich von einer parallelen Auslegung ausgegangen werden kann[897]; notwendige Differenzierungen erfolgen an den entsprechenden Stellen.

Die betrachteten Berufe unterliegen einer Gemengelage bundes- und landesrechtlicher Vorschriften, die sich aus der Aufteilung der Gesetzgebungszuständigkeiten ergibt[898]. Der Bund besitzt die konkurrierende Gesetzgebungskompetenz für die Zulassung zu ärztlichen und anderen Heilberufen und zum Heilgewerbe (Art. 74 I Nr. 19 GG), weswegen er lediglich Vorschriften bezüglich der

894 Pickel, in: Hense/Ulrich, WPO, § 83b Rn. 4.

895 Engelhardt, in: Hense/Ulrich, WPO, § 69a Rn. 11.

896 Vgl. Quaas, in: Quaas/Zuck, Medizinrecht, § 12 Rn. 1, 12; Schnitzler, Heilberufe, S. 114, vgl. zum Apotheker auch S. 186.

897 Vgl. etwa OVG Nordrhein-Westfalen, MedR 1994, 72 (72), zum Arzt und Zahnarzt.

898 Die fehlende umfassende Bundeskompetenz bezüglich des Arztrechts hat wohl historische Gründe, vgl. Becker, Pflichtverletzungen, S. 62ff.

Zulassung zum Beruf[899], nicht hingegen Berufsausübungsregelungen erlassen darf[900], letzteres ist Sache der Länder[901].

Angehörige der ärztlichen Berufe üben kein Gewerbe, sondern freie Berufe aus (vgl. § 1 II BÄO, § 1 II BTÄO, vgl. auch § 1 IV ZHG: kein Gewerbe); dasselbe gilt für Psychotherapeuten trotz fehlendem gesetzlichen Hinweis[902]. Auch der Apotheker übt einen freien Beruf aus, allerdings ist er auch Kaufmann, d.h. Gewerbetreibender[903]. Nach dem BVerfG überwiegen die Züge als freier Beruf[904]. Für die Ausübung der jeweiligen akademischen Heilberufe ist grundsätzlich die Approbation erforderlich (§ 2 I BÄO, § 1 I 1 ZHG, § 2 I BTÄO, § 1 I 1 PsychThG, § 2 I BApO), diese ist Verwaltungsakt[905].

Die von der Approbation abzugrenzende Erlaubnis (§ 2 II BÄO) kann erteilt werden, wenn die Berufsausbildung im Ausland erfolgte (vgl. näher § 10 BÄO) bzw. wenn die Berufsangehörigkeit in der Vergangenheit bestand, aber dann nach verschiedenen Tatbeständen verloren wurde (§ 8 BÄO). Da sie befristet erteilt wird (§§ 10 II 2, 8 II 1 1. Hs. BÄO) und auch inhaltliche Beschränkungen möglich sind (§§ 10 II 1, 8 II 1 2. Hs. BÄO), gewährt sie nicht den gleichen Status wie eine Approbation und wird daher nicht betrachtet (vgl. zu den anderen Berufsgruppen §§ 1 I 3, 13, 7a ZHG, §§ 2 II, 11, 9a BTÄO, §§ 1 I 2, 4 PsychThG, §§ 2 II, 11 BApO).

Die Berufsangehörigen sind Mitglieder spezifischer Berufskammern, wobei die Kammerbezirke mit den Grenzen der Bundesländer übereinstimmen[906]. Nähere Regelungen finden sich in den landesrechtlichen Heilberufs- bzw. Kammergesetzen (vgl. zur Mitgliedschaft in Hessen § 2 I 1 HessHeilbG). Die Kammern sind Körperschaften des öffentlichen Rechts (§ 1 S. 1 HessHeilbG).

II. Folgen der Verwirklichung einer Straftat

1. Straftatbegehung vor der Approbation

Erfüllt der Antragsteller die gesetzlichen Voraussetzungen, hat er einen Anspruch auf Approbation (vgl. § 3 I 1 BÄO, § 2 I 1 ZHG, § 4 I BTÄO, § 2 I

899 Vgl. BVerfGE 4, 74 (83); 106, 62 (124).
900 BVerfGE 106, 62 (124).
901 Vgl. BVerfGE 33, 125 (154f.); 71, 162 (171f.); 98, 265 (303).
902 Vgl. näher Pulverich, PsychThG, § 1 S. 49f.
903 Vgl. BVerfGE 17, 232 (239); Zuck, in: Herrmann/Backhaus, Freiberufe, S. 1 (11).
904 Vgl. näher BVerfGE 17, 232 (239).
905 Deutsch/Spickhoff, Medizinrecht, Rn. 26.
906 Kluth, in: Kluth, HB des Kammerrechts, B. Rn. 9, zu Ärzten, Nordrhein-Westfalen besitzt zwei Kammerbezirke.

PsychThG, § 4 I 1 BApO). Hier ist lediglich die Voraussetzung wichtig, dass sich der Betreffende nicht eines Verhaltens schuldig gemacht haben darf, aus dem sich seine Unwürdigkeit oder Unzuverlässigkeit zur Ausübung des jeweiligen Berufs ergibt (§ 3 I 1 Nr. 2 BÄO, § 2 I 1 Nr. 2 ZHG, § 4 I Nr. 2 BTÄO, § 2 I Nr. 3 PsychThG, § 4 I 1 Nr. 2 BApO). Dass strafbares Verhalten bedeutsam werden kann, ergibt sich bereits aus der möglichen Aussetzung der Entscheidung über den Antrag auf Erteilung der Approbation bis zur Beendigung eines eingeleiteten Strafverfahrens wegen des Verdachts einer Straftat, aus der sich die Unwürdigkeit oder Unzuverlässigkeit zur Berufsausübung ergeben kann (vgl. § 3 V BÄO, § 2 V ZHG, § 4 V BTÄO, § 2 V PsychThG, § 4 V BApO).

Wurde die Approbation erteilt, obwohl die genannte Voraussetzung nicht vorlag, ist sie mit Wirkung ex tunc[907] zurückzunehmen (vgl. §§ 6 I 1 a), 4 I 1 Nr. 2 BApO) bzw. kann sie zurückgenommen werden (vgl. §§ 5 I 2, 3 I 1 Nr. 2 BÄO, §§ 4 I 2, 2 I 1 Nr. 2 ZHG, §§ 7 I 1, 4 I Nr. 2 BTÄO, §§ 3 I 2, 2 I Nr. 3 PsychThG).

Grundsätzlich wird auch bei der Untersuchung der heilberufsrechtlichen Regelungen zwischen der Straftatbegehung vor bzw. nach der Approbation unterschieden. Rücknahme und Widerruf werden durch die jeweiligen Berufsgesetze abschließend geregelt[908]. Sowohl die relevante Rücknahme- als auch die wesentliche Widerrufsvorschrift nehmen auf die Voraussetzung Bezug, die auf die Unwürdigkeit bzw. Unzuverlässigkeit des Betreffenden abstellt, und damit entweder bei Erteilung der Approbation nicht vorlag bzw. im Nachhinein wegfiel. In den beiden dargestellten Konstellationen ist prinzipiell jeweils von derselben Bedeutung der beiden eigenständigen Begriffe[909] der Unwürdigkeit und Unzuverlässigkeit auszugehen.

Durch die Verweigerung der Approbation ist ebenso wie bei einer Rücknahme bzw. einem Widerruf das Grundrecht der Berufsfreiheit nach Art. 12 GG betroffen, d.h. dessen Bedeutung ist bei der Auslegung der genannten Begriffe zu beachten. Unwürdigkeit wird bejaht, wenn der Betreffende durch das Verhalten nicht mehr das für die Berufsausübung unabdingbar nötige bzw. erforderliche Ansehen und Vertrauen (bei der Bevölkerung bzw. Öffentlichkeit) besitzt[910].

---

907 Hofstetter, Arztrecht, S. 33; Quaas, in: Quaas/Zuck, Medizinrecht, § 12 Rn. 26; nach Jerouschek, in: Jerouschek, PsychThG, § 3 Rn. 4, ist auch eine Rücknahme ex nunc möglich.

908 Hofstetter, Arztrecht, S. 33; vgl. auch VGH Baden-Württemberg, MedR 1994, 158 (160).

909 Vgl. Ulsenheimer, Arztstrafrecht, Rn. 516; VGH Kassel, NJW 1986, 2390 (2391); VG Saarland, B. v. 03.06.2008 (1 L 145/08), juris, Rn. 77.

910 Vgl. hierzu OVG Bremen, NJW 2003, 1887 (1887), zum Zahnarzt; vgl. auch VGH Mannheim, NVwZ 2006, 1202 (1203), zum Apotheker; VG Braunschweig, U.v.

Maßgebend ist eine Gesamtbetrachtung des Charakters und der Persönlichkeit[911], eine Prognose hinsichtlich der weiteren Berufsausübung erfolgt indes nicht[912]. Notwendig ist ein schwerwiegendes Fehlverhalten, welches die weitere Berufsausübung des Betroffenen bei Würdigung aller Umstände untragbar erscheinen lässt[913]. Zur näheren Spezifizierung des Begriffs werden Straftaten genannt, die regelmäßig (nicht) zu Unwürdigkeit führen sollen.

Insbesondere gerichtliche Entscheidungen zu einem Widerruf differenzieren hinsichtlich der Berufsnähe[914] der Straftat. Diese Unterscheidung kann bei der Prüfung der einschlägigen Approbationsvoraussetzung bzw. der Rücknahme der Approbation nur eingeschränkt relevant werden. Besaß der Betreffende noch nie die Berufszugehörigkeit, konnte er etwa keine Straftaten gegenüber Patienten verwirklichen. Denkbar sind allerdings auch Sachverhaltsgestaltungen, in denen bereits ein entsprechender Status bestand, dieser aber verloren wurde und nun wiedererlangt werden soll. Hier kann auch vergangenes innerberufliches Fehlverhalten im Rahmen der Prüfung der Approbationsvoraussetzung wichtig werden. Daher erfolgt diese Differenzierung bereits hier, obwohl sie vorwiegend im Rahmen der Prüfung der Rechtmäßigkeit eines Widerrufs wesentlich wird.

Unwürdigkeit kommt zunächst bei einem Fehlverhalten im Arzt-Patienten-Verhältnis, also dem Kernbereich der ärztlichen Tätigkeit[915], in Betracht, relevant werden können etwa Sexual-[916] oder (vorsätzliche) Körperverletzungsdelikte[917]. Aber auch weiteres berufsbezogenes, d.h. mit der ärztlichen Tätigkeit in nahem Zusammenhang stehendes Fehlverhalten wird überwiegend als bedeutsam[918] angesehen, das Verhalten muss nicht die ordnungsgemäße Behandlung

---

12.09.2007 (1 A 364/06), juris, Rn. 15; VG München, U.v. 30.09.2008 (M 16 K 08.741), juris, Rn. 9; VG Neustadt, U.v. 21.11.2005 (4 K 1157/05.NW), juris, Rn. 16; Ries/Schnieder/Althaus/Großbölting/Voß, Zahnarztrecht, S. 65.

911 VG Braunschweig, U.v. 12.09.2007 (1 A 364/06), juris, Rn. 16.

912 BVerwG, NJW 1993, 806 (806); VGH Mannheim, NJW 2003, 3647 (3649); VG München, U.v. 30.09.2008 (M 16 K 08.741), juris, Rn. 9; VG Neustadt, U.v. 21.11.2005 (4 K 1157/05.NW), juris, Rn. 16; VG Saarland, B.v. 03.06.2008 (1 L 145/08), juris, Rn. 80; Braun/Gründel, MedR 2001, 396 (397).

913 Vgl. VGH Mannheim, NJW 2003, 3647 (3648); OVG Bremen, NJW 2003, 1887 (1887), zum Zahnarzt; VG Neustadt, U.v. 21.11.2005 (4 K 1157/05.NW), juris, Rn. 16.

914 Vgl. hierzu auch Braun/Gründel, MedR 2001, 396 (398f.).

915 OVG Nordrhein-Westfalen, B.v. 31.08.2006 (13 A 1190/05), juris, Rn. 10.

916 Vgl. hierzu OVG Bremen, NJW 2003, 1887 (1887), zum Zahnarzt; Jerouschek, in: Jerouschek, PsychThG, § 2 Rn. 5; Ries/Schnieder/Althaus/Großbölting/Voß, Zahnarztrecht, S. 65.

917 Quaas, in: Quaas/Zuck, Medizinrecht, § 12 Rn. 26.

918 VGH Mannheim, NVwZ 2006, 1202 (1203), zum Apotheker; OVG Münster, NJW 2003, 1888 (1888), zum Zahnarzt; OVG Nordrhein-Westfalen, NWVBl. 2003, 233

des Patienten betreffen[919]. Teilweise wurde die Berücksichtigung von Falschabrechnungen gegenüber Krankenkassen abgelehnt[920]; dies erscheint wegen der Betroffenheit von Berufspflichten auch in diesen Fällen[921] nicht überzeugend. Schließlich sind die Fälle außerberuflichen Fehlverhaltens umstritten. Während überwiegend vertreten wird, dass auch nicht berufsbezogene Straftaten zu Unwürdigkeit führen können[922], falls eine Neigung zu strafbarem Verhalten[923] oder eine besonders schwer wiegende Straftat[924] vorliegen, wird dies von anderen abgelehnt[925]. Für die Relevanz auch privater Verfehlungen spricht, dass lediglich außerberufliches Verhalten im Rahmen einer erstmaligen Approbation bedeutsam werden kann[926], und vor allem, dass das zur Unwürdigkeit führende Verhalten gesetzlich nicht weiter definiert wird.

---

(234); OVG Nordrhein-Westfalen, B. v. 31.08.2006 (13 A 1190/05), juris, Rn. 10; vgl. auch VGH Mannheim, NJW 2003, 3647 (3648).

919 Vgl. hierzu Narr, Ärztliches Berufsrecht, Rn. 79; vgl. auch BVerwG, NVwZ-RR 1996, 477 (477).

920 Vgl. hierzu VGH Mannheim, MedR 1983, 36 (38), zum Zahnarzt; zur Bejahung von Unwürdigkeit in Fällen des Abrechnungsbetrugs fordern Braun/Gründel, MedR 2001, 396 (399); Bonvie, MedR 2002, 338 (339); Quaas, in: Quaas/Zuck, Medizinrecht, § 12 Rn. 26 (allgemein zum Entzug), eine Beeinträchtigung der ärztlichen Heilbehandlung selbst.

921 BVerwG, MedR 1992, 51 (52); vgl. zum Berufsbezug OVG Nordrhein-Westfalen, MedR 1994, 72 (73), zum Zahnarzt; VG München, U.v. 30.09.2008 (M 16 K 08.741), juris, Rn. 9; für eine Berücksichtigung im Rahmen der Unwürdigkeit auch Becker, Pflichtverletzungen, S. 27ff.

922 VGH Mannheim, NVwZ 2006, 1202 (1203), zum Apotheker; VGH Kassel, NJW 1986, 2390 (2391); OVG Münster, NJW 2003, 1888 (1888), zum Zahnarzt; VG Freiburg, U.v. 22.05.2007 (1 K 1634/06), juris, Rn. 21; OVG Nordrhein-Westfalen, NWVBl. 2003, 233 (234); Laufs, in: Laufs/Kern, HB des Arztrechts, § 14 Rn. 27; vgl. auch BVerwG, NVwZ-RR 1996, 477 (477).

923 OVG Nordrhein-Westfalen, MedR 1994, 72 (73), zum Zahnarzt; VG Braunschweig, U.v. 12.09.2007 (1 A 364/06), juris, Rn. 17; vgl. auch Quaas, in: Quaas/Zuck, Medizinrecht, § 12 Rn. 26.

924 OVG Nordrhein-Westfalen, MedR 1994, 72 (73), zum Zahnarzt; VGH Mannheim, NVwZ 2006, 1202 (1203), zum Apotheker, stellt auf den besonderen Berufsbezug des Verhaltens ab; vgl. auch OVG Nordrhein-Westfalen, B.v. 31.08.2006 (13 A 1190/05), juris, Rn. 10; vgl. auch VG Freiburg, U.v. 22.05.2007 (1 K 1634/06), juris, Rn. 21: Schwere und spezifische Prägung; VG Neustadt, U.v. 21.11.2005 (4 K 1157/05.NW), juris, Rn. 17; vgl. auch VGH Mannheim, NJW 2003, 3647 (3648).

925 Vgl. Hofstetter, Arztrecht, S. 35f., zum Widerruf; differenzierend Braun/Gründel, MedR 2001, 396 (398ff.).

926 Vgl. OVG Koblenz, NJW 1990, 1553 (1553), zur Unzuverlässigkeit; VG Braunschweig, U.v. 12.09.2007 (1 A 364/06), juris, Rn. 17.

Abgesehen von dieser Differenzierung werden Spezifizierungen dergestalt vorgenommen, dass Verbrechen in der Regel[927] - wegen ihres objektiven Unrechtsgehalts[928] -, Fahrlässigkeitstaten hingegen nicht unbedingt[929] die Unwürdigkeit des Betreffenden auslösen.

Trotzdem sind immer die Umstände des Einzelfalls entscheidend, ob ein bestimmtes Verhalten zur Unwürdigkeit führt. Eine solche Prüfung erfolgt auch durch die Gerichte[930].

Weiter soll Unzuverlässigkeit vorliegen, wenn Tatsachen die Annahme rechtfertigen, dass der Betreffende in Zukunft die berufsspezifischen Vorschriften und Pflichten nicht beachten wird[931], er also nicht eine entsprechende Gewähr[932] bietet. Damit erfolgt eine Prognose[933], die eine hinreichende Wahrscheinlichkeit hinsichtlich des zukünftigen Verhaltens erfordert[934]. Gewürdigt werden die gesamte Persönlichkeit und die Lebensumstände[935]; dazu zählt auch der Charakter[936], der vor allem durch Art, Schwere und Zahl der Verstöße gegen Berufspflichten manifest geworden ist[937]. Letzteres bezieht sich allerdings nur auf die Konstellation, dass bereits eine Berufszugehörigkeit in der Vergangen-

927 Vgl. BVerwGE 31, 307 (314), zur Bestallung.

928 VGH Kassel, NJW 1986, 2390 (2391), zur Bestallung.

929 Vgl. näher Braun/Gründel, MedR 2001, 396 (399).

930 Vgl. etwa VG München, U.v. 30.09.2008 (M 16 K 08.741), juris, Rn. 11ff.; VG Braunschweig, U.v. 12.09.2007 (1 A 364/06), juris, Rn. 18ff.

931 OVG Bremen, NJW 2003, 1887 (1887), zum Zahnarzt; Braun/Gründel, MedR 2001, 396 (396f.).

932 Ulsenheimer, Arztstrafrecht, Rn. 516; BVerwG, NJW 2003, 913 (914), zum Apotheker.

933 OVG Bremen, NJW 2003, 1887 (1887), zum Zahnarzt; Quaas, in: Quaas/Zuck, Medizinrecht, § 12 Rn. 26; Pulverich, PsychThG, § 2 S. 60; Braun/Gründel, MedR 2001, 396 (396); BVerwG, NJW 2003, 913 (914), zum Apotheker.

934 VG Stuttgart, U.v. 21.09.2006 (4 K 2576/06), juris, Rn. 20; vgl. näher OVG Koblenz, NJW 1990, 1553 (1553).

935 BVerwG, NJW 1998, 2756 (2758); OVG Münster, NJW 2003, 1888 (1888), zum Zahnarzt; vgl. auch Braun/Gründel, MedR 2001, 396 (397), bezogen auf die Gesamtpersönlichkeit.

936 BVerwG, NJW 1998, 2756 (2758); VG Braunschweig, U.v. 12.09.2007 (1 A 364/06), juris, Rn. 33.

937 BVerwG, NJW 1998, 2756 (2758); OVG Münster, NJW 2003, 1888 (1888), zum Zahnarzt; VG Saarland, B.v. 03.06.2008 (1 L 145/08), juris, Rn. 86; VG Stuttgart, U.v. 21.09.2006 (4 K 2576/06), juris, Rn. 20; vgl. auch BVerwG, NJW 2003, 913 (914), zum Apotheker.

heit bestand. Es werden zahlreiche Konkretisierungsversuche, etwa bezüglich der Berufsnähe, unternommen[938], entscheidend bleibt der Einzelfall.

Bei der Unwürdigkeit und Unzuverlässigkeit handelt es sich um unbestimmte Rechtsbegriffe, die in vollem Umfang gerichtlich überprüfbar sind[939]. Wegen ihrer Unabhängigkeit kann ein bestimmtes Verhalten zur Unwürdigkeit führen, nicht aber zur Unzuverlässigkeit, ebenso ist der umgekehrte Fall möglich[940]. Wesentliche Aspekte sind indes identisch. Der maßgebliche Unterschied besteht in der Ausrichtung der Unzuverlässigkeit auf ein zukünftiges Verhalten. Tatsächlich ist es nicht möglich, alle Sachverhalte darzustellen, die die persönliche Unwürdigkeit oder Unzuverlässigkeit zur Folge haben[941].

Strafbares Verhalten lässt sich unter die Begriffe subsumieren, wobei es nicht auf eine Verurteilung, sondern auf das dieser zugrunde liegende Verhalten ankommt[942], welches zu Unwürdigkeit bzw. Unzuverlässigkeit führen muss[943]. Fraglich ist, ob der Verdacht eines strafbaren Verhaltens genügt, manche sehen etwa ein Ermittlungsverfahren als ausreichend an[944]. Dagegen könnte aber angenommen werden, dass sogar eine strafgerichtliche Feststellung des Verhaltens erforderlich ist, denn zum einen kann die Entscheidung über den Antrag auf Erteilung der Approbation ausgesetzt (§ 3 V BÄO, § 2 V ZHG, § 4 V BTÄO, § 2 V PsychThG, § 4 V BApO), zum anderen das Ruhen der Approbation angeordnet werden (§ 6 I Nr. 1 BÄO, § 5 I Nr. 1 ZHG, § 8 I Nr. 1 BTÄO, § 3 III 1 Nr. 1 PsychThG, § 8 I Nr. 1 BApO), wenn ein Strafverfahren wegen des Verdachts einer Straftat eingeleitet ist, aus der sich die Unwürdigkeit bzw. Unzuverlässigkeit des Betreffenden zur Berufsausübung ergeben kann. Höchstrichterlich wurde aber etwa eine Pflicht zum Zuwarten mit dem Widerruf bis zum Abschluss des Strafverfahrens abgelehnt; da die Möglichkeit bestehe, dass das Strafverfahren einen marginalen Vorwurf betreffe, sonstige Umstände aber den Widerruf rechtfertigten, bestehe kein solcher Vorrang[945]. Da die Approbationsvoraussetzungen und Rücknahmevorschriften auf ein zugrunde liegendes Verhalten ab-

---

938 Vgl. OVG Münster, NJW 2003, 1888 (1888), zum Zahnarzt; VG Saarland, B.v. 03.06.2008 (1 L 145/08), juris, Rn. 75; VG Braunschweig, U.v. 12.09.2007 (1 A 364/06), juris, Rn. 34; BVerwG, NVwZ-RR 1996, 477 (477).

939 Narr, Ärztliches Berufsrecht, Rn. 44; Jerouschek, in: Jerouschek, PsychThG, § 2 Rn. 3; auch Pulverich, PsychThG, § 2 S. 61.

940 Vgl. dazu BVerwG, NJW 1993, 806 (806); kritisch Weskott, Berufsaufsicht, S. 72f.

941 Pulverich, PsychThG, § 2 S. 59.

942 Vgl. OVG Nordrhein-Westfalen, B.v. 31.08.2006 (13 A 1190/05), juris, Rn. 6.

943 BVerwG, NJW 1991, 1557 (1557); VG Würzburg, U.v. 08.12.2003 (W 8 K 03.1031), juris, Rn. 20, zum Tierarzt.

944 Vgl. Plagemann/Niggehoff, VertragsarztR, Rn. 632; a.A. Hofstetter, Arztrecht, S. 34, beide zum Widerruf.

945 Vgl. BVerwG, NVwZ-RR 1994, 388 (389).

stellen, ist eine entsprechende Feststellung erforderlich; diese kann aber durch die Approbationsbehörde erfolgen.

Trotz eines Fehlverhaltens bleibt der Betreffende nicht zeitlebens unwürdig bzw. unzuverlässig[946]. Gleichwohl existieren keine starren Regelungen[947], eine Verallgemeinerung ist nicht möglich[948]; entscheidend sind die Umstände des Einzelfalls[949]. Längstens kann eine strafgerichtliche Verurteilung bis zum Ablauf der gesetzlichen Tilgungsfrist berücksichtigt werden[950] (vgl. §§ 51 I, 52 I Nr. 4 BZRG), eine ausschließliche Orientierung hieran wird aber als wohl fehlerhaft angesehen[951]. Teilweise wird auf die Notwendigkeit eines längeren Reifeprozesses[952] zur „Kompensation der manifest gewordenen charakterlichen Mängel“[953] verwiesen; erforderlich sei eine Bewährungszeit außerhalb des Berufs[954]. Auch in diesem Zusammenhang ist die Bedeutung des Grundrechts der Berufsfreiheit zu berücksichtigen, wobei eine Abwägung zwischen dem Interesse an der beruflichen und sozialen Wiedereingliederung des Betreffenden und dem Vertrauens- und Ansehensschutz der Ärzteschaft in der Bevölkerung erfolgt[955].

Die Betrachtung stützt sich vor allem auf Gerichtsentscheidungen und Literatur zu den Regelungen für (Zahn-)Ärzte und Psychotherapeuten. Im Allgemeinen lassen sich die Ausführungen unproblematisch auf Tierärzte und Apotheker übertragen. Für diese findet sich kaum Literatur und gleichermaßen wenig veröffentlichte Rechtsprechung. Bezogen auf den Tierarzt werden etwa Verstöße gegen das Arzneimittelgesetz[956], hinsichtlich des Apothekers Fälle des Abrechnungsbetrugs[957] und Verstöße gegen das Betäubungsmittelgesetz[958] thematisiert.

946 BVerwG, NVwZ-RR 1996, 477 (478).

947 VG Stuttgart, U.v. 21.09.2006 (4 K 2576/06), juris, Rn. 20, 24.

948 BVerwG, B.v. 16.07.1996 (3 B 44/96), juris, Rn. 3, zur Unzuverlässigkeit

949 BVerwG, B.v. 16.07.1996 (3 B 44/96), juris, Rn. 4, zur Unzuverlässigkeit; vgl. auch Ulsenheimer, Arztstrafrecht, Rn. 518e, zur Unwürdigkeit.

950 Ulsenheimer, Arztstrafrecht, Rn. 518e.

951 Vgl. hierzu VG Frankfurt a.M., MedR 2004, 695 (697), wegen der Verhältnismäßigkeit.

952 VG Stuttgart, U.v. 21.09.2006 (4 K 2576/06), juris, Rn. 20, zur Unzuverlässigkeit.

953 VG Freiburg, U.v. 22.05.2007 (1 K 1634/06), juris, Rn. 24, zur Unwürdigkeit.

954 VG Freiburg, U.v. 22.05.2007 (1 K 1634/06), juris, Rn. 22, zur Unwürdigkeit.

955 Braun/Gründel, MedR 2001, 396 (400), zur Unwürdigkeit, vgl. den Verweis auf die Rechtslage für Rechtsanwälte (401).

956 VG Würzburg, U.v. 08.12.2003 (W 8 K 03.1031), juris; VG München, U.v. 16.09.2003 (M 16 K 01.4618); juris; VG Regensburg, U.v. 10.05.1999 (RN 5 K 99.357), juris.

957 BVerwG, B.v. 23.10.2007 (3 B 23/07), juris; BVerwG, NJW 2003, 913ff.; BayVGH, B.v. 11.07.2006 (21 ZB 06.709), juris; VG Würzburg, U.v. 08.05.2006 (W 7 K 05.928), juris; VG Würzburg, U.v. 19.01.2004 (W 8 K 03.235), juris.

Ob die Angehörigen dieser Berufsgruppen tatsächlich seltener straffällig werden, kann nicht festgestellt werden. Allerdings haben sie geringeren bzw. weniger intensiven Kontakt zum menschlichen Patienten in Praxisräumlichkeiten, sei es zum einen aufgrund der Behandlung tierischer Patienten, die sich nur mittelbar auf den Menschen auswirken kann, sei es zum anderen wegen der Abgabe von Arzneimitteln in der Apotheke.

Zur Beurteilung der Rechtmäßigkeit einer Rücknahme der Approbation stellt die Rechtsprechung auf die Sach- und Rechtslage im Zeitpunkt des Abschlusses des Verwaltungsverfahrens ab[959].

Die Berufsgesetze sehen überwiegend eine Kann-Regelung hinsichtlich der Rücknahme wegen Unwürdigkeit bzw. Unzuverlässigkeit vor. Dies deutet auf ein bestehendes Ermessen hin[960]. Liegt ein entsprechender Sachverhalt aber tatsächlich vor, ist die Rücknahme gerechtfertigt, ohne dass eine Auseinandersetzung mit weiteren individuellen Umständen erforderlich ist[961].

2. Straftatbegehung nach der Approbation

a. Beendigung wegen Widerrufs der Approbation

Macht sich der Berufsangehörige nach der Approbation eines Verhaltens schuldig, aus dem sich die Unwürdigkeit oder Unzuverlässigkeit zur Ausübung des jeweiligen Berufs ergibt, d.h. fällt die entsprechende Approbationsvoraussetzung nachträglich weg, ist die Approbation ex nunc[962] zu widerrufen (§§ 5 II 1, 3 I 1 Nr. 2 BÄO, §§ 4 II 1, 2 I 1 Nr. 2 ZHG, §§ 6 II, 4 I Nr. 2 BTÄO, §§ 3 II 1, 2 I Nr. 3 PsychThG, §§ 6 II, 4 I 1 Nr. 2 BApO), wobei der Widerruf keiner Widerrufsfrist unterliegen soll[963].

---

958 BVerwG, B.v. 04.08.1993 (3 B 5/93), juris; OVG Hamburg, U.v. 29.09.1992 (Bf VI 14/92), juris; vgl. zu weiteren Delikten VG Ansbach, B.v. 11.01.2001 (AN 4 S 00.00693), juris; VGH Mannheim, NVwZ 2006, 1202f.; BayVGH, B.v. 11.11.2002 (21 B 00.2785), juris.

959 OVG Bremen, NJW 2003, 1887 (1887), zum Zahnarzt; vgl. auch Deutsch/Spickhoff, Medizinrecht, Rn. 27.

960 Hofstetter, Arztrecht, S. 33; Pulverich, PsychThG, § 3 S. 67; vgl. näher auch Jerouschek, in: Jerouschek, PsychThG, § 3 Rn. 5; sowie Narr, Ärztliches Berufsrecht, Rn. 73; sowie Haage, in: Rieger/Dahm/Steinhilper, Stichwort: Approbation, Rn. 30.

961 Vgl. hinsichtlich des Eingriffs in die Berufsfreiheit Haage, in: Rieger/Dahm/Steinhilper, Stichwort: Approbation, Rn. 30.

962 Narr, Ärztliches Berufsrecht, Rn. 77; Pulverich, PsychThG, § 3 S. 67.

963 BVerwG, NJW 1998, 2756 (2757); VGH Baden-Württemberg, MedR 1994, 158 (161); VG Saarland, B.v. 03.06.2008 (1 L 145/08), juris, Rn. 105; Plagemann/Niggehoff, VertragsarztR, Rn. 633.

Ein Widerruf lässt sich nicht allein auf die Begehung von Straftaten stützen, erforderlich ist, dass diese zur persönlichen Unwürdigkeit oder[964] Unzuverlässigkeit führen[965]. Insoweit kann auf die Ausführungen zur Straftatbegehung vor der Approbation verwiesen werden (3. Teil E. II. 1.), wobei hier insbesondere die Differenzierung hinsichtlich der Berufsnähe des Verhaltens relevant werden kann.

Maßgeblicher Zeitpunkt für die Beurteilung der Unwürdigkeit und Unzuverlässigkeit ist derjenige der letzten Verwaltungsentscheidung[966], später eintretende Umstände können im Rahmen des Antrags auf Wiedererteilung der Approbation berücksichtigt werden[967] (vgl. § 8 BÄO). Eine parallele Regelung zur Wiedererteilung der Approbation findet sich für Zahn- und Tierärzte (§ 7a ZHG, § 9a BTÄO), während sowohl das Psychotherapeutengesetz als auch die Bundes-Apothekerordnung keine entsprechenden Vorschriften enthalten. Die Möglichkeit einer Wiedererteilung muss auch für diese Berufsgruppen bestehen[968]. Da sich die sonstigen Normierungen weitgehend entsprechen, erscheint ein abweichender Beurteilungszeitpunkt bezüglich des Widerrufs der Approbation eines Apothekers[969] bzw. Psychotherapeuten nicht überzeugend.

Der Widerruf der Approbation ist obligatorisch[970]. Trotzdem wird teilweise besonders auf die Beachtung des Verhältnismäßigkeitsgrundsatzes hingewiesen[971]. Liegt Unwürdigkeit oder Unzuverlässigkeit vor, ist der Eingriff in Art. 12

---

964 Häufig wird beides geprüft vgl. etwa OVG Rheinland-Pfalz, U.v. 20.09.2005 (6 A 10556/05), juris, Rn. 28, 39, 42; VG Stuttgart, U.v. 21.09.2006 (4 K 2576/06), juris, Rn. 20, 22; nur ein Merkmal wird geprüft durch OVG Koblenz, NJW 1990, 1553 (1553); VG München, U.v. 30.09.2008 (M 16 K 08.741), juris, Rn. 16.

965 BVerwG, NJW 1991, 1557 (1557).

966 BVerwG, NJW 1999, 3425 (3426); OVG Münster, NJW 2003, 1888 (1888), zum Zahnarzt; vgl. auch VG Saarland, B.v. 03.06.2008 (1 L 145/08), juris, Rn. 72.

967 Vgl. näher BVerwG, B.v. 25.02.2008 (3 B 85/07), juris, Rn. 16.

968 Vgl. VGH Mannheim, NVwZ 2006, 1202 (1202), zum Apotheker.

969 Auch für den Widerruf der Approbation eines Apothekers ist die Sach- und Rechtslage zum Zeitpunkt des Abschlusses des Widerrufsverfahrens maßgeblich, vgl. BVerwG, NVwZ-RR 1994, 388 (389).

970 Vgl. den Wortlaut der Regelungen sowie BVerwG, B.v. 23.07.1996 (3 PKH 4/96), juris, Rn. 3; OVG Bremen, NJW 2003, 1887 (1888), zum Zahnarzt; VG Freiburg, U.v. 22.05.2007 (1 K 1634/06), juris, Rn. 22; Jerouschek, in: Jerouschek, PsychThG, § 3 Rn. 6; Hofstetter, Arztrecht, S. 33.

971 OVG Münster, NJW 2003, 1888 (1889), zum Zahnarzt; VG Würzburg, U.v. 08.12.2003 (W 8 K 03.1031), juris, Rn. 19, zum Tierarzt; Ulsenheimer, Arztstrafrecht, Rn. 518; vgl. auch Braun/Gründel, MedR 2001, 396 (398, 400).

I GG gerechtfertigt[972], dem Verhältnismäßigkeitsprinzip wird durch die hohen Anforderungen an ihre Feststellung sowie durch die Möglichkeit der Wiedererteilung der Approbation und der Erteilung einer Erlaubnis (vgl. 3. Teil E. I.) Rechnung getragen[973].

b. Beendigung aufgrund berufsgerichtlichen Verfahrens?

Alle betrachteten Berufsangehörigen unterliegen einer Berufsgerichtsbarkeit, die durch die landesrechtlichen[974] Kammer- bzw. Heilberufsgesetze geregelt wird. Gegenstand und Voraussetzung für die Einleitung eines berufsgerichtlichen Verfahrens ist - die Normierungen unterscheiden sich hier im Detail - die schuldhafte[975] Verletzung von Berufspflichten (vgl. für Hessen § 49 I 1 HessHeilbG).

Auch die berufsgerichtlichen Maßnahmen können variieren, in Hessen sind Warnung, Verweis, zeitweilige Entziehung des Wahlrechts (zu der Delegiertenversammlung, § 14 I 1 HessHeilbG), Geldbuße bis zu fünfzigtausend Euro und die Feststellung, dass der Betreffende unwürdig ist, den Beruf auszuüben, möglich (§ 50 I HessHeilbG). In jedem Fall können als Maßnahmen weder die Entziehung noch das Ruhen der Approbation vorgesehen werden, dies gilt auch für ein Berufsausübungsverbot[976]. Grund hierfür ist, dass es sich dabei um Berufszulassungsregelungen handelt, für die eine Zuständigkeit des Bundes besteht. Wegen dieser kompetenzrechtlichen Lage werden verfassungsrechtliche Bedenken bereits gegen die teilweise landesrechtlich vorgesehene Sanktion der Feststellung der Berufsunwürdigkeit geäußert[977] oder diese sogar als mittelbare Regelung der Berufswahl als nichtig angesehen[978]. Da die zuständige Stelle bei einer Entscheidung über die Approbation nicht an die genannte Feststellung gebunden ist (vgl. hierzu 3. Teil E. V. 2. a.), erscheint die Nichtigkeitsfolge nicht überzeugend. Anderes könnte nur gelten, wenn eine faktische Bindung bestünde, für die aber keine ausreichenden Anhaltspunkte vorliegen. Praktisch spielt die Unwürdigkeitsfeststellung in Hessen keine Rolle[979].

---

972 OVG Nordrhein-Westfalen, B.v. 31.08.2006 (13 A 1190/05), juris, Rn. 13, aber auch hier erfolgt der Hinweis auf den Grundsatz der Verhältnismäßigkeit.

973 BVerwG, NJW 1999, 3425 (3426).

974 Vgl. zur Gesetzgebungskompetenz der Länder BVerfGE 4, 74 (83ff.); 17, 287 (292f.); Zuck, in: Quaas/Zuck, Medizinrecht, § 2 Rn. 28.

975 Vgl. ausführlich Weskott, Berufsaufsicht, S. 64ff.

976 Vgl. Ulsenheimer, Arztstrafrecht, Rn. 513.

977 Ulsenheimer, Arztstrafrecht, Rn. 512; eine Änderung der entsprechenden Kammergesetze wird bereits empfohlen in der BT-Drs. III/2810, S. 2.

978 Vgl. Walter, Berufsgerichtsbarkeit, S. 116f.; vgl. auch Hofstetter, Arztrecht, S. 165.

979 Vgl. die schriftlichen Auskünfte der Landesärztekammer Hessen vom 31.08.2010: keine Verhängung in den letzten zehn Jahren, der Landeszahnärztekammer Hessen vom

Die Berufspflichten sollen sich aus den allgemeinen Rechtsvorschriften[980], den landesrechtlichen Heilberufs- und Kammergesetzen sowie den darauf gestützten Berufsordnungen[981] ergeben (vgl. für Hessen die Generalklausel des § 22 HessHeilbG sowie die weiteren Pflichten nach §§ 23ff. HessHeilbG). Eine Straftat kann einen Verstoß gegen Berufspflichten darstellen[982], für einen solchen ist strafbares Verhalten aber nicht erforderlich[983]. Verstöße werden hier nicht betrachtet, da berufsgerichtlich keine für diese Untersuchung relevante Maßnahme verhängt werden kann.

c. *Strafrechtliches Berufsverbot*

Außerdem kann gegen Angehörige der akademischen Heilberufe ein strafgerichtliches Berufsverbot verhängt werden (vgl. § 70 I 1 StGB). Dieses führt zwar nicht zu einem Verlust der Approbation[984], aber zu einer längerfristigen Berufsverhinderung. Bezüglich der Voraussetzungen sowie der Folgen kann auf die Ausführungen zum Anwaltsrecht verwiesen werden (vgl. 3. Teil A. II. 2. c.); erforderlich ist immer der Bezug zum ausgeübten Heilberuf. In den Datenbanken finden sich wenige Gerichtsentscheidungen, es wurden aber durchaus Berufsverbote verhängt[985].

20.08.2010: keine Verhängung in den letzten zehn Jahren, der Landestierärztekammer Hessen vom 19.08.2010: keine Einleitung eines berufsgerichtlichen Verfahrens in den letzten fünfzehn Jahren, der Landeskammer für psychologische Psychotherapeutinnen und -therapeuten und Kinder- und Jugendlichenpsychotherapeutinnen und -therapeuten Hessen vom 20.08.2010: keine Verhängung bisher; keine Auskunft wollte lediglich die Landesapothekerkammer Hessen erteilen.

980 Laufs, in: Laufs/Kern, HB des Arztrechts, § 14 Rn. 14; Quaas, in: Quaas/Zuck, Medizinrecht, § 12 Rn. 50; vgl. hierzu auch Frehse/Weimer, in: Rieger/Dahm/Steinhilper, Arztrecht, Stichwort: Berufsgerichtsbarkeit der Ärzte, Rn. 29f.

981 Quaas, in: Quaas/Zuck, Medizinrecht, § 12 Rn. 50.

982 Vgl. hierzu Landesberufsgericht für Heilberufe beim Hessischen VGH, MedR 1995, 250ff.; Quaas, in: Quaas/Zuck, Medizinrecht, § 12 Rn. 52, 62ff.; Lippert, in: Ratzel/Lippert, MBO, § 7 Rn. 58, § 8 Rn. 39, § 9 Rn. 76, § 12 Rn. 5, § 25 Rn. 28, 43, § 26 Rn. 13.

983 Vgl. Ulsenheimer, Arztstrafrecht, Rn. 513.

984 Ulsenheimer, Arztstrafrecht, Rn. 511b; vgl. auch Rieger/Kiesecker, in: Rieger/Dahm/Steinhilper, Stichwort: Berufsverbot, Rn. 4.

985 Vgl. zu diesem Bereich BGH, B.v. 16.01.2003 (3 StR 454/02), juris; BGH, B.v. 20.04.1983 (2 StR 175/83), juris; BGH, U.v. 20.01.2004 (1 StR 319/03), juris (Rn. 24f.); vgl. auch OLG Frankfurt a.M., NStZ-RR 2001, 16 (17); BGH, B.v. 05.08.2009 (5 StR 248/09), juris, zum Apotheker.

III. Vertragsarztrecht

1. Rechtliche Grundlagen

Die meisten Ärzte, seit 1998 auch Psychotherapeuten[986], sowie Zahnärzte sind als Leistungserbringer in das System der gesetzlichen Krankenversicherung eingebunden[987]. Grundsätzlich ist hierfür die Zulassung erforderlich (§ 95 II 1 SGB V)[988]. Durch diesen Verwaltungsakt[989] wird der Betreffende Mitglied der jeweiligen Kassenärztlichen Vereinigung und ist zur Teilnahme an der vertragsärztlichen Versorgung berechtigt und verpflichtet (§ 95 III 1 SGB V), d.h. er ist zur Behandlung eines gesetzlich Krankenversicherten im Wege der Sachleistung ermächtigt und kann dafür eine Vergütung beanspruchen[990].

Zwar ist die Stellung als Vertragsarzt kein eigener Beruf[991], der Status ist aber deswegen überaus bedeutsam, weil der Großteil der Gesamtbevölkerung der Bundesrepublik Deutschland, fast 90%, gesetzlich krankenversichert[992] und damit ohne die Zulassung eine wirtschaftliche Führung einer Praxis kaum möglich ist[993]. Der Status als Arzt wird damit gewissermaßen durch den als Vertragsarzt überlagert. Daher erscheint die Betrachtung der hierfür geltenden Regelungen sinnvoll.

2. Folgen der Verwirklichung einer Straftat

a. Straftatbegehung vor der Zulassung

Für die Zulassung ist zunächst die Bewerbung und die Eintragung in ein Arztregister erforderlich (§ 95 II 1 SGB V). Auf letztere hat der Betroffene ebenso wie

---

986 Wenner, VertragsarztR, § 1 Rn. 15.

987 Im Folgenden wird auf den Vertragsarzt und die Kassenärztliche Vereinigung abgestellt, die Ausführungen gelten aber grundsätzlich auch für den Vertragszahnarzt und die Kassenzahnärztliche Vereinigung.

988 Die weitere Mitwirkungsmöglichkeit der Ermächtigung (vgl. § 95 IV SGB V) wird hier nicht betrachtet, diese ist regelmäßig in verschiedener Hinsicht beschränkt, vgl. hierzu Becker/Kingreen-Joussen, SGB V, § 95 Rn. 7f.

989 Becker/Kingreen-Joussen, SGB V, § 95 Rn. 3; Großbölting/Jaklin, NZS 2002, 525 (525).

990 Becker/Kingreen-Joussen, SGB V, § 95 Rn. 5.

991 Vgl. noch zum Kassen(zahn)arzt BVerfGE 11, 30 (41); 12, 144 (147); 16, 286 (298); a.A. Heidelmann, Disziplinarrecht, S. 124: eigenständiges Berufsbild.

992 Vgl. Kruse, in: LPK-SGB V, Einleitung Rn. 2: 88% der Gesamtbevölkerung nach dem Ergebnis des Mikrozensus im Jahr 1995.

993 Vgl. insgesamt BVerfGE 11, 30 (43f.); 12, 144 (148); 16, 286 (297); Ries/Schnieder/Althaus/Großbölting/Voß, Zahnarztrecht, S. 95; Großbölting/Jaklin, NZS 2002, 525 (525); Hofstetter, Arztrecht, S. 52.

auf die Zulassung bei Erfüllung der gesetzlichen Voraussetzungen einen Anspruch[994]. Für die Eintragung ist sowohl für Ärzte und Psychotherapeuten (vgl. § 95a I Nr. 1 i.V.m. § 3 II a) Ärzte-ZV und § 95c S. 1 Nr. 1 SGB V) als auch für Zahnärzte (vgl. 3 II a) Zahnärzte-ZV) deren Approbation erforderlich. Liegt diese nicht vor, ist damit die Zulassung als Vertragsarzt nicht möglich. Die über die Eintragung[995] bzw. die Zulassung[996] entscheidenden Stellen sind an eine vorliegende Approbation bis zu deren Widerruf[997] gebunden.

Weiter wird vor der Zulassung des Betreffenden geprüft, ob dieser für die Ausübung der vertragsärztlichen Tätigkeit ungeeignet ist. Zu bejahen ist die Ungeeignetheit bei geistigen oder sonstigen in der Person liegenden schwerwiegenden Mängeln, insbesondere bei bestehender Rauschgift- oder Trunksucht innerhalb der letzten fünf Jahre vor Antragstellung (§ 21 Ärzte-/ Zahnärzte-ZV). Der genannte Mangel muss den Antragsteller zur Ausübung der Vertragsarztpraxis unter Abwägung mit den gefährdeten Patientenrechtsgütern Leib und Leben als nicht tragbar erscheinen lassen[998]; er muss so beschaffen sein, dass er die Funktionsfähigkeit des Systems der vertragsärztlichen Versorgung gefährden kann[999]. Erforderlich ist eine Prognose hinsichtlich zukünftigen Verhaltens[1000]. Da die Mängel an die Person des Arztes anknüpfen, sollen unter die „sonstigen" Mängel auch schwere charakterliche fallen[1001].

Eine nähere Spezifizierung ist schwierig, abgesehen von den durch die Vorschrift genannten Regelfällen werden zahlreiche weitere Einzelumstände angeführt, darunter auch die Neigung zu Straftaten sowie die Verletzung (vertrags-) ärztlicher Pflichten[1002]. Zwar können auch Straftaten zur Ungeeignetheit führen, erforderlich ist aber, dass diese im Zusammenhang mit der Ausübung der (vertrags-)ärztlichen Tätigkeit stehen bzw. auf eine Gefährdung von Patienten oder

994 Wenner, VertragsarztR, § 16 Rn. 1.

995 Wenner, VertragsarztR, § 16 Rn. 5; vgl. auch Pawlita, in: juris-PK, SGB V, § 95 Rn. 49; BSG, U.v. 31.08.2005 (B 6 KA 68/04 R), juris, Rn. 11; BSG, U.v. 05.02.2003 (B 6 KA 42/02 R), juris, Rn. 20.

996 BSG, U.v. 05.02.2003 (B 6 KA 42/02 R), juris, Rn. 20; vgl. auch Pawlita, in: juris-PK, SGB V, § 95 Rn. 49; Wenner, VertragsarztR, § 15 Rn. 3.

997 Wenner, VertragsarztR, § 15 Rn. 3; bzw. bis zu ihrer Rücknahme, vgl. näher BSG, U.v. 05.02.2003 (B 6 KA 42/02 R), juris, Rn. 23; Wenner, VertragsarztR, § 16 Rn. 5; vgl. auch Meschke, in: Bäune/Meschke/Rothfuß, Ärzte-/Zahnärzte-ZV, § 3 Rn. 9.

998 Hesral, in: Ehlers, Disziplinarrecht und Zulassungsentziehung, Rn. 489.

999 BSGE 53, 291 (292), zum Kassenarzt; Jacobs, Entziehung der Zulassung, S. 33.

1000 Vgl. näher Pawlita, in: juris-PK, SGB V, § 95 Rn. 280f.

1001 Hesral, in: Ehlers, Disziplinarrecht und Zulassungsentziehung, Rn. 489.

1002 Vgl. näher Schallen, Zulassungsverordnung, § 21 Rn. 2; vgl. auch LSG Baden-Württemberg, U.v. 10.12.1997 (L 5 Ka 1277/97), juris, Rn. 37.

des Systems der vertragsärztlichen Versorgung schließen lassen[1003]. Indes sind solche Umstände regelmäßig bereits im Rahmen der Entscheidung über die Approbation zu berücksichtigen. Hinsichtlich der Feststellung der Ungeeignetheit wird ein Beurteilungsspielraum der Zulassungsgremien abgelehnt[1004].

Immer ist nach einem Fehlverhalten in der Vergangenheit zu prüfen, ob die Ungeeignetheit noch fortbesteht. Bei Wohlverhalten innerhalb eines gewissen Bewährungszeitraums trifft dies nicht mehr zu. Die erforderliche Zeitspanne kann nicht pauschal festgestellt werden, sie hängt von den Umständen des Einzelfalls ab[1005]. Genannt wird teilweise eine regelmäßige Obergrenze von fünf Jahren[1006]; durch die Orientierung am zeitlichen Rahmen der Regelfälle erscheint sie nicht abwegig. Häufig wird schon eine kürzere Bewährungszeit genügen[1007].

Wird der Betreffende trotz Nichtvorliegens der Voraussetzungen als Vertragsarzt zugelassen, kann die Zulassung entzogen werden (vgl. § 95 VI 1 1. Alt. SGB V).

b. Straftatbegehung nach der Zulassung

aa. Entziehung der Zulassung

Aufgrund eines strafbaren Verhaltens kommt eine Entziehung der Zulassung in Betracht. Die Zulassung ist[1008] zu entziehen, wenn ihre Voraussetzungen nicht mehr vorliegen (§ 95 VI 1 1. Alt. SGB V). Fällt die Approbation weg, wird der

---

1003 Vgl. Schallen, Zulassungsverordnung, § 21 Rn. 6, z.B. Sexualstraftaten, Gewalt- oder Vermögensdelikte; Bäune, in: Bäune/Meschke/Rothfuß, Ärzte-/Zahnärzte-ZV, § 21 Rn. 12.

1004 Vgl. BSG, U.v. 29.10.1986 (6 RKa 32/86), juris, Rn. 17; Krauskopf/Clemens, in: Laufs/Kern, HB des Arztrechts, § 29 Rn. 129; Bäune, in: Bäune/Meschke/Rothfuß, Ärzte-/Zahnärzte-ZV, § 21 Rn. 2; Pawlita, in: juris-PK, SGB V, § 95 Rn. 280.

1005 Wesentlich sind die Schwere des Verstoßes und das Verhalten des Arztes nach der Entziehung der Zulassung, vgl. Jacobs, Entziehung der Zulassung, S. 102; Bäune, in: Bäune/Meschke/Rothfuß, Ärzte-/Zahnärzte-ZV, § 21 Rn. 20; BSG, U.v. 29.10.1986 (6 RKa 32/86), juris, Rn. 18; LSG Baden-Württemberg, U.v. 10.12.1997 (L 5 Ka 1277/97), juris, Rn. 45; vgl. zu der Abwägung im Einzelfall LSG Baden-Württemberg, B.v. 17.03.1998 (L 5 KA 313/98 ER-B), juris, Rn. 59ff.

1006 BSG, U.v. 29.10.1986 (6 RKa 32/86), juris, Rn. 18; LSG Baden-Württemberg, B.v. 17.03.1998 (L 5 KA 313/98 ER-B), juris, Rn. 59; LSG Baden-Württemberg, U.v. 10.12.1997 (L 5 Ka 1277/97), juris, Rn. 45; vgl. auch Jacobs, Entziehung der Zulassung, S. 102; Bäune, in: Bäune/Meschke/Rothfuß, Ärzte-/Zahnärzte-ZV, § 21 Rn. 21.

1007 BSG, U.v. 29.10.1986 (6 RKa 32/86), juris, Rn. 18; LSG Baden-Württemberg, U.v. 10.12.1997 (L 5 Ka 1277/97), juris, Rn. 45; Bäune, in: Bäune/Meschke/Rothfuß, Ärzte-/Zahnärzte-ZV, § 21 Rn. 21.

1008 Vgl. Becker/Kingreen-Joussen, SGB V, § 95 Rn. 10.

Berufsangehörige im Arztregister gestrichen (vgl. §§ 7 c), 3 II a) Ärzte-/ Zahnärzte-ZV). Dann liegt eine erforderliche Voraussetzung für die Zulassung nicht mehr vor und diese muss entzogen werden[1009]. Zwar ist ein ausdrücklicher Entzug dergestalt nicht notwendig, dass die Wirkung der Zulassung bei einem Verlust der Approbation entfällt[1010], denn dann wird die weitere ärztliche Tätigkeit insgesamt verhindert[1011], für einen besonderen Entziehungsakt spricht aber der Wortlaut der Vorschrift (vgl. § 95 VI 1 SGB V).

Weiter werden unter die Zulassungsentziehung wegen nicht mehr vorliegender Voraussetzungen die Fälle subsumiert, in denen sich aus bestimmten Umständen nachträglich eine Ungeeignetheit des Arztes ergibt (§ 21 Ärzte-/ Zahnärzte-ZV)[1012]; dies sei meist bei Umständen der Fall, die bereits zur Rücknahme bzw. zum Widerruf der Approbation geführt haben[1013].

Schließlich ist die Zulassung zur vertragsärztlichen Versorgung zu entziehen, wenn der Vertragsarzt seine vertragsärztlichen Pflichten gröblich verletzt (§ 95 VI 1 3. Alt. SGB V, zu den Pflichten vgl. 3. Teil E. III. 2. b. bb.). Erforderlich ist eine gröbliche Pflichtverletzung, wobei es sich um einen gerichtlich voll überprüfbaren unbestimmten Rechtsbegriff handelt[1014]. Nach aktueller Rechtsprechung des BSG ist für die Zulassungsentziehung allein die Erfüllung dieses Tatbestandsmerkmals erforderlich[1015]. Eine Pflichtverletzung ist gröblich, wenn ihretwegen die Entziehung zur Sicherung der vertragsärztlichen Versorgung notwendig ist[1016]; nachfolgende Entscheidungen stellen darauf ab, dass hiervon auszugehen ist, wenn das Vertrauensverhältnis zu den vertragsärztlichen Institutionen so gestört ist, dass ihnen eine weitere Zusammenarbeit mit dem Betreffenden nicht zugemutet werden kann[1017].

1009 Vgl. Schallen, Zulassungsverordnung, § 27 Rn. 7; Jacobs, Entziehung der Zulassung, S. 89; Pawlita, in: juris-PK, SGB V, § 95 Rn. 49.

1010 Vgl. hierzu Wenner, VertragsarztR, § 15 Rn. 4.

1011 Vgl. Schallen, Zulassungsverordnung, § 27 Rn. 8.

1012 Vgl. BSGE 28, 80 (81), zu § 368a VI RVO a.F.; Jacobs, Entziehung der Zulassung, S. 109; Schallen, Zulassungsverordnung, § 27 Rn. 8; Steinhilper, in: Ehlers, Disziplinarrecht und Zulassungsentziehung, Rn. 735; Pawlita, in: juris-PK, SGB V, § 95 Rn. 475.

1013 Vgl. Schallen, Zulassungsverordnung, § 27 Rn. 8.

1014 Jacobs, Entziehung der Zulassung, S. 113; Meschke, in: Bäune/Meschke/Rothfuß, Ärzte-/Zahnärzte-ZV, § 27 Rn. 21; vgl. auch Krauskopf/Clemens, in: Laufs/Kern, HB des Arztrechts, § 29 Rn. 129.

1015 BSGE 66, 6 (7).

1016 BSGE 66, 6 (8), zum Kassenarzt; vgl. auch BSG, U.v. 20.10.2004 (B 6 KA 67/03 R), juris, Rn. 17; BSG, B.v. 19.07.2006 (B 6 KA 1/06 R), juris, Rn. 13.

1017 Vgl. BSGE 73, 234 (237); BSG, U.v. 20.10.2004 (B 6 KA 67/03 R), juris, Rn. 17; BSG, B.v. 19.07.2006 (B 6 KA 1/06 R), juris, Rn. 13.

Früher nannte das BSG als eigenes Tatbestandsmerkmal die Ungeeignetheit zur Teilnahme an der kassenärztlichen Versorgung, wobei diese von einer derartigen Störung des Vertrauensverhältnisses mit der Folge der Unzumutbarkeit bzw. Unmöglichkeit der weiteren Zusammenarbeit abhängen sollte[1018]. Teilweise wird in der Literatur weiter auf die fehlende Eignung verwiesen[1019]. Selbst die Entscheidung des BSG, in der das Erfordernis weiterer Tatbestandsmerkmale für die Zulassungsentziehung abgelehnt wurde, gibt zu, dass bei Vorliegen der Kriterien der fehlenden Eignung und der Unzumutbarkeit der weiteren Zusammenarbeit die Entziehung notwendig ist, um das vertragsärztliche System zu schützen[1020]. Daher verwundert es nicht, dass sich nachfolgende Entscheidungen auch auf diese Kriterien beziehen[1021].

Entsprechendes gilt für die Prüfung, ob der Betreffende auf andere Weise zur ordnungsgemäßen Erfüllung seiner Pflichten angehalten werden kann. Hierbei handelt es sich nicht um ein eigenes Tatbestandsmerkmal, es wird aber gewissermaßen inzident von der Prüfung einer gröblichen Pflichtverletzung umfasst[1022].

Nicht möglich ist eine abschließende Auflistung der gröblichen Verletzung vertragsärztlicher Pflichten[1023]. Bei gleichzeitig strafbarem Verhalten - ein solches ist aber nicht erforderlich[1024] - ist etwa an Fälle von Falschabrechnungen zu denken[1025]. Entscheidend ist der Einzelfall[1026]. Auf ein Verschulden kommt es nicht an[1027].

Maßgeblicher Beurteilungszeitpunkt für die Rechtmäßigkeit der Zulassungsentziehung ist grundsätzlich die Sach- und Rechtslage im Zeitpunkt der

---

1018 Vgl. BSGE 34, 252 (253f.); 60, 76 (76f.); siehe auch BVerfGE 69, 233 (244), zu § 368a VI RVO.

1019 Ries/Schneider/Althaus/Großbölting/Voß, Zahnarztrecht, S. 97; Plagemann/Niggehoff, VertragsarztR, Rn. 585, unter Nichtbeachtung der schon damals geltenden Rechtsprechung.

1020 BSGE 66, 6 (8).

1021 Vgl. BSGE 73, 234 (237); BSG, B.v. 19.07.2006 (B 6 KA 1/06 R), juris, Rn. 13, 16.

1022 Vgl. hierzu BSGE 66, 6 (8, 11); siehe auch BSGE 73, 234 (237f., 242).

1023 Vgl. näher dazu Jacobs, Entziehung der Zulassung, S. 105ff.

1024 Ries/Schneider/Althaus/Großbölting/Voß, Zahnarztrecht, S. 98; vgl. auch Großbölting/Jaklin, NZS 2002, 525 (528).

1025 BSGE 73, 234 (237); BSG, B.v. 19.07.2006 (B 6 KA 1/06 R), juris, Rn. 13; vgl. hierzu auch Schallen, Zulassungsverordnung, § 27 Rn. 29ff.; Wenner, VertragsarztR, § 31 Rn. 4.

1026 Vgl. Großbölting/Jaklin, NZS 2002, 525 (528).

1027 BSG, U.v. 20.10.2004 (B 6 KA 67/03 R), juris, Rn. 17; vgl. bereits BSGE 34, 252 (253); 60, 76 (77), beide zu § 368a VI RVO; Schallen, Zulassungsverordnung, § 27 Rn. 19; Becker, Pflichtverletzungen, S. 210.

letzten Verwaltungsentscheidung; dies gilt sowohl für vollzogene als auch für nicht vollzogene Entscheidungen[1028]. Bei nicht vollzogener Zulassungsentziehung sind aufgrund der Bedeutung des Art. 12 I GG aber günstige Änderungen, die den Entzug nicht mehr als angemessen erscheinen lassen, bis zur letzten Tatsachenverhandlung zu beachten[1029]. Daher kann auch Wohlverhalten berücksichtigt werden, dieses besitzt aber weniger Gewicht als das vorangegangene Fehlverhalten[1030]; entscheidend ist die Abwägung im Einzelfall[1031].

bb. Verlust der Zulassung durch eine Disziplinarmaßnahme?

Die Mitglieder der Kassenärztlichen Vereinigungen unterliegen deren Disziplinargewalt[1032], wobei die Disziplinarsatzungen als mögliche Maßnahmen Verwarnung, Verweis, Geldbuße und Anordnung des Ruhens der Zulassung oder der vertragsärztlichen Beteiligung für maximal zwei Jahre vorsehen (vgl. die abschließende Auflistung[1033] durch § 81 V SGB V sowie § 4 DO KÄV Hessen). Durch ein Disziplinarverfahren kann damit nicht der Status als Vertragsarzt verloren gehen. Allerdings hat die Ruhensanordnung zur Folge, dass der Betreffende nicht vertragsärztlich - weiter allerdings privatärztlich - tätig sein darf[1034]; sie wirkt damit als zeitlich befristete Zulassungsentziehung.

Voraussetzung für die Verhängung einer Disziplinarmaßnahme ist die Verletzung vertragsärztlicher Pflichten, welche sich aus §§ 72ff. SGB V, dem Satzungsrecht der Kassenärztlichen Vereinigungen und weiteren Regelungen ergeben können[1035] (vgl. auch § 1 I DO KÄV Hessen). Erforderlich ist die Verletzung einer spezifisch vertragsärztlichen Pflicht[1036], genannt werden etwa Verstöße gegen das Wirtschaftlichkeitsgebot oder die Pflicht zur sachlichen Koope-

---

1028 BSG, U.v. 20.10.2004 (B 6 KA 67/03 R), juris, Rn. 21.

1029 Vgl. BSG, B.v. 19.07.2006 (B 6 KA 1/06 R), juris, Rn. 16; BSG, U.v. 20.10.2004 (B 6 KA 67/03 R), juris, Rn. 22; Fortführung von BSGE 73, 234 (236).

1030 BSG, U.v. 20.10.2004 (B 6 KA 67/03 R), juris, Rn. 22, 31.

1031 Vgl. hierzu BSG, U.v. 20.10.2004 (B 6 KA 67/03 R), juris, Rn. 31; vgl. auch BSG, B.v. 19.07.2006 (B 6 KA 1/06 R), juris, Rn. 18.

1032 Näher Schroeder-Printzen, in: Schnapp/Wigge, HB des Vertragsarztrechts, § 18 Rn. 5.

1033 Vgl. BSG, U.v. 08.03.2000 (B 6 KA 62/98 R), juris, Rn. 21; Plagemann/Niggehoff, VertragsarztR, Rn. 600; Auktor, in: LPK-SGB V, § 81 Rn. 18.

1034 Ries/Schnieder/Althaus/Großbölting/Voß, Zahnarztrecht, S. 93; Zuck, in: Quaas/Zuck, Medizinrecht, § 23 Rn. 31.

1035 Vgl. näher Ries/Schnieder/Althaus/Großbölting/Voß, Zahnarztrecht, S. 87f.; vgl. auch Schroeder-Printzen, in: Schnapp/Wigge, HB des Vertragsarztrechts, § 18 Rn. 8.

1036 Hesral, in: Ehlers, Disziplinarrecht und Zulassungsentziehung, Rn. 54.

ration mit den Kostenträgern, die rechtswidrige Verweigerung der Behandlung oder Abrechnungsfehler[1037].

Überaus umstritten ist die Reichweite des vertragsärztlichen Pflichtenbereichs[1038].

Grundsätzlich kann der Verstoß gegen berufsrechtliche Pflichten bzw. eine Straftat nur relevant sein, wenn gleichzeitig vertragsärztliche Pflichten verletzt werden[1039]. Das BSG steckt deren Umfang weit durch die Pflicht, bei der Ausübung der vertragsärztlichen Tätigkeit keinerlei Gesetzesverstöße zu begehen[1040]. In Abgrenzung dazu vertreten andere eine enge Auslegung[1041].

Fraglich ist weiter, ob auch ein Verhalten außerhalb der vertragsärztlichen Tätigkeit zu berücksichtigen ist. Während manche davon ausgehen, dass ein solches kein Disziplinarverfahren auslösen kann[1042], differenzieren andere danach, ob die Art der Tat den Schluss rechtfertigt, der Arzt werde sich im vertragsärztlichen System vergleichbar verhalten[1043]. Diese Problematik stellt sich im Übrigen auch im Rahmen der Entziehung der Zulassung wegen der gröblichen Verletzung vertragsärztlicher Pflichten[1044].

Insgesamt erscheint die Ausweitung vertragsärztlicher Pflichten bezogen auf Gesetzesverstöße zum einen wegen der wesentlichen Pflichtenerweiterung bedenklich, zum anderen wegen anderweitiger Sanktionsmöglichkeiten nicht erforderlich[1045]. Notwendig ist immer die Subsumtion des Verhaltens unter den Verstoß gegen spezifisch vertragsärztliche Pflichten, wobei Überschneidungen mit berufs- und/oder strafrechtlichen Pflichten möglich sind.

Schließlich ist ein schuldhaftes Handeln erforderlich[1046].

1037 Vgl. Auktor, in: LPK-SGB V, § 81 Rn. 17; Hesral, in: Ehlers, Disziplinarrecht und Zulassungsentziehung, Rn. 69ff.

1038 Hesral, in: Ehlers, Disziplinarrecht und Zulassungsentziehung, Rn. 54.

1039 v. Strachwitz-Helmstatt, in: Ehlers, Disziplinarrecht und Zulassungsentziehung, Rn. 803.

1040 BSG, B.v. 25.09.1997 (6 BKa 54/96), juris, Rn. 5.

1041 Vgl. näher Hartmannsgruber, in: Ratzel/Luxenburger, HB Medizinrecht, § 7 Rn. 979; vgl. auch Heidelmann, Disziplinarrecht, S. 92f.

1042 Ries/Schnieder/Althaus/Großbölting/Voß, Zahnarztrecht, S. 88; vgl. auch Hartmannsgruber, in: Ratzel/Luxenburger, HB Medizinrecht, § 7 Rn. 978, 982; Schroeder-Printzen, in: Schnapp/Wigge, HB des Vertragsarztrechts, § 18 Rn. 8.

1043 Zuck, in: Quaas/Zuck, Medizinrecht, § 23 Rn. 10.

1044 Vgl. etwa Jacobs, Entziehung der Zulassung, S. 103f.; zu einer engen Auslegung vgl. nur Meschke, in: Bäune/Meschke/Rothfuß, Ärzte-/Zahnärzte-ZV, § 27 Rn. 11.

1045 Vgl. Schröder-Printzen, in: Schnapp/Wigge, HB des Vertragsarztrechts, § 18 Rn. 8.

1046 Vgl. näher Ries/Schnieder/Althaus/Großbölting/Voß, Zahnarztrecht, S. 88; Wenner, VertragsarztR, § 30 Rn. 9; Plagemann/Niggehoff, VertragsarztR, Rn. 602.

Nach dem Grundsatz der Einheit der Pflichtverletzung wird über mehrere Verfehlungen gleichzeitig entschieden und eine Disziplinarmaßnahme verhängt (§ 5 III DO KÄV Hessen). Die möglichen Maßnahmen stehen in einem Stufenverhältnis, das sich an der Schwere der Verfehlung orientiert (vgl. § 81 V 2 SGB V, § 5 I 1 DO KÄV Hessen). Hinsichtlich ihrer Verhängung besteht Ermessen[1047], wobei alle Umstände des Falles, das gesamte Verhalten, die Persönlichkeit sowie die Beweggründe des Betreffenden[1048] (vgl. § 5 I 2 DO KÄV Hessen) zu berücksichtigen und der Verhältnismäßigkeitsgrundsatz zu beachten sind[1049].

Ein Ruhen der Zulassung kommt nur bei einer schwerwiegenden Pflichtverletzung in Betracht, was vor allem bejaht wird, wenn gewichtige Interessen des Patienten vorwerfbar ignoriert werden, etwa bei Falschabrechnungen oder wenn Wiederholungsgefahr besteht[1050]. Schwierig zu bestimmen ist die Grenze zur Zulassungsentziehung[1051]. Liegt eine schwere Störung des Vertrauensverhältnisses vor, erscheint aber zur Sicherung der vertragsärztlichen Versorgung eine Ruhensanordnung noch ausreichend, wird diese verhängt[1052].

IV. Entscheidende Stellen

Sowohl die Approbation als auch ihre Rücknahme und ihr Widerruf erfolgen durch eine Behörde (vgl. § 12 I 1, IV 1 BÄO, § 16 I 1, II 2 ZHG, § 13 I, II 2 BTÄO, § 10 I 1, II 1 PsychThG, § 12 I 1, IV 1 BApO). An diese Entscheidung kann sich ein Rechtsstreit anschließen. Da keine bestimmte gerichtliche Zuweisung durch die Berufsgesetze erfolgt, ist aufgrund des öffentlich-rechtlichen Charakters der Streitigkeit der Verwaltungsrechtsweg eröffnet (§ 40 I 1 VwGO). Auch Instanzenzug und Besetzung der Spruchkörper werden nicht besonders geregelt, so dass die allgemeinen Vorschriften der Verwaltungsgerichtsordnung gelten.

Die Berufsgerichtsbarkeit ist länderspezifisch verschieden organisiert[1053]. In Hessen ist sie der Verwaltungsgerichtsbarkeit angegliedert, wobei ein zweistufiger Instanzenzug unter Mitwirkung ehrenamtlicher Richter aus der Berufsgruppe des Beschuldigten vorgesehen ist (vgl. näher §§ 51ff. HessHeilbG). Da keine für

1047 Wenner, VertragsarztR, § 30 Rn. 14; Becker, Pflichtverletzungen, S. 200; BSG, U.v. 08.03.2000 (B 6 KA 62/98 R), juris, Rn. 29.

1048 Ries/Schnieder/Althaus/Großbölting/Voß, Zahnarztrecht, S. 92.

1049 Plagemann/Niggehoff, VertragsarztR, Rn. 622; Auktor, in: LPK-SGB V, § 81 Rn. 18.

1050 Ries/Schnieder/Althaus/Großbölting/Voß, Zahnarztrecht, S. 93; vgl. auch Hesral, in: Ehlers, Disziplinarrecht und Zulassungsentziehung, Rn. 210.

1051 Steinhilper, in: Ehlers, Disziplinarrecht und Zulassungsentziehung, Rn. 727.

1052 Vgl. Hesral, in: Ehlers, Disziplinarrecht und Zulassungsentziehung, Rn. 210.

1053 Vgl. Hofstetter, Arztrecht, S. 164; Narr, Ärztliches Berufsrecht, B77.

die Untersuchung relevante Maßnahme verhängt werden kann, wird sie nicht weiter betrachtet.

Zuständig für Zulassungssachen ist der jeweilige Zulassungsausschuss (vgl. § 96 I SGB V, §§ 19 I, 27 S. 1 Ärzte-/ Zahnärzte-ZV). Gegen seine Entscheidung kann der Berufungsausschuss angerufen werden (§§ 96 IV 1, 97 I 1 SGB V). Diese Ausschüsse sind mit Vertretern der Ärzte und der Krankenkassen besetzt (vgl. näher §§ 96 II, 97 II SGB V, §§ 34 I, 35 I Ärzte-/ Zahnärzte-ZV). Die Ausübung der Disziplinargewalt wurde von den Kassenärztlichen Vereinigungen regelmäßig auf eigene Disziplinarausschüsse übertragen, deren Zusammensetzung unterschiedlich geregelt ist[1054]. In Hessen besteht er aus einem Vorsitzenden oder einem Vertreter mit der Befähigung zum Richteramt und zwei weiteren Mitgliedern oder ihren Stellvertretern als Beisitzern (§ 2 II DO KÄV Hessen).

Sowohl die Entscheidungen des Berufungs- als auch des Disziplinarausschusses werden durch die Sozialgerichtsbarkeit überprüft (§ 51 I Nr. 2 SGG, vgl. § 17 DO KÄV Hessen). Vorgesehen ist ein dreistufiger Rechtszug. Erste Instanz ist das Sozialgericht, wobei für Streitigkeiten des Vertragsarztrechts eigene Kammern gebildet werden (§ 10 II SGG). Die Kammern des Sozialgerichts entscheiden in der Besetzung mit einem Vorsitzenden und zwei ehrenamtlichen Richtern (§ 12 I 1 SGG). Die Gruppenzugehörigkeit der ehrenamtlichen Richter variiert, je nachdem um welche konkrete Angelegenheit es sich handelt (vgl. näher § 12 III 1 SGG [hierunter werden Zulassungsangelegenheiten gefasst] und § 12 III 2 SGG [hierunter werden Angelegenheiten des Disziplinarrechts gefasst])[1055]. Gegen ein Urteil ist die Berufung zum LSG möglich (§§ 29 I, 143 SGG), Revisionsinstanz ist das BSG (§ 39 I SGG), es bestehen jeweils Regelungen zur Zulassung des Rechtsmittels (vgl. §§ 144, 160 SGG). Auch beim LSG und BSG werden für Angelegenheiten des Vertragsarztrechts eigene Senate gebildet (§§ 31 II, 40 S. 2 SGG). Die jeweiligen Spruchkörper entscheiden in der Besetzung mit drei Berufsrichtern und zwei ehrenamtlichen Richtern (§§ 33 S. 1, 40 S. 1 i.V.m. 33 S. 1 SGG, zu den ehrenamtlichen Richtern vgl. §§ 33 S. 2 i.V.m. § 12 III SGG, §§ 40 S. 1 i.V.m. 33 S. 2, 12 III SGG).

1054 Becker, Pflichtverletzungen, S. 182.

1055 Vgl. näher Stellpflug, Vertragsarztrecht/Vertragszahnarztrecht, Rn. 726; vgl. auch Keller, in: Meyer-Ladewig, SGG, § 12 Rn. 8, 8a.

V. Verhältnis der Tatbestände

1. Straftatbegehung vor der Approbation und Zulassung

Da vor der Approbation nur eine Voraussetzung der jeweiligen Berufsgesetze relevant werden kann (vgl. 3. Teil E. II. 1.), bestehen keine Schwierigkeiten hinsichtlich einer Abgrenzung verschiedener Tatbestände. Ebensowenig ergeben sich solche im Hinblick auf eine zusätzliche Zulassung zur vertragsärztlichen Versorgung. Zwar ist hierfür die Approbation erforderlich und die über die Zulassung entscheidende Stelle insoweit gebunden, diese entscheidet aber weiter über die Eignung des Betreffenden.

2. Straftatbegehung nach der Approbation und Zulassung

Schwieriger ist die Bestimmung des Verhältnisses der unterschiedlichen Ausschluss- und Verbotstatbestände. Zunächst werden die Regelungen für alle betrachteten Heilberufe beleuchtet, dann werden die Vorschriften des Vertragsarztrechts einbezogen.

a. Regelungen für alle akademischen Heilberufe

Widerrufs- und berufsgerichtliches Verfahren sind einseitig verknüpft. Nach dem Verlust der Approbation kann ein berufsgerichtliches Verfahren nicht mehr eingeleitet werden bzw. ein bereits eingeleitetes Verfahren ist einzustellen[1056]. Ein Widerruf der Approbation ist aber auch nach Verhängung einer berufsgerichtlichen Maßnahme möglich[1057]. Zudem ist die Approbationsbehörde an eine berufsgerichtliche Feststellung über die Unwürdigkeit nicht gebunden[1058]. Eine andere Ansicht[1059] verkennt die kompetenzrechtliche Lage und lässt sich nur mit der früher bestehenden Koppelung[1060] erklären.

Auch der Widerruf der Approbation und ein Strafverfahren sind grundsätzlich unabhängig voneinander. Normiert wird weder eine Aussetzungspflicht hin-

---

1056 Quaas, in: Quaas/Zuck, Medizinrecht, § 12 Rn. 91; Becker, Pflichtverletzungen, S. 94.

1057 Vgl. hierzu BVerwG, NJW 1999, 3425 (3426).

1058 Sowohl in positiver wie in negativer Hinsicht, vgl. hierzu insgesamt BVerwGE 31, 307 (312), zur Bestallung; BVerwG, NJW 1999, 3425 (3426); OVG Rheinland-Pfalz, U.v. 20.09.2005 (6 A 10556/05), juris, Rn. 37; Lauf/Katzenmeier/Lipp, ArztR, II Rn. 34; Jerouschek, in: Jerouschek, PsychThG, § 2 Rn. 3, eine indizielle Verwertung dort getroffener Feststellungen sei indes möglich; Becker, Pflichtverletzungen, S. 132f.; Krahn, Berufsgerichtsbarkeit, S. 52f.; Narr, Ärztliches Berufsrecht, Rn. 45.

1059 Vgl. Ries/Schnieder/Althaus/Großbölting/Voß, Arztrecht, S. 100.

1060 Vgl. Walter, Berufsgerichtsbarkeit, S. 9; Krahn, Berufsgerichtsbarkeit, S. 48.

sichtlich des Widerrufsverfahrens[1061], noch sind die entscheidenden Stellen an strafgerichtliche Feststellungen gebunden[1062]. Möglich ist aber, vor einem Widerruf das Ruhen der Approbation anzuordnen (§ 6 I Nr. 1 BÄO, § 5 I Nr. 1 ZHG, § 8 I Nr. 1 BTÄO, § 3 III 1 Nr. 1 PsychThG, § 8 I Nr. 1 BApO). Zudem können die tatsächlichen Feststellungen (regelmäßig) zur Grundlage der Beurteilung gemacht werden, soweit sich nicht gewichtige Anhaltspunkte für ihre Unrichtigkeit ergeben[1063].

Das Verhältnis von Widerruf und Berufsverbot wird unterschiedlich beurteilt. Teilweise wird auf die Eigenständigkeit der Entscheidungen hingewiesen[1064]. Nach anderer Ansicht kann ein Widerruf nicht erfolgen, wenn das Strafgericht alle für eine „standesrechtliche Ahndung" beachtenswerten Gesichtspunkte geprüft hat[1065], mit der Folge, dass die Entscheidung über einen Widerruf beschränkt wird, so etwa auf Fälle der mangelnden Erörterung bzw. Verhängung eines Berufverbots, des Vorliegens eines berufsrechtlichen Überhangs[1066] oder der Verwertung von Tatsachen, die nicht Gegenstand des Strafverfahrens waren[1067].

Soweit sich diese Ansicht auf das zugrunde liegende Urteil des BVerwG bezieht, erscheint sie aus mehreren Gründen nicht überzeugend. Zum einen spricht gegen den vom BVerwG angeführten Grund der Vermeidung abweichender Entscheidungen von Strafgerichten und Verwaltungsbehörden[1068], dass sich allgemein eine solche Tendenz nicht erkennen lässt - eine Zweigleisigkeit besteht

---

1061 Vgl. näher zu diesem Komplex Haage, in: Rieger/Dahm/Steinhilper, Arztrecht, Stichwort: Approbation, Rn. 31; allerdings kann es ausgesetzt werden, vgl. näher zum Ermessen OVG Sachsen-Anhalt, B.v. 10.07.2007 (1 O 46/07), juris, Rn. 2, 5.

1062 BVerwG, U.v. 06.03.2003 (3 B 10/03), juris, Rn. 2.

1063 BVerwG, B.v. 06.03.2003 (3 B 10/03), juris, Rn. 2; OVG Münster, NJW 2004, 2034 (2035); OVG Rheinland-Pfalz, Urteil v. 20.09.2005 (6 A 10556/05), juris, Rn. 35; OVG Nordrhein-Westfalen, B.v. 31.08.2006 (13 A 1190/05), juris, Rn. 6; VG München, U.v. 30.09.2008 (M 16 K 08.741), juris, Rn. 19.

1064 Die folgenden Quellen beziehen sich auf eine Bindung in unterschiedlichen Richtungen, vgl. Ulsenheimer, Arztstrafrecht, Rn. 511b; Lang-Hinrichsen, in: Lüttger/Blei/Hanau, FS Heinitz, S. 477 (500), zu § 421 StGB a.F.; BGH, NJW 1975, 2249 (2249); OVG Berlin, JR 1965, 477 (477f.), zu § 421 StGB, § 5 BÄO a.F.

1065 BVerwGE 15, 282 (287), zum ZHG, § 421 StGB a.F.; Laufs, in: Laufs/Kern, HB des Arztrechts, § 14 Rn. 28.

1066 Vgl. hierzu BVerwG, NJW 1999, 3425 (3427); das OVG Nordrhein-Westfalen, MedR 2004, 327 (328), geht im Verhältnis von approbationsbezogenen Maßnahmen und der Entscheidung über ein Berufsverbot immer von einem berufsrechtlichen Überhang wegen der Wesensverschiedenheit der Maßnahmen aus.

1067 BVerwG, NJW 1998, 2756 (2757).

1068 Vgl. BVerwGE 15, 282 (285), zur Rücknahme der Bestallung.

auch bei anderen freien Berufen wie bei Rechtsanwälten, Wirtschaftsprüfern und Steuerberatern[1069] -, insbesondere dann nicht, wenn die Zielrichtung und Art der Maßnahmen abweichen[1070]. Während das Berufsverbot eine tatbezogene Maßregel der Besserung und Sicherung ist, handelt es sich bei dem hier betrachteten Widerruf um eine personenbezogene Maßnahme, die tatübergreifende berufsrechtliche Aspekte besitzt[1071].

Zum anderen wird mittels des Grundsatzes des ne bis in idem auf das Prinzip der Rechtskraft abgestellt[1072]. Aber abgesehen davon, dass es sich bei dem Widerruf nicht um eine Bestrafung nach den allgemeinen Strafgesetzen handelt, sind die fraglichen Maßnahmen wesensverschieden[1073], sie besitzen unterschiedliche Schutzzwecke, Voraussetzungen[1074] und Folgen.

Weiter bezieht sich das Urteil auf den Charakter des Widerrufs als „standesrechtliche" Maßnahme, womit ein Bezug zur Berufsgerichtsbarkeit hergestellt werden kann. Zwischen „verwaltungsrechtlichen" und berufsgerichtlichen Maßnahmen wird aber deutlich unterschieden (zum Anwaltsrecht vgl. etwa 3. Teil A. II. 2. a., b.). Nur im Rahmen der Verhängung berufsgerichtlicher Maßnahmen wird auf das Erfordernis eines berufsgerichtlichen Überhangs verwiesen, der zudem gesetzlich nicht für Fälle der Berufsausschließung gilt. Schließlich besitzt der Strafrichter nicht die Aufgabe, berufsregelnde Maßnahmen im Sinne der Bundesärzteordnung etc. zu treffen, hiermit würde er seine Befugnisse überschreiten[1075].

Für eine Bindung wäre ihre gesetzliche Normierung erforderlich[1076]. Jedoch kann im Rahmen der Strafzumessung bzw. der Verhängung eines Berufsverbots nach den allgemeinen Regeln ein Approbationswiderruf berücksichtigt werden.

1069 Vgl. Ule, DVBl. 1963, 674 (676).

1070 Lang-Hinrichsen, in: Lüttger/Blei/Hanau, FS Heinitz, S. 477 (499); OVG Berlin, JR 1965, 477 (478), beide zu § 421 StGB.

1071 Vgl. ausführlich OVG Münster, NJW 2004, 2034 (2035); vgl. zu den unterschiedlichen Zwecken der jeweiligen Regelungen Lang-Hinrichsen, in: Lüttger/Blei/Hanau, FS Heinitz, S. 477 (500), zu § 421 StGB a.F.

1072 BVerwGE 15, 282 (288).

1073 Vgl. LK-Hanack, StGB, § 70 Rn. 90, d.h. es besteht keine „Identität des Streitgegenstandes", vgl. auch näher Rieger/Kiesecker, in: Rieger/Dahm/Steinhilper, Arztrecht, Stichwort: Berufsverbot, Rn. 4; vgl. Lang-Hinrichsen, in: Lüttger/Blei/Hanau, FS Heinitz, S. 477 (500); ebenso Ule, DVBl. 1963, 674 (676); vgl. auch OVG Berlin, JR 1965, 477 (477), zu § 421 StGB.

1074 Vgl. Ulsenheimer, Arztstrafrecht, Rn. 511b.

1075 Lang-Hinrichsen, in: Lüttger/Blei/Hanau, FS Heinitz, S. 477 (499); OVG Berlin, JR 1965, 477 (478), zu § 421 StGB.

1076 Vgl. Eyermann, JuS 1964, 269 (270); Ule, DVBl. 1963, 674 (676).

Die Möglichkeit einer parallelen berufsgerichtlichen und strafrechtlichen Ahndung ist umstritten[1077]; für eine weitere berufsgerichtliche Maßnahme besteht das Erfordernis eines berufsrechtlichen Überhangs[1078] (vgl. § 50 III HessHeilbG). In Hessen existieren weitere Vorschriften zum Verhältnis der entsprechenden Verfahren und ihren Entscheidungen. Das berufsgerichtliche Verfahren ist ab Erhebung der öffentlichen Klage in einem sachgleichen Strafverfahren auszusetzen (§ 63 III HessHeilbG) und das Berufsgericht ist grundsätzlich an strafgerichtliche tatsächliche Feststellungen gebunden (§ 63 V HessHeilbG). Schließlich ist die Verhängung einer berufsgerichtlichen Maßnahme nach einem Freispruch im sachgleichen Strafverfahren eingeschränkt (§ 63 IV HessHeilbG).

b. Besonderheiten des Vertragsarztrechts

Widerrufs- und Zulassungsentziehungsverfahren sind voneinander unabhängig[1079], allerdings führt der Widerruf der Approbation zum Verlust einer erforderlichen Voraussetzung und daher zur Zulassungsentziehung.

Die verschiedenen Zulassungsentziehungsgründe stehen nebeneinander. Liegt ein Sachverhalt vor, welcher sich unter mehrere Tatbestände subsumieren lässt, kann die zuständige Stelle entscheiden, auf welchen sie sich stützt, etwa bei einem Fehlverhalten, das zum Entfallen der Eignung führt, und gleichermaßen eine gröbliche Pflichtverletzung darstellt[1080].

Auch die Zulassungsentziehung und die Verhängung einer vertragsärztlichen Disziplinarmaßnahme sind grundsätzlich voneinander unabhängig, da beide Maßnahmen zwar dem Zweck der Sicherstellung der vertragsärztlichen Versorgung dienen[1081], aber nicht als abgestufte Maßnahmen eines Disziplinarsystems anzusehen sind[1082]. Nichtsdestotrotz besitzen sie bestimmte Wechselwir-

---

1077 Die Gefahr einer nach Art. 103 III GG verbotenen Doppelbestrafung sehen Quaas, in: Quaas/Zuck, Medizinrecht, § 12 Rn. 96; Lippert, in: Ratzel/Lippert, MBO, Einleitung vor §§ 1ff. MBOÄ, Rn. 9, § 2 Rn. 30; überwiegend wird das Eingreifen der Norm verneint, vgl. BVerfGE 27, 180 (184f.); Ulsenheimer, Arztstrafrecht, Rn. 514; Krahn, Berufsgerichtsbarkeit, S. 103ff.; Berufsgericht für Heilberufe beim VG Frankfurt a.M., MedR 2006, 70 (71).

1078 Vgl. BVerfGE 27, 180 (188f.); Quaas, in: Quaas/Zuck, Medizinrecht, § 12 Rn. 97; Ulsenheimer, Arztstrafrecht, Rn. 514; Halbe, Konsequenzen, S. 111 (116); Lippert, in: Ratzel/Lippert, MBO, Einleitung vor §§ 1ff. MBOÄ, Rn. 9, § 2 Rn. 30; vgl. auch Berufsgericht für Heilberufe beim VG Frankfurt a.M., MedR 2006, 70 (71).

1079 Vgl. hierzu Pawlita, in: juris-PK, SGB V, § 95 Rn. 282.

1080 Krauskopf/Clemens, in: Laufs/Kern, HB des Arztrechts, § 29 Rn. 125, 128.

1081 BSGE 61, 1 (2), zur RVO a.F.; Becker, Pflichtverletzungen, S. 223f.

1082 Becker, Pflichtverletzungen, S. 224f., zur fehlenden Gleichartigkeit der Maßnahmen.

kungen. Grundsätzlich ist nach einer Zulassungsentziehung eine Disziplinarmaßnahme nicht mehr möglich[1083]. Obwohl demgegenüber eine Disziplinarmaßnahme die spätere Zulassungsentziehung nicht ausschließt[1084], soll in diesen Fällen die Aufhebung der Disziplinarmaßnahme in Betracht kommen[1085]. Insofern besteht also zumindest ein Koordinationsproblem[1086]. In Hessen kann das Disziplinarverfahren bei einem eingeleiteten Entziehungsverfahren ausgesetzt werden (§ 9 V 2 DO KÄV Hessen), außerdem kann der Disziplinarausschuss einen Antrag auf Einleitung eines Entziehungsverfahrens stellen (§ 6 DO KÄV Hessen). Hierbei handelt es sich allerdings lediglich um fakultative Verfahrensregelungen.

Zudem wird das Verhältnis zwischen berufsgerichtlicher Maßnahme und vertragsärztlicher Disziplinarmaßnahme wegen beiderseits bestehender Disziplinarqualität diskutiert[1087]. Aufgrund der Unterschiede der Rechtsgebiete werden sie teilweise als voneinander unabhängig angesehen, wobei allerdings das Übermaßverbot gelte[1088], teilweise wird auf eine grundsätzliche Alternativität[1089] (außer bei einem vertragsarztrechtlichen Überhang[1090]) verwiesen. Im berufsgerichtlichen Verfahren kann keine hier interessierende Maßnahme verhängt werden, so dass das Verhältnis nicht weiter betrachtet wird.

1083 Vgl. hierzu BSG, U.v. 08.03.2000 (B 6 KA 62/98 R), juris, Rn. 16; BSGE 61, 1 (2), zur RVO a.F.; vgl. auch Becker, Pflichtverletzungen, S. 227; Jacobs, Zulassung, S. 153; kritisch Schroeder-Printzen, in: Schnapp/Wigge, HB des Vertragsarztrechts, § 18 Rn. 6.

1084 BSGE 61, 1 (2), zur RVO a.F.; Becker, Pflichtverletzungen, S. 227; Plagemann/Niggehoff, VertragsarztR, Rn. 620; Hesral, in: Ehlers, Disziplinarrecht und Zulassungsentziehung, Rn. 457.

1085 Plagemann/Niggehoff, VertragsarztR, Rn. 594; Steinhilper, in: Ehlers, Disziplinarrecht und Zulassungsentziehung, Rn. 730; Becker/Kingreen-Scholz, SGB V, § 81 Rn. 5.

1086 Becker, Pflichtverletzungen, S. 236; vgl. auch Jacobs, Entziehung der Zulassung, 155f.

1087 Vgl. hierzu Becker, Pflichtverletzungen, S. 249ff.; vgl. (auch zu den Verfahren) Heidelmann, Disziplinarrecht, S. 97ff.

1088 Becker, Pflichtverletzungen, S. 277, S. 278ff.; vgl. ausführlich auch Laufs/Katzenmeier/Lipp, ArztR, II Rn. 36.

1089 Vgl. Auktor, in: LPK-SGB V, § 81 Rn. 18, zu den Maßnahmen; vgl. auch Becker/Kingreen-Scholz, SGB V, § 81 Rn. 5.

1090 Vg. Heidelmann, Disziplinarrecht, S. 101.

4. Teil: Gewerbetreibende

A. Rechtliche Grundlagen

In diesem Teil der Arbeit werden die allgemeinen Vorschriften der Gewerbeordnung untersucht. Für Teile des Gewerberechts, etwa das Gaststättenrecht, besteht seit der Föderalismusreform eine Kompetenz der Länder. Besondere gewerberechtliche Regelungen werden nicht beleuchtet.

Zwar wird der Anwendungsbereich der Gewerbeordnung in § 6 GewO festgelegt, der Begriff des Gewerbes aber nicht definiert[1091]. Allgemein anerkannt in Literatur und Rechtsprechung ist, dass hierunter jede nicht sozial unwertige[1092], auf Gewinnerzielung gerichtete und auf Dauer angelegte selbständige[1093] Tätigkeit fällt, mit Ausnahme der Urproduktion, der freien Berufe und der bloßen Verwaltung und Nutzung eigenen Vermögens[1094]; Bagatellfälle werden ausgeklammert[1095]. Die Gewerbeordnung unterscheidet verschiedene gewerbliche Tätigkeiten. Unter den Begriff des stehenden Gewerbes (§§ 14-52 GewO) fällt der Gewerbebetrieb, der nicht dem Reisegewerbe (§§ 55-61a GewO) oder dem Messe-, Ausstellungs- und Marktwesen (§§ 64-71b GewO) zuzuordnen ist[1096], hierauf beschränkt sich die vorliegende Betrachtung.

Zwar muss der Betreffende die Aufnahme eines stehenden Gewerbes anzeigen (§ 14 I 1 GewO), um eine wirksame Gewerbeüberwachung zu ermöglichen[1097]. Im Regelfall ist aber keine Zulassung erforderlich, d.h. es besteht Erlaubnisfreiheit. Nur in Fällen besonderer gesetzlicher Normierung bedarf es der Zulassung des Gewerbes[1098] (vgl. etwa §§ 34, 34a, 34c GewO, § 2 PBefG, § 2 GastG).

Gewerbetreibende können Mitglieder der jeweiligen Industrie- und Handelskammer sein. Die Mitgliedschaft knüpft an die Rechtsform, die objektive Gewerbesteuerpflicht sowie das Vorhandensein einer Betriebsstätte im Kammerbezirk an (näher § 2 IHKG)[1099]. Zwar kommt diesen öffentlich-rechtlichen Körperschaften die Aufgabe der Pflege von Standesrecht und -sitte zu (vgl. § 1 I

1091 Vgl. Tettinger, in: Tettinger/Wank, GewO, § 6 Rn. 1.

1092 Vgl. hierzu näher Handan, JA 2007, 249 (251).

1093 Vgl. Tettinger, in: Tettinger/Wank, GewO, § 1 Rn. 26: Abgrenzung zum Arbeitnehmer.

1094 BVerwG, NVwZ 1997, 278 (279); BVerwG, NJW 1977, 772 (772); vgl. unter Verweis auf die Rechtsprechung etwa Tettinger, in: Tettinger/Wank, GewO, § 1 Rn. 2.

1095 Tettinger, in: Tettinger/Wank, GewO, § 1 Rn. 3.

1096 Marcks, in: Landmann/Rohmer, GewO, § 14 Rn. 38; Handan, JA 2007, 249 (252).

1097 Vgl. Marcks, in: Landmann/Rohmer, GewO, § 14 Rn. 7; Handan, JA 2007, 249 (252).

1098 Oberrath, JA 2001, 991 (995).

1099 Vgl. näher Jahn, in: Frentzel/Jäkel/Junge, IHKG, § 2 Rn. 15ff.

IHKG)[1100], die Bestimmung umfasst indes nicht - ebensowenig wie die bestehende Möglichkeit der Einrichtung von Ehrenausschüssen - die Befugnis zum Aufbau einer eigenen Berufs- bzw. Ehrengerichtsbarkeit[1101]. Ein Ehrenausschuss wird gutachtlich tätig. Unterwirft sich der Betreffende freiwillig - Zwang ist nicht zulässig - einem Verfahren, kann festgestellt werden, ob ein gewisses Verhalten Anstand und Sitte des ehrbaren Kaufmanns verletzt oder nicht. Ansonsten kann die Angelegenheit zwar behandelt werden, als Ergebnis ist aber nur eine auf ein bestimmtes Verhalten bezogene abstrakte Feststellung möglich, eine Nennung des Betreffenden hingegen nicht[1102].

B. Folgen der Verwirklichung einer Straftat

I. Maßnahmen wegen Unzuverlässigkeit

1. Erlaubnisfreie Gewerbe

Bei einem erlaubnisfreien stehenden Gewerbe muss nicht zwischen verschiedenen zeitlichen Situationen wie bei den anderen betrachteten Berufsgruppen unterschieden werden, denn erst sobald die Gewerbetätigkeit tatsächlich aufgenommen wurde[1103], kommt eine vollständige oder teilweise Untersagung nach § 35 I 1 GewO in Betracht; eine Verhinderung der Aufnahme eines Gewerbes vor diesem Zeitpunkt ist nicht möglich. Aus der Untersagung folgt die Pflicht des Gewerbetreibenden zur Einstellung seines Betriebs sowie das Verbot der Eröffnung eines dasselbe Gewerbe betreffenden Betriebs bis zur ausdrücklichen Wiedergestattung (vgl. § 35 VI GewO)[1104]. Voraussetzung der Untersagung ist das Vorliegen von Tatsachen, welche die Unzuverlässigkeit des Gewerbetreibenden in Bezug auf dieses Gewerbe dartun, sofern die Untersagung zum Schutz der Allgemeinheit oder der im Betrieb Beschäftigten erforderlich ist (§ 35 I 1 GewO.). Sie kann sich auf Tatsachen stützen, die sich vor[1105] oder nach Aufnahme der Gewerbetätigkeit ereignet haben.

1100 Vgl. Kluth, in: Kluth, HB des Kammerrechts, B. Rn. 210.

1101 Vgl. insgesamt hierzu Kluth, in: Kluth, HB des Kammerrechts, B. Rn. 211; Ziegenhagen, Berufsgerichtsbarkeit, S. 150; Möllering, in: Frentzel/Jäkel/Junge, IHKG, § 1 Rn. 55.

1102 Vgl. Möllering, in: Frentzel/Jäkel/Junge, IHKG, § 1 Rn. 56.

1103 Vgl. hierzu Handan, JA 2007, 249 (254); differenzierend Heß, in: Friauf, GewO, § 35 Rn. 24: konkrete Vorbereitungshandlungen reichen für die Bejahung des Merkmals der Gewerbeausübung aus; vgl. dazu auch BVerwG, NJW 1993, 1346 (1347).

1104 Vgl. Brüning, in: Pielow, GewO, § 35 Rn. 10.

1105 Vgl. Tettinger, in: Tettinger/Wank, GewO, § 35 Rn. 27.

Der Begriff der Unzuverlässigkeit ist zentraler Bestandteil der Norm. Bei diesem handelt es sich um einen gerichtlich voll überprüfbaren unbestimmten Rechtsbegriff[1106]. Unzuverlässig ist, wer (nach dem Gesamteindruck seines Verhaltens) nicht die Gewähr dafür bietet, dass er das von ihm ausgeübte Gewerbe künftig ordnungsgemäß betreiben wird[1107]. Es gibt damit keine Unzuverlässigkeit schlechthin[1108], sie ist auf das jeweils konkret ausgeübte Gewerbe ausgerichtet[1109] und die Anforderungen an die Zuverlässigkeit können bei unterschiedlichen Gewerbearten variieren[1110]. Erforderlich ist eine Prognose[1111] bezüglich des künftigen Betriebs, wobei sich diese auf Tatsachen stützt, also auf etwas, das dem Beweis zugänglich ist[1112]. Jene müssen nicht im Rahmen des Gewerbebetriebs eingetreten sein, aber einen Schluss auf das konkret ausgeübte Gewerbe ermöglichen[1113], d.h. notwendig ist ein innerer Zusammenhang mit der beruflichen Tätigkeit[1114]. Da die Vorschrift der Gefahrenabwehr dient, ist zur Bejahung von Unzuverlässigkeit kein Verschulden erforderlich[1115].

Im Laufe der Zeit hat sich ein nicht als abschließend zu verstehender Fallgruppenkanon[1116] entwickelt, welche Sachverhalte zu Unzuverlässigkeit führen

---

1106 Vgl. Tettinger, in: Tettinger/Wank, GewO, § 35 Rn. 26; Marcks, in: Landmann/Rohmer, GewO, § 35 Rn. 29; Brüning, in: Pielow, GewO, § 35 Rn. 24; Handan, JA 2007, 249 (254); vgl. auch Laubinger, VerwArch 89 (1998), 145 (158f.).

1107 Vgl. hierzu BVerwGE 22, 286 (296); 65, 1 (1f.); Tettinger, in: Tettinger/Wank, GewO, § 35 Rn. 26; Handan, JA 2007, 249 (254); Oberrath, JA 2001, 991 (996); Frotscher, JuS 1983, 114 (116); vgl. auch Schaeffer, WiVerw. 1982, 100 (101f.); Leisner, GewArch 2008, 225 (228), kritisiert die Definition als wenig hilfreich.

1108 Brüning, in: Pielow, GewO, § 35 Rn. 22; Marcks, in: Landmann/Rohmer, GewO, § 35 Rn. 34 m.w.N.

1109 Vgl. Tettinger, in: Tettinger/Wank, GewO, § 35 Rn. 28; Frotscher, JuS 1983, 114 (115).

1110 BVerwGE 22, 286 (296); Frotscher, JuS 1983, 114 (115f.); vgl. auch Schaeffer, WiVerw. 1982, 100 (105); Handan, JA 2007, 249 (254).

1111 Tettinger, in: Tettinger/Wank, GewO, § 35 Rn. 26, 30.

1112 Laubinger, VerwArch 89 (1998), 145 (150); Brüning, in: Pielow, GewO, § 35 Rn. 20; vgl. auch Handan, JA 2007, 249 (254).

1113 Tettinger, in: Tettinger/Wank, GewO, § 35 Rn. 28; Brüning, in: Pielow, GewO, § 35 Rn. 22; der Tätigkeitsbezug ist wichtig, weil die eigentliche Sanktionierung bei strafbarem Verhalten durch das Strafrecht erfolgen muss (vgl. Leisner, GewArch 2008, 225 [231]).

1114 Vgl. Frotscher, JuS 1983, 114 (116).

1115 Vgl. BVerwGE 65, 1 (4); Tettinger, in: Tettinger/Wank, GewO, § 35 Rn. 33; Schaeffer, WiVerw. 1982, 100 (106); Handan, JA 2007, 249 (254); Oberrath, JA 2001, 991 (996).

1116 Vgl. hierzu Laubinger, VerwArch 89 (1998), 145 (150ff.); Heß, in: Friauf, GewO, § 35 Rn. 54ff.; Tettinger, in: Tettinger/Wank, GewO, § 35 Rn. 35ff.

können; eine Konstellation betrifft strafbares Verhalten[1117]. Die Verurteilung wegen einer Straftat kann zu Unzuverlässigkeit führen[1118], sie ist aber nicht entscheidend, sondern der zugrunde liegende Sachverhalt[1119].

Die Taten müssen mit dem Gewerbe in Zusammenhang stehen und dürfen nicht lediglich den Privatbereich betreffen[1120]. Nicht erforderlich ist, dass sie bei Ausübung des Gewerbes begangen wurden[1121]; entscheidend ist ihre Auswirkung auf die ordnungsgemäße Führung des Gewerbes (s.o.).

Schon eine erhebliche Straftat[1122] kann zur Unzuverlässigkeit führen, diese kann sich aber auch aus mehreren kleineren Gesetzesverletzungen ergeben, wenn diese einen Hang zur Nichtbeachtung von Rechtsvorschriften erkennen lassen[1123]. Im Einzelnen existiert eine kaum zu überblickende Vielzahl an Entscheidungen zur Gewerbebezogenheit verschiedener Straftaten[1124], genannt werden etwa Eigentums- und Vermögensdelikte[1125], wobei die objektive Tatbestandsverwirklichung ausreicht, ein Verschulden ist nicht erforderlich[1126]. Im konkreten Einzelfall ist aufgrund einer Gesamtschau aller Umstände eine Prognose über das künftige Verhalten des Gewerbetreibenden vorzunehmen[1127].

Eine zeitliche Höchstgrenze der Berücksichtigung von Verurteilungen setzt das Verwertungsverbot des § 51 I BZRG (§ 52 I Nr. 4 BZRG gilt nicht für das Untersagungsverfahren)[1128]. Jedoch kann nach einer Gesamtwürdigung, insbesondere unter Einbezug der Art und Umstände der Straftat sowie der Persönlichkeitsentwicklung des Gewerbetreibenden, schon vor diesem Zeitpunkt eine weiter bestehende Unzuverlässigkeit zu verneinen sein, eine pauschale Zeitangabe ist nicht möglich[1129].

1117 Vgl. Tettinger, in: Tettinger/Wank, GewO, § 35 Rn. 36ff.; Oberrath, JA 2001, 991 (996); Schaeffer, WiVerw. 1982, 100 (109f.).

1118 Handan, JA 2007, 249 (254); Marcks, in: Landmann/Rohmer, GewO, § 35 Rn. 37.

1119 Tettinger, in: Tettinger/Wank, GewO, § 35 Rn. 36; vgl. auch Marcks, in: Landmann/Rohmer, GewO, § 35 Rn. 37.

1120 Oberrath, JA 2001, 991 (996).

1121 Laubinger, VerwArch 89 (1998), 145 (150).

1122 Vgl. VG Stuttgart, GewArch 2000, 25 (26).

1123 Marcks, in: Landmann/Rohmer, GewO, § 35 Rn. 38; Handan, JA 2007, 249 (254).

1124 Vgl. die Auflistung durch Marcks, in: Landmann/Rohmer, GewO, § 35 Rn. 34, 39.

1125 Vgl. hierzu Tettinger, in: Tettinger/Wank, GewO, § 35 Rn. 37; Handan, JA 2007, 249 (254); ablehnend Leisner, GewArch 2008, 225 (228).

1126 Tettinger, in: Tettinger/Wank, GewO, § 35 Rn. 36.

1127 Oberrath, JA 2001, 991 (996).

1128 Heß, in: Friauf, GewO, § 35 Rn. 59; Marcks, in: Landmann/Rohmer, GewO, § 35 Rn. 41; vgl. Tettinger, in: Tettinger/Wank, GewO, § 35 Rn. 41, vgl. 41, 197: § 52 I Nr. 4 BZRG ist im Rahmen des Wiedergestattungsverfahrens (§ 35 VI GewO) anwendbar.

1129 Vgl. hierzu Marcks, in: Landmann/Rohmer, GewO, § 35 Rn. 41.

Vorschriften für erlaubnispflichtige Gewerbe normieren zum Teil, wie lange bestimmte Verurteilungen regelmäßig der Zuverlässigkeit entgegenstehen (vgl. §§ 33c II 2, 33d III 2 i.V.m. § 33c II 2, 34b IV Nr. 1, 34c II Nr. 1 GewO). Die vorgesehene Dauer von drei bzw. fünf Jahren kann erheblich unter der Tilgungsfrist nach dem Bundeszentralregistergesetz liegen[1130]. Bei straffreiem Verhalten in der Zwischenzeit können diese Zeiträume als Orientierung für die Berücksichtigung von Verurteilungen bei der Zuverlässigkeitsbeurteilung im Rahmen von § 35 I 1 GewO dienen[1131].

Möglich ist, dass auf noch nicht rechtskräftig festgestellte Straftaten abgestellt wird[1132], denn die relevante Tatsache ist nicht das Urteil, sondern die Tat selbst[1133]. Da die Gewerbeordnung erst nach einem Strafurteil eine Bindung der über die Unzuverlässigkeit entscheidenden Behörde vorsieht (vgl. näher § 35 III GewO), kann diese vorher uneingeschränkt über den Sachverhalt verfügen[1134], d.h. sie entscheidet, ob ein entsprechendes Verhalten zu bejahen ist.

Hinsichtlich des künftigen Verhaltens sollen weder Zweifel ausreichen noch eine feste Überzeugung notwendig sein, erforderlich ist eine hinreichende Wahrscheinlichkeit[1135], abhängig von der Wertigkeit der bedrohten Schutzgüter und dem zu erwartenden Schadensausmaß[1136].

Strittig ist, ob im Rahmen einer gerichtlichen Anfechtung der Untersagungsverfügung nach Erlass des Widerspruchsbescheids eingetretene Tatsachen einbezogen werden können. Zunächst war dies nach dem BVerwG bis zur letzten mündlichen Verhandlung möglich[1137]. Im Jahr 1982 änderte das Gericht seine Rechtsprechung dahingehend, dass günstige Umstände, die nach Abschluss des Widerspruchsverfahrens eintreten, nicht berücksichtigt werden[1138], d.h.

1130 Vgl. Marcks, in: Landmann/Rohmer, GewO, § 35 Rn. 41.

1131 Vgl. zu diesem Komplex näher Heß, in: Friauf, GewO, § 35 Rn. 59.

1132 Marcks, in: Landmann/Rohmer, GewO, § 35 Rn. 42; so auch Heß, in: Friauf, GewO, § 35 Rn. 58; Tettinger, in: Tettinger/Wank, GewO, § 35 Rn. 39; vgl. auch Hessischer VGH, GewArch 1991, 28 (30); Hessischer VGH, GewArch 1993, 157 (158); nach Oberrath, JA 2001, 991 (996), reichen laufende Ermittlungen nicht aus.

1133 Vgl. BVerwGE 24, 34 (36); Tettinger, in: Tettinger/Wank, GewO, § 35 Rn. 29; vgl. auch Laubinger, VerwArch 89 (1998), 145 (151); anders im Rahmen von §§ 33c II, 34b IV Nr. 1, 34c II Nr. 1 GewO.

1134 Marcks, in: Landmann/Rohmer, GewO, § 35 Rn. 42; vgl. auch Hessischer VGH, GewArch 1991, 28 (30).

1135 Vgl. Marcks, in: Landmann/Rohmer, GewO, § 35 Rn. 32; vgl. auch Tettinger, in: Tettinger/Wank, GewO, § 35 Rn. 30.

1136 Tettinger, in: Tettinger/Wank, GewO, § 35 Rn. 30; Brüning, in: Pielow, GewO, § 35 Rn. 20.

1137 Vgl. BVerwGE 28, 202 (205).

1138 Vgl. BVerwGE 65, 1 (2).

maßgeblich ist seither die Sach- und Rechtslage im Zeitpunkt der letzten Verwaltungsentscheidung[1139]. Begründet wurde dies mit dem normierten Erfordernis eines schriftlichen Antrags auf Wiedergestattung des Gewerbes nach § 35 VI 1 GewO[1140]. Diese Vorschrift wird als materiell-rechtliche Regelung angesehen, die eine grundsätzliche Berücksichtigung von Veränderungen der Sachlage bis zur gerichtlichen Entscheidung ausschließe, da diese in einem gesonderten Verfahren, dem Wiedergestattungsverfahren, zu beachten seien[1141]. Ob eine Berücksichtigung besonderer Umstände möglich ist, wurde bisher nicht entschieden[1142]. Überwiegend wurde der genannten Ansicht gefolgt[1143].

Andere verweisen weiter auf den Charakter der Untersagung als Dauerverwaltungsakt. Aufgrund seiner ständigen Aktualisierung gegenüber dem Gewerbetreibenden müsse diese während ihrer gesamten Wirksamkeitsdauer dem geltenden Recht entsprechen, daher sei der Zeitpunkt der letzten mündlichen Verhandlung maßgeblich[1144].

Teilweise wird allerdings weiter der Zeitpunkt der letzten mündlichen (Tatsachen-)Verhandlung als entscheidend angesehen, wenn die Untersagungsvoraussetzungen erst nachträglich, d.h. nach der letzten Behördenentscheidung, eintreten; es gälten die allgemeinen Regeln zum Dauerverwaltungsakt, da keine abweichende Normierung durch § 35 VI 1 GewO entgegenstehe und der Betreffende kein berechtigtes Interesse an der Aufhebung des Verwaltungsaktes habe[1145]. Die Berücksichtigung allein der nachträglich eingetretenen negativen Tatsachen erscheint nicht überzeugend[1146].

Liegen die Tatbestandsvoraussetzungen der Wiedergestattung vor, besteht hierauf ein Anspruch[1147] (§ 35 VI 1 GewO). Vorgesehen ist aber eine Regelwartefrist von einem Jahr nach Durchführung der Untersagungsverfügung (§ 35 VI

1139 Niedersächsisches OVG, U.v. 15.09.1993 (7 L 5832/92), juris, Rn. 12.

1140 BVerwGE 65, 1 (2f.).

1141 BVerwG, NVwZ 1991, 372 (372); vgl. bereits BVerwGE 65, 1 (3f.).

1142 Vgl. BVerwG, NVwZ 1991, 372 (373).

1143 Handan, JA 2007, 249 (256); Oberrath, JA 2001, 991 (996); Hösch, JA 1995, 148 (152); dies wurde durch das BVerfG (GewArch 1995, 242 [243]) gebilligt.

1144 Vgl. Frotscher, JuS 1983, 114 (116); vgl. zu einer Differenzierung zwischen prozessrechtlicher und materieller Fragestellung auch Laubinger, VerwArch 89 (1998), 145 (167f.), i.E. wird aber der Rechtsprechung des BVerwG zugestimmt.

1145 Vgl. Niedersächsisches OVG, U.v. 15.09.1993 (7 L 5832/92), juris, Rn. 12; Brüning, in: Pielow, GewO, § 35 Rn. 60; vgl. auch Tettinger, in: Tettinger/Wank, GewO, § 35 Rn. 124f.; Handan, JA 2007, 249 (256); vgl. auch Laubinger, VerwArch 89 (1998), 145 (169f.); a.A. aber Mager, NVwZ 1996, 134 (135).

1146 Vgl. hierzu Marcks, in: Landmann/Rohmer, GewO, § 35 Rn. 22; vgl. auch VG Stuttgart, GewArch 2000, 25 (26).

1147 VGH Kassel, NVwZ-RR 1991, 146 (146); Handan, JA 2007, 249 (256).

2 GewO). Existiert ein besonderer Grund, muss die entscheidende Behörde von der Einhaltung der Jahresfrist absehen (vgl. § 35 VI 2 GewO)[1148], wobei umstritten ist, ob ein solcher bereits in der Wiederherstellung der Zuverlässigkeit liegt[1149]. Die Kritik am maßgeblichen Beurteilungszeitpunkt für die Anfechtung einer Untersagungsverfügung lässt sich relativieren, indem auf die Einhaltung der normierten Jahresfrist verzichtet wird, überlegenswert erscheint sogar ihre gesetzliche Aufhebung.

Weiter ist zu prüfen, ob die Gewerbeuntersagung zum Schutz der Allgemeinheit bzw. der Betriebsangehörigen erforderlich ist. Hier werden Verhältnismäßigkeitserwägungen angestellt[1150], d.h. insbesondere geprüft, ob statt einer Voll- eine Teiluntersagung in Betracht kommt[1151]; bei strafbarem Verhalten soll eine Volluntersagung gerechtfertigt sein[1152].

Sind die genannten Voraussetzungen zu bejahen, muss eine Untersagungsverfügung erfolgen[1153]. Diese kann auf einzelne andere oder auf alle Gewerbe erweitert werden (vgl. § 35 I 2 GewO), wenn der Betroffene in Bezug darauf unzuverlässig und die Untersagung erforderlich ist[1154].

2. Erlaubnispflichtige Gewerbe

Für erlaubnispflichtige Gewerbe ist hingegen die Unterscheidung zwischen einer Straftatbegehung vor bzw. nach Erteilung der Erlaubnis möglich.

Erfüllt der Antragsteller die Voraussetzungen, hat er einen Anspruch auf Erteilung der Erlaubnis[1155]. Die jeweiligen Tatbestände beziehen sich auch auf seine Zuverlässigkeit (vgl. §§ 33c II 1, 34b IV Nr. 1, 34c II Nr. 1 GewO). Dieser

---

1148 Tettinger, in: Tettinger/Wank, GewO, § 35 Rn. 202; vgl. zu einer einschränkenden Auslegung des § 35 VI 2 GewO auch BVerwG, NVwZ 1991, 372 (373).

1149 Ablehnend Tettinger, GewO, § 35 Rn. 201; vgl. näher zu diesem Aspekt Marcks, in: Landmann/Rohmer, GewO, § 35 Rn. 177: wegen der Bedeutung des Art. 12 I GG sollte man bei der Zubilligung von besonderen Umständen aber nicht kleinlich sein; vgl. auch BVerfG, GewArch 1995, 242 (243); sowie BVerwG, NVwZ 1991, 372 (373): § 35 VI 2 GewO ist einer verfassungskonformen Auslegung und Anwendung zugänglich.

1150 Oberrath, JA 2001, 991 (996 Fn. 59).

1151 Laubinger, VerwArch 89 (1998), 145 (170); Tettinger, in: Tettinger/Wank, GewO, § 35 Rn. 137.

1152 Vgl. Brüning, in: Pielow, GewO, § 35 Rn. 42; Tettinger, in: Tettinger/Wank, GewO, § 35 Rn. 138.

1153 BVerwGE 28, 202 (204); Handan, JA 2007, 249 (255); Oberrath, JA 2001, 991 (996f.).

1154 Vgl. näher BVerwGE 65, 9ff.; Laubinger, VerwArch 89 (1998), 145 (171ff.).

1155 Tettinger, in: Tettinger/Wank, GewO, § 1 Rn. 71.

Begriff wird grundsätzlich wie in § 35 GewO verstanden[1156] (vgl. daher 4. Teil B. I. 1.). Besonders ist jedoch, dass teilweise Verhaltensweisen genannt werden, die regelmäßig zur Verneinung der Zuverlässigkeit (für einen gewissen Zeitraum) führen (vgl. zu bestimmten Verurteilungen §§ 33c II 2, 34b IV Nr. 1, 34c II Nr. 1 GewO). Die Anforderungen an den ordnungsgemäßen Betrieb variieren für verschiedene Gewerbe, mit den Regelbeispielen wird eine Entscheidungshilfe gegeben. Wegen des breiten Anwendungsbereichs des § 35 GewO ist das im Rahmen dieser Vorschrift nicht möglich[1157].

Da es sich um Regelbeispiele handelt, ist indes die Verneinung der Zuverlässigkeit trotz Nichtvorliegens eines solchen[1158] ebenso möglich, wie die Bejahung trotz Erfüllung[1159]. Wurde die Erlaubnis trotz vorliegender Unzuverlässigkeit erteilt, ist zu prüfen, ob besondere gesetzliche Aufhebungsvorschriften bestehen (vgl. etwa 33d IV 1 GewO)[1160] oder ob auf die allgemeine Rücknahmevorschrift des § 48 (H)VwVfG[1161] zurückzugreifen ist.

Sollten nachträglich, d.h. nach Genehmigung des Gewerbes, Tatsachen eintreten, die zur Unzuverlässigkeit führen, ist eine Aufhebung der Erlaubnis nach ausdrücklicher Anordnung (vgl. § 33d IV 2 GewO)[1162] bzw. ein Widerruf nach § 49 (H)VwVfG[1163] möglich.

Schließlich stellt sich für erlaubnispflichtige Gewerbe die Frage nach dem Verhältnis der Vorschriften zur Gewerbeuntersagung (§ 35 I 1 GewO), zur Be-

---

1156 Vgl. etwa Lente-Poertgen, in: Pielow, GewO, § 30 Rn. 45; Franz, in: Pielow, GewO, § 33a Rn. 44; Meßerschmidt, in: Pielow, GewO, § 33c Rn. 15; Marcks, in: Landmann/Rohmer, GewO, § 34 Rn. 17; Tettinger, in: Tettinger/Wank, GewO, § 34a Rn. 26; Martini, in: Pielow, GewO, § 34b Rn. 37; Martinez, in: Pielow, GewO, § 34c Rn. 48.

1157 Marcks, in: Landmann/Rohmer, GewO, § 35 Rn. 28.

1158 Zu den einzelnen Vorschriften vgl. nur Tettinger, in: Tettinger/Wank, GewO, § 33c Rn. 28, 38; Martini, in: Pielow, GewO, § 34b Rn. 37.

1159 Vgl. zu den einzelnen Vorschriften Tettinger, in: Tettinger/Wank, GewO, § 33c Rn. 38; Martini, in: Pielow, GewO, § 34b Rn. 37; es werden die Umstände des Einzelfalls betrachtet, vgl. etwa Tettinger, in: Tettinger/Wank, GewO, § 33c Rn. 39; Marcks, in: Landmann/Rohmer, GewO, § 33c Rn. 22; Meßerschmidt, in: Pielow, GewO, § 33c Rn. 20.

1160 Vgl. hierzu etwa Tettinger, in: Tettinger/Wank, GewO, § 33d Rn. 26ff.

1161 Vgl. nur Tettinger, in: Tettinger/Wank, GewO, § 33a Rn. 20; Meßerschmidt, in: Pielow, GewO, § 33c Rn. 23; Marcks, in: Landmann/Rohmer, GewO, § 33i Rn. 32; Höfling, in: Friauf, GewO, § 34 Rn. 31; Tettinger, in: Tettinger/Wank, GewO, § 34b Rn. 18; Marcks, in: Landmann/Rohmer, GewO, § 34c Rn. 98.

1162 Vgl. hierzu Marcks, in: Landmann/Rohmer, GewO, § 33c Rn. 26.

1163 Vgl. nur Tettinger, in: Tettinger/Wank, GewO, § 33a Rn. 20; Meßerschmidt, in: Pielow, GewO, § 33c Rn. 23; Marcks, in: Landmann/Rohmer, GewO, § 33i Rn. 32; Höfling, in: Friauf, GewO, § 34 Rn. 31; Tettinger, in: Tettinger/Wank, GewO, § 34b Rn. 18.

triebsschließung (§ 15 II GewO) und zu Rücknahme und Widerruf. § 35 I 1 GewO ist nicht anzuwenden, wenn besondere Untersagungs- sowie Betriebsschließungsvorschriften oder Rücknahme- bzw. Widerrufsmöglichkeiten bezüglich der Erlaubnis bestehen, die auf die Unzuverlässigkeit des Betreffenden abstellen (vgl. § 35 VIII GewO)[1164]. Damit ist die Aufhebung der Erlaubnis vorrangig[1165]. Erfolgt ein Weiterbetrieb des Gewerbes, ist seine Schließung möglich[1166]. Nur für den Fall, dass ein erlaubnispflichtiges Gewerbe von Anfang an ohne Erlaubnis betrieben wird, kommt eine Betriebsschließung (diese setzt nur die fehlende Erlaubnis voraus) und eine Untersagung des Gewerbes wegen Unzuverlässigkeit in Betracht[1167].

II. Strafrechtliches Berufsverbot

Gegen Gewerbeangehörige kann ein strafgerichtliches Berufsverbot verhängt werden (§ 70 I 1 StGB). Bezüglich der Voraussetzungen sowie der Folgen seiner Verhängung kann auf die Ausführungen zum Anwaltsrecht verwiesen werden (3. Teil A. II. c.); erforderlich ist der Bezug zum jeweils ausgeübten Gewerbe bzw. Gewerbezweig. In den Datenbanken finden sich zwar nicht viele, aber doch ein paar Entscheidungen, in denen ein Berufsverbot gegen Gewerbetreibende diskutiert wird[1168].

C. Entscheidende Stellen

An die behördliche Entscheidung über eine Gewerbeuntersagung sowie über eine Gewerbezulassung und deren Rücknahme bzw. Widerruf (vgl. §§ 35, 30ff. GewO, §§ 48, 49 (H)VwVfG) kann sich eine gerichtliche Streitigkeit anschließen. Wegen ihres öffentlich-rechtlichen Charakters und mangels Sonderzuweisung ist hierfür der Verwaltungsrechtsweg eröffnet (§ 40 I 1 VwGO). Da beson-

---

1164 Vgl. Tettinger, in: Tettinger/Wank, GewO, § 35 Rn. 239ff., zu einem Gesamtüberblick.

1165 Handan, JA 2007, 249 (253); vgl. auch OVG Schleswig-Holstein, GewArch 1994, 167 (168).

1166 Sydow, in: Pielow, GewO, § 15 Rn. 25; Brüning, in: Pielow, GewO, § 35 Rn. 8; Oberrath, JA 2001, 991 (998).

1167 Vgl. Brüning, in: Pielow, GewO, § 35 Rn. 8, 11; Marcks, in: Landmann/Rohmer, GewO, § 35 Rn. 197, 19; vgl. auch Handan, JA 2007, 249 (253f.).

1168 Vgl. BGH, B.v. 06.06.2003 (3 StR 188/03), juris; BGH, B.v. 12.09.1994 (5 StR 487/94), juris; BGH, U.v. 29.08.1989 (1 StR 203/89), juris; LG Frankfurt a.M., NStZ 1983, 171; KG Berlin, JR 1980, S. 247f.

dere Regelungen fehlen, gelten der nach der Verwaltungsgerichtsordnung vorgesehene Instanzenzug sowie die übliche Besetzung der Spruchkörper.

D. Verhältnis der Tatbestände

Die Gewerbeordnung normiert bestimmte Bindungswirkungen strafgerichtlicher Bewertungen im Rahmen eines Untersagungsverfahrens. Will die Verwaltungsbehörde hier einen Sachverhalt berücksichtigen, der Gegenstand der Urteilsfindung in einem Strafverfahren gewesen ist, kann sie vom Inhalt des Urteils hinsichtlich der Feststellung des Sachverhalts (Nr. 1), der Beurteilung der Schuldfrage (Nr. 2) und ob der Betreffende bei weiterer Ausübung des Gewerbes erhebliche rechtswidrige Taten im Sinne des § 70 StGB begehen wird und zur Abwehr dieser Gefahren die Untersagung des Gewerbes angebracht ist (Nr. 3), nicht zum Nachteil des Gewerbetreibenden abweichen (vgl. § 35 III 1 GewO); gleichgestellt wird dem Urteil u.a. auch der Strafbefehl (§ 35 III 3 GewO).

Aus dieser Vorschrift ergeben sich mehrere Konsequenzen. Zum einen ist eine Bindung der Behörde erst nach einem Urteil[1169] sowie gleichgestellten Entscheidungen vorgesehen. Davor bildet sie sich eine eigene Meinung über die vorliegenden Tatsachen[1170], denn es besteht keine Vorrangigkeit des Strafverfahrens dahingehend, dass das Untersagungsverfahren ausgesetzt werden müsste[1171]. Unterschiedlich - aber überwiegend ablehnend - wird beurteilt, ob nach einer strafgerichtlichen Entscheidung eine nachträgliche Aufhebungs- oder Anpassungspflicht hinsichtlich der Untersagungsverfügung besteht[1172].

Zum anderen wird lediglich eine einseitige Bindung normiert. Strafgerichte sind an behördliche Entscheidungen nicht gebunden[1173], obwohl die Berücksichtigung einer erfolgten Untersagung sowohl auf Strafzumessungsebene als auch im Rahmen der Entscheidung über ein Berufsverbot[1174] möglich erscheint.

Die tatsächliche Bindungswirkung eines Urteils kann variieren[1175]. Nach Anordnung eines strafrechtlichen Berufsverbots oder Verneinung seiner Erfor-

1169 Seine Rechtskraft ist aber nicht erforderlich, vgl. Marcks, in: Landmann/Rohmer, GewO, § 35 Rn. 141; Brüning, in: Pielow, GewO, § 35 Rn. 88.

1170 Vgl. näher Heß, in: Friauf, GewO, § 35 Rn. 122.

1171 Tettinger, in: Tettinger/Wank, GewO, § 35 Rn. 179.

1172 Ablehnend Marcks, in: Landmann/Rohmer, GewO, § 35 Rn. 156; vgl. näher auch Heß, in: Friauf, GewO, § 35 Rn. 131, vgl. Rn. 130 zu abweichenden Ansichten m.w.N.

1173 Heß, in: Friauf, GewO, § 35 Rn. 115; vgl. auch Tettinger, in: Tettinger/Wank, GewO, § 35 Rn. 39.

1174 Vgl. Lang-Hinrichsen, in: Lüttger/Blei/Hanau, FS Heinitz, S. 477 (496): es stellt sich die Frage seiner Erforderlichkeit.

1175 Vgl. ausführlich Marcks, in: Landmann/Rohmer, GewO, § 35 Rn. 141ff.

derlichkeit[1176] kann keine Untersagung erfolgen (vgl. Nr. 3), nach einem Freispruch ist die Verwertung des Straftatbestandes nicht möglich (vgl. Nr. 1 und 2). Hingegen kann das Gewerbe bei fehlender Verhängung und Erörterung eines Berufsverbots untersagt werden, hier besteht nur eine Bindung hinsichtlich der Sachverhaltsfeststellung und der Beurteilung der Schuldfrage (Nr. 1 und 2); Entsprechendes gilt, wenn ein umfassenderer als der der strafgerichtlichen Beurteilung zugrunde liegender Sachverhalt gewürdigt wird[1177].

Außerdem ist nach Verhängung eines Berufsverbots die Erweiterung der Untersagung auf andere Gewerbe möglich (vgl. §§ 35 III 2, 35 I 2 GewO).

Ein Strafbefehl kann keine Bindungswirkung im Hinblick auf die Prognose weiterer Taten und die Erforderlichkeit der Untersagung entfalten (Nr. 3), da durch ihn kein Berufsverbot verhängt werden kann. Die Bindungswirkung beschränkt sich damit auf die Sachverhaltsfeststellung und die Beurteilung der Schuldfrage (Nr. 1 und 2).

1176 Marcks, in: Landmann/Rohmer, GewO, § 35 Rn. 146f.

1177 Vgl. näher hierzu Heß, in: Friauf, GewO, § 35 Rn. 125.

5. Teil: Vergleich

Dieser Teil der Arbeit prüft, inwieweit die Normierungen für die betrachteten Berufsgruppen identisch sind. Hierbei werden auch die Gründe für die Vorschriften hinterfragt und sich ergebende Probleme beleuchtet. Maßgeblich ist der status quo, die - teilweise weitreichenden - Veränderungen der vergangenen Jahre bzw. Jahrzehnte werden nicht im Einzelnen nachvollzogen. Mitunter kann es an einzelnen Stellen allerdings erforderlich werden, frühere abweichende Regelungen den heute geltenden gegenüberzustellen.

Der Aufbau des Vergleichs vollzieht sich aus Gründen der Übersichtlichkeit dem der einzelnen Berufskapitel entsprechend. Zunächst werden daher die Vorschriften betrachtet, die sich auf eine Straftatbegehung vor Begründung der Rechtsstellung beziehen. Hier werden die Voraussetzungen und Hindernisse der Statusbegründung sowie die Fehlerfolgevorschriften betrachtet (5. Teil A.). Dann wendet sich die Arbeit den Normierungen hinsichtlich einer Straftatbegehung nach Begründung der Rechtsstellung zu, wobei zwischen dem Statusverlust aufgrund der jeweiligen Berufsgesetze sowie des Disziplinarrechts und dem strafrechtlichen Berufsverbot differenziert wird (5. Teil B.). Dann werden die Vorschriften zu den entscheidenden Stellen zusammengeführt (5. Teil C.) und der Vergleichsteil schließlich mit einer Analyse des Verhältnisses der Tatbestände abgeschlossen (5. Teil D.).

A. Straftatbegehung vor Begründung der Rechtsstellung

Ein Hauptunterschied zwischen den Bewerbern für den öffentlichen Dienst und für einen freien Beruf ist der Prüfung der Berufszulassungsvoraussetzungen nachgelagert. Während im öffentlichen Dienst im Allgemeinen kein Rechtsanspruch auf Berufszulassung beim Nichtvorliegen von Versagungsgründen besteht[1178], ist dies bei freien Berufen der Fall. Im Gewerberecht wiederum ist grundsätzlich keine Erlaubnis notwendig; existiert ein solches Erfordernis, besitzt auch hier der Betreffende bei Erfüllen der Voraussetzungen einen Anspruch hierauf.

Ihren Hintergrund haben diese Unterschiede im Verfassungsrecht. Für die freien Berufe und im Gewerberecht ist allein das Grundrecht der Berufsfreiheit nach Art. 12 I GG maßgeblich. Sein Schutz bezieht sich auch auf den öffentli-

---

1178 Vgl. zum Beamtenrecht Wagner/Leppek, Beamtenrecht, Rn. 87; Battis, in: Achterberg/Püttner/Würtenberger, Bes. VerwR, § 31 Rn. 67.

chen Dienst, der Gewährleistungsbereich wird indes durch Art. 33 GG überlagert[1179]. Insbesondere kann der Beruf frei gewählt werden, der freie Zugang wird jedoch durch die staatliche Organisationsgewalt eingeschränkt[1180]. Auch für den staatlich gebundenen Beruf des Notars wird die Möglichkeit inhaltlicher Sonderregelungen in Anlehnung an Art. 33 (V) GG angesprochen[1181]; eine nähere Auseinandersetzung würde an dieser Stelle aber zu weit führen.

I. Voraussetzungen und Hindernisse der Statusbegründung

In allen betrachteten Rechtsgebieten existieren Voraussetzungen bzw. Hindernisse hinsichtlich der Berufszulassung, die sich - zumindest auch - auf in der Vergangenheit verwirklichte Straftaten beziehen. Der Unterschied zwischen den Regelungen für Angehörige des öffentlichen Dienstes sowie Notare auf der einen Seite und denen für Angehörige freier Berufe sowie erlaubnispflichtige Gewerbe auf der anderen Seite besteht darin, dass für die erste Gruppe nicht allein positive Voraussetzungen oder Hindernisse festgelegt werden, sondern Rechtsfolgeregelungen bestehen, aus denen weitere Voraussetzungen abgeleitet werden.

Dies trifft für die betrachteten freien Berufe grundsätzlich nicht zu; hier gibt es Voraussetzungen und Versagungstatbestände. Eine Ausnahme existiert nur im Recht für Steuerberater, da die Bestellung zurückzunehmen ist, wenn sie durch näher bezeichnete unlautere Mittel erwirkt wurde (§ 46 I StBerG). Für andere Berufsgruppen wird ein solcher Sachverhalt unter die jeweiligen Generalklauseln subsumiert[1182].

1. Verknüpfung mit strafbarem Verhalten

Erkennen lässt sich, dass bestimmte Voraussetzungen und Hindernisse direkt mit Straftaten verknüpft sind, während bei anderen ein eher indirekter Zusammenhang dazu besteht. Einen unmittelbaren Bezug zu strafbarem Verhalten weisen die Tatbestände auf, die bestimmte Delikte und Verurteilungen oder hiermit verbundene Folgen nennen.

1179 Vgl. hierzu BVerfGE 73, 301 (315); 7, 377 (398); vgl. auch Kluth, Jura 2001, 371 (372).

1180 BVerfGE 16, 6 (21); Gubelt, in: von Münch/Kunig, GG, Art. 12 Rn. 20.

1181 Vgl. näher hierzu BGHZ 38, 208 (220); BVerfGE 54, 237 (246); 73, 280 (292, 294f.); 80, 257 (265); vgl. auch Manssen, in: von Mangoldt/Klein/Starck, GG, Art. 12 Rn. 115, 47.

1182 Vgl. zum Anwaltsrecht Henssler, in: Henssler/Prütting, BRAO, § 14 BRAO Rn. 5.

Im Gegensatz dazu lässt sich eine mittelbare Verbindung in den Fällen bejahen, in denen sich ein Verbrechen oder Vergehen unter die jeweilige Vorschrift subsumieren lässt, diese aber auch oder sogar in erster Linie nicht strafbares Verhalten umfasst.

a. Direkte Anknüpfung

Direkt mit der Begehung von Straftaten ist die Regelung verknüpft, die sich auf die Fähigkeit zur Bekleidung öffentlicher Ämter des Betreffenden bezieht. Eine solche findet sich im Recht des öffentlichen Dienstes und im Notarrecht (vgl. § 13 I Nr. 3b) BBG, § 18 II Nr. 3 DRiG, § 38 I Nr. 2 SG, § 50 I Nr. 1 BNotO i.V.m. § 11 I Nr. 3b) BeamtStG). Für Rechtsanwalts-, Steuerberater- und Wirtschaftsprüferbewerber wird ebenfalls ein Versagungstatbestand für den Fall des Fehlens dieser Fähigkeit normiert (§ 7 Nr. 2 BRAO, § 40 II 2 Nr. 2 StBerG, § 16 I Nr. 2 WPO). Die Fähigkeit zur Bekleidung öffentlicher Ämter geht aufgrund strafgerichtlicher Entscheidung verloren bei einer Verurteilung wegen eines Verbrechens zu Freiheitsstrafe von mindestens einem Jahr (§ 45 I StGB) oder aufgrund besonderer Aberkennung (vgl. § 45 II StGB). Diese Varianten werden von allen Regelungen umfasst.

Da sich die genannten Vorschriften für Angehörige des öffentlichen Dienstes und Notare im Gegensatz zu denen für Angehörige freier Berufe nicht auf strafgerichtliche Entscheidungen beschränken, ist für diese Gruppen außerdem der - nie praktisch gewordene - Verlust aufgrund bundesverfassungsgerichtlicher Entscheidung möglich (§ 39 II BVerfGG).

Allein im Recht der untersuchten akademischen Heilberufe existiert kein derartiger Tatbestand. Sowohl die Bundesärzteordnung als auch das Gesetz über die Ausübung der Zahnheilkunde, die Bundes-Tierärzteordnung und die Bundes-Apothekerordnung[1183] sahen bis zum Ersten Gesetz zur Reform des Strafrechts im Jahr 1969[1184] als Erfordernis der Berufszulassung den Besitz der bürgerlichen Ehrenrechte vor.

Die entsprechenden Vorschriften wurden in den jeweiligen Gesetzesbegründungen nicht näher erläutert[1185] bzw. es wurde lediglich auf bestehende entsprechende Regelungen in diesem Rechtsbereich für einen längeren Zeitraum ver-

---

1183 Das Gesetz über die Berufe des Psychologischen Psychotherapeuten und des Kinder- und Jugendlichenpsychotherapeuten besteht erst seit dem 16.06.1998 (BGBl. I S. 1311).

1184 Gesetz vom 25.06.1969, BGBl. I S. 645.

1185 Vgl. BT-Drs. III/2745, S. 3, zu § 3 BÄO-E; BT-Drs. IV/2294, S. 5f., zu § 4 BTÄO-E; keine Begründung findet sich zum Entwurf eines Gesetzes über das Apothekenwesen, vgl. BT-Drs. III/570, vorherige Anträge führten nicht zum Gesetzesbeschluss, vgl. zu den Beschlüssen des Ausschusses für Gesundheitswesen BT-Drs. III/1769.

wiesen[1186]. Im Zuge der umfassenden Reform des Strafrechts wurden die Normierungen zum Verlust der bürgerlichen Ehrenrechte abgeschafft; nunmehr bestehen nur noch die im Vergleich zum alten Rechtszustand deutlich milderen Regelungen der §§ 45ff. StGB[1187]. Aufgrund dieser Aufgabe wurden die genannten berufsrechtlichen Vorschriften gestrichen[1188]. Weitergehend wurde darauf verwiesen, dass automatisch eintretende Folgen einer bestimmten Verurteilung mitunter sehr weit reichten, insbesondere in den heilberufsrechtlichen Gesetzen. Solche Vorschriften seien weitgehend ersatzlos zu beseitigen, nur soweit es sachgerecht erscheine, solle auf die Nachfolgevorschriften abgestellt werden[1189]. Eine derartige Erforderlichkeit wurde für die akademischen Heilberufe somit abgelehnt. Bisher von den speziellen Normierungen erfasste Sachverhalte konnten unter die jeweiligen Generalklauseln subsumiert werden, d.h. die notwendige Würdigkeit oder Zuverlässigkeit des Betreffenden verneinen lassen[1190].

Insgesamt wurden die Approbationsvoraussetzungen für die einzelnen betrachteten Berufsgruppen angeglichen. Das Gesetz über die Ausübung der Zahnheilkunde enthielt ursprünglich Vorschriften zur Versagung und Rücknahme der Bestallung, wenn der Betreffende wegen schwerer Verfehlungen strafgerichtlich rechtskräftig verurteilt wurde[1191]. Diese wurden unter Hinweis auf die Anpassung dieses Regelungskomplexes an die Bundesärzte- sowie Bundes-Tierärzteordnung im Jahr 1983 aufgegeben[1192].

Im Soldatenrecht stellen Ernennungshindernisse unmittelbar auf weitere Verurteilungen bzw. Maßregeln der Besserung und Sicherung ab, die aber keine Entsprechung in Regelungen für die anderen betrachteten Gruppen des öffentlichen Dienstes und für Notare finden. Zum einen ist Ernennungshindernis eine Verurteilung wegen eines Verbrechens zu Freiheitsstrafe von mindestens einem Jahr sowie zu Freiheitsstrafe wegen bestimmter vorsätzlich begangener Staatsschutzstraftaten (§ 38 I Nr. 1 SG). Die erste Alternative überschneidet sich damit teilweise mit der Vorschrift, die sich auf die fehlende Fähigkeit zur Bekleidung öffentlicher Ämter bezieht. Indes sind die Tatbestände nicht identisch und auch im sich überschneidenden Bereich unterscheiden sie sich hinsichtlich der Dauer

1186 Vgl. BT-Drs. I/2573, S. 5, zu § 3 ZHG-E.

1187 Vgl. näher LK-Theune, StGB, Vor §§ 45-45b, Rn. 1, 4.

1188 BT-Drs. V/4094, S. 53, 59, zu Art. 23, 26, 27, 73.

1189 Vgl. hierzu näher BT-Drs. V/4094, S. 15f., 50.

1190 Vgl. hierzu Etmer/Lundt/Schiwy, BÄO, § 5 S. 50 (6).

1191 Vgl. ZHG v. 31.03.1952, BGBl. I S. 221 (§§ 3 I Nr. 2, 4 I Nr. 3 ZHG a.F.); Umnummerierung durch das Erste Gesetz zur Reform des Strafrechts vom 25.06.1969, BGBl. I S. 645 (666).

1192 Vgl. BR-Drs. 197/82, S. 19, 26, 30; vgl. auch das Erste Gesetz zur Änderung des Gesetzes über die Ausübung der Zahnheilkunde vom 25.02.1983, BGBl. I S. 187.

der Relevanz der Verurteilung. Für den Verlust der Amtsfähigkeit gelten die Bestimmungen des Strafgesetzbuchs (vgl. §§ 45 I, II, 45b StGB), im anderen Fall die des Bundeszentralregistergesetzes (§§ 51 I, 52 I Nr. 4 BZRG). Zudem kann das Bundesministerium der Verteidigung in Einzelfällen Ausnahmen von dem Ernennungshindernis des § 38 I Nr. 1 SG zulassen (§ 38 III SG). Die Gesetzesbegründung geht davon aus, dass Straftaten, die vor 1945 begangen wurden, mittlerweile anders zu bewerten seien - dies spielt heutzutage keine Rolle mehr - oder eine Persönlichkeitsentwicklung vorliegen könnte[1193]. Durch diese Regelung kann die durch das Bundeszentralregistergesetz mögliche längere Relevanz der Verurteilung abgemildert werden. Die Fähigkeit zur Bekleidung öffentlicher Ämter wird nämlich demgegenüber relativ zeitnah, d.h spätestens nach fünf Jahren (§ 45 I, II StGB) wieder erworben, zudem ist eine vorzeitige Wiederverleihung denkbar (§ 45b StGB).

Zum anderen wird als Ernennungshindernis die Unterworfenheit unter eine Maßregel der Besserung und Sicherung nach §§ 64 bzw. 66 StGB genannt (vgl. § 38 I Nr. 3 SG). In der Gesetzesbegründung wird dies als ein klassischer Grund bezeichnet und nicht näher betrachtet[1194]. Ihm kommt kaum praktische Bedeutung zu, da eine Dienstleistung in diesen Fällen ohnehin nicht möglich ist[1195].

Teilweise wird § 38 SG als überflüssig angesehen. Über das Eignungserfordernis (vgl. § 37 I Nr. 3 SG) könnten die im Rahmen von § 38 SG bzw. § 48 SG (vgl. 2. Teil C. II. 2. a. aa.) relevanten Verurteilungen berücksichtigt werden. Das Soldatenrecht hätte sich auf eine den beamten- und richterrechtlichen Vorschriften entsprechende Regelung beschränken sollen[1196]. Obwohl das Soldatenrecht schon lange auf mehrere strafrechtliche Entscheidungen abstellt[1197], erscheint es nicht abwegig, die Normierung des § 38 SG auf die fehlende Fähigkeit zur Bekleidung öffentlicher Ämter zu begrenzen. Allerdings erscheint die dann möglicherweise erfolgende Subsumtion der entsprechenden Sachverhalte unter die - generalklauselartige - Eignungsvorschrift (§ 37 I Nr. 3 SG) nicht unbedingt sinnvoller. Dies gilt abgesehen davon, ob im Rahmen der Berufszulassung überhaupt Sachverhalte berücksichtigt werden sollten, die explizit erst in Vorschriften genannt werden, die sich auf den Verlust einer bestehenden Rechtsstellung beziehen (vgl. hierzu 2. Teil A. II. 1. b. und 3. Teil C. II. 1. b.). Möglicherweise könnten strengere Verhaltensanforderungen bei bestehender Berufsangehörigkeit zu bejahen sein.

1193 Vgl. BT-Drs. II/1700, S. 28, zu § 33 SG-E.

1194 Vgl. BT-Drs. II/1700, S. 28, zu § 33 SG-E.

1195 Sohm, in: Walz/Eichen/Sohm, SG, § 38 Rn. 18.

1196 Vgl. näher Vogelgesang, in: Franke/Weiß, GKÖD, § 38 SG Rn. 1.

1197 Vgl. nur BT-Drs. II/1700, S. 28, zu § 33 SG-E.

Weiter besteht eine unmittelbare Verknüpfung mit strafbarem Verhalten bei dem für Angehörige des öffentlichen Dienstes und für Notare vorgesehenen Rücknahme-, Entlassungs- bzw. Amtsenthebungstatbestand, der sich darauf bezieht, dass der Betreffende eine zu Unwürdigkeit führende Straftat begangen hat und eine Verurteilung erfolgte. Die richter- und die soldatenrechtliche Vorschrift stellen weiter darauf ab, dass der Betreffende „verurteilt war oder wird" (§ 19 I Nr. 4 DRiG, § 46 II 1 Nr. 3 SG). Die entsprechende Bestimmung des Bundesbeamtengesetzes hingegen enthält mittlerweile die Formulierung, dass der Betreffende „verurteilt ist", zudem wird die Nichtkenntnis der entscheidenden Stelle nicht mehr mit der zu Unwürdigkeit führenden Straftat, sondern mit der Verurteilung verknüpft (vgl. § 14 I Nr. 2 BBG; die für Notare wesentliche Normierung enthält eine gemischte Abfassung, vgl. § 50 I Nr. 2 BNotO i.V.m. § 12 I Nr. 2 BeamtStG); dieser Aspekt wird - soweit ersichtlich - nicht thematisiert.

Auch der Versagungsgrund hinsichtlich der Zulassung zur Rechtsanwaltschaft, wenn der Betreffende die freiheitliche demokratische Grundordnung in strafbarer Weise bekämpft (§ 7 Nr. 6 BRAO), bezieht sich unmittelbar auf strafbares Verhalten. Zwar kann auch im öffentlichen Dienst das Merkmal der Verfassungstreue durch Straftaten betroffen sein (vgl. für Beamte etwa 2. Teil A. II. 1. f.), für Rechtsanwaltsbewerber erfolgt indes eine diesbezügliche Beschränkung.

Schließlich lassen sich die Zulassungsvoraussetzungen für bestimmte erlaubnispflichtige Gewerbe nennen, die beispielhaft auf Verurteilungen wegen bestimmter Delikte abstellen (vgl. §§ 33c II 2, 34b IV Nr. 1, 34c II Nr. 1 GewO). Indes ist hier immer zu prüfen, ob tatsächlich die Zuverlässigkeit des Betreffenden zu verneinen ist (vgl. 4. Teil B. I. 1.).

b. Indirekte Anknüpfung

Die weiteren hier beleuchteten Tatbestände sind mit strafbarem Verhalten nur indirekt verknüpft. Hierzu zählt der Versagungsgrund für Rechtsanwalts- und Wirtschaftsprüferbewerber, der sich auf eine Verwirkungsentscheidung des BVerfG bezieht (§ 7 Nr. 1 BRAO, § 16 I Nr. 1 WPO).

Der entsprechende Versagungsgrund wurde mit Gesetz vom 03.09.2007[1198] in die Wirtschaftsprüferordnung aufgenommen. Zur Neufassung des § 16 WPO wird in der Begründung zum Gesetzentwurf der Bundesregierung angeführt, dass die Vorgängerregelung hauptsächlich auf die Tatbestände der Vorschrift verwies, welche umfangreiche Hindernisse für die Zulassung zur Prüfung ent-

1198 Gesetz zur Stärkung der Berufsaufsicht und zur Reform berufsrechtlicher Regelungen in der Wirtschaftsprüferordnung (Berufsaufsichtsreformgesetz - BARefG), BGBl. I S. 2178.

hielt (§ 10 WPO a.F.). Aufgrund der Abschaffung dieser Bestimmung müssten die vormals dort geregelten Gründe nun explizit als Versagungstatbestände hinsichtlich der Bestellung normiert werden[1199]. Indes bestand kein Prüfungszulassungshindernis, welches sich auf eine bundesverfassungsgerichtliche Verwirkungsentscheidung bezog. Wegen ihrer fehlenden praktischen Bedeutung bei gleichzeitig möglicher Subsumierbarkeit entsprechender Sachverhalte unter die Generalklauseln erschließt sich der Grund für die Aufnahme dieser Regelung nicht.

Weiter ist für Beamte eine vorangegangene Entfernung aus dem Beamtenverhältnis Ernennungshindernis (§ 10 VI 1. Hs. BDG), außerdem soll bei Nichtkenntnis des Dienstherrn hiervon die Ernennung zurückgenommen werden (§ 14 II 1 BBG). Voraussetzung der disziplinaren Entfernung aus dem Beamtenverhältnis ist ein Dienstvergehen, wobei dieser Begriff mit dem der Straftat nicht deckungsgleich ist. Die parallele fakultative Rücknahmevorschrift für die Ernennung eines Richters wird wegen der Anrechnungsmöglichkeit anderer beruflicher Tätigkeiten[1200] auf die disziplinar- bzw. berufsgerichtliche Entfernung aus weiteren Berufen ausgedehnt (vgl. § 19 II DRiG). Die entsprechende Regelung des Notarrechts (§ 50 II BNotO i.V.m. § 12 II 1 BeamtStG) sollte angepasst werden, da sie auf eine fakultative Rücknahme abstellt, das Beamtenstatusgesetz aber eine Soll-Vorschrift enthält.

Im Recht der freien Berufe finden sich vergleichbare Regelungen. Die Zulassung zur Rechtsanwaltschaft ist zu versagen, wenn in der Vergangenheit eine anwaltsgerichtliche Ausschließung erfolgte (vgl. § 7 Nr. 3 BRAO, zur Sperrfrist von acht Jahren siehe 3. Teil A. II. 1. c.). Gleiches gilt für die vorangegangene rechtskräftige Entlassung im Rahmen eines Richteranklageverfahrens oder eine disziplinare Entfernung aus dem Dienst in der Rechtspflege (§ 7 Nr. 4 BRAO). Die Schaffung eines Versagungsgrundes bei einer Entfernung aus dem Dienst in der Vergangenheit - entsprechende Sachverhalte konnten früher unter eine Generalklausel subsumiert werden - wurde mit Klarstellungszwecken begründet; die weitere Argumentation, dass ein „so schwer bestrafter Bewerber (...) die nach dem Berufsbild des Anwalts erforderliche Lauterkeit und Zuverlässigkeit nicht besitzen“ wird[1201], spricht indes für die Entbehrlichkeit der Regelung, sofern ein solcher berufsausübungsbezogener Versagungstatbestand normiert ist.

Im Recht der Steuerberater und Wirtschaftsprüfer wird eine berufsgerichtliche Ausschließung in der Vergangenheit nicht als ausdrückliches Berufs-

1199 Vgl. hierzu BT-Drs. 16/2858, S. 23.

1200 Vgl. schon BT-Drs. III/2785, S. 12, zu §§ 18b, 9 II DRiG-E; vgl. auch Schmidt/Räntsch, DRiG, § 19 Rn. 15.

1201 Vgl. BT-Drs. III/120, S. 56, zu § 19 BRAO-E.

zulassunghindernis genannt, aber auch hier gilt in diesen Fällen bezüglich einer angestrebten Wiederzulassung grundsätzlich eine Sperrfrist von acht Jahren (§ 48 I Nr. 2 StBerG, § 23 I Nr. 2 WPO). Hier ist der frühere Ausschluss damit wohl im Rahmen der generalklauselartigen Versagungstatbestände zu berücksichtigen. Weitergehende Vorschriften (vgl. etwa den früheren Versagungsgrund hinsichtlich der Zulassung zur Prüfung, wenn der Bewerber in einem Dienststrafverfahren rechtskräftig mit der Entfernung aus dem Dienst bestraft worden ist, § 10 I Nr. 2 WPO a.F.[1202]) bestehen aber nicht.

Außerdem ist die Ernennung eines Beamten und Richters zurückzunehmen bzw. ein Soldat zu entlassen, wenn die Ernennung mittels unlauterer Mittel herbeigeführt wurde (§ 14 I Nr. 1 BBG, § 19 I Nr. 3 DRiG, § 46 II 1 Nr. 2 SG); der Notar ist in diesem Fall seines Amtes zu entheben (§ 50 I Nr. 2 BNotO i.V.m. § 12 I Nr. 1 BeamtStG). Nur für Soldaten ist eine Ausnahme wegen besonderer Härte vorgesehen (§ 46 II 2 SG). Abgesehen von einer parallelen Normierung für Steuerberater (§ 46 I StBerG), findet sich keine entsprechende Vorschrift für andere freie Berufe; dieser Tatbestand wird unter die Generalklauseln subsumiert (vgl. schon 5. Teil A. I.).

Schließlich bestehen für jede betrachtete Berufsgruppe generalklauselartige Tatbestände, unter die ein strafbares Verhalten gefasst werden kann.

Die Regelungen für den öffentlichen Dienst und für Notare enthalten die Notwendigkeit der Eignung des Betreffenden (§ 9 S. 1 BBG, § 37 I Nr. 3 SG, § 6 I 1 BNotO); das Eignungserfordernis ergibt sich für Richter nicht unmittelbar aus einer Ernennungsvoraussetzung des Deutschen Richtergesetzes, gilt aber trotzdem (vgl. 2. Teil B. II. 1.). Zudem kann im öffentlichen Dienst die Voraussetzung der Gewähr der Verfassungstreue betroffen sein (vgl. 2. Teil A. II. 1. f., B. II. 1., C. II. 1. f.).

Die relevanten Tatbestände für die betrachteten freien Berufe stellen hingegen meist nicht explizit auf den Begriff der Eignung, sondern auf andere Ausdrücke ab. Der Rechtsanwaltsbewerber darf sich keines Verhaltens schuldig gemacht haben, das ihn unwürdig erscheinen lässt, den Beruf eines Rechtsanwaltes auszuüben (§ 7 Nr. 5 BRAO), der Steuerberaterbewerber darf sich nicht so verhalten haben, dass die Besorgnis begründet ist, er werde den Berufspflichten als Steuerberater nicht genügen (§ 40 II 2 Nr. 4 StBerG). Der Bewerber für einen akademischen Heilberuf darf sich wiederum nicht eines Verhaltens schuldig gemacht haben, aus dem sich seine Unwürdigkeit oder Unzuverlässigkeit zur

---

1202 Vgl. das Gesetz über eine Berufsordnung der Wirtschaftsprüfer (Wirtschaftsprüferordnung) vom 24.07.1961, BGBl. I S. 1049; die Regelung wurde abgeschafft durch das Gesetz zur Änderung der Wirtschaftsprüferordnung und anderer Gesetze vom 20.08.1975, BGBl. I S. 2258.

Berufsausübung ergibt (§ 3 I 1 Nr. 2 BÄO, § 2 I 1 Nr. 2 ZHG, § 4 I Nr. 2 BTÄO, § 2 I Nr. 3 PsychThG, § 4 I 1 Nr. 2 BApO); im Vertragsarztrecht können Straftaten zur Ungeeignetheit des Betreffenden führen (§ 21 Ärzte-/ Zahnärzte-ZV). Im Gewerberecht wird im Rahmen erlaubnispflichtiger Gewerbe auf die Zuverlässigkeit des Betreffenden abgestellt (vgl. etwa § 33a II Nr. 1, 33c II 1, 34b IV Nr. 1 GewO).

Die Vorschriften der Wirtschaftsprüferordnung sind insoweit besonders, als dieses Regelungswerk nicht nur eine generalklauselartige Bestimmung, sondern gleich mehrere enthält. Obligatorische Versagungsgründe für die Bestellung als Wirtschaftsprüfer liegen vor bei einem Verhalten, welches die Ausschließung aus dem Beruf rechtfertigen würde (§ 16 I Nr. 4 WPO), und wenn der Betreffende aus gesundheitlichen oder anderen Gründen nicht nur vorübergehend nicht in der Lage ist, den Beruf ordnungsgemäß auszuüben (§ 16 I Nr. 5 WPO). Zudem besteht ein fakultativer Versagungsgrund bei einem Verhalten, welches die Besorgnis begründet, der Betreffende werde den Berufspflichten als Wirtschaftsprüfer nicht genügen (§ 16 II WPO).

Die Generalklauseln der einzelnen Rechtsgebiete unterscheiden sich damit im Hinblick auf den Wortlaut durchaus voneinander. Allerdings stellen alle auf ein zugrunde liegendes tatsächliches Verhalten ab, unter das auch eine Straftat fallen kann. Außerdem ist ihnen allen gemein, dass sie schwierig auszufüllen sind, was auch durch die Entwicklung von Regelfällen kompensiert werden soll. Hierbei wird insbesondere auf Fehlverhaltensweisen mit besonderem Berufsbezug abgestellt. Da sich die Berufe von ihrem tatsächlichen Erscheinungsbild nicht entsprechen, können diese Bezugstaten variieren. Ein Unterschied zwischen den Tatbeständen besteht im Hinblick auf die Prognose zukünftigen Verhaltens. Einer solchen bedarf es nicht im Rahmen der Prüfung der Unwürdigkeit von Rechtsanwaltsbewerbern und im Recht der akademischen Heilberufe. Die Besorgnis des Nichtgenügens von Berufspflichten bei Steuerberater- und Wirtschaftsprüferbewerbern sowie die Unzuverlässigkeit im Heilberufs- und Gewerberecht erfordern indes eine solche Prognose; dies gilt auch für die Normierung im Recht der Wirtschaftsprüfer, die sich darauf bezieht, dass der Betreffende aus anderen Gründen nicht nur vorübergehend nicht in der Lage ist, den Beruf ordnungsgemäß auszuüben - hier abgeleitet aus dem Wortlaut - und die Ungeeignetheit im Vertragsarztrecht.

2. Bestimmtheit der Regelungen

Die Tatbestandsmerkmale gesetzlicher Normierungen weisen eine unterschiedliche inhaltliche Präzision auf[1203]. Während einige Vorschriften teilweise klar be-

1203 Maurer, Allg. VerwR, § 7 Rn. 27.

stimmte Begriffe enthalten, weisen andere Bestimmungen ein höheres Maß an Abstraktheit auf, womit Schwierigkeiten der Ausfüllung verbunden sind.

Genau bestimmt sind die Vorschriften, die sich auf vorangegangene gerichtliche Entscheidungen beziehen. Dies trifft auf die Normen zu, die das Erfordernis der Fähigkeit zur Bekleidung öffentlicher Ämter enthalten (5. Teil A. I. 1. a.), und auf die soldatenrechtlichen Regelungen bezüglich weiterer Verurteilungen sowie gewisser Maßnahmen der Besserung und Sicherung (§ 38 I Nr. 1, 3 SG). Ebenfalls hierunter zu fassen sind die Tatbestände, die den Verlust einer Berufszugehörigkeit in der Vergangenheit nennen (vgl. näher 5. Teil A. I. 1. b.), sowie die Versagungsgründe, die auf eine bundesverfassungsgerichtliche Verwirkungsentscheidung verweisen (§ 7 Nr. 1 BRAO, § 16 I Nr. 1 WPO).

Davon abzugrenzen sind die Bestimmungen, die generalklauselartige Formulierungen enthalten, also unbestimmte Rechtsbegriffe[1204]. Deren Gemeinsamkeit besteht in dem hiermit verbundenen erheblichen Maß an Anwendungsanstrengungen[1205]. Das Problem des Begriffs des unbestimmten Rechtsbegriffs besteht darin, dass sein Inhalt grundsätzlich nicht mittels einer Definition, sondern durch Beispiele veranschaulicht wird[1206], verschiedene Quellen verweisen immer wieder auf die gleichen Ausdrücke. Im Rahmen dieser Untersuchung werden relevant die Begriffe der Eignung (§ 9 S. 1 BBG, § 37 I Nr. 3 SG, § 6 I 1 BNotO) bzw. Ungeeignetheit (§ 21 Ärzte-/ Zahnärzte-ZV), freiheitlichen demokratischen Grundordnung (§ 7 I Nr. 2 BBG, § 9 Nr. 2 DRiG, § 37 I Nr. 2 SG, § 7 Nr. 6 BRAO), (Un)Zuverlässigkeit (§ 3 I 1 Nr. 2 BÄO, § 2 I 1 Nr. 2 ZHG, § 4 I Nr. 2 BTÄO, § 2 I Nr. 3 PsychThG, § 4 I 1 Nr. 2 BApO, §§ 33 c II 1, 34b IV Nr. 1, 34c II Nr. 1 GewO) und Unwürdigkeit (§ 14 I Nr. 2 BBG, § 19 I Nr. 4 DRiG, § 46 II 1 Nr. 3 SG, § 50 I Nr. 2 BNotO i.V.m. § 12 I Nr. 2 BeamtStG, § 7 Nr. 5 BRAO, § 3 I 1 Nr. 2 BÄO, § 2 I 1 Nr. 2 ZHG, § 4 I Nr. 2 BTÄO, § 2 I Nr. 3 PsychThG, § 4 I 1 Nr. 2 BApO).

Aber auch die weiteren Versagungsgründe für eine Berufszulassung mit generalklauselartigen Formulierungen sind entsprechend vage. Hierbei handelt es sich um die Besorgnis, der Betreffende werde den Berufspflichten nicht genügen (§ 40 II 2 Nr. 4 StBerG, § 16 II WPO), die nicht nur vorübergehende fehlende Lage zur ordnungsgemäßen Berufsausübung (§ 16 I Nr. 5 WPO) sowie ein die Ausschließung aus dem Beruf rechtfertigendes Verhalten (§ 16 I Nr. 4 WPO).

Teilweise wird im Rahmen der unbestimmten Rechtsbegriffe ein Beurteilungsspielraum der zunächst entscheidenden Stelle - verbunden mit einge-

---

1204 Vgl. Erbguth, Allg. VerwR, § 14 Rn. 26.
1205 Jestaedt, in: Erichsen/Ehlers, Allg. VerwR, § 11 Rn. 23.
1206 Jestaedt, in: Erichsen/Ehlers, Allg. VerwR, § 11 Rn. 23.

schränkter gerichtlicher Nachprüfbarkeit - anerkannt. Dies trifft im Recht des öffentlichen Dienstes auf die Prüfung von Eignung und Verfassungstreue des Bewerbers zu[1207]. Im Notarrecht wird ein solcher zwar für die Interpretation der persönlichen Eignung abgelehnt, für die sich anschließende Prognose aber bejaht. Bezüglich des Begriffs der Unwürdigkeit (vgl. die Rücknahme-, Entlassungs- bzw. Amtsenthebungsvorschriften nach § 14 I Nr. 2 BBG, § 19 I Nr. 4 DRiG, § 46 II 1 Nr. 3 SG bzw. § 50 I Nr. 2 BNotO i.V.m. § 12 I Nr. 2 BeamtStG) ist der entscheidenden Stelle jedoch ein Beurteilungsspielraum verwehrt.

Die Anerkennung eines solchen Beurteilungsspielraums hängt indes nicht unbedingt davon ab, ob der jeweilige Begriff lediglich eine Wertung erfordert (so etwa im Rahmen der Prüfung der Unwürdigkeit) oder ob auch eine Prognose hinsichtlich zukünftigen Verhaltens anzustellen ist (dies gilt etwa für die Prüfung von Eignung bzw. Verfassungstreue).

Zum einen schließt ein wertungsabhängiger Begriff ein Prognoseerfordernis nicht aus[1208]; zum anderen wird im Rahmen aller generalklauselartiger Versagungsgründe hinsichtlich der Zulassung zu einem freien Beruf ein Beurteilungsspielraum verneint, unabhängig davon, ob nur eine Wertung erfolgt (vgl. etwa zur Unwürdigkeit im Heilberufs- bzw. im Anwaltsrecht 3. Teil E. II. 1. bzw. A. II. 1. e.) oder eine Prognose bezogen auf zukünftiges Verhalten erforderlich ist (vgl. beispielsweise zur Unzuverlässigkeit im Heilberufsrecht 3. Teil E. II. 1.), dies gilt auch im Gewerberecht (vgl. zum Begriff der Unzuverlässigkeit 4. Teil B. I.).

Diese unterschiedliche Behandlung wird - die Prognose bezieht sich zudem häufig auf einen längeren Erkenntnisprozess - kritisiert[1209]. Es existieren mehrere Indizien für bzw. gegen die Anerkennung eines Beurteilungsspielraums und verschiedene Fallgruppen, in denen ein solcher bejaht wird[1210]. Insbesondere kann eine etwaige Grundrechtsbetroffenheit - abhängig von der jeweiligen Eingriffsintensität - gegen die Anerkennung eines Beurteilungsspielraums spre-

1207 Vgl. 2. Teil A. II. 1 e., f., B. II. 1., C. II. 1. d., e.; außerdem Erbguth, Allg. VerwR, § 14 Rn. 32.

1208 Zum teils wertenden, teils prognostischen Charakter der Bewährungsfeststellung vgl. nur BVerwGE 106, 263 (267), zum NBG.

1209 Vgl. Oswald, Rechtsstellung, S. 88f., bezieht sich auf die Entlassung wegen fehlender Bewährung eines Probebeamten und eine Gewerbeuntersagung wegen Unzuverlässigkeit.

1210 Vgl. Jestaedt, in: Erichsen/Ehlers, Allg. VerwR, § 11 Rn. 51ff. bzw. 45ff.

chen[1211]. Die Versagungsgründe betreffen die Berufswahl und damit das Grundrecht der Berufsfreiheit (Art. 12 I GG) auf der eingriffsstärksten Stufe[1212].

Die Ablehnung eines Beurteilungsspielraums im Gewerberecht wird abgesehen von der hohen Eingriffsintensität einer Gewerbeuntersagung - diese bezieht sich auf denselben Begriff wie die Voraussetzungen für die Erlaubnis - damit begründet, dass die Ermittlung der Tatsachen und deren prognostische Bewertung kein besonderes, den Gerichten nicht zugängliches Erfahrungswissen voraussetzten; es handele sich nicht um wegen ihrer Einmaligkeit und Höchstpersönlichkeit gerichtlich nicht authentisch nachvollziehbare Entscheidungen[1213]. Für die Gewährung eines Beurteilungsspielraums im Rahmen der Eignungsprüfung im öffentlichen Dienst wird demgegenüber angeführt, dass sich die Merkmale auf ein vom Dienstherrn festgelegtes Anforderungsprofil bezögen, und wegen des wertenden und zugleich prognostischen Charakters der Entscheidung nur der Dienstherr den Gleichbehandlungsanspruch hinsichtlich des Ämterzugangs wahren könne[1214]. Nichtsdestotrotz wird überlegt, ob der Beurteilungsspielraum enger zu fassen ist[1215]. Dies erscheint gerade im Hinblick auf die charakterliche Eignung, die auch durch strafbares Verhalten in Frage gestellt sein kann, einleuchtend, wenn man sie im Zusammenhang mit dem Merkmal der Würdigkeit sieht[1216].

3. Zeitliche Berücksichtigung

Den Voraussetzungen bzw. Hindernissen liegen jeweils bestimmte Verhaltensweisen bzw. Entscheidungen zugrunde, welche für einen verschieden langen Zeitraum berücksichtigt werden können.

Bei der Verurteilung wegen eines Verbrechens zu Freiheitsstrafe von mindestens einem Jahr verliert der Betreffende die Fähigkeit zur Bekleidung öffentlicher Ämter für fünf Jahre (§ 45 I StGB), die Aberkennung im Einzelfall wird für die Dauer von zwei bis fünf Jahren ausgesprochen (§ 45 II StGB), in jedem

---

1211 Jestaedt, in: Erichsen/Ehlers, Allg. VerwR, § 11 Rn. 53.

1212 Im Vertragsarztrecht ist zwar nicht die Stufe der Berufswahl betroffen, es handelt sich aber um eine berufswahlnahe Regelung (vgl. 1. Teil A.).

1213 Vgl. Schaeffer, WiVerw. 1982, 100 (101); dies ist die Begründung für anerkannte Beispiele, in denen ein Beurteilungsspielraum eingeräumt wird.

1214 Vgl. hierzu Jestaedt, in: Erichsen/Ehlers, Allg. VerwR, § 11 Rn. 48; vgl. zur Bewährung im Rahmen der diesbezüglichen Entlassungsvorschrift auch BVerwGE 106, 263 (267f.), zum NBG.

1215 Vgl. Jestaedt, in: Erichsen/Ehlers, Allg. VerwR, § 11 Rn. 48; vgl. auch Oswald, Rechtsstellung, S. 89.

1216 Vgl. hierzu Niedersächsisches OVG, U.v. 27.11.2002 (5 LB 114/02), juris, Rn. 36.

Fall besteht die Möglichkeit einer vorzeitigen Wiederverleihung (vgl. § 45b StGB).

Für weitere Verurteilungen, auf die sich § 38 I Nr. 1 SG bezieht, enthält das Bundeszentralregistergesetz Regelungen hinsichtlich der maximalen zeitlichen Berücksichtigungsmöglichkeit. Zu beachten ist das allgemeine Vorhalte- und Verwertungsverbot (§ 51 I BZRG), sobald die Eintragung über eine Verurteilung im Register getilgt worden oder zu tilgen ist. Eintragungen über Verurteilungen werden grundsätzlich nach Ablauf einer bestimmten Frist getilgt (§ 45 I BZRG, vgl. die Ausnahmen nach § 45 III BZRG), wobei die Tilgungsfrist fünf bis zwanzig Jahre beträgt (§ 46 I BZRG). Allerdings darf die Tat für die Einstellung in den öffentlichen Dienst auch zeitlich länger berücksichtigt werden, wenn die Einstellung sonst zu einer erheblichen Gefährdung der Allgemeinheit führen würde (§ 52 I Nr. 4 BZRG).

Hindernis der Berufung im Soldatenrecht ist weiter, wenn der Betreffende einer Maßregel der Besserung und Sicherung nach §§ 64 oder 66 StGB unterworfen ist, solange diese nicht erledigt ist (§ 38 I Nr. 3 SG). Für die Unterbringung kann nicht bereits im Urteil eine bestimmte Zeit festgesetzt werden, sie muss so lange dauern, wie es zum Schutz der Allgemeinheit vor dem Betreffenden erforderlich ist[1217]. Die Unterbringung in einer Entziehungsanstalt (§ 64 StGB) darf grundsätzlich zwei Jahre nicht überschreiten (§ 67d I 1 StGB, vgl. § 67d I 3 StGB zur Verlängerung[1218] und § 67d V StGB zur Erledigterklärung). Spätestens mit Ablauf der Höchstfrist wird der Betreffende entlassen und die Maßregel ist damit erledigt (§ 67d IV 1, 2 StGB). Für die Unterbringung in der Sicherungsverwahrung (§ 66 StGB) über zehn Jahre hinaus müssen bestimmte Voraussetzungen vorliegen, ansonsten muss diese für erledigt erklärt werden (vgl. näher § 67d III 1 StGB). Es handelt sich damit nicht um eine absolute Höchstgrenze, vorher wird aber auch kaum Erledigung in Betracht kommen[1219].

Die Verwirkung eines Grundrechts (vgl. § 7 Nr. 1 BRAO, § 16 I Nr. 1 WPO) kann auf gewisse Zeit befristet werden, wobei eine Mindestdauer von einem Jahr festgelegt wird (vgl. § 39 I 2 BVerfGG). Ist sie unbefristet oder für länger als ein Jahr ausgesprochen, ist ihre Aufhebung bzw. Abkürzung möglich (vgl. § 40 BVerfGG). Im Rahmen des Versagungsgrundes, der sich auf die strafbare Bekämpfung der freiheitlichen demokratischen Grundordnung bezieht (§ 7 Nr. 6 BRAO), ist ihre Fortdauer zu prüfen.

Bei den Tatbeständen im Recht der freien Berufe sowie im Gewerberecht, die den Charakter von Generalklauseln besitzen (vgl. zur Unwürdigkeit § 7 Nr. 5

1217 Schönke/Schröder-Stree/Kinzig, StGB, § 67d Rn. 1.

1218 Vgl. hierzu nur Schönke/Schröder-Stree/Kinzig, StGB, § 67d Rn. 4.

1219 Vgl. MüKo-Veh, StGB, § 67d Rn. 35.

BRAO, § 3 I 1 Nr. 2 BÄO, zur (Un)Zuverlässigkeit § 3 I 1 Nr. 2 BÄO, §§ 33 c II 1, 34b IV Nr. 1 GewO), kann das in Bezug genommene Fehlverhalten in der Vergangenheit durch Zeitablauf und Wohlverhalten an Bedeutung verlieren mit der Folge, dass der Bewerber wieder würdig, zuverlässig usw. wird. Da die jeweiligen Bestimmungen eine Betrachtung der Persönlichkeit bzw. der Einzelfallumstände erfordern, ist folgerichtig, dass eine pauschale Zeitangabe nicht möglich ist. Einen äußeren zeitlichen Rahmen für die Berücksichtigung von Straftaten setzen die Vorschriften des Bundeszentralregistergesetzes. Zudem wurden von Rechtsprechung und Literatur weitere Grundlinien für die zeitliche Relevanz entwickelt (vgl. nur 3. Teil A. II. 1. e., E. II. 1.).

Auch im Rahmen der Prüfung der Eignung sowie der Verfassungstreue, welche für die betrachteten Berufsgruppen des öffentlichen Dienstes und im Notarrecht wesentlich sind, sind für die Verwertung von Verurteilungen die Grenzen des Bundeszentralregistergesetzes zu beachten; länger zurückliegende Straftaten können die erforderliche negative Prognose immer weniger rechtfertigen.

Die Regelungen, die auf die Herbeiführung der Berufszulassung mittels unlauterer Mittel abstellen (§ 14 I Nr. 1 BBG, § 19 I Nr. 3 DRiG, § 46 II 1 Nr. 2 SG, § 50 I Nr. 2 BNotO i.V.m. § 12 I Nr. 1 BeamtStG, § 46 I StBerG), beziehen sich allein auf die konkrete Zulassung. Nach dem Verlust des Status kann sich der Betreffende um erneute Aufnahme in den Kreis der Berufsangehörigen bemühen.

Besonders sind die Vorschriften, die sich auf eine in der Vergangenheit erfolgte disziplinarische Entfernung aus dem Dienst bzw. berufsgerichtliche Ausschließung aus dem Beruf beziehen. Der entsprechende Versagungsgrund hinsichtlich der Zulassung zur Rechtsanwaltschaft war zunächst als dauerhafter Hinderungsgrund gefasst. Da jedoch ein lebenslanger Ausschluss nach einer Entscheidung des BVerfG mit dem Grundrecht der Berufsfreiheit (Art. 12 I GG) nicht zu vereinbaren ist[1220] - denkbar waren etwa eine Befristung der Maßnahme oder die Eröffnung einer Wiederzulassungsmöglichkeit[1221] -, wurde die Regelung um eine Sperrfrist von acht Jahren ergänzt (vgl. § 7 Nr. 3 BRAO). Die Vorschrift, die sich auf eine frühere Entfernung aus dem Dienst in der Rechtspflege bezieht (§ 7 Nr. 4 BRAO), enthält keine solche Frist; sie ist verfassungskonform auszulegen (vgl. 3. Teil A. II. 1. d.).

Für Steuerberater- und Wirtschaftsprüferbewerber existiert kein derartiger expliziter Versagungsgrund, aber auch in diesen Rechtsgebieten wird für eine Wiederbestellung eine Sperrfrist normiert (§ 48 I Nr. 2 StBerG, § 23 I Nr. 2

1220 Vgl. BVerfGE 72, 51ff. (insb. 63f.).

1221 Vgl. zu denkbaren Möglichkeiten bereits BVerfGE 66, 337ff. (insb. 362f.).

WPO). Früher war lediglich der - immer noch mögliche - Erlass auf dem Gnadenweg[1222] vorgesehen, diese Möglichkeit besteht auch für Rechtsanwälte[1223]. Wegen der oben erläuterten Bedenken des BVerfG wurden die entsprechenden Normen neu gefasst[1224]. Eine berufsgerichtliche Ausschließung in der Vergangenheit stellt im Recht der freien Berufe damit zwar ein längeres, aber kein lebenslanges Hindernis für die Berufszulassung dar. Nach einer Gewerbeuntersagung (§ 35 I 1 GewO) kann dem Betreffenden ebenfalls die Ausübung des Gewerbes wieder gestattet werden (§ 35 VIII GewO).

Im Beamten-, Richter- und Notarrecht bestehen fakultative Rücknahme- bzw. Amtsenthebungstatbestände für den Fall, dass im Zeitpunkt der Ernennung nicht bekannt war, dass der Betreffende in der Vergangenheit disziplinarisch aus dem Dienst bzw. Amt entfernt worden war (vgl. § 14 II 1 BBG [„soll"], § 19 II Nr. 2 DRiG [„kann"], § 50 II BNotO i.V.m. § 12 II 1 BeamtStG [„soll"]). Grundsätzlich soll es sich um ein dauerhaftes Ernennungshindernis handeln, eine Wiederzulassung wurde lange Zeit aber nicht ausdrücklich ausgeschlossen. Gleiches gilt im Soldatenrecht trotz fehlender Regelung[1225]. In jedem Rechtsgebiet ist natürlich eine Begnadigung möglich (vgl. nur § 81 BDG, § 19 WDO).

Wesentlich ist nun die seit 2002 geltende[1226] gesetzliche Normierung eines zwingenden Wiederernennungsverbots als Beamter für den Fall einer disziplinaren Entfernung aus dem Dienst in der Vergangenheit (§ 10 VI 1. Hs. BDG). Im Gesetzentwurf war zunächst eine Soll-Regelung vorgesehen, die verdeutlichen sollte, dass eine erneute Ernennung zum Beamten bzw. die Begründung eines anderweitigen Beschäftigungsverhältnisses nur unter außergewöhnlichen Umständen in Betracht kommen könne[1227]. Auf Anregung des Bundesrates wurde im Gesetzgebungsverfahren die Regelung hinsichtlich einer erstrebten Wiederernennung aber zu einer zwingenden Vorschrift abgeändert mit der Folge, dass die Höchstmaßnahme amtsunfähig macht; ausnahmsweise ist die Weiterbeschäftigung als Arbeitnehmer im öffentlichen Dienst möglich (vgl. hierzu die Soll-Normierung des § 10 VI 2. Hs. BDG)[1228].

1222 Vgl. hierzu Gehre/Koslowski, StBerG, § 48 Rn. 7, zum Steuerberater.

1223 BGH, BRAK-Mitt. 1996, 121 (121).

1224 Vgl. BR-Drs. 515/88, S. 57, zu § 48 StBerG-E; BR-Drs. 10/90, S. 23, zu § 23 WPO-E.

1225 Nach Dau, WDO, § 63 Rn. 6, soll ein aufgrund disziplinargerichtlicher Verurteilung ausgeschiedener Soldat grundsätzlich nicht wieder in der Bundeswehr als Arbeitnehmer beschäftigt werden.

1226 Vgl. das Gesetz zur Neuordnung des Bundesdisziplinarrechts vom 09.07.2001, BGBl. I S. 1510.

1227 Vgl. BT-Drs. 14/4659, S. 37.

1228 Vgl. hierzu BT-Drs. 14/5529, S. 62; Weiß, ZBR 2002, 17 (21f.).

Zwar bezieht sich die Regelung nur auf den Bundesdienst[1229], das Einstellungsermessen ist durch die Norm auf der Landesebene nicht gebunden[1230]. Auf die Möglichkeit der Neuberufung in den Landes- oder Kommunaldienst wird auch hingewiesen[1231]. Indes zeigt ein Vergleich der relevanten Regelungen für Landesbeamte, dass häufig zwingende Hindernisse für den Fall einer früheren disziplinaren Entfernung bestehen[1232]. Andere Regelungskomplexe enthalten allerdings insoweit eine Soll-Regelung[1233] oder den Hinweis darauf, dass in (besonders begründeten) Ausnahmefällen eine Ernennung möglich ist[1234].

Soweit ersichtlich, wird die Regelung des § 10 VI 1. Hs. BDG trotzdem kaum kritisiert[1235]. Der mit Verhängung der Höchstmaßnahme eintretende Ehrverlust soll zur Unwürdigkeit führen, noch einmal Beamter im Bundesdienst zu werden[1236]. Auch wird vertreten, dass sich aus der Begründung der Vorschrift die Möglichkeit der Wiederernennung in außergewöhnlichen Ausnahmefällen ergebe[1237]; hiergegen spricht aber die explizit vorgenommene Unterscheidung zwischen einem Beamtenverhältnis und anderen Beschäftigungsverhältnissen während des Gesetzgebungsverfahrens.

Die Fassung ohne jegliche Ausnahmemöglichkeit ist mehr als bedenklich. Es sind Sachverhalte vorstellbar, in denen nach längerem Zeitablauf die Eignung nicht mehr zu verneinen ist, so dass die existierende Regelung unverhältnismäßig erscheint und mit dem Recht auf eignungsgemäß gleichen Zugang zu öffentlichen Ämtern kaum zu vereinbaren ist[1238].

Hinterfragenswert ist außerdem, wieso die frühere disziplinargerichtliche Entfernung ein zwingendes dauerhaftes Hindernis für eine Wiederernennung darstellen soll, während für den automatischen Verlust des Status aufgrund bestimmter Verurteilungen (vgl. nur § 41 BBG) ein solches nicht vorgesehen ist, der Verlust aber wiederum damit gerechtfertigt wird, dass in diesen Fällen im-

---

1229 Lemhöfer, RiA 2002, 53 (56); Weiß, ZBR 2002, 17 (22).

1230 Vgl. Weiß, in: Franke/Weiß, GKÖD, § 10 BDG Rn. 134.

1231 Bauschke/Weber, BDG, § 10 Rn. 28.

1232 Vgl. § 13 VI HDG, § 10 VI DG LSA, § 10 VI SächsDG, § 11 VI NDiszG, § 10 VI SDG, § 10 VI LDG SH, Art. 11 VI 1 BayDG, § 10 VI BremDG, § 10 VI DiszG Berlin.

1233 § 8 V LDG RP, § 8 IV ThürDG.

1234 § 31 III 1 LDG BW, § 8 II 1 HmbDG, § 10 VI 1 LDG Brandenburg, vgl. auch § 12 VI 1, 2 LDG M-V, § 10 VI 1 LDG NRW.

1235 Vgl. aber Lemhöfer, RiA 2002, 53 (56); siehe auch Weiß, in: Franke/Weiß, GKÖD, § 10 BDG Rn. 134, 61.

1236 Vgl. hierzu Weiß, in: Franke/Weiß, GKÖD, § 10 BDG Rn. 134.

1237 Hummel, in: Hummel/Köhler/Mayer, BDG, Dritter Teil, § 11 BDG Rn. 13; vgl. zu dieser Möglichkeit auch Ebert, Disziplinarrecht, S. 128f.

1238 Vgl. hierzu Lemhöfer, RiA 2002, 53 (56); a.A. Juncker, ZBR 2009, 289 (296): Vorschrift verfassungsgemäß.

mer ein Dienstvergehen vorliege, welches zur Entfernung aus dem Beamtenverhältnis führen müsste (vgl. 5. Teil B. IV. 1. a.). Indes ist auch in diesen Fällen eine erneute Berufszulassung nicht unproblematisch, da fraglich ist, ob die Ernennungsvoraussetzung der Würdigkeit vorliegt[1239].

Auch in den anderen Rechtsgebieten sind solche dauerhaften Hindernisse für eine erneute Berufszulassung abzulehnen. Zwar wird etwa im Notarrecht wegen der Stellung des Notars als Träger eines öffentlichen Amtes nach einer früheren Entfernung aus dem Amt oder einem Amtsverlust (§ 49 BNotO) davon ausgegangen, dass in der Regel eine neuerliche Bestellung ausscheide, weil in diesen Fällen auf Dauer die erforderliche Eignung i.S.v. § 6 BNotO fehle[1240]. Überzeugend erscheint aber, auch hier den Einzelfall zu betrachten[1241], da ein ausdrücklicher Ausschlusstatbestand nicht besteht.

Denkbar wäre auch im Bereich des Rechts des öffentlichen Dienstes und im Notarrecht die Einführung einer expliziten Sperrfrist bei entsprechendem Statusverlust in der Vergangenheit[1242].

II. Rechtsfolgenstruktur der Regelungen

Auch die Rechtsfolgenstruktur unterscheidet sich für die betrachteten Rechtsgebiete. Die Vorschriften für den öffentlichen Dienst sind in der Hinsicht kompliziert, dass nicht allein Voraussetzungen bzw. Hindernisse, sondern auch sog. negative Voraussetzungen normiert werden (vgl. 2. Teil A. II. 1., B. II. 1., C. II. 1.). Zudem sind für fehlerhafte Ernennungen unterschiedliche Rechtsfolgen vorgesehen. Für den Bereich der freien Berufe finden sich hingegen lediglich Versagungsgründe und Rücknahmemöglichkeiten; dies gilt auch für erlaubnispflichtige Gewerbetätigkeiten.

Die Normierungen des Beamtenrechts sehen für hier relevante fehlerhafte Ernennungen die Nichtigkeit der Ernennung (§ 13 I Nr. 3b) BBG), ihre obligatorische (§ 14 I Nr. 1, 2 BBG) und fakultative Rücknahme (§ 14 II 1 BBG) oder keine Konsequenz (§§ 9 S. 1, 7 I Nr. 2 BBG) vor. Die Unterteilung in verschiedene Rechtsfolgen weist auf die unterschiedliche Schwere der Fehler hin[1243],

1239 Vgl. Juncker, ZBR 2009, 289 (296), zu einem Verlust nach § 48 S. 1 BBG a.F.

1240 Vgl. Eylmann/Vaasen-Stockebrand, BNotO, § 97 Rn. 41 (nur zur Entfernung aus dem Amt); vgl. auch Lemke, in: Bracker, BNotO, § 97 Rn. 20.

1241 Vgl. bereits Eylmann/Vaasen-Stockebrand, BNotO, § 97 Rn. 41; vorsichtiger Lemke, in: Bracker, BNotO, § 97 Rn. 20.

1242 Vgl. etwa § 31 III 2 LDG BW: nach der Entfernung aus dem Beamtenverhältnis ist eine erneute Ernennung frühestens fünf Jahre seit Unanfechtbarkeit der Disziplinarverfügung zulässig.

1243 Zum DRiG vgl. Staats, DRiG, § 18 Rn. 1, § 19 Rn. 1.

wobei Nichtigkeits- und Rücknahmetatbestände auf besonders schwerwiegende Mängel beschränkt sind[1244]. Entsprechendes gilt für die parallelen Vorschriften des Richterrechts (§§ 18 II Nr. 3, 19 I Nr. 3, 4, 19 II, 9 Nr. 2 DRiG), die sich wegen der Eigenständigkeit des Richterverhältnisses in einem eigenen Regelungskomplex befinden[1245].

Die inhaltlichen Bestimmungen des Soldatenrechts sind in weiten Teilen identisch (im Rahmen des § 38 I SG sind allerdings außer der fehlenden Fähigkeit zur Bekleidung öffentlicher Ämter noch weitere Verurteilungen sowie Maßregeln der Besserung und Sicherung relevant, vgl. weiter §§ 46 II 1 Nr. 2, 3, 37 I Nr. 3, 2 SG), die Rechtsfolgenstruktur weicht aber ab. Zwar entsprechen sich die mit Rechtsfolgen verknüpften relevanten Tatbestände für Beamte und Richter auf der einen und für Soldaten auf der anderen Seite, das Soldatenrecht differenziert aber nur zwischen Gründen, die zur Entlassung führen, und solchen, bei denen das nicht der Fall ist. Damit erscheint das Ernennungshindernis der fehlenden Fähigkeit zur Bekleidung öffentlicher Ämter für Beamte und Richter schärfer, da es für diese zur Nichtigkeit der Ernennung, für Soldaten „nur" zur Entlassung führt[1246]. Entsprechendes gilt für die Tatbestände, die sich auf die Herbeiführung der Ernennung durch unlautere Mittel und die Unwürdigkeit des Betreffenden beziehen. Hier sieht das Beamten- und Richterrecht die Rücknahme der Ernennung, das Soldatenrecht hingegen die Entlassung vor. Der Grund für die unterschiedliche Regelung liegt in militärischen Erfordernissen. Bis zur Entlassung behält der Soldat seine Rechtsstellung, ist den soldatischen Pflichten unterworfen und sein völkerrechtlicher Schutz sichergestellt[1247].

Auch die inhaltliche Normierung für Notare stimmt wegen des Verweises auf Landesbeamtenrecht mit den Regelungen für Beamte und Richter überein, von der Rechtsfolgenstruktur her besteht indes eine Parallele zum Soldatenrecht, denn mögliche Folge ist lediglich die Amtsenthebung. Auch in diesem Rechtsbereich ist für eine Ernennung trotz fehlender Eignung keine Konsequenz vorgesehen (3. Teil B. II. 1.).

Bei der Zulassung zu einem freien Beruf und einem erlaubnispflichtigen Gewerbe ist lediglich zwischen der bestehenden und der fehlenden Rücknahmemöglichkeit zu unterscheiden. Diesbezügliche Regelungen weichen voneinander ab.

Die Rücknahme der Zulassung zur Rechtsanwaltschaft bzw. der Bestellung als Wirtschaftsprüfer ist nur möglich, wenn Tatsachen nachträglich bekannt

---

1244 BVerwG, B.v. 22.03.1985 (2 B 17/85), juris, Rn. 3, zum Richterrecht.

1245 Gerner/Decker/Kauffmann, DRiG, Einleitung, S. 57f.

1246 Vgl. Sohm, in: Walz/Eichen/Sohm, SG, § 38 Rn. 7.

1247 Vgl. bereits BT-Drs. II/1700, S. 31, zu § 41 SG-E, hinsichtlich Rücknahme und Entlassung; vgl. auch Sohm, in: Walz/Eichen/Sohm, SG, § 46 Rn. 2.

werden, bei deren Kenntnis die Zulassung bzw. Bestellung hätte versagt werden müssen (§ 14 I 1 BRAO, § 20 I WPO). Diese Tatbestände sind in gewisser Hinsicht mit den Rücknahmevorschriften für die Ernennung eines Beamten und Richters vergleichbar, die sich auf die Unwürdigkeit des Betreffenden sowie eine frühere Entfernung aus dem Beamten- bzw. Richterverhältnis beziehen (§§ 14 I Nr. 2, 14 II 1 BBG, §§ 19 I Nr. 4, 19 II DRiG), da auch diese die fehlende Kenntnis der entscheidenden Stellen bezogen auf bestimmte Sachverhalte voraussetzen.

Für Steuerberater hingegen wird die Rücknahme der Bestellung lediglich für Fälle ihrer Erwirkung mittels unlauterer Mittel vorgesehen (§ 46 I StBerG). Auch diese Vorschrift besitzt eine Entsprechung im Beamten- und Richterrecht (§ 14 I Nr. 1 BBG, § 19 I Nr. 3 DRiG, vgl. zur Entlassung eines Soldaten auch § 46 II 1 Nr. 2 SG, zur Amtsenthebung eines Notars § 50 I Nr. 2 BNotO i.V.m. § 12 I Nr. 1 BeamtStG). Das Steuerberatungsgesetz enthält eine abschließende Regelung der Rücknahmetatbestände, so dass die Vorschrift des § 48 (H)VwVfG nicht anzuwenden ist (vgl. 3. Teil C. II. 1.). Die abschließende Normierung der Rücknahmetatbestände durch die jeweiligen Berufsgesetze gilt erst recht im Recht für Rechtsanwälte und Wirtschaftsprüfer; hier existieren weitergehende Vorschriften.

Die Approbation im Recht der akademischen Heilberufe kann hingegen zurückgenommen werden, wenn sie erteilt wurde, obwohl die Unwürdigkeit oder Unzuverlässigkeit des Betreffenden zu bejahen war (§§ 5 I 2, 3 I 1 Nr. 2 BÄO, §§ 4 I 2, 2 I 1 Nr. 2 ZHG, §§ 7 I 1, 4 I Nr. 2 BTÄO, §§ 3 I 2, 2 I Nr. 3 PsychThG, §§ 6 I 1 a), 4 I 1 Nr. 2 BApO). Auch bei einem erlaubnispflichtigen Gewerbe ist die Rücknahme einer trotz zu verneinender Zuverlässigkeit erteilten Erlaubnis grundsätzlich möglich (4. Teil B. I. 2.).

Diese Unterschiede werden - soweit ersichtlich - nicht erläutert. Eine Erklärung könnte sein, dass sich das Recht der Heilberufe an der allgemeinen verwaltungsverfahrensrechtlichen Normierung (vgl. § 48 I 1 VwVfG) orientiert, die sich zunächst allgemein auf die Rechtswidrigkeit des zugrunde liegenden Verwaltungsakts bezieht. Zwar finden sich für begünstigende Verwaltungsakte weitere Regelungen, die den Vertrauensschutz gewährleisten sollen (vgl. § 48 I 2, II-IV VwVfG); bei vorliegender Unwürdigkeit bzw. Unzuverlässigkeit ist ein schützenswertes Vertrauen aber wohl zu verneinen.

Bundesrechtsanwalts- und Wirtschaftsprüferordnung gehen dagegen davon aus, dass bei Kenntnis eines Versagungsgrundes die Zulassung nicht erteilt werden wird, und beschränken daher die Rücknahmevorschrift dergestalt. Aus dem Rahmen fällt damit allein die Rücknahmeregelung des Steuerberatungsgesetzes, die - anders als die Normen für die weiteren freien Berufe - die Erwirkung der Bestellung durch unlautere Mittel voraussetzt. Möglicherweise wird von einer solchen Ausgestaltung des Berufzulassungsverfahrens ausgegangen, dass die über die Bestellung entscheidende Stelle alle relevanten Informationen erhält. Der Aspekt der Informationserlangung wird hier nicht betrachtet; dieser könnte in einer eigenständigen Untersuchung intensiv beleuchtet werden.

III. Probleme der jeweiligen Regelungsstruktur

Insgesamt stellt sich die Frage, wie die Voraussetzungen und Hindernisse, die sich auf strafbares Verhalten beziehen, ausgestaltet werden sollten.

Auf inhaltlicher Ebene scheinen starre Regelungen, die an eine bestimmte Verurteilung oder Straftat anknüpfen, insoweit weniger problematisch, als sie eine einfache Sachverhaltssubsumtion ermöglichen.

Jedoch werfen sie ganz erhebliche Schwierigkeiten dadurch auf, dass in ihrem Rahmen die Würdigung besonderer Einzelfallumstände nicht möglich ist. Da Berufszulassungstatbestände das Grundrecht der Berufsfreiheit auf der eingriffsintensivsten Stufe betreffen, ist ihre Grundrechtskonformität besonders zu betrachten. Beispielhaft werden die Normen herausgegriffen, die sich auf die fehlende Fähigkeit zur Bekleidung öffentlicher Ämter beziehen, denn ein solches Hindernis besteht für die überwiegende Anzahl der hier betrachteten Berufe (vgl. 5. Teil A. I. 1. a.). Der Vorteil dieser Regelung für den Betroffenen besteht darin, dass es sich um eine zeitlich begrenzte Hürde handelt. Die Fähigkeit zur Bekleidung öffentlicher Ämter geht für maximal fünf Jahre verloren (vgl. § 45 I, II StGB). Danach ist die Zulassung zum Beruf wieder möglich. Nichtsdestotrotz lässt sich nicht darüber hinwegsehen, dass in allen Rechtsgebieten, die eine entsprechende Vorschrift enthalten, eine Verurteilung im Rahmen anderer Regelungen über diesen Zeitraum hinaus weiter verwertet werden kann, denn für ihre Berücksichtigung ist ansonsten das Bundeszentralregistergesetz maßgeblich (vgl. insbesondere die weitgehende Regelung des § 52 I Nr. 4 BZRG). Gerade diese zeitliche Begrenzung ist wohl auch der Grund dafür, dass eine solche pauschale Regelung nicht gegen Verfassungsrecht verstößt[1248].

Indes sind auch flexible Vorschriften nicht unproblematisch. Beispielsweise ist die Qualifizierung eines bestimmten Verhaltens als unwürdig schwierig[1249]. Regelungen, die sich auf unbestimmte Rechtsbegriffe beziehen, lösen die Notwendigkeit der Betrachtung aller Umstände des Falles und einen hohen Begründungsaufwand aus. Aufgrund der Schwierigkeiten der Ausfüllung werden teilweise Regelfälle genannt, die eine Subsumtion im Einzelfall aber nicht entbehrlich machen. Die Berücksichtigung von Verurteilungen ist länger möglich (vgl.

1248 Vgl. zum Anwaltsrecht BGH, B.v. 18.10.1999 (AnwZ (B) 95/98), juris, Rn. 4.

1249 Vgl. Kunig, in: Schmidt-Aßmann/Schoch, Bes. VerwR, 6. Kapitel, Rn. 100.

§§ 51 I, 52 I Nr. 4 BZRG). Die Verwendung unbestimmter Rechtsbegriffe wird als grundsätzlich verfassungsrechtlich zulässig erachtet[1250]; das Grundrecht der Berufsfreiheit kann bei ihrer Auslegung berücksichtigt werden.

Ausschlaggebend für die Vorzugswürdigkeit der Verwendung unbestimmter Rechtsbegriffe trotz aller Schwierigkeiten der Auslegung und Subsumtion sowie der möglichen zeitlich längeren Berücksichtigung eines Fehlverhaltens besteht darin, dass sämtliche Einzelfallumstände gewürdigt werden können und sich zudem ein ausreichender Berufsbezug herstellen lässt. Dies trifft auf die Vorschriften, die auf die fehlende Fähigkeit zur Bekleidung öffentlicher Ämter abstellen, nicht unbedingt zu, denn in jedem Fall führt die Verurteilung wegen eines Verbrechens zu Freiheitsstrafe von mindestens einem Jahr zum Verlust der Amtsfähigkeit (§ 45 I StGB) und damit zu einem Berufszulassungshindernis.

Auch bei Anwendung der weiten Tatbestände ist zu beachten, dass dem Betreffenden frühere Verurteilungen nicht dauerhaft vorgehalten werden können. Dies ist mittlerweile auch anerkannt, obwohl es der Rechtsprechung überlassen bleibt, bestimmte Regeln hierfür aufzustellen (vgl. nur die Ausführungen zur Unwürdigkeit im Anwaltsrecht unter 3. Teil A. II. 1. e.). Im Rahmen der Generalklauseln stellt ein strafbares Verhalten aber nur einen Teilbereich des zu berücksichtigenden Verhaltens dar.

Auf der Rechtsfolgenebene können mögliche verschiedene Konsequenzen wie im Beamten- und Richterrecht kompliziert erscheinen; trotzdem ist die Staffelung nach der Schwere des Mangels durchaus einleuchtend, denn auch das allgemeine Verwaltungsrecht differenziert zwischen verschiedenen Folgen. Zwar werden im Soldaten- und Notarrecht keine Nichtigkeits- und Rücknahmetatbestände normiert, aber auch diese Regelungskomplexe unterscheiden zwischen beachtlichen und unbeachtlichen Fehlern.

Zwar mutet es zunächst sonderbar an, dass für die freien Berufe unterschiedliche Rücknahmevorschriften bezüglich der Berufszulassung vorgesehen sind. Bundesrechtsanwalts- und Wirtschaftsprüferordnung sehen die fehlende Kenntnis relevanter Umstände als erforderlich an, das Steuerberatungsgesetz setzt noch enger die Erwirkung der Bestellung mittels unlauterer Mittel voraus, während das Recht der akademischen Heilberufe diese Beschränkung nicht kennt. Indes werfen die unterschiedlichen Regelungen in der Praxis (soweit ersichtlich) keine Probleme auf.

1250 Vgl. zur Unwürdigkeit im Anwaltsrecht BVerfGE 63, 266 (286ff.): unverhältnismäßige Eingriffe lassen sich durch eine verfassungskonforme Entscheidung im Einzelfall vermeiden; vgl. zum Widerruf der Approbation eines Apothekers auch VGH Mannheim, NVwZ 2006, 1202 (1202f.), die Argumentation ist auf die Berufszulassung übertragbar.

B. Straftatbegehung nach Begründung der Rechtsstellung

Für alle Angehörigen der betrachteten Gruppen des öffentlichen Dienstes sowie der beleuchteten freien Berufe kommt ein Verlust des Status aufgrund allgemeiner Regelungen der jeweiligen Berufsgesetze, sowie - mit Ausnahme der akademischen Heilberufe - aufgrund einer disziplinar- bzw. berufsgerichtlichen Entscheidung in Betracht. Es bietet sich daher an, zwischen diesen Bereichen zu differenzieren.

Der Verlust der Rechtsstellung aufgrund Disziplinarrechts ist im Gewerberecht nicht möglich; es kann aber ein Widerruf der Gewerbeerlaubnis bzw. eine Gewerbeuntersagung (§ 35 GewO) erfolgen.

Schließlich ist die strafgerichtliche Verhängung eines Berufsverbots (§ 70 I 1 StGB) gegen Angehörige der freien Berufe sowie Gewerbetreibende denkbar.

I. Allgemeine Regelungen der Berufsgesetze

1. Verknüpfung mit strafbarem Verhalten

Auch die Regelungen bezogen auf eine Straftatbegehung nach Begründung der Rechtsstellung können direkt oder indirekt mit strafbarem Verhalten verbunden sein. Für den Bereich des öffentlichen Dienstes und im Notarrecht werden zunächst unmittelbare Verknüpfungen relevant. Der Verlust der Beamtenrechte erfolgt aufgrund verschiedener strafgerichtlicher Entscheidungen, genannt werden die Verurteilung wegen einer vorsätzlichen Tat zu Freiheitsstrafe von mindestens einem Jahr bzw. von sechs Monaten bei bestimmten Bezugstaten (§ 41 I 1 Nr. 1, 2 BBG) sowie die Aberkennung der Fähigkeit zur Bekleidung öffentlicher Ämter (§ 41 I 2 1. Alt. BBG). Eine vergleichbare Regelung besteht für Richter (§ 24 DRiG), allerdings enthält diese zwei marginale Abweichungen. Die Verurteilung wegen einer der Bezugstaten erfordert zwar die Verhängung einer Freiheits-, aber keine Mindestfreiheitsstrafe, was mit der Stellung und Verantwortung des Richters begründet wird[1251]. Zudem wurde in jüngerer Zeit der Kreis der Bezugstaten im Beamtenrecht auf die Bestechlichkeit im Hauptamt erweitert[1252], insoweit könnte für das Richterrecht eine gesetzliche Anpassung erwogen werden.

Die maßgebliche soldatenrechtliche Vorschrift (§ 48 SG) entspricht inhaltlich ebenfalls weitgehend der beamtenrechtlichen Regelung, auch hier ist aber keine Mindestfreiheitsstrafe bei den Bezugstaten erforderlich, außer in Fällen

1251 Schmidt-Räntsch, DRiG, § 24 Rn. 4.

1252 Vgl. auch BT-Drs. 16/7076, S. 110.

von Bestechlichkeit. Der Aufbau der Norm weicht allerdings erheblich ab, da sie sich auf die Ernennungshindernisse (§ 38 SG) bezieht. Zusätzlich werden also bestimmte Maßregeln der Besserung und Sicherung relevant. Für Notare sind bezüglich eines Amtsverlusts dieselben strafgerichtlichen Verurteilungen wie für Beamte bedeutsam. Dies ergibt sich aufgrund des Verweises auf eine Regelung des Beamtenstatusgesetzes, die der Vorschrift des Bundesbeamtengesetzes entspricht (vgl. § 49 BNotO i.V.m. § 24 BeamtStG).

Der Unterschied zwischen den Bestimmungen des Beamten-, Richter- und Notarrechts auf der einen und des Soldatenrechts auf der anderen Seite besteht darin, dass die zuerst genannten Regelungskomplexe zunächst bestimmte Verurteilungen nennen und erst in einem weiteren Schritt auf die Aberkennung der Fähigkeit zur Bekleidung öffentlicher Ämter abstellen (vgl. § 41 I 2 BBG, § 24 Nr. 3 DRiG, § 49 BNotO i.V.m. 24 I 2 BeamtStG). Hierunter wird nur die besondere gerichtliche Aberkennung (§ 45 II StGB, § 39 II BVerfGG) subsumiert, bezüglich des allgemeinen Verlusts (vgl. § 45 I StGB) geht die Regelung vor, die sich auf die verhängte Freiheitsstrafe von mindestens einem Jahr wegen einer vorsätzlichen Tat bezieht (vgl. § 41 I 1 Nr. 1 BBG, § 24 Nr. 1 DRiG, § 49 BNotO i.V.m. § 24 I 1 Nr. 1 BeamtStG)[1253]. Im Gegensatz dazu werden im Soldatenrecht alle Verlustgründe im Hinblick auf die Fähigkeit zur Bekleidung öffentlicher Ämter erfasst, da die entsprechende Vorschrift auf das Ernennungshindernis verweist, das keine Beschränkung aufweist (vgl. §§ 48 S. 1 Nr. 1, 38 I Nr. 2 SG).

Bestimmte strafgerichtliche Entscheidungen spielen auch für die freien Berufe des Rechtsanwalts, Steuerberaters und Wirtschaftsprüfers eine Rolle. Hierbei handelt sich um den Verlust der Fähigkeit zur Bekleidung öffentlicher Ämter, dieser führt zum Widerruf der Zulassung bzw. Bestellung (§ 14 II Nr. 2 BRAO, § 46 II Nr. 2 StBerG, § 20 II Nr. 2 WPO).

Zwar haben die Angehörigen dieser Berufsgruppen kein öffentliches Amt inne[1254], ein Widerruf der Rechtsanwaltszulassung wird aber - auch bei nicht berufsbezogenen Verstößen - aufgrund der hohen Schwelle und damit bestehender Gefahr für die Rechtspflege[1255] als verfassungskonform angesehen[1256]. Es

---

1253 Vgl. hierzu Battis, BBG, § 41 Rn. 7; vgl. auch Zängl, in: Franke/Weiß, GKÖD, § 48 Rn. 24, zu § 48 BBG a.F.; vgl. auch Staats, DRiG, § 24 Rn. 5; Eylmann/Vaasen-Custodis, BNotO, § 49 Rn. 7.

1254 A.A. bezogen auf Steuerberater und Wirtschaftsprüfer MüKo-Radtke, StGB, § 45 Rn. 14.

1255 Vgl. hierzu Jessnitzer/Blumberg, BRAO, § 14 Rn. 5; siehe auch BGH, BRAK-Mitt. 2000, 42 (42); so auch Feuerich/Weyland-Feuerich, BRAO, § 14 BRAO Rn. 22; vgl. bereits BGH, BRAK-Mitt. 1988, 208 (209), zu § 14 I Nr. 3 BRAO a.F.

besteht eine zeitliche Begrenzung des Verlusts auf fünf Jahre (§ 45 I StGB)[1257] sowie die Möglichkeit der Wiederzulassung[1258]; allerdings kann die Verurteilung weiter zur Unwürdigkeit des Betreffenden (vgl. § 7 Nr. 5 BRAO) führen. Für die entsprechenden Vorschriften der anderen Berufsbereiche kann diese Argumentation übernommen werden[1259].

Im Recht des öffentlichen Dienstes und im Notarrecht bestehen hinsichtlich des Statusverlusts damit im Vergleich zum Recht der freien Berufe umfassendere Regelungen, die sich ausdrücklich auf strafgerichtliche Entscheidungen beziehen.

Weitere relevante Vorschriften sind mittelbar mit Straftaten verknüpft. Dies trifft auf die Bestimmungen zu, die für Angehörige des öffentlichen Dienstes auf eine bundesverfassungsgerichtliche Verwirkungsentscheidung abstellen (§ 41 I 2 2. Alt. BBG, § 24 Nr. 4 DRiG, § 48 S. 2 SG); ein entsprechender Widerrufstatbestand besteht auch in der Bundesrechtsanwalts- und Wirtschaftsprüferordnung (§ 14 II Nr. 1 BRAO, § 20 II Nr. 7 WPO). Da eine solche Entscheidung noch nie erfolgte, sind die Normen noch nie zur Anwendung gelangt. Entsprechendes gilt für die Entlassung eines Richters im Wege eines Richteranklageverfahrens (Art. 98 II GG).

Zudem besteht ein indirekter Zusammenhang zwischen strafbarem Verhalten und dem Verlust des Status im Rahmen des Entlassungstatbestandes aufgrund eines Dienstvergehens (§ 34 I 1 Nr. 1 BBG, § 22 III DRiG, § 55 V SG) und der Zulassungsentziehung wegen der gröblichen Verletzung vertragsärztlicher Pflichten (§ 95 VI 1 3. Alt. SGB V), denn teilweise kann solches hierunter zu subsumieren sein.

Schließlich ist im Einzelfall zu entscheiden, ob eine Straftat unter den Entlassungstatbestand fällt, der sich auf einen sachlichen Grund (§ 37 I 1 BBG, § 22 I [i.V.m § 23] DRiG), fehlende Bewährung (§ 34 I 1 Nr. 2 BBG) oder mangelnde Eignung (§ 22 II Nr. 1 [i.V.m. § 23] DRiG, §§ 46 VIII 1, 55 IV SG) bezieht.

Entsprechendes gilt für Widerrufsregelungen, die auf eine Unwürdigkeit oder Unzuverlässigkeit des Betreffenden (§§ 5 II 1, 3 I 1 Nr. 2 BÄO, §§ 4 II 1, 2 I 1 Nr. 2 ZHG, §§ 6 II, 4 I Nr. 2 BTÄO, §§ 3 II 1, 2 I Nr. 3 PsychThG, §§ 6 II, 4 I 1 Nr. 2 BApO) oder die mangelnde Fähigkeit zur ordnungsgemäßen Berufsausübung (§ 20 II Nr. 3 WPO) abstellen, sowie für die Zulassungsentziehung

---

1256 Vgl. näher Feuerich/Weyland-Feuerich, BRAO, § 14 BRAO Rn. 19; siehe auch BGH, BRAK-Mitt. 2000, 42 (42) m.w.N.; BGH, BRAK-Mitt. 1988, 208 (209), zu § 14 I Nr. 3 BRAO a.F; AGH Celle, B.v. 05.06.2003 (AGH 27/02), juris, Rn. 35.

1257 Vgl. BGH, BRAK-Mitt. 2000, 42 (42).

1258 Vgl. BGH, BRAK-Mitt. 1988, 208 (209), zu § 14 I Nr. 3 BRAO a.F.

1259 Vgl. Hessisches FG, StB 1990, 89 (89), zu § 46 II Nr. 3 StBerG a.F.

aufgrund Ungeeignetheit (§ 95 VI 1 1. Alt. SGB V i.V.m. § 21 Ärzte-/ Zahnärzte-ZV) und die Gewerbeuntersagung wegen Unzuverlässigkeit (§ 35 I 1 GewO).

2. Bestimmtheit der Regelungen

Auch im Hinblick auf ihre Bestimmtheit unterscheiden sich die hier untersuchten Regelungen.

Präzise sind diejenigen, die sich auf vorausgegangene Entscheidungen beziehen. Hierunter lassen sich die Vorschriften fassen, die strafgerichtliche Verurteilungen (vgl. § 41 BBG, § 24 DRiG, § 48 SG, § 49 BNotO i.V.m. § 24 BeamtStG), den Verlust der Fähigkeit zur Bekleidung öffentlicher Ämter (§ 14 II Nr. 2 BRAO, § 46 II Nr. 2 StBerG, § 20 II Nr. 2 WPO) und bundesverfassungsgerichtliche Verwirkungsentscheidungen (§ 41 I 2 BBG, § 24 Nr. 4 DRiG, § 48 S. 2 SG, § 14 II Nr. 1 BRAO, § 20 II Nr. 7 WPO) nennen.

Die Bestimmungen, die unbestimmte Rechtsbegriffe enthalten, sind ungleich abstrakter. Dies trifft auf die Entlassungsmöglichkeiten im öffentlichen Dienst wegen fehlender Bewährung (§ 34 I 1 Nr. 2 BBG) bzw. mangelnder Eignung (§ 22 II Nr. 1 [i.V.m. § 23] DRiG, §§ 46 VIII 1, 55 IV SG) zu. Hier lassen sich ebenfalls die Tatbestände einordnen, die mit der Unwürdigkeit bzw. Unzuverlässigkeit (§§ 5 II 1, 3 I 1 Nr. 2 BÄO, §§ 4 II 1, 2 I 1 Nr. 2 ZHG, §§ 6 II, 4 I Nr. 2 BTÄO, §§ 3 II 1, 2 I Nr. 3 PsychThG, §§ 6 II, 4 I 1 Nr. 2 BApO, § 35 GewO) oder Ungeeignetheit (§ 95 VI 1 1. Alt. SGB V i.V.m. § 21 Ärzte-/ Zahnärzte-ZV) des Betreffenden verknüpft sind. Außerdem gilt dies für die Widerrufsvorschrift aufgrund fehlender Fähigkeit zur ordnungsgemäßen Berufsausübung (§ 20 II Nr. 3 WPO) oder für Entlassungsnormierungen, in deren Rahmen ein sachlicher Grund für erforderlich gehalten wird (§ 37 I 1 BBG, § 22 I [i.V.m § 23] DRiG).

Schließlich sind auch die Vorschriften vage, die mit Dienstvergehen oder vertragsärztlichen Pflichten verbunden sind (§ 34 I 1 Nr. 1 BBG, § 22 III [i.V.m. § 23] DRiG, § 55 V SG, § 96 VI 1 3. Alt. SGB V). Erforderlich ist die Subsumtion unter relativ unbestimmte Pflichtentatbestände (vgl. nur § 61 I 3 BBG[1260]), zudem sind teilweise weitere unbestimmte Rechtsbegriffe enthalten (vgl. § 55 V SG, § 95 VI 1 3. Alt. SGB V).

3. Vollzug des Verlusts der Rechtsstellung

Der Hauptunterschied zwischen den Angehörigen des öffentlichen Dienstes sowie den Notaren auf der einen Seite und den Angehörigen freier Berufe sowie Gewerbetreibenden auf der anderen Seite besteht darin, dass für die erstgenannte

---

1260 Vgl. BVerwG, U.v. 04.04.2001 (1 D 19/00), juris, Rn. 23, zu § 54 S. 3 BBG a.F.

Gruppe in bestimmten Konstellationen der automatische Verlust der Rechtsstellung vorgesehen ist (vgl. § 41 BBG, § 24 DRiG, § 48 SG, § 49 BNotO i.V.m. § 24 BeamtStG), während für die zweitgenannte Gruppe immer eine besondere Entscheidung hinsichtlich des Status, nämlich ein Widerruf der Berufszulassung (vgl. § 14 II BRAO, § 46 II StBerG, § 20 II WPO, § 5 II BÄO, § 4 II ZHG, § 6 II BTÄO, § 3 II PsychThG, § 6 II BApO), eine Entziehung der Zulassung als Vertragsarzt (§ 95 VI SGB V) bzw. eine Gewerbeuntersagung (§ 35 I 1 GewO), erforderlich ist.

Nichtsdestotrotz gibt es auch im Recht des öffentlichen Dienstes Vorschriften hinsichtlich des Statusverlusts, die mit strafbarem Verhalten verknüpft sein können und einen gesonderten Entscheidungsakt voraussetzen. Dies trifft auf bestimmte Entlassungstatbestände für Beamte auf Probe und auf Widerruf sowie Richter auf Probe und kraft Auftrags zu, die auf die fehlende Bewährung bzw. mangelnde Eignung (§ 34 I 1 Nr. 2 BBG, § 22 II Nr. 1 DRiG) abstellen oder einen sachlichen Grund (§ 37 I 1 BBG, § 22 I [i.V.m. § 23] DRiG) erfordern. Da die Angehörigen dieser Gruppen nicht durch disziplinargerichtliche Entscheidung aus dem Dienst entfernt werden können, besteht zudem ein beamten- bzw. richterrechtlicher Entlassungsgrund wegen eines Dienstvergehens, wobei die Schwelle im Vergleich zum Beamten- bzw. Richterverhältnis auf Lebenszeit abgesenkt wurde (§ 34 I 1 Nr. 1 BBG bzw. § 22 III [i.V.m. § 23] DRiG). Im Übrigen liegt sie für Richter auf Probe noch niedriger wie für Beamte auf Probe (vgl. 2. Teil A. II. 2. b. aa., B. II. 2. b. cc.). Begründet wird dies mit dem Vertrauen in eine funktionierende Justiz[1261] bzw. mit der unterschiedlichen Rechtsstellung von Richtern und Beamten. Auf der einen Seite besteht eine Zugehörigkeit zur Rechtsprechung, auf der anderen Seite eine Zuordnung zur Exekutive, Richter auf Lebenszeit sind im Gegensatz zu Beamten (sachlich) unabhängig und (grundsätzlich) unversetzbar[1262].

Der Grund für die einfacheren Entlassungsmöglichkeiten im Rahmen der vorgelagerten Verhältnisse lässt sich darin sehen, dass diejenigen, die nicht in jeder Hinsicht geeignet sind, vom Lebenszeitverhältnis ferngehalten werden sollen[1263]. Auch insgesamt lassen sich die strengeren Vorschriften für Richter auf

---

1261 Vgl. hierzu Schmidt-Räntsch, DRiG, § 22 Rn. 13.

1262 Vgl. näher BGH, E.v. 14.02.1967 (RiZ (R) 3/66), juris, Rn. 18ff.; BGH, U.v. 30.03.1987 (RiZ (R) 6/86), juris, Rn. 7, beide zum DRiG a.F.

1263 Zum Sinn der Berufung in ein Beamtenverhältnis auf Probe vgl. Wichmann/Langer, Öffentliches Dienstrecht, Rn. 282; ähnlich auch für Richter BGH, U.v. 13.05.1977 (RiZ (R) 7/76), juris, Rn. 10, zu § 22 I DRiG a.F.

Probe im Vergleich zu Beamten auf Probe mit ihrer besonderen Stellung erklären[1264].

Obwohl die Regelungen für Beamte auf Lebenszeit und Berufssoldaten durchaus vergleichbar sind[1265], besteht keine Parallelität des Rechtsverhältnisses eines Soldaten auf Zeit und eines Beamten auf Probe. Das Soldatenverhältnis auf Zeit dient nicht einem Erprobungszweck, sondern in ihm wird vollwertiger Wehrdienst geleistet[1266]. Daher ist es folgerichtig, dass auch gegen den Soldaten auf Zeit ein reguläres Disziplinarverfahren mit dem Ziel der Entfernung aus dem Dienstverhältnis möglich ist. Indes werden auch für diese Gruppe behördliche Entlassungsmöglichkeiten aufgrund mangelnder Eignung (§ 55 IV SG) sowie wegen bestimmter Dienstvergehen (§ 55 V SG) normiert; letzteres wird mit der in den ersten vier Dienstjahren noch nicht so gefestigten Rechtsstellung eines Soldaten auf Zeit erklärt[1267].

Schließlich ist in bestimmten Fällen die Entlassung eines Berufssoldaten aufgrund mangelnder Eignung möglich (vgl. näher § 46 VIII 1 SG). Ein derartiger Verlust des Status kommt hingegen für Beamte und Richter auf Lebenszeit nicht in Betracht. Zwar hat ein Berufssoldat einen im Vergleich zum Beamten auf Probe gefestigteren Status, denn während sich dieser in einem Übergangsstadium befindet, besitzt der Berufssoldat bereits die endgültige Rechtsstellung. Indes erfolgt eine Ernennung zum Berufssoldaten regelmäßig schon in relativ jungen Jahren[1268], daher soll die Möglichkeit der Entlassung bei erkennbarer Nichteignung bestehen. Hierbei wird an den Dienstgrad angeknüpft und die Entlassungsmöglichkeit ist etwa ab dem Zeitpunkt ausgeschlossen, zu dem ein Beamter normalerweise den Lebenszeitstatus erlangt[1269].

Ein grundsätzliches Erprobungsverhältnis vor Ausübung eines freien Berufs ist demgegenüber nicht vorgesehen. Zwar bestehen vorgelagerte Regelungen dergestalt, dass beispielsweise vor Ergreifung des Rechtsanwaltsberufs die Absolvierung eines Studiums und eines Vorbereitungsdienstes vorgesehen ist und in diesem Rahmen Versagungs- und Beendigungsgründe zu beachten sind, die sich (auch) auf strafbares Verhalten beziehen können. Zum einen können sich

---

1264 Vgl. hierzu Gerner/Decker/Kauffmann, DRiG, § 22 Rn. 5, bezogen auf § 22 I DRiG; vgl. auch BGH, E.v. 14.02.1967 (RiZ (R) 3/66), juris, Rn. 12, zu § 22 DRiG a.F.

1265 Vgl. zu den Unterschieden der Rechtsstellungen indes ausführlich von Rechenberg, Wohlverhaltenspflicht, S. 91ff.

1266 Busch, NZWehrr 2004, 196 (204); vgl. auch BVerwGE 17, 5 (6).

1267 Vgl. Scherer/Alff/Poretschkin, SG, § 55 Rn. 17.

1268 Vgl. näher BT-Drs. II/1700, S. 32, zu § 41 IV SG-E; vgl. auch den Schriftlichen Bericht des Ausschusses für Verteidigung BT-Drs. II/2140, S. 13; vgl. auch BVerwGE 32, 237 (239f.), zu § 46 V SG a.F., § 31 I Nr. 2 BBG a.F.

1269 Vgl. näher Sohm, in: Walz/Eichen/Sohm, SG, § 46 Rn. 132.

die Vorschriften in den Bundesländern aber unterscheiden. So finden sich etwa in Hessen keine direkt auf Verurteilungen bezogene Immatrikulationshindernisse oder Exmatrikulationsgründe[1270], während diesbezügliche (allerdings unterschiedliche) Tatbestände etwa in Bayern und Baden-Württemberg bestehen[1271]; außerdem gibt es verschiedene straftatbezogene Hindernisse für die Aufnahme in den Vorbereitungsdienst sowie entsprechende Beendigungsbestimmungen[1272]. Zum anderen gelten diese Vorschriften allgemein, d.h. auch dann, wenn die Ausübung eines anderen Berufs oder Gewerbes bzw. der Eintritt in den öffentlichen Dienst angestrebt wird. Sie werden daher hier nicht näher betrachtet.

Auch die dem Notarstatus vorgelagerte Rechtsstellung als Notarassessor ist für diese Untersuchung nicht relevant, da dieses Verhältnis vor der Bestellung zur hauptberuflichen Amtsausübung als Notar begründet werden soll (vgl. § 7 I BNotO), in Hessen aber Anwaltsnotare bestellt werden.

II. Regelungen des Disziplinarrechts

Während Gewerbetreibende ihre Rechtsstellung nicht aufgrund Disziplinarrechts verlieren können, ist der Verlust des Status für Angehörige des öffentlichen Dienstes sowie - mit Ausnahme der akademischen Heilberufe - der betrachteten freien Berufe aufgrund disziplinar- bzw. berufsgerichtlicher Entscheidung möglich.

Umstritten ist, ob die Berufsgerichtsbarkeit der freien Berufe unter den Begriff der Disziplinargerichtsbarkeit gefasst werden kann oder nicht[1273]; materiell werden die entsprechenden Regelungen überwiegend als Disziplinarrecht bezeichnet[1274]. Die Rechtsgebiete weisen in der Tat einige Gemeinsamkeiten, aber

---

1270 Vgl. aber §§ 57 III Nr. 1, 59 III HSchulG HE.

1271 Vgl. Art. 46 Nr. 2, 49 II Nr. 2 i.V.m. 46 Nr. 2 BayHSchG: fehlende Fähigkeit zur Bekleidung öffentlicher Ämter; §§ 60 V Nr. 5, 62 III Nr. 1 i.V.m. 60 V Nr. 5 LHG BW: rechtskräftige Verurteilung wegen vorsätzlicher Straftat zu einer Freiheitsstrafe von mindestens einem Jahr, die Strafe unterliegt noch der unbeschränkten Auskunft und nach der Art der begangenen Straftat ist eine Gefährdung oder Störung des Studienbetriebes zu besorgen.

1272 Vgl. nur § 26 I 2 (i.V.m. § 53 III 2 Nr. 1) JAG Hessen; § 46 V Nr. 1 (i.V.m. 55 II 2 Nr. 1) JAPO Bayern, § 55 III JAPO Bayern i.V.m. § 24 BeamtStG; mit dem Begriff der Ungeeignetheit für den juristischen Vorbereitungsdienst (§ 5 I 2 NJAG) setzt sich etwa das Niedersächsische OVG (U.v. 27.11.2002 [5 LB 114/02]) auseinander.

1273 Bejahend BVerfG, NJW 1970, 1838 (1838); ablehnend Ziegenhagen, Berufsgerichtsbarkeit, S. 62ff.

1274 Vgl. nur Heidelmann, Disziplinarrecht, S. 4f.; ebenfalls Hartmer, Disziplinarrecht, S. 9ff., 13f.; Markwardt, Behandlungsfehler, S. 17ff., BVerfGE 26, 186 (194), zum Anauch große Unterschiede auf[1275]. Wegen der Nähe des Notars zum öffentlichen Dienst besteht für diese Berufsgruppe ein beamtenähnliches Disziplinarrecht[1276].

Zunächst lässt sich feststellen, dass sich die Angehörigen des öffentlichen Dienstes in einem besonderen Verhältnis zum Staat befinden; auch für die Träger der betrachteten freien Berufe bestehen besondere Bindungen aufgrund einer besonders verpflichtenden Berufsethik[1277]. Weiter kommt den Rechtsgebieten grundsätzlich eine vergleichbare Funktion und Aufgabe zu, sie besitzen eine Ordnungsfunktion[1278].

Schließlich ähnelt sich die gesetzliche Regelungsstruktur. Voraussetzung für die Verhängung einer Maßnahme ist eine schuldhafte Pflichtverletzung. Die normierten speziellen Dienst- bzw. Berufspflichten variieren im Einzelnen, da sie spezifische Bezüge zur jeweils ausgeübten Tätigkeit aufweisen. Die Regelungskomplexe enthalten indes immer eine allgemeine Berufspflicht, die den Charakter einer Generalklausel besitzt; sie ist für alle betrachteten Berufsgruppen vergleichbar gefasst. Das Verhalten inner- und außerhalb des Dienstes des Beamten muss der Achtung und dem Vertrauen gerecht werden, die sein Beruf erfordert (§ 61 I 3 BBG); für Richter im Bundesdienst gilt diese Norm entsprechend (vgl. § 46 DRiG i.V.m. § 61 I 3 BBG), die Regelung für Soldaten bezieht sich zusätzlich auf das Ansehen der Bundeswehr (§ 17 II SG). Für Notare und Rechtsanwälte finden sich auf das Notaramt bzw. die Rechtsanwaltsstellung bezogene parallele Vorschriften, wobei die Formulierung „gerecht werden" im Notarrecht durch „sich würdig zeigen" (§ 14 III BNotO), im Recht für Rechtsanwälte durch „sich würdig erweisen" (§ 43 S. 2 BRAO) ersetzt wird. Das Steuerberatungsgesetz und die Wirtschaftsprüferordnung beinhalten eine der Bundesrechtsanwaltsordnung entsprechende Bestimmung, wobei der Wortlaut der jeweiligen Generalklauseln „auch" auf außerberufliches Verhalten abstellt (§ 57 II 2 StBerG, § 43 II 3 WPO). Dadurch wird überwiegend innerberufliches Verhalten ebenfalls als umfasst angesehen, ansonsten kann ein Fehlverhalten die Pflicht zur Gewissenhaftigkeit betreffen (vgl. 3. Teil C. II. 2. b., D. II. 2. b.).

Die Begriffe des Dienstvergehens bzw. der schuldhaften Berufspflichtverletzung sind mit dem der Straftat nicht deckungsgleich, allerdings kann strafbares Verhalten gleichzeitig gegen berufliche Pflichten verstoßen.

---

waltsrecht; vorsichtig hinsichtlich der Begriffsverwendung Steffen, Pflichtverletzung, S. 32f.

1275 Vgl. hierzu Hartmer, Disziplinarrecht, S. 8ff.; zu den Unterschieden auch Steffen, Pflichtverletzung, S. 32.

1276 Vgl. Eylmann/Vaasen-Stockebrand, BNotO, § 95 Rn. 3.

1277 Vgl. hierzu Markwardt, Behandlungsfehler, S. 17f.; vgl. näher auch Heidelmann, Disziplinarrecht, S. 16.

1278 Vgl. hierzu Hartmer, Disziplinarrecht, S. 10.

Da sich die jeweiligen Pflichten aus ganz unterschiedlichen Rechtsquellen ergeben können, verdient die Vorschrift des § 113 I BRAO besondere Beachtung, da sie nicht mehr auf eine schuldhafte Pflichtverletzung abstellt[1279], sondern auf den schuldhaften Verstoß gegen Pflichten der Bundesrechtsanwaltsordnung und der Berufsordnung, wodurch eine weitreichende Konkretisierung der zu ahndenden Pflichtverstöße angestrebt wurde und Rechtssicherheit für die betroffenen Rechtsanwälte erreicht werden sollte[1280]. Ihre Besonderheit wird allerdings dadurch relativiert, dass der Vorschrift des § 43 BRAO eine Transformationsfunktion bei Verstößen gegen andere, nicht in der Bundesrechtsanwaltsordnung oder Berufsordnung enthaltenen Vorschriften zukommt. Damit werden - trotz des an sich einschränkenden Wortlauts von § 113 I BRAO - Normen anderer Rechtsgebiete einbezogen und unterliegen durch den Umweg über die Generalklausel wieder der berufsgerichtlichen Ahndung, allerdings ist weiter eine Subsumtion unter deren Tatbestandsmerkmale erforderlich (vgl. 3. Teil A. II. 2. b.).

Außerdem wird in allen Rechtsgebieten die Ahndung außerdienstlichen und -beruflichen Verhaltens eingeschränkt, wobei für die Abgrenzung zu innerdienstlichem und -beruflichem Verhalten auf eine materielle Betrachtungsweise zurückgegriffen wird; Ausnahme ist insoweit das Soldatendisziplinarrecht (vgl. 2. Teil C. II. 2. a. cc.). Inhaltlich wird für Beamte darauf abgestellt, dass dieses nach den Umständen des Einzelfalls in besonderem Maße geeignet ist, das Vertrauen in einer für das Amt oder das Ansehen des Beamtentums bedeutsamen Weise zu beeinträchtigen (§ 77 I 2 BBG). Für Richter ist diese Regelung entsprechend anzuwenden (vgl. § 46 DRiG) und auch im Notarrecht erfolgt eine solche Differenzierung trotz fehlender ausdrücklicher Normierung.

Die Tatbestände für Rechtsanwälte und Steuerberater beschränken zunächst die Ahndung auf rechtswidrige Taten oder mit Geldbuße bedrohte Handlungen; dann liegt diese auch im Allgemeininteresse[1281]. Ansonsten enthalten sie und auch die entsprechende Vorschrift für Wirtschaftsprüfer eine der Regelung für Beamte vergleichbare Formulierung, wobei sich alle weiter auf eine Eignung zur Achtungs- oder Vertrauensbeeinträchtigung beziehen (vgl. § 113 II BRAO [hinsichtlich der Ausübung der Anwaltstätigkeit]), § 89 II StBerG, § 67 II WPO [hinsichtlich der Ausübung der Berufstätigkeit bzw. des Ansehens des Berufs]).

Grundsätzlich wird von einer Zweiteilung der Prüfung ausgegangen. Im Beamtenrecht wird zwischen Pflichtverletzung und Dienstvergehen unterschieden

---

1279 Vgl. noch § 113 I BRAO a.F., geändert durch das Gesetz zur Neuordnung des Berufsrechts der Rechtsanwälte und der Patentanwälte vom 02.09.1994, BGBl. I S. 2278.

1280 BT-Drs. 12/4993, S. 35.

1281 Vgl. insoweit BT-Drs. 12/4993, S. 36, zur BRAO, der Entwurf enthielt die Formulierung „Verhalten (...), das gegen straf- oder bußgeldbewehrte Vorschriften verstößt“.

und auch im Recht der freien Berufe soll die genannte Einschränkung nur die Verfolgbarkeit betreffen[1282]. Lediglich das Soldatenrecht schränkt bereits den generalklauselartigen Pflichtentatbestand ein (§ 17 II 2 SG). Überlegenswert erscheint, auch in den anderen Rechtsgebieten bereits die Pflichten und nicht erst die Verfolgbarkeit zu begrenzen.

Nach dem Grundsatz der Einheit des Dienstvergehens bzw. dem Grundsatz der einheitlichen Pflichtverletzung[1283] wird - auch wenn mehrere Dienstvergehen bzw. Berufspflichtverletzungen vorliegen - eine disziplinar- bzw. berufsgerichtliche Maßnahme verhängt. Die jeweiligen Regelungskomplexe sehen abgestufte Sanktionsmöglichkeiten vor, welche durchaus variieren können. Schärfste Sanktion ist die Entfernung aus dem Dienst bzw. die Ausschließung aus dem Beruf. Für Beamte wurden mittlerweile die von der Rechtsprechung entwickelten Bemessungskriterien durch das Bundesdisziplinargesetz gesetzlich festgeschrieben (vgl. § 13 BDG); für Richter gilt Entsprechendes (§ 63 I DRiG i.V.m. § 13 BDG). Auch die Wehrdisziplinarordnung zählt Bemessungsmerkmale auf (§§ 58 VII, 38 I WDO), wobei sie im Gegensatz zum Bundesdisziplinargesetz nicht näher spezifiziert, wann die Entfernung aus dem Dienst erfolgt.

Sowohl die Bundesnotarordnung als auch die relevanten Gesetze für die beleuchteten freien Berufe enthalten keine Vorschriften zur Maßnahmebemessung. Vernachlässigt man die Einzelheiten, können die entwickelten Grundsätze dergestalt zusammengefasst werden, dass der Verlust des Status eine schwere Pflichtverletzung verlangt, eine umfassende Würdigung der Einzelfallumstände erfolgt und insbesondere die Betroffenheit des Ansehens des jeweiligen Berufs betrachtet wird.

Ein nicht zu vernachlässigender Unterschied zwischen den Rechtsgebieten besteht darin, dass sich für den öffentlichen Dienst, insbesondere im Beamten- und Soldatendisziplinarrecht, ein ausdifferenziertes System von Regelentfernungs- und Milderungsgründen entwickelt hatte, während für Notare und Angehörige freier Berufe - trotz ebenfalls gebildeter Fallgruppen für die entsprechenden Maßnahmen - immer die Gesamtwürdigung aller Umstände als notwendig erachtet wurde. Mittlerweile ist dies auch im Recht des öffentlichen Dienstes anerkannt (vgl. zum Beamtenrecht 2. Teil A. II. 2. a. bb.).

Abgesehen von den Gemeinsamkeiten weisen die Rechtsgebiete aber auch erhebliche Unterschiede auf. Zwar unterliegen die Angehörigen freier Berufe einer besonderen Gemeinwohlverpflichtung, so dass sie eine besondere Stellung besitzen. Nichtsdestotrotz beziehen sich die gerade beleuchteten Regelungen auf

1282 Vgl. Feuerich/Weyland-Feuerich, BRAO, § 113 BRAO, Rn. 12f.

1283 Hier sollen durchaus Unterschiede zwischen dem beamtenrechtlichen Disziplinar- und dem berufsgerichtlichen Verfahren bestehen, vgl. Steffen, Pflichtverletzung, S. 33ff.

gänzlich unterschiedliche Personengruppen. Während Beamte in einem personalen Dienstleistungsverhältnis stehen, ist das bei Freiberuflern nicht (mehr[1284]) der Fall. Die Disziplinargerichtsbarkeit beruht auf diesem öffentlich-rechtlichen Dienst- und Treueverhältnis[1285]. Ihr Ziel ist die Aufrechterhaltung der Funktionsfähigkeit der Beamtenschaft, damit diese der Ausübung hoheitlicher Befugnisse ordnungsgemäß nachkommen kann[1286], das Disziplinarrecht bezweckt die Wahrung der Integrität und des Ansehens des Beamtentums[1287]. Für die Berufsgerichtsbarkeit der freien Berufe variiert die Begründung im Einzelnen; abgestellt wird auf die Aufrechterhaltung der Integrität und Vertrauenswürdigkeit des Berufsstandes[1288]. Teilweise wird auch auf ein besonderes Standesinteresse[1289] verwiesen. Da der Schutz der Allgemeinheit[1290] bezweckt ist, muss die angesprochene Aufrechterhaltung über bloße berufsständische Belange für Rechtsanwälte etwa im Interesse der Rechtspflege liegen[1291]. Wegen dieser Unterschiede sollte das berufsgerichtliche Verfahren nicht unter den Begriff der Disziplinargerichtsbarkeit gefasst werden.

III. Strafrechtliches Berufsverbot

Zudem kann gegen Angehörige freier Berufe sowie gegen Gewerbetreibende ein strafgerichtliches Berufsverbot (vgl. § 70 I 1 StGB) verhängt werden. Diese Möglichkeit besteht prinzipiell nicht bei Inhabern eines öffentlichen Amtes, da die Vorschrift zum Verlust der Amtsfähigkeit (§ 45 StGB) diese Regelung im Allgemeinen verdrängt, außer der Betreffende hat bei der Begehung der Tat

1284 Einige freiberufliche Tätigkeiten waren bis in die 2. Hälfte des 19. Jahrhunderts an die staatliche Administration gebunden, vgl. näher Kleine-Cosack, AnwBl. 1986, 505 (505).

1285 Frehse/Weimer, in: Rieger/Dahm/Steinhilper, Arztrecht, Stichwort: Berufsgerichtsbarkeit der Ärzte, Rn. 35.

1286 Vgl. Ziegenhagen, Berufsgerichtsbarkeit, S. 64.

1287 Vgl. hierzu Schwandt, DÖD 2001, 237 (237).

1288 Vgl. Kessal, Anwaltschaft, S. 123; sowie Feuerich/Weyland-Feuerich, BRAO, § 114 BRAO Rn. 2, zum anwaltsgerichtlichen Verfahren; vgl. auch Kunkel, Bestimmtheitsgebot, S. 46, zur anwaltlichen Ehrengerichtsbarkeit.

1289 Vgl. Kessal, Anwaltschaft, S. 123, zum anwaltsgerichtlichen Verfahren; Kunkel, Bestimmtheitsgebot, S. 46, zur anwaltlichen Ehrengerichtsbarkeit; vgl. auch Schäfer, in: Kuhls, StBerG, § 89 Rn. 10.

1290 Ziegenhagen, Berufsgerichtsbarkeit, S. 64.

1291 Vgl. hierzu Görl, BRAK-Mitt. 1987, 54 (54).

fachliche Qualifikationen ausgenutzt, von denen er auch außerhalb des öffentlichen Dienstes gefährlichen Gebrauch machen könnte[1292].

Angeordnet wird das Berufsverbot für einen Zeitraum von einem Jahr bis zu fünf Jahren (§ 70 I 1 StGB), in Ausnahmefällen auch „für immer" (§ 70 I 2 StGB). Letzteres kommt wegen der Bedeutung des Grundrechts der Berufsfreiheit (Art. 12 I GG) und des Verhältnismäßigkeitsprinzips grundsätzlich nur in Betracht bei „schwerster und chronischer Berufskriminalität" und wenn eine Besserung nicht zu erwarten ist, z.B. bei der Wirkungslosigkeit früherer zeitlich begrenzter Verbote; sogar die Möglichkeit der Aussetzung des Berufsverbots (vgl. § 70a StGB) soll nicht zur Auflockerung dieser strengen Maßstäbe berechtigen[1293]. Aufgrund der grundsätzlichen zeitlichen Begrenzung und der vorgesehenen Aussetzungsmöglichkeit (§ 70a StGB) erscheint die Regelung zum strafrechtlichen Berufsverbot verfassungskonform.

IV. Probleme der jeweiligen Regelungsstruktur

Unterscheiden lassen sich starre und flexible Regelungen. Im Beamtenrecht ist etwa der automatische Verlust der Beamtenrechte bei bestimmten Verurteilungen vorgesehen (§ 41 BBG), insbesondere wenn gegen den Beamten wegen eines vorsätzlichen Delikts Freiheitsstrafe von mindestens einem Jahr verhängt wurde (§ 41 I 1 Nr. 1 BBG). Dies gilt auch für das Richter-, Soldaten- und Notarrecht (vgl. näher § 24 DRiG, § 48 SG, § 49 BNotO i.V.m. § 24 BeamtStG). Die Widerrufstatbestände verschiedener Berufsgesetze stellen ebenfalls auf den strafgerichtlichen Verlust der Fähigkeit zur Bekleidung öffentlicher Ämter ab (§ 14 II Nr. 2 BRAO, § 46 II Nr. 2 StBerG, § 20 II Nr. 2 WPO).

Im Gegensatz dazu beziehen sich die Bestimmungen des Heilberufs- (vgl. 3. Teil E. II. 2. a.) und des Gewerberechts (vgl. § 35 I 1 GewO) auf die unbestimmten Rechtsbegriffe der Unzuverlässigkeit bzw. Unwürdigkeit, unter die sich ein bestimmtes Verhalten subsumieren lassen muss.

Jede Regelungssystematik kann Probleme verursachen.

1292 Vgl. BGH, NStZ 2002, 198 (198); vgl. auch Kindhäuser/Neumann/Paeffgen-Pollähne, StGB, § 70 Rn. 7; Schönke/Schröder-Stree/Kinzig, StGB, § 70 Rn. 3: ist der Beamte auf Grund bestimmter fachlicher Qualitäten tätig, steht diese Eigenschaft „dem Verbot einer seinem Fach entsprechenden privatrechtlichen Berufsausübung nicht entgegen".

1293 Vgl. LK-Hanack, StGB, § 70 Rn. 63a.

1. Starre Regelungen

a. Normen des Berufsrechts

Als Ausgangspunkt bieten sich die Vorschrift des § 41 BBG bzw. die entsprechenden Normierungen im Recht des öffentlichen Dienstes und im Notarrecht an. Als Grund für den automatischen Verlust des Status wird angeführt, dass bei Erfüllung der Voraussetzungen gleichermaßen ein zur Ausschließung führendes Dienstvergehen vorliege[1294], der Betreffende sei schlechthin untragbar für den öffentlichen Dienst[1295].

Kritikwürdig erscheinen besonders die fehlende Prüfung der Besonderheiten des Einzelfalls, die im Rahmen eines Disziplinarverfahrens erfolgt, sowie die undifferenzierte Behandlung von dienstlichem und außerdienstlichem Fehlverhalten[1296]. Ausgehend vom Normzweck sprechen diese Aspekte nur dann nicht gegen die Regelung, wenn in einem Disziplinarverfahren die vorangegangene strafgerichtliche Verhängung einer Freiheitsstrafe von mindestens einem Jahr immer zur Entfernung aus dem Dienst führen müsste[1297]. Wegen des automatischen Verlusts existieren allerdings keine entsprechenden Disziplinarentscheidungen. Daher befasst sich eine Untersuchung mit Fällen, in denen in einem sachgleichen Strafverfahren eine Freiheitsstrafe von mindestens sechs Monaten verhängt wurde[1298]. Diese gelangt nach einer Aktenauswertung zu dem Ergebnis, dass für die schärfste Disziplinarmaßnahme weniger die Strafhöhe, sondern die Art des Delikts entscheidend ist, denn insbesondere Fälle mit dienstlichem Bezug führten zur Entfernung aus dem Beamtenverhältnis[1299].

Auch die Wesensverschiedenheit von Straf- und Disziplinarrecht spricht gegen den angeführten Grund des automatischen Verlusts. Der Strafrichter entscheidet gewissermaßen über die Verhängung der disziplinaren Höchstmaßnahme, obwohl sich die in den verschiedenen Rechtsgebieten zu berücksichtigenden Umstände nur teilweise entsprechen und sich auch die weiteren Folgen, die mit dem automatischen Verlust einerseits und einer disziplinaren Entfernung andererseits verknüpft sind, unterscheiden[1300].

1294 Battis, in: Achterberg/Püttner/Würtenberger, Bes. VerwR, § 31 Rn. 109, zu § 48 BBG a.F.; Battis, BBG, § 41 Rn. 2; Kunkel, Bestimmtheitsgebot, S. 38f., zu § 46 HBG; Wichmann/Langer, Öffentliches Dienstrecht, Rn. 293, zu § 48 BBG.

1295 BVerwGE 107, 34 (36), zu § 48 BBG a.F., LBG RP; Sohm, in: Walz/Eichen/Sohm, SG, § 48 Rn. 11, zum Soldatenrecht.

1296 Vgl. Lambrecht, Strafrecht und Disziplinarrecht, S. 153, 169f., zu § 48 BBG a.F.; vgl. hierzu auch Staats, DRiG, § 24 Rn. 1, zu § 24 DRiG.

1297 Lambrecht, Strafrecht und Disziplinarrecht, S. 173; Lambrecht, ZBR 2001, 194 (200).

1298 Lambrecht, Strafrecht und Disziplinarrecht, S. 187ff.; Lambrecht, ZBR 2001, 194 (201).

1299 Lambrecht, Strafrecht und Disziplinarrecht, S. 174ff.; Lambrecht, ZBR 2001, 194 (201).

1300 Vgl. zum Unterhalt etwa Juncker, ZBR 2009, 289 (295).

Zwar tritt die Verlustfolge nach § 41 BBG automatisch ohne die Würdigung von Einzelfallumständen ein, jedoch ist aufgrund des zwingenden Charakters nach gefestigter Rechtsprechung die drohende Folge der Entfernung aus dem Beamtenverhältnis in der strafrechtlichen Entscheidung zu würdigen, und zwar nicht erst im Rahmen der konkreten Strafzumessung - Anknüpfungspunkt hier ist § 46 I 2 StGB[1301] -, sondern bereits im Bereich der Strafrahmenwahl[1302]. Gegen die Berücksichtigung könnte der Umstand sprechen, dass dann die Verlustfolge unter Umständen gar nicht ausgelöst wird[1303]. Diese Kritik wird vom BGH jedoch mit plausibler Begründung zurückgewiesen. Eröffnet wird lediglich die Möglichkeit der Erkenntnis auf eine geringere Strafe als ein Jahr[1304], wird tatsächlich eine solche verhängt, kann der Betreffende anschließend weiter disziplinarisch entfernt werden[1305]. Das Strafurteil ist somit fehlerhaft, wenn zwingende beamtenrechtliche Konsequenzen bei der Festsetzung der Strafe unbeachtet[1306] geblieben sind. Daher ist die Kritik, dass der automatische Verlust selbst dann eintrete, wenn der diese Folge auslösende Strafrichter die entsprechende Vorschrift nicht kenne oder nicht genügend einschätze[1307], nicht einsichtig.

Die strafgerichtliche Berücksichtigung erscheint auch deswegen einleuchtend, weil auf Strafzumessungsebene eine umfassende Betrachtung der Einzelfallumstände einschließlich der - auch nicht strafrechtlichen - Konsequenzen für den Täter erfolgt[1308]. Allgemein werden durch die Rechtsprechung berufliche Folgen, wie etwa der automatische Verlust des Soldatenstatus[1309], ein Widerruf der Berufszulassung[1310] sowie disziplinar- bzw. berufsgerichtliche Folgen[1311]

1301 Vgl. nur BGH, NStZ 1985, 215 (215), zu § 48 Nr. 1 BBG a.F.; BGH, wistra 1983, 145 (145), zum LBG BW.

1302 Vgl. näher BGHSt 35, 148 (149f.), zu § 24 BRRG, § 45 LBG RP.

1303 Vgl. das vorinstanzliche Urteil des Landgerichts in BGHSt 35, 148 (149); siehe auch SK-Horn, StGB, § 46 Rn. 138; ausführlich Nelles, JZ 1991, 17 (20); vgl. zu weitergehender Kritik an dem Urteil auch Streng, NStZ 1988, 485ff.

1304 Vgl. die nähere Argumentation in BGHSt 35, 148 (150f.).

1305 Vgl. näher Lambrecht, Strafrecht und Disziplinarrecht, S. 81.

1306 Vgl. nur BGHSt 35, 148 (150).

1307 Staats, DRiG, § 24 Rn. 1, zu § 24 DRiG.

1308 Zur Strafzumessungsentscheidung vgl. ausführlich die Kommentierungen zu § 46 StGB etwa durch Schönke/Schröder-Stree/Kinzig, StGB, § 46; LK-Theune, StGB, § 46.

1309 BGHSt 32, 68 (79), zu §§ 54 II Nr. 2, 48 Nr. 2 SG a.F.

1310 BGH, StV 1991, 157 (157), zum Apotheker; vgl. aber die Einschränkung durch BGH, NStZ 1996, 539 (539), zum Apotheker.

1311 Vgl. etwa BGH, wistra 1982, 225 (226); BGH, StV 1991, 207 (207); BGH, StV 1991, 207 (207); BGH, NStZ 1987, 550 (550f.); BGH, StV 1986, 429 (429); BGH, wistra 1987, 329 (329); BGH, wistra 1982, 225 (226).

berücksichtigt. Im Gegenzug kann unter bestimmten Umständen eine berufliche Stellung erschwerend ins Gewicht fallen[1312].

Aufgrund der strafrechtlichen Würdigung wird daher auch die Vertretbarkeit des automatischen Statusverlusts bei entsprechenden Verurteilungen bejaht[1313]. Obwohl dies aus strafrechtlicher Sicht durchaus einleuchtend erscheint, könnte die Berücksichtigung aus beamtenrechtlichen Gründen dann fraglich sein, wenn durch die Anknüpfung an die Strafhöhe eine objektive, von beamten- bzw. disziplinarrechtlichen Erwägungen unabhängige Basis für den Verlust zugrunde gelegt werden sollte[1314].

Zur Lösung der Schwierigkeiten wird für das Beamtenrecht eine Änderung der Vorschrift des § 41 BBG dergestalt vorgeschlagen, dass die vorgesehene verhängte Mindestfreiheitsstrafe auf zwei Jahre angehoben wird. Auch die Vorschriften zur möglichen Strafaussetzung zur Bewährung (§ 56 II 1 StGB) und zum Verlust der Rechte als Ruhestandsbeamter (§ 59 I 1 Nr. 2 a) BeamtVG) beinhalten diese zeitliche Grenze[1315]. Ob dann eine Änderung der strafgerichtlichen Rechtsprechung erfolgt, ist fraglich, da sie weiter nachvollziehbar erscheint; indes könnte dann die Schwere des gleichzeitig vorliegenden Dienstvergehens abweichend zu beurteilen sein.

b. *Verlust der Amtsfähigkeit*

Bereits die durch § 45 (III) StGB vorgesehenen Folgen lassen sich durchaus kritisch sehen[1316]. Die Vorschrift betrifft unmittelbar die Stellung als Beamter, Richter und Notar[1317], denn die Angehörigen dieser Berufsgruppen bekleiden ein öffentliches Amt im Sinne dieser Vorschrift.

Auch eine soldatenrechtliche Regelung bezieht sich auf den Verlust der Fähigkeit zur Bekleidung öffentlicher Ämter (§ 48 S. 1 Nr. 1 i.V.m. § 38 I Nr. 2 SG). Soldaten üben zwar ein öffentliches Amt i.S.v. Art. 33 II GG[1318], nicht aber

1312 Vgl. näher hierzu MüKo-Franke, StGB, § 46 Rn. 45 m.w.N.

1313 Vgl. Walz, in: Walz/Eichen/Sohm, SG, § 48 Rn. 12, zu § 48 SG.

1314 Vgl. hierzu die Ausführungen von Lambrecht, Strafrecht und Disziplinarrecht, S. 153f., zu § 48 BBG a.F.

1315 Juncker, ZBR 2009, 289 (296).

1316 Schwarz, Aberkennung, S. 60ff.; vgl. auch Kindhäuser/Neumann/Paeffgen-Albrecht, StGB, § 45 Rn. 1.

1317 Schönke/Schröder-Stree/Kinzig, StGB, § 45 Rn. 7; Fischer, StGB, § 45 Rn. 3; Lerch, in: Arndt/Lerch/Sandkühler, BNotO, § 49 Rn. 2; a.A. wohl SK-Wolter, StGB, § 45 Rn. 4.

1318 Vgl. Battis, in: Sachs, GG, Art. 33 Rn. 24; Kunig, in: von Münch/Kunig, GG, Art. 33 Rn. 20; Masing, in: Dreier, GG, Art. 33 Rn. 41.

i.S.v. § 45 StGB[1319] aus. Sie werden von der ebenfalls auf den Begriff des öffentlichen Amtes abstellenden Vorschrift des § 132 StGB nicht erfasst[1320]. Dagegen, dass Soldaten in einem öffentlich-rechtlichen Amtsverhältnis[1321] (vgl. den Amtsträgerbegriff des § 11 I Nr. 2 b) StGB) stehen, spricht zudem, dass unterschiedliche Strafvorschriften auf Amtsträger und daneben auf für den öffentlichen Dienst besonders Verpflichtete und Soldaten verweisen (vgl. etwa § 333 StGB).

Auch verschiedene Widerrufsvorschriften hinsichtlich der Zulassung zur Rechtsanwaltschaft bzw. der Bestellung als Steuerberater und Wirtschaftsprüfer (§ 14 II Nr. 2 BRAO, § 46 II Nr. 2 StBerG, § 20 II Nr. 2 WPO) beziehen sich auf die genannte Fähigkeit, obwohl § 45 StGB mangels Ausübung eines öffentlichen Amtes nicht direkt anwendbar ist.

Fraglich ist, ob Statusfolgen als strafrechtliche Sanktionen vertretbar sind[1322]. Während sich teilweise Befürworter eines Verbleibens der Vorschriften der §§ 45ff. StGB im Strafgesetzbuch finden[1323], verweisen andere darauf, dass sich systemgerechte Folgen strafrechtlicher Verurteilungen aus Spezialgesetzen (d.h. aus beamten- und wahlrechtlichen Regelungskomplexen) ergeben sollten[1324].

Die §§ 45ff. StGB sind ein Relikt der früher existierenden Ehrenstrafen[1325] (vgl. bereits 5. Teil A. I. 1. a.). Diese waren schon seit langer Zeit umstritten[1326]. Tatsächlich wurde im Rahmen des Gesetzgebungsverfahrens zum Ersten Gesetz zur Reform des Strafrechts überlegt, diese Nebenfolgen aus dem Strafgesetzbuch zu streichen. Zwar können Verurteilungen grundsätzlich Hinderungs- oder Beendigungsgrund für die Wahrnehmung bestimmter Aufgaben sein[1327], hinterfragt wurde aber der gesetzliche Standort, also ob eine Regelung durch Spezialgesetze oder eine zentrale strafrechtliche Normierung vorzugswürdig ist.

1319 Der Inhaber des öffentlichen Amtes kann innerhalb der Vorschriften der Art. 33 II GG und § 45 StGB durchaus verschieden definiert sein. Notare etwa werden von Art. 33 II GG nicht umfasst, vgl. Jachmann, in: von Mangoldt/Klein/Starck, GG, Art. 33 Rn. 15; Kunig, in: von Münch/Kunig, GG, Art. 33 Rn. 20; Masing, in: Dreier, GG, Art. 33 Rn. 42, a.A. Battis, in: Sachs, GG, Art. 33 Rn. 25.

1320 Vgl. MüKo-Hohmann, StGB, § 132 Rn. 9; LK-Krauß, StGB, § 132 Rn. 12; differenzierend SK-Rudolphi/Stein, StGB, § 132 Rn. 4.

1321 So Schönke/Schröder-Eser/Hecker, StGB, § 11 Rn. 19; Kindhäuser/Neumann/Paeffgen-Saliger, StGB, § 11 Rn. 18, 25; a.A. MüKo-Radtke, StGB, § 11 Rn. 29.

1322 Ablehnend Kindhäuser/Neumann/Paeffgen-Albrecht, StGB, § 45 Rn. 1.

1323 Vgl. Dölling, ZStrW 104 (1992), S. 259 (289).

1324 LK-Theune, StGB, Vor §§ 45-45b, Rn. 5; vgl. auch Nelles, JZ 1991, 17 (22f.).

1325 Vgl. LK-Theune, StGB, Vor §§ 45-45b, Rn. 1ff. (insb. 5).

1326 Vgl. LK-Theune, StGB, Vor §§ 45-45b, Rn. 2.

1327 Vgl. näher BT-Drs. V/4094, S. 16; vgl. zu den Folgen, die § 45 StGB vorsieht, auch Mosbacher, in: Satzger/Schmitt/Widmaier, StGB, § 45 Rn. 2.

Gegen den Verzicht auf eine zentrale Vorschrift wurden schließlich drei wesentliche Argumente angeführt. Zunächst sei der Verlust der Amtsfähigkeit auf eine absehbare Zeit begrenzt, bei einem spezialgesetzlichen Verweis auf eine bestimmte Verurteilung sei diese möglicherweise für sehr lange Zeit zu berücksichtigen. Außerdem könne der falsche Eindruck entstehen, dass mit der Verurteilung keine weiteren Folgen verbunden seien, sich solche aber durch die Spezialgesetze ergeben würden. Schließlich bestehe bei einer Regelung durch einzelne Gesetze die Gefahr der Rechtszersplitterung, da bei vergleichbaren Sachlagen unterschiedliche Regelungen getroffen werden könnten[1328]. Außerdem wird die strafgesetzliche Lösung unter Hinweis darauf befürwortet, dass die Aberkennung der Amtsfähigkeit und eine eventuelle Wiederverleihung gebündelt beim Strafrichter liegen[1329].

Die dargestellten Begründungsaspekte gegen den Verzicht auf eine zentrale strafgesetzliche Norm, welche die „Reinhaltung des öffentlichen Lebens“[1330] bezweckt, können indes überzeugend entkräftet werden. Eine spezialgesetzliche Regelung könnte an die Verurteilung wegen ganz bestimmter Delikte, die nicht länger als eine bestimmte Zeit zurückliegt, anknüpfen, so dass flexible Gestaltungsmöglichkeiten eröffnet würden. Zudem kann und muss eine Verurteilung nicht alle weiteren Rechtsfolgen ausweisen, sie zeigt (primär) an, gegen welche Straftatbestände verstoßen wurde[1331]. Auch weitere berufliche Konsequenzen werden nicht angeführt, können aber im Rahmen der Strafzumessung berücksichtigt werden (vgl. 5. Teil B. IV. 1. a.).

Die durch §§ 45ff. StGB vorgesehenen Folgen lassen sich im Hinblick auf das auf Schuldausgleich und Prävention ausgerichtete Sanktionssystem hinterfragen[1332]. Zudem erscheint die konkrete Ausgestaltung des Verlusts der Fähigkeit zur Bekleidung öffentlicher Ämter überdenkenswert. Dies folgt zum einen aus der Diskrepanz zwischen der Auslösung dieser Folge bei jeder Verurteilung wegen eines Verbrechens zu Freiheitsstrafe von mindestens einem Jahr und der fakultativen Anordnung wegen ganz besonderer Delikte (§ 45 I, II StGB), zum anderen aus der primären Anknüpfung an die abstrakte Schwere der Tat[1333].

Zwar erscheint nachvollziehbar, dass sich auch Regelungen anderer Rechtsgebiete auf die Fähigkeit zur Bekleidung öffentlicher Ämter beziehen (s.o.), denn hierbei handelt es sich um ein bestimmtes Merkmal, welches mit geringem Subsumtionsaufwand für die über den Statusverlust entscheidenden Stellen ver-

---

1328 Vgl. näher BT-Drs. V/4094, S. 16.

1329 Vgl. MüKo-Radtke, StGB, § 45 Rn. 43 (bezieht sich auf alle möglichen Statusfolgen).

1330 MüKo-Radtke, StGB, § 45 Rn. 10.

1331 Schwarz, Aberkennung, S. 61f.

1332 Kindhäuser/Neumann/Paeffgen-Albrecht, StGB, § 45 Rn. 1.

1333 Vgl. zu dem zweiten Punkt bereits Schwarz, Aberkennung, S. 63.

bunden ist. Allerdings wird tatsächlich kein öffentliches Amt ausgeübt, so dass ein entsprechender Bezug nicht zwingend ist. Außerdem können weder die Einzelfallumstände gewürdigt werden, noch ist eine Differenzierung zwischen beruflichem und außerberuflichem Verhalten im Rahmen dieser Tatbestände möglich.

Zwar bezog sich bereits im Jahr 1970 eine große Anzahl gesetzlicher Regelungen auf die Normen der §§ 45ff. StGB. Mit Abschaffung der zentralen strafgesetzlichen Vorschrift wäre somit ein erheblicher gesetzgeberischer Aufwand verbunden, da die Änderung aller entsprechenden Gesetze notwendig würde. Dies kann aber die Gesichtspunkte, die für den Verzicht auf eine zentrale strafgesetzliche Bestimmung und damit für eine spezialgesetzliche Normierung sprechen, nicht entkräften. Zwar ist durchaus denkbar, dass in den jeweiligen Rechtsgebieten verschiedene Regelungen geschaffen werden[1334], dies ist aber erst dann problematisch, wenn sich daraus ein Verstoß gegen das Gleichheitsgrundrecht des Art. 3 GG ergibt.

2. Flexible Regelungen

Aber auch die Alternative zur Verwendung starrer Regelungen wirft Probleme auf. Enthalten die Tatbestände unbestimmte Rechtsbegriffe, stellt sich die Schwierigkeit ihrer Auslegung im Einzelfall. Häufig entwickeln Rechtsprechung und Literatur hierfür Regeln, d.h. es werden etwa Sachverhalte bzw. Straftaten genannt, bei denen regelmäßig von einer vorliegenden Unzuverlässigkeit bzw. Unwürdigkeit des Betreffenden ausgegangen wird (vgl. 3. Teil E. II. 2. a., 4. Teil B. I. 2.). Trotzdem bleiben die Umstände des Einzelfalls entscheidend, so dass der Begründungsaufwand im Vergleich zu starren Normierungen ungleich höher ist.

Möglicherweise kann ein in verschiedenen Rechtsgebieten verwendeter Begriff immer in derselben Weise verstanden werden. Tatsächlich erfordert die Prüfung der Unzuverlässigkeit sowohl im Heilberufs- als auch im Gewerberecht eine umfassende Betrachtung der Persönlichkeit sowie eine Prognose hinsichtlich künftiger ordnungsgemäßer Berufsausübung. Aufgrund der gänzlich unterschiedlichen Berufsgruppen kann aber die weitere notwendige Ausfüllung abweichen; die Ausführungen sind jeweils nur bedingt übertragbar.

Derselbe Terminus kann in einem Bereich passender oder umstrittener sein als im anderen. So wird beispielsweise der Begriff der Unzuverlässigkeit im Gewerberecht wegen seiner fehlenden (verfassungsrechtlichen) Konkretisierung kritisiert, außerdem sei die Beurteilung nach dem Gesamtbild der betroffenen

---

1334 Schwarz, Aberkennung, S. 62, sieht eine solche Gefahr nicht unbedingt.

Person wegen der Nähe zu einer charakterlichen Beurteilung bedenklich[1335]. Speziell gegen die Berücksichtigung von Straftaten wird angeführt, dass bei einem solchen Verhalten sich die eigentliche Sanktion aus dem Strafrecht ergeben sollte[1336].

Im Heilberufsrecht wiederum wird auf die Überflüssigkeit des Merkmals der Unwürdigkeit verwiesen, da aufgrund restriktiver Auslegung des Begriffs fast alle hierunter zu subsumierenden Sachverhalte ebenfalls zur Unzuverlässigkeit führten[1337]. Der Hinweis darauf, dass es sich bei der Unzuverlässigkeit dagegen um einen im Gewerberecht schon lange verwendeten Begriff handele, für den die Rechtsprechung Kriterien herausgearbeitet habe[1338], lässt sich aber in zweierlei Hinsicht relativieren. Zum einen differenzieren die Heilberufsgesetze seit geraumer Zeit zwischen den beiden Begriffen[1339], zum anderen stellen Tatbestände anderer Rechtsgebiete hinsichtlich der Berufszulassung auch auf den Begriff der Unwürdigkeit ab (vgl. nur § 14 I Nr. 2 BBG, § 7 Nr. 5 BRAO). Es ist verfassungsrechtlich zulässig, dass Widerrufstatbestände an unbestimmte Rechtsbegriffe anknüpfen, eine unverhältnismäßige Entscheidung kann durch eine verfassungskonforme Gesetzesanwendung im Einzelfall verhindert werden[1340].

Schwierig ist zudem die Ausfüllung unbestimmter Rechtsbegriffe, sofern diese bislang nicht verwendet wurden. Dies trifft auf den Widerrufsgrund für die Bestellung als Wirtschaftsprüfer zu, der auf gesundheitliche oder andere Gründe abstellt, die dazu führen, dass der Betreffende nicht nur vorübergehend nicht in der Lage ist, seinen Beruf ordnungsgemäß auszuüben (§ 20 II Nr. 3 WPO). Vergleichbare Widerrufsvorschriften für andere freie Berufe stellen nur auf gesundheitliche Gründe ab (§ 14 II Nr. 3 BRAO, § 46 II Nr. 7 StBerG), ebenso wie die Vorgängerregelung der Wirtschaftsprüferordnung (§§ 16 I Nr. 1 i.V.m. 10 I Nr. 3 WPO a.F.[1341]).

1335 Vgl. Leisner, GewArch 2008, 225 (227f.).

1336 Vgl. Leisner, GewArch 2008, 225 (230f.).

1337 Vgl. Hofstetter, Arztrecht, S. 38; vgl. auch Weskott, Berufsaufsicht, S. 73f.: erforderlich ist immer eine Prognose hinsichtlich der künftigen Berufsausübung.

1338 Vgl. Hofstetter, Arztrecht, S. 34.

1339 Zu deren eigenständigen Bedeutung vgl. VGH Mannheim, NVwZ 2006, 1202 (1202).

1340 Vgl. VGH Mannheim, NVwZ 2006, 1202 (1202f.): außerdem ist die Wiedererteilung der Approbation bzw. die Erteilung einer Erlaubnis möglich, zum Widerruf der Approbation wegen Unwürdigkeit; vgl. zur Verfassungskonformität auch BVerwG, NJW 1998, 2756 (2757).

1341 Geändert durch das Gesetz zur Stärkung der Berufsaufsicht und zur Reform berufsrechtlicher Regelungen in der Wirtschaftsprüferordnung (Berufsaufsichtsreformgesetz - BARefG) vom 03.09.2007, BGBl. I S. 2178.

Für Rechtsanwälte und Steuerberater gibt es keine generalklauselartigen Widerrufstatbestände, unter die Straftaten subsumiert werden können, dies gilt etwa für eine nach der Zulassung eintretende Unwürdigkeit (vgl. zum entsprechenden Versagungsgrund § 7 Nr. 5 BRAO).

Teilweise wird festgestellt, dass der Grund hierfür nicht bekannt und es nicht nachvollziehbar sei, dass die Einschätzung des nachträglichen Fehlverhaltens (nur) den Berufsgerichten zugewiesen ist[1342]. Indes erscheint das berufsgerichtliche Verfahren durchaus als adäquate Reaktionsmöglichkeit in Bezug auf berufliches Fehlverhalten. Möglich ist die Verhängung unterschiedlich schwerer Maßnahmen, eine Doppelgleisigkeit durch Normierung eines generalklauselartigen Widerrufstatbestandes ist nicht erforderlich. Im Rahmen der weiten Versagungstatbestände für eine Berufszulassung und der Prüfung einer Berufspflichtverletzung werden vergleichbare Sachverhalte relevant[1343].

Im Heilberufs- und Gewerberecht stellt sich hingegen nicht das Problem einer solchen Zweigleisigkeit generalklauselartiger Bestimmungen, da ein Statusverlust aufgrund berufsgerichtlicher Entscheidung nicht möglich ist.

Zwar handelt es sich um die aufwändigere Entscheidung, trotzdem erscheinen die Regelungen, die unbestimmte Rechtsbegriffe verwenden, insgesamt vorteilhaft. Sie stellen durch die Betrachtung aller Umstände eine hohe Einzelfallgerechtigkeit sicher und eröffnen eine einfachere Anpassungsmöglichkeit an geänderte Auffassungen. Außerdem wird hierdurch die Berücksichtigung der Tatbestände auf der strafrechtlichen Ebene nicht ausgeschlossen (vgl. 5. Teil B. IV. 1. a.). Allerdings könnte es für die Strafgerichte schwieriger sein, eine Prognose hinsichtlich des drohenden Verlusts im Vergleich zu den starren Regelungen zu treffen, denn sie müssen sich quasi als fachfremde Instanz mit den entwickelten Kriterien für den jeweiligen Berufsbereich auseinandersetzen.

Die Unterschiede zwischen den einzelnen Berufsgruppen werden indes - auch unter verfassungsrechtlichen Gesichtspunkten - kaum problematisiert. Es wird etwa nicht als unzulässig angesehen, dass der Verlust der Amtsfähigkeit im Anwaltsrecht zwingend zum Widerruf der Zulassung führt (§ 14 II Nr. 2 BRAO), der Widerruf der Approbation aber eine Einzelfallbetrachtung erfordert. Ein Verstoß gegen den Gleichheitsgrundsatz des Art. 3 I GG wird abgelehnt; da Rechtsanwälte von Berufs wegen bei der Beratung und Vertretung ihrer Mandanten laufend auf die Einhaltung gesetzlicher Vorschriften zu achten hätten, unterlägen sie mit Recht einer besonderen Verpflichtung[1344]. Diese Argumenta-

1342 Vgl. näher Vogel, Anwaltszulassung, S. 63f.

1343 Vgl. Vogel, Anwaltszulassung, S. 63, zur Unwürdigkeit im Anwaltsrecht (§§ 7 Nr. 5, 14 I BRAO); vgl. auch Brockhausen, Verwaltungssachen, S. 135.

1344 Feuerich/Weyland-Feuerich, BRAO, § 14 BRAO Rn. 19.

tion kann auf die insoweit vergleichbaren Berufe des Steuerberaters und des Wirtschaftsprüfers übertragen werden, denn auch diese unterliegen bei der Beratung und Vertretung ihrer Mandanten der beschriebenen Verpflichtung[1345].

C. Entscheidende Stellen

Auch die Untersuchung der zuständigen Stellen für die jeweiligen Entscheidungen differenziert zwischen der Straftatverwirklichung vor bzw. nach Begründung der Rechtsstellung.

I. Straftatbegehung vor Begründung der Rechtsstellung

In den betrachteten Rechtsgebieten finden sich verschiedene Zuständigkeitsregelungen hinsichtlich der Entscheidungen, die sich auf vor Begründung des beruflichen Status begangene Straftaten beziehen. Im Beamten- und Soldatenrecht entscheidet eine Behörde über die Ernennung sowie deren Rücknahme, eine Nichtigkeit tritt automatisch ein. Entsprechendes gilt grundsätzlich im Richterrecht; geht es um ein Richterverhältnis auf Lebenszeit, bestehen aus verfassungsrechtlichen Gründen[1346] - aufgrund der richterlichen Unabhängigkeit und der Rechtssicherheit[1347] - aber Besonderheiten. Die Nichtigkeit einer Ernennung kann erst nach rechtskräftiger gerichtlicher Feststellung geltend gemacht werden (§ 18 III DRiG), die Rücknahme ist nur aufgrund rechtskräftiger richterlicher Entscheidung zulässig (§ 19 III DRiG). Hinsichtlich der Bestellung eines Notars sowie dessen Amtsenthebung besteht eine Zuständigkeit der Landesjustizverwaltung (§§ 12 I, 50 III 1 BNotO), die Approbation bzw. Gewerbeerlaubnis und ihre Rücknahme erfolgen aufgrund behördlicher Entscheidung (§ 12 I 1, IV 1 BÄO, § 16 I 1, II 2 ZHG, § 13 I, II 2 BTÄO, § 10 I 1, II 1 PsychThG, § 12 I 1, IV 1 BApO, zum Gewerberecht 4. Teil C.). Demgegenüber liegt die Zulassung zur Rechtsanwaltschaft sowie die Bestellung als Steuerberater und Wirtschaftsprüfer ebenso wie eine diesbezügliche Rücknahme in der Kompetenz der jeweiligen Berufskammer (§ 33 I BRAO, §§ 40 I 1, 46 IV 1 StBerG, §§ 16 III, 21 WPO).

An alle genannten Entscheidungen können sich gerichtliche Streitigkeiten anschließen. Die Zuordnung zu einer bestimmten Gerichtsbarkeit knüpft nicht daran an, ob es sich um einen Angehörigen des öffentlichen Dienstes bzw. eines

---

1345 Vgl. hierzu AGH Celle, B.v. 05.06.2003 (AGH 27/02), juris, Rn. 38.

1346 Vgl. näher Schmidt-Räntsch, DRiG, § 18 Rn. 13, § 19 Rn. 22.

1347 Silberkuhl, in: Franke/Weiß, GKöD, § 18 DRiG Rn. 14, zur Nichtigkeit.

freien Berufs handelt; sie wird innerhalb dieser Obergruppen abweichend geregelt. Für Streitigkeiten im Beamten- und Soldatenrecht bezüglich der Ernennung sowie deren Nichtigkeit und Rücknahme ist der Verwaltungsrechtsweg eröffnet, wobei die maßgeblichen Regelungen auf das Erfordernis eines zumindest einmal bestehenden Verhältnisses hindeuten (vgl. 126 I BBG, § 82 I SG). Auch bei Divergenzen über die Bestellung als Wirtschaftsprüfer und die Approbation sowie diesbezüglicher Rücknahmeakte und in gewerberechtlichen Streitigkeiten entscheidet aufgrund des öffentlich-rechtlichen Charakters und fehlender besonderer Bestimmung die Verwaltungsgerichtsbarkeit (§ 40 I 1 VwGO).

Abweichend hiervon ist ein Spruchkörper der ordentlichen Gerichtsbarkeit für die Entscheidung über Nichtigkeit und Rücknahme der Ernennung eines Richters des Bundes vorgesehen, das zuständige Dienstgericht des Bundes (§ 62 I Nr. 3a), b), 4c) DRiG) ist ein besonderer Senat des BGH (vgl. § 61 I DRiG sowie 2. Teil B. III. zu den Regelungen für Landesrichter). Auseinandersetzungen bezüglich der Bestellung und Amtsenthebung eines Notars werden ebenfalls vor ordentlichen Gerichten ausgetragen (§ 111 BNotO). Schließlich lassen sich auch die Gerichte, die in Zulassungssachen im Anwaltsrecht entscheiden (§ 112a BRAO), in gewisser Hinsicht dieser Gerichtsbarkeit zuordnen[1348].

Eine gänzlich andere gerichtliche Zuständigkeit findet sich im Recht der Steuerberater. Für Streitigkeiten über eine Bestellung als Steuerberater und deren Rücknahme ist der Finanzgerichtsweg eröffnet (§ 33 I Nr. 3 FGO).

Zudem weicht der vorgesehene Instanzenzug für die unterschiedlichen Berufsgruppen voneinander ab. Ist der Verwaltungsrechtsweg eröffnet - dies trifft für das Beamten- und Soldatenrecht, das Recht der Wirtschaftsprüfer und der akademischen Heilberufe sowie das Gewerberecht zu - gilt mangels abweichender Regelung der durch die Verwaltungsgerichtsordnung normierte dreistufige Instanzenzug; notwendig ist jeweils die Zulassung von Berufung und Revision, wofür bestimmte Gründe vorliegen müssen (vgl. §§ 124f., 132 VwGO).

Bezüglich entsprechender Entscheidungen im Notarrecht sowie im Recht für Rechtsanwälte und Steuerberater gilt ein zweistufiger Instanzenzug. In erster Instanz besteht eine Zuständigkeit des OLG (§ 111 I BNotO), des AGH (§ 112a I BRAO) und des FG (§§ 35, 33 I Nr. 3 FGO). Der Unterschied der Rechtsgebiete liegt darin, dass im Notar- und Anwaltsrecht gegen Urteile die Berufung an den BGH (§ 111 II Nr. 1 BNotO bzw. § 112a II Nr. 1 BRAO), im Recht der Steuerberater hingegen die Revision zum BFH (§ 36 Nr. 1 FGO) ermöglicht

1348 Da der AGH dem jeweiligen OLG nur angegliedert ist (vgl. 3. Teil A. III.), ist er zwar nicht (im engeren Sinn) Teil der ordentlichen Gerichtsbarkeit, vgl. Brockhausen, Verwaltungssachen, S. 46, aber die richterlichen Mitglieder stammen aus diesem Gerichtsweg und sind dem OLG zumindest organisatorisch verbunden, S. 57.

wird. In den beiden zuerst genannten Rechtsgebieten sind damit zwei Tatsacheninstanzen vorgesehen. Gemeinsam ist den Regelungen für die verschiedenen Berufsbereiche, dass die jeweiligen Rechtsmittel zulassungsbedürftig und besondere Zulassungsgründe erforderlich sind (§ 111d BNotO bzw. § 112e BRAO [i.V.m. § 124 II VwGO], § 115 FGO).

Die Einrichtung eines zweistufigen Instanzenzuges hat im Anwaltsrecht historische Gründe[1349]. Die früher bestehende Zulassungsfreiheit des Rechtsmittels[1350] wurde allerdings mit der Begründung abgeschafft, dass für andere bedeutsame verwaltungsrechtliche Entscheidungen etwa im Gewerbe- oder sonstigen Berufszulassungsrecht die Zulassungsberufung gelte[1351]. Erwogen wird, die bestehenden zwei Tatsacheninstanzen für verwaltungsrechtliche Anwaltssachen zugunsten einer Revisionsmöglichkeit zum BGH aufzugeben[1352]. Damit würde zwar die Normierung der Bundesrechtsanwaltsordnung in dieser Hinsicht an die für Steuerberater geltende Regelung angepasst. Allerdings erscheinen dann weiterreichende Überlegungen erforderlich. Es besteht nach wie vor ein dreistufiger Instanzenzug im Recht für Wirtschaftsprüfer und auch die jeweilige gerichtliche Zuordnung variiert, da Gerichte der ordentlichen Gerichtsbarkeit, der Finanz- und der Verwaltungsgerichtsbarkeit zuständig sind.

Besonderheiten sind für den Bereich des Richterrechts zu beachten. Während über den Status als Richter im Bundesdienst als einzige Instanz das Dienstgericht des Bundes entscheidet (§ 62 I Nr. 3a), b), 4c) DRiG), ist für Richter im hessischen Landesdienst ein dreistufiger Instanzenzug vorgesehen (vgl. näher 2. Teil B. III.). Da das Dienstgericht des Bundes Revisionsinstanz gegenüber den Landesdienstgerichten ist, wird eine einheitliche Rechtsprechung bezüglich aller richterdienstrechtlichen Angelegenheiten, die die Unabhängigkeit oder die Besonderheiten des Richteramts betreffen, gewährleistet[1353].

Schließlich differiert auch die Besetzung der Spruchkörper. Zwar sehen alle einschlägigen Normen die Mitwirkung ehrenamtlicher Richter vor, es bestehen aber unterschiedliche Regelungen darüber, ob diese Angehörige der jeweils betroffenen Berufsgruppe sind. Ist die Verwaltungs- bzw. Finanzgerichtsbarkeit zuständig, sind - in der Minderheit - ehrenamtliche Richter an den Entscheidun-

1349 Näher Schmidt-Räntsch, in: Gaier/Wolf/Göcken, Anwaltliches Berufsrecht, § 112c BRAO Rn. 26.

1350 Vgl. hierzu Schmidt-Räntsch, in: Gaier/Wolf/Göcken, Anwaltliches Berufsrecht, § 112e BRAO Rn. 2.

1351 Vgl. hierzu Deckenbrock, in: Hennsler/Prütting, BRAO, Vor §§ 112a ff. BRAO Rn. 10; vgl. näher auch BT-Drs. 16/11385, S. 31.

1352 Vgl. BT-Drs. 16/11385, S. 28; Quaas/Dahns, NJW 2009, 2705 (2712); für die Beibehaltung zweier Tatsacheninstanzen aber Brockhausen, Verwaltungssachen, S. 146.

1353 Vgl. Schmidt-Räntsch, DRiG, Vorbem. § 61 Rn. 4.

gen der Spruchkörper des VG (in Hessen auch des VGH) und des FG beteiligt (vgl. § 5 III 1 VwGO, § 9 III 1 i.V.m. § 17 I 1. Hs. HessAGVwGO, § 5 III 1 FGO), nicht aber an denen der Senate des BVerwG (§ 10 III VwGO) und des BFH (§ 10 III FGO). Sie gehören nicht unbedingt den jeweils betroffenen Berufsgruppen an, teilweise sind ihre Angehörigen von der Mitwirkung sogar ausdrücklich ausgeschlossen. Beispielsweise können als ehrenamtliche Richter in der Verwaltungsgerichtsbarkeit Beamte, Soldaten und Wirtschaftsprüfer[1354] nicht berufen werden (vgl. § 22 Nr. 3, 4, 5 VwGO), in der Finanzgerichtsbarkeit gilt dies für Steuerberater (vgl. § 19 Nr. 5 FGO).

Anders stellt sich die Lage im Anwaltsrecht dar, die Senate des AGH und BGH entscheiden unter Mitwirkung von Rechtsanwälten (§§ 104, 106 II 1 BRAO). Im Notarrecht ist ebenfalls die notarielle Beteiligung in beiden Instanzen vorgesehen (§§ 111 IV i.V.m. 101, 106 BNotO). Auch die Regelungen des Richterrechts lassen sich hier einordnen. Zwar ergehen die Entscheidungen allein durch Berufsrichter, es werden aber auch Richter herangezogen, die dem Gerichtszweig des betroffenen Richters angehören (§ 61 II 2 DRiG, §§ 57 II, 59 II HRiG).

II. Straftatbegehung nach Begründung der Rechtsstellung

Auch bezüglich der entscheidenden Stellen bietet sich bei strafbarem Verhalten nach Begründung der Rechtsstellung die Differenzierung zwischen verwaltungsrechtlichen Entscheidungen nach den jeweiligen Berufsgesetzen sowie disziplinar- bzw. berufsgerichtlichen Entscheidungen an.

1. Verwaltungsrechtliche Entscheidungen nach den Berufsgesetzen

Die soeben (vgl. 5. Teil C. I.) dargestellten Unterschiede der Rechtsgebiete bezüglich des eröffneten Rechtswegs sind übertragbar.

So ist für Streitigkeiten im Beamten- und Soldatenrecht, die sich auf den automatischen Verlust der Rechtsstellung sowie behördliche Entlassungen beziehen, der Verwaltungsrechtsweg eröffnet (§ 126 I BBG, § 82 I SG). Die Verwaltungsgerichtsbarkeit überprüft ebenfalls den Widerruf der Bestellung als Wirt-

1354 Personen, die fremde Rechtsangelegenheiten geschäftsmäßig besorgen (§ 22 Nr. 5 VwGO), vgl. Fehling/Kastner/Wahrendorf-Danker, VwVfG/VwGO, § 22 VwGO Rn. 5; Sodan/Ziekow-Ziekow, VwGO, § 22 Rn. 18.

schaftsprüfer bzw. den der Approbation; auch im Hinblick auf gewerberechtliche Sachverhalte ist sie entscheidungsbefugt (§ 40 I 1 VwGO).

Unterschiedlich wird beurteilt, ob die Kompetenz des Dienstgerichts hinsichtlich eines automatischen Verlusts des Richterstatus besteht; dies ist zu bejahen. Ansonsten überprüft das Dienstgericht dic Entlassung eines Richters auf Probe und kraft Auftrags (§ 62 I Nr. 4c) DRiG). Bei einer Auseinandersetzung über den Amtsverlust eines Notars entscheiden ebenfalls Spruchkörper der ordentlichen Gerichtsbarkeit; dieser Gerichtsbarkeit lassen sich auch die Gerichte zuordnen, die für Rechtsstreitigkeiten wegen des Widerrufs der Zulassung zur Rechtsanwaltschaft zuständig sind.

Der Widerruf der Bestellung als Steuerberater wird durch die Finanzgerichtsbarkeit kontrolliert.

Hinsichtlich des Instanzenzuges und der Mitwirkung von Berufsangehörigen kann auf oben verwiesen werden.

Die Zuweisung an unterschiedliche Gerichte führt möglicherweise dazu, dass bezüglich der Beurteilung der Sach- und Rechtslage auf abweichende Zeitpunkte zurückgegriffen wird. Dies kann bedeutsam werden, wenn aufhebungsrelevante Umstände weggefallen sind. Im Rahmen der Überprüfung des Widerrufs der Zulassung zur Rechtsanwaltschaft sowie der Bestellung als Steuerberater werden prinzipiell noch nachfolgende Umstände berücksichtigt (vgl. 3. Teil A. II. 2. a., C. II. 2. a.). Die Verwaltungsgerichte, die über die Rechtmäßigkeit eines Widerrufs der Bestellung als Wirtschaftsprüfer und einer Approbation entscheiden, stellen hingegen wegen der eröffneten Möglichkeit der Wiederzulassung auf den Zeitpunkt der letzten Verwaltungsentscheidung ab und betrachten weitere nachträglich eingetretene Umstände nicht (3. Teil D. II. 2. a., E. II. 2. a.)[1355].

Nach dem BVerwG ergibt sich der maßgebliche Zeitpunkt für die Beurteilung der Rechtmäßigkeit eines angefochtenen Verwaltungsakts jeweils aus dem materiellen Recht[1356]. Im Rahmen der Überprüfung der Amtsenthebung eines Notars etwa berücksichtigt auch der BGH grundsätzlich nicht nachträglich eingetretene veränderte Umstände, da für eine Wiederbestellung weitere - nicht nur personenbezogene - Voraussetzungen zu beachten sind[1357]; dies wird vom BVerfG als bedenklich angesehen[1358]. Vernachlässigt man diese Entscheidungen und betrachtet nur den Widerruf der Berufszulassung, so erscheint die unter-

1355 Ablehnend Kleine-Cosack, NJW 2004, 2473 (2476).

1356 Vgl. hierzu allgemein BVerwG, NVwZ 1991, 360 (360f.); ablehnend Kleine-Cosack, NJW 2004, 2473 (2476f.).

1357 Vgl. BGHZ 149, 230 (234f.).

1358 BVerfG, NJW 2005, 3057 (3058), allerdings wurde die Frage bezüglich eines etwa verfassungsrechtlich gebotenen Entscheidungszeitpunkts nicht entschieden.

schiedliche Behandlung von Rechtsanwälten und Steuerberatern auf der einen Seite sowie Wirtschaftsprüfern und Angehörigen akademischer Heilberufe auf der anderen Seite nicht einleuchtend; auch für die zuerst genannten Berufsgruppen ist eine erneute Zulassung nach einem erfolgten Widerruf möglich.

2. Disziplinar- bzw. berufsgerichtliche Entscheidungen

Sowohl die Entfernung aus dem Dienst bzw. Amt als auch die Ausschließung aus dem Beruf erfordern eine gerichtliche Entscheidung.

Vorgesehen sind unterschiedliche Gerichtszuständigkeiten. Während die entsprechende Maßnahme gegen Beamte durch die Verwaltungsgerichtsbarkeit verhängt wird (§ 45 I 1 BDG), besteht für Soldaten eine besondere Wehrdienstgerichtsbarkeit (§ 68 WDO). Da über die Berufung ein Wehrdienstsenat des BVerwG entscheidet (§ 80 I 1 WDO), kann man diese in gewisser Weise der Verwaltungsgerichtsbarkeit zuordnen.

In den anderen beleuchteten Rechtsgebieten entscheiden Spruchkörper der ordentlichen Gerichtsbarkeit; dies gilt für Richter (§ 61 I DRiG), Notare (§ 99 BNotO), Steuerberater (§§ 95 I, 96 I, 97 I StBerG) und Wirtschaftsprüfer (§§ 72 I, 73 I, 74 I 1 WPO). Im Anwaltsrecht besteht eine erstinstanzliche Zuständigkeit des Anwaltsgerichts (§ 119 I BRAO), dieses gehört nicht der ordentlichen Gerichtsbarkeit an. Auch der AGH (Berufungsinstanz nach § 143 I BRAO) ist dem jeweiligen OLG nur angegliedert. Dies unterscheidet die Anwaltsgerichtsbarkeit von der Berufsgerichtsbarkeit für Steuerberater und Wirtschaftsprüfer, was teilweise kritisch gesehen und mit der Forderung der Eingliederung in die allgemeine Gerichtsbarkeit verbunden wird[1359]. Indes ist auch hier die Revision an den BGH vorgesehen (§ 145 I BRAO). Hiermit wird sichergestellt, dass die Rechtsentwicklung in berufsrechtlichen Fragen in die allgemeine Rechtsentwicklung eingebettet bleibt[1360].

Fraglich ist, warum sich die Zuordnung innerhalb des öffentlichen Dienstes unterscheidet. Im Vergleich zum Wehrdisziplinarrecht ergibt sich, dass bis 2002 auch eine besondere Disziplinargerichtsbarkeit für Beamte existierte[1361]. Die dann erfolgte Änderung wurde indes für Soldaten nicht vollzogen[1362]. Die ge-

1359 Kleine-Cosack, AnwBl. 2009, 619 (619).

1360 Vgl. Pickel, in: Hense/Ulrich, WPO, Vor § 67 ff. Rn. 3, zur Berufsgerichtsbarkeit für Wirtschaftsprüfer.

1361 Die besondere Disziplinargerichtsbarkeit für Bundesbeamte wurde mit dem Inkrafttreten des Bundesdisziplinargesetzes am 01.01.2002 aufgegeben, vgl. näher Schmidt-Räntsch, DRiG, § 61 Rn. 3.

1362 Vgl. zu den Gründen Bachmann, NVwZ 2002, 694 (694); vgl. auch Vogelgesang, ZBR 2003, 158 (158f.).

trennte Disziplinargerichtsbarkeit für Beamte und Richter entspricht wiederum der Rechtstradition[1363]. Da der BGH in Disziplinarangelegenheiten letztinstanzlich auch für Staatsanwälte, Rechtsanwälte und Notare zuständig ist, kann er für die genannten Rechtspflegeorgane in diesem Bereich „eine in sich geschlossene, den Bedürfnissen der Justiz entsprechende Rechtsprechung" entwickeln[1364].

Außerdem weicht der vorgesehene Rechtsmittelzug in den einzelnen Rechtsgebieten voneinander ab. Ein dreistufiger Instanzenzug ist im Beamten-, im hessischen Richterdisziplinarrecht und im Recht für Rechtsanwälte, Steuerberater und Wirtschaftsprüfer vorgesehen, ein zweistufiger dagegen im Wehrdisziplinar- und Notarrecht. Über Disziplinarmaßnahmen gegen Richter im Bundesdienst entscheidet dagegen das Dienstgericht des Bundes in erster und gleichzeitig letzter Instanz.

Den Regelungen für die unterschiedlichen Berufsgruppen ist gemein, dass - bestehen mehrere Instanzen - gegen das Urteil zulassungsfrei Berufung zum nächsthöheren Gericht möglich ist (vgl. § 64 I 1 BDG, § 115 I 1 WDO, § 105 BNotO i.V.m. § 64 I 1 BDG, § 143 I BRAO, § 127 StBerG, § 105 I WPO). Dies wurzelt darin, dass die erste Instanz originär über die zu verhängende Maßnahme entscheidet und nicht lediglich eine behördliche Entscheidung überprüft wird[1365]. Weiter ist für die Revision im Beamten- und hessischen Richterdisziplinarrecht ihre Zulassung erforderlich (§ 69 BDG i.V.m. § 132 II VwGO, § 63 HRiG i.V.m. § 81 DRiG), handelt es sich im Recht der freien Berufe um eine Auseinandersetzung über die Ausschließung aus dem Beruf, ist das Rechtsmittel zulassungsfrei möglich (§ 145 I Nr. 1, 2 BRAO, § 129 I Nr. 1, 2 StBerG, § 107 I Nr. 1, 2 WPO).

Schließlich ist in allen betrachteten Rechtsgebieten vorgesehen, dass an der disziplinar- bzw. berufsgerichtlichen Entscheidung Berufsangehörige mitwirken.

Hierbei variiert aber, mit wie vielen Personen die Spruchkörper besetzt und ob hauptamtliche Richter oder Berufsangehörige mehrheitlich beteiligt sind. Die Fachkammern des VG und -senate des OVG im Beamtendisziplinarrecht (§§ 46 I 1, 51 I i.V.m. 46 I 1 BDG), das OLG in Notarsachen (§ 101 BNotO) und die Senate des OLG für Steuerberater- (§ 96 III StBerG) und Wirtschaftsprüfersachen (§ 73 II WPO) entscheiden unter mehrheitlicher Beteiligung von Berufsrichtern. Eine Mehrheit von Berufsangehörigen findet sich bei den relevanten Entscheidungen der Kammern der Truppendienstgerichte (§ 75 I 1 WDO), der Kammern des LG in Steuerberater- (§ 95 IV 2 StBerG) und Wirtschaftsprüfer-

---

1363 Gerner/Decker/Kauffmann, DRiG, § 61 Rn. 1.

1364 Schmidt-Räntsch, DRiG, § 61 Rn. 3.

1365 Vgl. Claussen/Benneke/Schwandt, Disziplinarverfahren, Rn. 1011, zum Beamtendisziplinarrecht.

sachen (§ 72 II 2 WPO) sowie des Senats des AGH (§§ 104, 101 III 1 BRAO). Das Anwaltsgericht entscheidet nur mit Anwälten (§§ 96, 94 I 1 BRAO).

In letzter Instanz besteht immer eine berufsrichterliche Mehrheit (vgl. § 80 III 1 WDO, § 106 BNotO, § 106 II 1 BRAO, § 97 II StBerG, § 74 II WPO). Da das Dienstgericht des Bundes immer gleich besetzt ist (§ 61 II DRiG), wirken an seinen Entscheidungen Richter des Gerichtszweigs des betroffenen Richters mit. Eine ausschließliche Besetzung mit Berufsrichtern ist im Beamtendisziplinarrecht vorgesehen (vgl. § 10 III VwGO).

III. Unterschiede der Regelungsstruktur

1. Differenzierte bzw. gebündelte Zuständigkeiten

Meist weicht in einem Rechtsgebiet die gerichtliche Zuständigkeit für eine verwaltungsrechtliche Statusstreitigkeit von der für eine hiervon abzugrenzende disziplinar- bzw. berufsgerichtliche Entscheidung ab. Dies ist der Fall im Soldaten- und Wehrdisziplinarrecht sowie im Recht der Steuerberater und Wirtschaftsprüfer. Auch das Beamten- und Beamtendisziplinarrecht lässt sich in gewisser Hinsicht diesem Bereich zuordnen. Zwar ist immer der Verwaltungsrechtsweg eröffnet, es existieren aber unterschiedliche Regelungen bezüglich des Instanzenzuges und der Besetzung der Spruchkörper.

Im Gegensatz dazu wird die Zuständigkeit für wesentliche Entscheidungen im Richter- und Notarrecht bei bestimmten Gerichten gebündelt, diese gehören zur ordentlichen Gerichtsbarkeit. Eine solche Zusammenfassung erfolgt auch im Anwaltsrecht, wobei das für anwaltsgerichtliche Streitigkeiten erstinstanzlich zuständige Anwaltsgericht keine Entscheidungsbefugnis im Rahmen verwaltungsrechtlicher Anwaltssachen besitzt. Dieser Aspekt wird im Folgenden näher betrachtet.

Der Zweck der Konzentration der Zuständigkeit für wichtige Entscheidungen des Richterrechts beim Dienstgericht liegt in der Zusammenfassung aller für die Unabhängigkeit der Richter wichtigen Streitigkeiten bei einem Gericht[1366]. Die Begründung der Zuordnung zur ordentlichen Gerichtsbarkeit mit der geringsten Spezialisierung dieser Richter[1367] erscheint nicht unbedingt einleuchtend, immerhin handelt es sich bei dem BGH um das höchste Zivilgericht[1368]. Da aber die meisten Richter der ordentlichen Gerichtsbarkeit angehören, ist sie ver-

1366 Vgl. insgesamt Schmidt-Räntsch, DRiG, Vorbem. § 61 Rn. 3, § 62 Rn. 6, § 78 Rn. 2; vgl. auch Wittreck, NJW 2004, 3011 (3011), zu den Dienstgerichten.

1367 Gerner/Kauffmann/Richter, DRiG, § 61 Rn. 3.

1368 Vgl. Silberkuhl, in: Franke/Weiß, GKÖD, vor § 61 DRiG Rn. 4.

tretbar[1369]. Zwar kann eine verwaltungsgerichtliche Angliederung erwogen werden[1370], weil eine Zuständigkeit eines Senats des BVerwG in vergleichbaren Fragen des Beamten- und Soldatenrechts besteht, allerdings entscheidet in Disziplinarangelegenheiten gegen Organe der Rechtspflege zur Zeit immer ein Senat des BGH (vgl. 3. Teil A. III., B. III.). Die Einrichtung lediglich einer Instanz auf Bundesebene wird aufgrund der Entscheidung durch das höchste Gericht der ordentlichen Gerichtsbarkeit nicht als problematisch angesehen[1371]; auf Landesebene bestehen indes mehrere Instanzen.

Für die Bündelung der Zuständigkeiten im Notar- bzw. Anwaltsrecht werden Gründe des Sachzusammenhangs[1372] bzw. der Sachkunde der Gerichte im anwaltlichen Berufsrecht[1373] angeführt.

Die verfassungsrechtliche Zulässigkeit der Anwaltsgerichtsbarkeit kann thematisiert werden, wurde aber vom BVerfG positiv entschieden. Anwaltsgerichte sind verfassungsrechtlich nicht bedenklich, denn es handelt sich um staatliche Gerichte (Art. 92 GG), ihre Bildung beruht auf staatlichem Gesetz, sie dienen der Erfüllung staatlicher Aufgaben und ihre Bindung an den Staat ist in personeller Hinsicht ausreichend gewährleistet. Sie sind Gerichte für besondere Sachgebiete (Art. 101 II GG) und keine unzulässigen Sondergerichte für bestimmte Personengruppen, da ihre Zuständigkeit abstrakt und generell auf ein bestimmtes Sachgebiet, nämlich auf das anwaltliche Berufsrecht, beschränkt ist[1374].

Auch die Notarsenate des OLG und BGH sind dementsprechend keine verbotenen Ausnahmegerichte[1375]. Mangels Entscheidungsmonopols der Verwal-

1369 Vgl. näher Silberkuhl, in: Franke/Weiß, GKÖD, vor § 61 DRiG Rn. 4.

1370 Vgl. in dieser Hinsicht Silberkuhl, in: Franke/Weiß, GKÖD, vor § 61 DRiG Rn. 4.

1371 Schmidt-Räntsch, DRiG, § 61 Rn. 8.

1372 Eylmann/Vaasen-Custodis, BNotO, § 110 Rn. 3: die Zuweisung der Verwaltungssachen folgte der Zuweisung der Disziplinarsachen an die ordentliche Gerichtsbarkeit; vgl. bereits näher BT-Drs. III/219, S. 38, zu § 82 BNotO-E: außerdem Angleichung an das zukünftige Anwaltsrecht.

1373 Vgl. in dieser Richtung BVerfGE 26, 186 (194), ausgehend von der Einrichtung der Ehrengerichtsbarkeit als entscheidende Stelle für Disziplinarsachen im Hinblick auch auf deren Zuständigkeit für weitere Entscheidungen.

1374 Vgl. zu den Ehrengerichten bereits BVerfGE 48, 300 (315ff., 323f.); BVerfGE 26, 186 (192f.), auch zu den Ehrengerichtshöfen; vgl. weiter Detlefsen/Quaas, in: Gaier/Wolf/Göcken, Anwaltliches Berufsrecht, Vor § 92 BRAO Rn. 11, auch zum AGH; Feuerich/Weyland-Feuerich, BRAO, Vor § 92 BRAO Rn. 11f.; ausführlich zur Verfassungsmäßigkeit der anwaltlichen Berufsgerichte auch Brockhausen, Verwaltungssachen, S. 52ff.

1375 Vgl. dazu Eylmann/Vaasen-Custodis, BNotO, § 111 Rn. 6; BGHZ 38, 208 (210).

tungsgerichtsbarkeit für öffentlich-rechtliche Fragestellungen ist die Zuweisung an Gerichte der ordentlichen Gerichtsbarkeit zulässig[1376].

Auch der Ausschluss des Verwaltungsrechtswegs in verwaltungsrechtlichen Anwaltssachen ist daher verfassungskonform[1377]. Die hierfür bestehende Rechtswegzuweisung an die ordentliche Gerichtsbarkeit besitzt historische Gründe[1378], wobei seit 2009 im Rahmen gerichtlicher Streitigkeiten die Verwaltungsgerichtsordnung entsprechend angewendet wird (vgl. § 112c I 1 BRAO). Diskutiert wird, ob weiter die Anbindung an den BGH zugunsten einer solchen an die Verwaltungsgerichtsbarkeit aufzugeben ist[1379]. Tatsächlich würde aber eine Zuweisung der verwaltungsrechtlichen Anwaltssachen zu den Verwaltungsgerichten „zu einer grundlegenden, auch strukturellen Änderung der Anwaltsgerichtsbarkeit" führen[1380]. Gegen die Eingliederung der Anwaltsgerichtsbarkeit in die Verwaltungsgerichtsbarkeit wird wiederum angeführt, dass es im anwaltsgerichtlichen Verfahren wie im Strafverfahren um die Bewertung eines menschlichen Fehlverhaltens und nicht um einen Verwaltungsvorgang gehe[1381]. Daher erscheint es überzeugend, zwischen verwaltungsrechtlichen Anwaltssachen und anwaltsgerichtlichen Verfahren zu trennen. Dies geschieht auch durch die Bundesrechtsanwaltsordnung, obwohl grundsätzlich dieselben Gerichte entscheiden (allerdings unterscheidet sich der vorgesehene Instanzenzug). Die Regelungen für Wirtschaftsprüfer und Steuerberater sehen ebenfalls für die jeweiligen Komplexe unterschiedliche Rechtswege vor (vgl. 3. Teil C. III., D. III.).

Als Alternative zur verwaltungsgerichtlichen Anbindung wird über eine Mitwirkung von Richtern aus den öffentlich-rechtlichen Gerichtsbarkeiten an den Entscheidungen nachgedacht[1382]. Eine solche gemischte Besetzung findet sich in den Kammern für Baulandsachen (§ 220 I 2 BauGB), ansonsten hat sie

---

1376 Vgl. BGHZ 38, 208 (211).

1377 Brockhausen, Verwaltungssachen, S. 62, 56ff.

1378 Schmidt-Räntsch, in: Gaier/Wolf/Göcken, Anwaltliches Berufsrecht, § 112a BRAO Rn. 1; näher Brockhausen, Verwaltungssachen, S. 98ff.: die Zuweisung der Zulassungssachen erfolgte aus Zweckmäßigkeitsgründen, zum historischen Kontext vgl. auch S. 107ff.

1379 Vgl. die Stellungnahme des DAV Nr. 30/08, Nr. 4; Quaas/Dahns, NJW 2009, 2705 (2712).

1380 Vgl. BT-Drs. 16/11385, S. 31; siehe auch Deckenbrock, in: Henssler/Prütting, BRAO, Vor § 112aff. BRAO Rn. 5.

1381 Vgl. Steffen, Pflichtverletzung, S. 252; Brockhausen, Verwaltungssachen, S. 100, hält dies für möglich.

1382 Vgl. bereits Redeker, AnwBl. 1992, 505 (507f.); vgl. auch Quaas/Dahns, NJW 2009, 2705 (2712); siehe auch die Stellungnahme des DAV Nr. 30/08, Nr. 4.

sich aber nicht durchgesetzt[1383] und wird für die anderen Berufsbereiche auch nicht diskutiert.

2. Mitwirkung von Berufsangehörigen an der Entscheidung

Es lässt sich eine unterschiedliche Beteiligung von Berufsangehörigen an den jeweiligen Entscheidungen feststellen.

Im Rahmen verwaltungsrechtlicher Entscheidungen nach den Berufsgesetzen findet zwar eine Mitwirkung ehrenamtlicher Richter statt, bei diesen handelt es sich aber grundsätzlich nicht um Angehörige der jeweiligen Berufsgruppen (siehe 5. Teil C. I.). Anderes gilt in den Rechtsgebieten, die eine gebündelte Zuständigkeitsregelung vorsehen, d.h. bei denen die gerichtliche Entscheidungsbefugnis für diesbezügliche Rechtsstreitigkeiten derjenigen für disziplinar- bzw. berufsgerichtliche Maßnahmen entspricht. Dies trifft auf das Notar- und Anwaltsrecht zu und auch das Richterrecht lässt sich aufgrund der Mitwirkung von Richtern des Gerichtszweigs des betroffenen Richters hierunter fassen.

Disziplinar- und berufsgerichtliche Maßnahmen hingegen werden immer durch Spruchkörper verhängt, in denen die Beteiligung von Berufsangehörigen vorgesehen ist (5. Teil C. II. 2.). Als Grund für die Mitwirkung lässt sich als gemeinsamer Bezugspunkt die Sachnähe bzw. -kunde dieser Personen nennen, wobei sich die Begründungen im Detail unterscheiden können[1384]. Die weitere Beteiligung von Berufsrichtern dient wiederum einer unabhängigen, nicht allein durch Standesinteressen geprägten Rechtsfindung[1385]. Das Fehlen von Berufsrichtern bei den Anwaltsgerichten wird mitunter sehr kritisch gesehen[1386] und sei nur hinnehmbar, weil eine weitere verfassungskonforme Tatsacheninstanz existiere[1387]. Gegen die Anwaltsgerichtsbarkeit insgesamt wird angeführt, dass die entscheidenden Richter und Anwälte im Berufsalltag mit Berufsrecht nicht konfrontiert würden und Organisationsprobleme bestünden[1388]. Das BVerfG hat die

---

1383 Vgl. zu sich ergebenden Problemen beim BGH Brockhausen, Verwaltungssachen, S. 139.

1384 Vgl. etwa BT-Drs. 14/4659, S. 47, zum Beamtenrecht; Sandkühler, in: Arndt/Lerch/Sandkühler, BNotO, § 101 Rn. 4, § 103 Rn. 2, § 106 Rn. 3, zur BNotO; Gehre/Koslowski, StBerG, § 95 Rn. 4, zum StBerG; Lichtner/Korfmacher, WPK-Mitt. 1994, 207 (215), zur WPO; Groß, KJ 2000, 209 (210f.), differenziert insoweit weiter zwischen einem Interessengruppen- und Sachverstands-Prinzip.

1385 Vgl. Schäfer, in: Kuhls, StBerG, § 89 Rn. 14, zur Berufsgerichtsbarkeit für Steuerberater; vgl. ähnlich auch Pickel, in: Hense/Ulrich, WPO, Vor § 67 ff. Rn. 3.

1386 Vgl. näher Sojka, MDR 1989, 105 (106), zu den Ehrengerichten.

1387 Vgl. Kleine-Cosack, AnwBl. 1999, 565 (567).

1388 Vgl. näher Kleine-Cosack, AnwBl. 1999, 565 (567); siehe auch Kleine-Cosack, in: GS Gülzow, S. 255 (264f.).

Anwaltsgerichte jedoch für verfassungskonform erachtet; die Anwälte sind zur Ausübung des Richteramtes geeignet, da sie prinzipiell die Befähigung zum Richteramt und aufgrund der anwaltlichen Tätigkeit die erforderliche Sachkunde besitzen[1389]. Außerdem gibt es weitere Gerichte, die nicht häufig zusammentreten und über sehr spezielle Sachverhalte entscheiden müssen; hierbei handelt es sich nicht um eine allein auf die Anwaltsgerichtsbarkeit zu beziehende Problematik.

Da die Mitwirkung von Notaren damit begründet wird, dass hierauf bei allen Entscheidungen wegen ihrer Sachkunde nicht verzichtet werden kann[1390], könnte überlegt werden, ob auch für verwaltungsrechtliche Statusentscheidungen in anderen Rechtsgebieten Berufsangehörige als Beisitzer herangezogen werden sollten, insbesondere wenn man bedenkt, dass sie teilweise über Fragen entscheiden, die sich an disziplinarrechtlichen Entscheidungen orientieren (vgl. etwa § 16 I Nr. 4 WPO) oder ähnliche Sachverhalte relevant werden können (vgl. 5. Teil B. IV. 2.).

Bei der Mitwirkung ehrenamtlicher Richter ist nach ihrer Funktion zu fragen. Teilweise fungieren sie als Laienrichter, d.h. als Vertreter der Allgemeinheit (das trifft etwa auf die Finanz- und allgemeine Verwaltungsgerichtsbarkeit zu), teilweise soll besonderer Sachverstand genutzt werden[1391].

Der Ausschluss von Steuerberatern als ehrenamtliche Richter in der Finanzgerichtsbarkeit (§ 19 Nr. 5 FGO) erfolgt, weil der Gesetzgeber die Gefahr der Interessenkollision sieht[1392]. Die Hinderungsgründe in der Verwaltungsgerichtsbarkeit (vgl. § 22 VwGO) tragen wiederum dem Grundsatz der Gewaltenteilung Rechnung, dienen der Sicherung der Unabhängigkeit der Gerichte, der Vermeidung von Interessen- und Pflichtenkollisionen und dem Schutz vor dem Verdacht der Vertretung von Interessen der öffentlichen Hand[1393]. Die Verwaltungs- und Finanzgerichtsbarkeit besitzen umfassende Zuständigkeiten. Für diese ganzen möglichen Streitigkeiten werden bestimmte Ausschlussregelungen getroffen, die generell gelten.

1389 BVerfGE 48, 300 (322), zu den Ehrengerichten.

1390 Vgl. BT-Drs. III/219, S. 38, zu § 82 BNotO-E.

1391 Vgl. insoweit Groß, KJ 2000, 209 (210f.), er unterscheidet aber weiter die Gruppe, in der die Zugehörigkeit zu einer bestimmten gesellschaftlichen Gruppe Voraussetzung für die Mitwirkung ist; zur Laienbeteiligung vgl. auch Fehling/Kastner/Wahrendorf-Danker, VwVfG/VwGO, § 22 VwGO Rn. 1; Sodan/Ziekow-Ziekow, VwGO, § 22 Rn. 2.

1392 Starke, in: Schwarz, FGO, § 19 Rn. 1; vgl. auch Bartone, in: Kühn/v. Wedelstädt, AO/FGO, § 19 FGO Rn. 1; Koch, in: Gräber, FGO, § 19 Rn. 1.

1393 Kopp/Schenke, VwGO, § 22 Rn. 1; vgl. auch Fehling/Kastner/Wahrendorf-Danker, VwVfG/VwGO, § 22 VwGO Rn. 1.

Eine besondere Zuständigkeitsnormierung für Berufssachen erscheint nicht sinnvoll, denn verschiedene Angelegenheiten können nicht immer speziell geregelt werden. Auch eine genaue Bestimmung in den Verfahrensordnungen, welche Personen für bestimmte Streitigkeiten ausgeschlossen sind, erscheint weder wünschenswert noch realisierbar. Davon abgesehen ist die Beteiligung ehrenamtlicher Richter, die nicht die Allgemeinheit vertreten, sondern aufgrund besonderer persönlicher Merkmale ausgewählt werden, nicht die immer zu bevorzugende Lösung, da sich das Problem der strukturellen Unparteilichkeit stellt[1394].

Abschließend ist darauf hinzuweisen, dass von der Möglichkeit der Heranziehung von Rechtsanwälten als ehrenamtliche Richter für Entscheidungen des Dienstgerichts auf Landesebene (§ 77 IV 1 DRiG) kein Gebrauch gemacht wurde. Diese Option ist interessant, weil Nichtrichter an Richterstatusentscheidungen beteiligt würden. Zwar würden dann auch prinzipiell „Volljuristen über andere Volljuristen“ entscheiden“[1395]; möglicherweise könnte aber eine falsch verstandene Rücksichtnahme verhindert und die gesellschaftliche Akzeptanz der Entscheidungen gesteigert werden[1396].

D. Verhältnis der Tatbestände

Als letzter Aspekt des Vergleichs sollen die unterschiedlichen Regelungen zum Verhältnis der Tatbestände beleuchtet werden. Auch hier wird hinsichtlich einer Straftatbegehung vor bzw. nach Begründung der Rechtsstellung differenziert.

I. Straftatbegehung vor Begründung der Rechtsstellung

1. Grundsätzliche Unabhängigkeit der Tatbestände

Strafbares Verhalten vor einer Berufszulassung kann in den hier betrachteten Rechtsgebieten im Rahmen mehrerer Tatbestände relevant werden, eine Ausnahme stellt insoweit das Heilberufsrecht dar, denn hier lässt sich ein solches Verhalten nur unter die Tatbestände subsumieren, die auf die Unwürdigkeit oder Unzuverlässigkeit des Betreffenden abstellen.

1394 Vgl. Groß, KJ 2000, 209 (210f., vgl. näher hierzu 222ff., 225ff.).

1395 Vgl. näher zu diesem Komplex Wittreck, NJW 2004, 3011 (3015).

1396 Vgl. zu diesem Komplex Wittreck, NJW 2004, 3011 (3011f.); für Rechtsanwälte sieht Kleine-Cosack, AnwBl. 1999, 565 (567f.), bei Anwaltsgerichten bei der Entscheidung von Berufskollegen die Gefahr einer strengeren Entscheidung.

Eine gewisse Reihenfolge der Voraussetzungen im Recht des öffentlichen Dienstes und im Notarrecht ergibt sich dadurch, dass nur teilweise - und dann unterschiedliche - Rechtsfolgen für fehlerhafte Ernennungen vorgesehen sind, insbesondere ist die erfolgte Ernennung bzw. Bestellung trotz fehlender Eignung oder Verfassungstreue wirksam. Grundsätzlich können sich aber die bestehenden Regelungen überschneiden. Die relevanten Versagungsgründe für die Berufszulassung im Recht der freien Berufe stehen wiederum grundsätzlich gleichwertig nebeneinander. Im Recht der Rechtsanwälte, Steuerberater und Wirtschaftsprüfer existiert immer eine Vorschrift, die darauf abstellt, dass die Fähigkeit zur Bekleidung öffentlicher Ämter nicht fehlen darf (§ 7 Nr. 2 BRAO, § 40 II 2 Nr. 2 StBerG, § 16 I Nr. 2 WPO), und zumindest ein generalklauselartiger Tatbestand, der allerdings vom Wortlaut durchaus variiert (vgl. 5. Teil A. I. 2.).

Indes unterscheidet sich die Anzahl der Versagungsgründe, die sich auf strafbares Verhalten beziehen. Insbesondere lässt sich eine deutliche Diskrepanz zwischen den verwandten Berufen des Steuerberaters und des Wirtschaftsprüfers erkennen. Zu überdenken ist, ob tatsächlich die Notwendigkeit für mehrere weite Versagungsgründe in der Wirtschaftsprüferordnung besteht (vgl. §§ 16 I Nr. 4, 5, § 16 II WPO). Der Tatbestand, der sich darauf bezieht, dass der Betreffende aus gesundheitlichen oder anderen Gründen nicht nur vorübergehend nicht in der Lage ist, den Beruf ordnungsgemäß auszuüben (§ 16 I Nr. 5 WPO), könnte wie in den anderen Berufsbereichen wieder auf gesundheitliche Gründe reduziert werden (vgl. § 7 Nr. 7 BRAO, § 40 II 2 Nr. 3 WPO).

Zudem erscheint die Abschaffung des Versagungsgrundes sinnvoll, der auf ein Verhalten abstellt, das die Ausschließung aus dem Beruf rechtfertigen würde (§ 16 I Nr. 4 WPO); wegen Schwierigkeiten aufgrund der notwendigen Fiktion wurde eine entsprechende Vorschrift im Anwaltsrecht aufgegeben und der geltende Unwürdigkeitstatbestand geschaffen (vgl. bereits 3. Teil D. II. 1. c.)[1397].

Damit könnte der fakultative Versagungstatbestand, der sich auf ein Verhalten bezieht, welches die Besorgnis begründet, der Betreffende werde den Berufspflichten als Wirtschaftsprüfer nicht genügen (§ 16 II WPO), obligatorischer Versagungsgrund werden. Hierfür spricht, dass dieser Tatbestand auch schon zur Anwendung gelangt ist, die anderen Versagungsgründe hingegen nicht[1398], außerdem besteht eine entsprechende Bestimmung auch im Steuerberatungsgesetz (§ 40 II 2 Nr. 4 StBerG).

Auch in die Bundesrechtsanwaltsordnung sollte zunächst ein Berufszulassungshindernis aufgenommen werden, wenn der Bewerber sich so verhalten hat,

1397 BT-Drs. III/120, S. 57, zu § 19 Nr. 5 BRAO-E.

1398 Schriftliche Auskunft der Wirtschaftsprüferkammer vom 20.08.2010.

dass die Besorgnis begründet ist, er werde als Rechtsanwalt die verfassungsmäßige Ordnung, die Ausübung der Rechtspflege oder die Interessen der Rechtsuchenden gefährden. Dieses sollte neben die Unwürdigkeitsnormierung (§ 7 Nr. 5 BRAO) treten; zwar bestehe keine Deckungsgleichheit, es sei aber eine Überschneidung dergestalt möglich, als dass bei Vorliegen von Unwürdigkeit regelmäßig die geforderte Gefahr zu bejahen sei[1399]. Nach diversen Umformulierungen ähnelte die Vorschrift aber nicht mehr den Besorgnistatbeständen des Steuerberatungsgesetzes und der Wirtschaftsprüferordnung, denn hieraus entwickelte sich der Versagungsgrund, der sich auf die strafbare Bekämpfung der freiheitlichen demokratischen Grundordnung bezieht (§ 7 Nr. 6 BRAO)[1400].

Überlegenswert erscheint, einen einheitlichen Tatbestand im Recht für Rechtsanwälte, Steuerberater und Wirtschaftsprüfer einzuführen. Da ohnehin - unter Berücksichtigung der jeweiligen Besonderheiten - parallele Sachverhaltskonstellationen unter die jeweiligen Generalklauseln subsumiert werden, erscheint die Frage, ob ein solcher das Erfordernis einer Prognose enthalten sollte oder nicht, zweitrangig.

In dieser Untersuchung werden die Tatbestände nicht einzeln auf ihre verfassungsrechtliche Zulässigkeit überprüft, denn das erfolgt - soweit ersichtlich - auch nicht in Rechtsprechung und Literatur. Abgesehen von den vorgeschlagenen Änderungen für die Wirtschaftsprüferordnung lässt sich aber etwa überlegen, ob auf den Versagungsgrund verzichtet werden sollte, der sich auf eine Verwirkungsentscheidung des BVerfG bezieht (§ 7 Nr. 1 BRAO, § 16 I Nr. 1 WPO); er besitzt keine Entsprechung im Steuerberatergesetz und hat bisher keine praktische Bedeutung erlangt.

Hier ist zu berücksichtigen, dass trotz Streichung bestimmter Tatbestände weiter die Subsumtion dieser Sachverhalte unter bestehende Generalklauseln möglich ist. Nach Abschaffung der Vorschrift im Heilberufsrecht, die sich auf den Verlust der bürgerlichen Ehrenrechte bezog, konnten entsprechende Fälle unter die auf Unwürdigkeit sowie Unzuverlässigkeit bezogene Approbationsvoraussetzung gefasst werden. Hingegen kann es auch von Vorteil sein, spezielle Tatbestände zu schaffen; das trifft zu, wenn Fallgruppen spezifisch geregelt werden sollen[1401] oder eine abschließende Normierung bezweckt ist[1402].

1399 Vgl. hierzu BT-Drs. III/120, S. 57, zu § 19 Nr. 6 BRAO-E.

1400 Vgl. näher BVerfGE 63, 266 (290ff.)

1401 Vgl. z.B. zu einem solchen Fall BT-Drs. III/120, S. 56, zu § 19 Nr. 4 BRAO-E.

1402 Vgl. hierzu BVerfGE 63, 266 (294), zu § 7 Nr. 5, 6 BRAO.

2. Gemeinsamer Bezugspunkt der Eignung

In den betrachteten Rechtsgebieten können nach der vorliegenden Untersuchung durchaus unterschiedliche Voraussetzungen und Begründungen für die einzelnen Normierungen bestehen. Nichtsdestotrotz lassen sich die Bestimmungen auf einen gemeinsamen Nenner bringen. Sie alle beinhalten den Bezug zur Eignung des Betreffenden für die jeweilige Tätigkeit. Für den öffentlichen Dienst lassen sich die Regelung des Art. 33 II GG und die Voraussetzungstatbestände heranziehen, die explizit die Eignung des Betreffenden verlangen. Aber auch andere Tatbestände deuten darauf hin. So soll eine Verurteilung nach § 38 I SG regelmäßig die charakterliche Eignung i.S.v. § 37 I Nr. 3 SG ausschließen[1403] bzw. § 37 (I Nr. 3) SG (teilweise) durch § 38 SG konkretisiert werden[1404]. Verknüpfungen mit der Eignung können auch im Rahmen der Tatbestände angestellt werden, die sich auf die Verurteilung wegen einer zu Unwürdigkeit führenden Straftat oder eine Entfernung aus dem Dienst in der Vergangenheit beziehen. Im Notarrecht ergibt sich das Eignungserfordernis unmittelbar aus § 6 I 1 BNotO.

Aber auch die Regelungen der betrachteten freien Berufe ermöglichen diese Einschätzung. Zwar wird meist nicht explizit die Eignung genannt. Aber die Folgerung, dass diese bei Vorliegen eines relevanten Versagungsgrundes zu verneinen ist, ergibt sich entweder aus bestimmten gesetzlichen Normen (vgl. § 40 II 1 StBerG, § 1 I 2 WPO), einer Gesamtschau mehrerer Tatbestände oder aus dem Zweck bzw. der Ausfüllung der Vorschriften[1405].

Der Unterschied zwischen dem öffentlichen Dienst und den freien Berufen besteht darin, dass die Eignung für den öffentlichen Dienst bzw. das Notaramt positiv festgestellt werden muss und daher bei erheblichen Zweifeln verneint werden kann (vgl. 2. Teil A. II. 1. e., 3. Teil B. II. 1. a.). Die Regelungen für freie Berufe und im Gewerberecht beziehen sich hingegen immer auf ein bestimmtes Verhalten, welches damit tatsächlich festgestellt werden muss.

II. Straftatbegehung nach Begründung der Rechtsstellung

Für Angehörige des öffentlichen Dienstes sowie für Notare ergibt sich zunächst kein Konkurrenzproblem hinsichtlich des Statusverlusts, denn nur sofern dieser nicht automatisch erfolgte (vgl. § 41 BBG, § 24 SG, § 48 DRiG, § 49 BNotO

1403 Vgl. Weniger, SG, § 38 Rn. 1, zu § 38 I Nr. 1 SG.

1404 Vgl. Vogelgesang, in: Franke/Weiß, GKÖD, § 38 Rn. 1.

1405 Vgl. zur Unwürdigkeit Henssler, in: Henssler/Prütting, BRAO, § 7 BRAO Rn. 35, 40.

i.V.m. § 24 BeamtStG), wird ein Disziplinarverfahren durchgeführt, welches zur Entfernung aus dem Dienst bzw. Amt führen kann.

Im Recht der freien Berufe hingegen ist umstritten, wie sich das Widerrufsverfahren zum berufsgerichtlichen Verfahren verhält; dieser Aspekt ist für das Heilberufsrecht nicht bedeutsam, da eine berufsgerichtliche Ausschließung nicht möglich ist. Zwar wird das Verhältnis der Verfahren gesetzlich nicht explizit geregelt, da aber beide eine bestehende Rechtsstellung voraussetzen, sind sie durch ihr Ergebnis verknüpft. Nach bestandskräftigem (vgl. § 13 BRAO) Widerruf ist die Durchführung eines berufsgerichtlichen Verfahrens nicht mehr möglich (vgl. § 139 III Nr. 1 BRAO, § 125 III Nr. 1 StBerG, § 103 III Nr. 1 WPO), umgekehrt kann nach einem rechtskräftigen berufsgerichtlichen Ausschluss ein Widerruf nicht mehr erfolgen, denn dann erlischt die Berufszugehörigkeit (vgl. § 13 BRAO, § 45 I 1 Nr. 3 StBerG, § 19 I Nr. 3 WPO).

Teilweise wird vom Vorrang des Widerrufsverfahrens wegen seines zwingenden Charakters und der fehlenden Prüfung subjektiver Umstände ausgegangen. Zwar erscheint seine Bevorzugung in der Praxis wahrscheinlich, weil es sich um das einfachere und schnellere Verfahren handelt. Die jeweilige Berufskammer trifft die Entscheidung, zunächst ist ein gerichtliches Tätigwerden nicht notwendig. Ein allgemeiner Vorrang des Widerrufsverfahrens müsste aber gesetzlich normiert werden. Umgekehrt besteht aber auch keine Regelung, dass eine Zurücknahme der Bestellung für den Fall eines anhängigen berufsgerichtlichen Verfahrens unzulässig ist (vgl. hierzu § 20 V WPO a.F.). Die Aufhebung der genannten Vorschrift durch Gesetz vom 01.12.2003[1406] wurde mit der immer weitergehenden Erweiterung der Widerrufstatbestände begründet. Diese erfolgte, da das vom Gesetzgeber ursprünglich als das schärfere Mittel angesehene berufsgerichtliche Verfahren nicht geeignet war, problematische Fallgestaltungen wirksam und vor allem zeitnah zu sanktionieren, nicht zuletzt wegen des Erfordernisses des Verschuldensnachweises[1407].

Im Recht des öffentlichen Dienstes können sich indes dann Konkurrenzfragen ergeben, wenn weitere Beendigungsmöglichkeiten relevant werden. Dies ist bei Lebenszeitverhältnissen nur ausnahmsweise der Fall. Die für Richter auf Lebenszeit vorgesehene Möglichkeit der Entlassung in einem Richteranklageverfahren ist nie praktisch geworden; das für Berufssoldaten in Betracht kommende Entlassungsverfahren wegen mangelnder Eignung (§ 46 VIII 1 SG) steht neben einem Disziplinarverfahren (vgl. 3. Teil C. IV. 2.).

1406 Gesetz zur Reform des Zulassungs- und Prüfungsverfahrens des Wirtschaftsprüfungsexamens (Wirtschaftsprüfungsexamens-Reformgesetz - WPRefG), BGBl. I S. 2446 [Art. 1 Nr. 17b]).

1407 Vgl. auch BT-Drs. 15/1241, S. 34, bezogen auf Fälle ungeordneter wirtschaftlicher Verhältnisse.

Weitere Fragen nach dem Verhältnis verschiedener Tatbestände können sich außerdem dann ergeben, wenn noch kein Lebenszeitverhältnis besteht. Zwar ist auch hier der automatische Verlust der Rechtsstellung möglich, eine disziplinare Entfernung aus dem Dienst im Beamten- und Richterrecht hingegen nicht. Normiert werden spezielle Entlassungstatbestände wegen eines Dienstvergehens, die neben weiteren Entlassungsmöglichkeiten aufgrund eines sachlichen Grundes oder mangelnder Eignung stehen. Zwar können Soldaten auf Zeit disziplinarisch aus dem Dienst entfernt werden, es besteht aber auch eine behördliche Entlassungsmöglichkeit wegen eines Dienstvergehens.

Ganz überwiegende Ansicht in allen Rechtsgebieten ist, dass Disziplinar- und Strafrecht wegen ihrer Wesensverschiedenheit grundsätzlich nebeneinander stehen. Als Ausgangspunkt lassen sich zwei Entscheidungen zum Wehrdisziplinarrecht erfassen, in denen das BVerfG ein Eingreifen des Verbots der Doppelbestrafung für die Verhängung einer Strafe und einer Disziplinarmaßnahme ablehnte[1408].

Das Disziplinarrecht und seine Maßnahmen haben general- und spezialpräventive Wirkung, dienen aber nicht der Vergeltung oder Sühne[1409]. Der Betreffende soll zur korrekten Pflichterfüllung angehalten und bei Untragbarkeit aus dem Dienst entfernt werden; das Disziplinarrecht bezieht sich auf einen besonderen Rechts- und Pflichtenstatus und will Ordnung sowie Integrität gewährleisten[1410]. Der Zweck der Kriminalstrafe besteht dagegen auch in der Vergeltung für begangenes Unrecht[1411], betrifft den allgemeinen Staatsbürgerstatus und richtet sich gegen die schuldhafte Verletzung von durch die Rechtsordnung generell geschützten Rechtsgütern[1412]. Diese Wesensverschiedenheit besteht auch in anderen Rechtsgebieten, d.h. etwa im Notarrecht, aber auch im Verhältnis von berufsgerichtlichen Maßnahmen und Strafen im Anwalts- und Heilberufsrecht[1413] (vgl. allerdings 5. Teil B. II. zu den Unterschieden zwischen disziplinar- und berufsgerichtlichen Maßnahmen).

1408 Vgl. näher BVerfGE 21, 378 (384); 21, 391 (401ff.).

1409 Bauschke/Weber, BDG, Einf. Rn. 42f.

1410 Vgl. Drescher, RiA 1980, 141 (142); vgl. auch BVerwGE 111, 291 (297).

1411 Bauschke/Weber, BDG, Einf. Rn. 44.

1412 Vgl. Drescher, RiA 1980, 141 (142).

1413 Vgl. hierzu BVerfG, NJW 1970, 507 (509); Berufsgericht für Heilberufe beim VG Frankfurt a.M., MedR 2006, 70 (71); Laufs/Katzenmeier/Lipp, ArztR, II Rn. 35; Ulsenheimer, Arztstrafrecht, Rn. 514; Krahn, Berufsgerichtsbarkeit, S. 103f.; vgl. auch Ries/Schnieder/Althaus/Großbölting/Voß, Zahnarztrecht, S. 103; BSG, U.v. 08.03.2000 (B 6 KA 62/98 R), juris, Rn. 19, beide zum vertragsarztrechtlichen Disziplinarverfahren.

Trotzdem wird eine zusätzliche disziplinar- bzw. berufsgerichtliche Ahndung - überwiegend gestützt auf den Verhältnismäßigkeitsgrundsatz[1414] - auf Fälle eines disziplinaren bzw. berufsrechtlichen Überhangs begrenzt, entweder durch explizite Normierung (vgl. etwa § 14 I BDG, § 115b BRAO) oder durch die entsprechende Anwendung solcher Vorschriften (vgl. etwa § 96 I 1 BNotO). Derartige Bestimmungen beziehen sich zwar nie auf die hier relevanten Reinigungsmaßnahmen[1415], im Anwaltsrecht verweist eine vereinzelte Ansicht aber für diesen Fall auf die Möglichkeit der Berücksichtigung vorangegangener Strafen (vgl. 3. Teil A. IV. 2.).

Zudem finden sich weitere Vorschriften zum Verhältnis von disziplinar- bzw. berufsgerichtlichen Verfahren und Strafverfahren sowie ihren Maßnahmen bzw. diese werden entsprechend angewendet. Für den Bereich des öffentlichen Dienstes und der freien Berufe ist hier etwa zu nennen die Aussetzungspflicht des Disziplinar- bzw. berufsgerichtlichen Verfahrens ab Erhebung der öffentlichen Klage (nach der Wirtschaftsprüferordnung besteht nur eine Aussetzungsmöglichkeit), die Bindung an tatsächliche strafgerichtliche Feststellungen und die eingeschränkte Ahndung nach erfolgtem Freispruch in einem sachgleichen Strafverfahren. Zweck der Bindungsvorschriften ist die Vermeidung unterschiedlicher gerichtlicher (rechtskräftiger) Feststellungen zu einem Sachverhalt[1416], wobei hinsichtlich des Vorrangs des Strafverfahrens auf seine umfangreicheren Mittel für die Tatsachenfeststellung verwiesen wird[1417]. Auch im Gewerberecht wird bezüglich der - allerdings nicht umfassenden - Bindungswirkung (vgl. 4. Teil D) auf die Abstimmung des Verwaltungs- und Strafverfahrens hinsichtlich derselben Tätigkeit eines Gewerbetreibenden abgestellt[1418].

Schließlich kann gegen Angehörige eines freien Berufs ein strafgerichtliches Berufsverbot verhängt werden. Im Verhältnis zur berufsgerichtlichen Ausschließung sind die Entscheidungen wegen der Eigenständigkeit der Aufgabenbereiche, der unterschiedlichen Ziele der Verfahren, Voraussetzungen der Maßnahmen - etwa auch bezogen auf ein etwaiges Verschulden - sowie ihren Folgen

---

1414 Vgl. etwa BVerfG, NJW 1970, 507 (509); Berufsgericht für Heilberufe beim VG Frankfurt a.M., MedR 2006, 70 (71); Halbe, Konsequenzen, S. 111 (115).

1415 Vgl. zum Notarrecht Eylmann/Vaasen-Stockebrand, BNotO, § 97 Rn. 18; Sandkühler, in: Arndt/Lerch/Sandkühler, BNotO, § 97 Rn. 25.

1416 Vgl. hierzu Dau, WDO, § 84 Rn. 1, zum Wehrdisziplinarrecht; BGHSt 33, 155 (156); Feuerich, NJW 1988, 181 (181); vgl. näher Wagner, Konkurrenz, S. 40ff., 154; Feuerich/Weyland, BRAO, § 118 Rn. 1 (allgemein zum verfahrensmäßigen Vorrang des Strafverfahrens), alle zum Anwaltsrecht.

1417 Vgl. näher (auch kritisch) Wagner, Konkurrenz, S. 40ff., 154; sowie Feuerich/Weyland-Feuerich, BRAO, § 118 BRAO Rn. 1, zum Anwaltsrecht.

1418 Vgl. näher Heß, in: Friauf, GewO, § 35 Rn. 115.

grundsätzlich voneinander unabhängig[1419]. Eine Herausnahme aus dem Anwendungsbereich des § 70 StGB solcher Berufsangehöriger, die einer berufsgerichtlichen Ahndung unterliegen, erfolgte trotz der Zweigleisigkeit der Sanktionensysteme bis heute nicht. Ein entsprechender Vorschlag der Berufskammern wurde im Zuge der Novellierung des Strafrechts im Jahr 1973 mit überzeugender Begründung abgelehnt. Bei dem Berufsrecht handelt es sich teilweise um dem Einfluss des Bundesgesetzgebers entzogenes Landesrecht, der Verzicht auf ein Berufsverbot kann zu sachlich nicht gerechtfertigten unterschiedlichen Ergebnissen für verschiedene Berufe bei gleichem Sachverhalt führen und der Anwendungsbereich des § 70 StGB erfasst in jedem Fall auch Schuldunfähige[1420]. Hingegen ist die Begründung, dass bei der Strafzumessung die Wirkungen für den Täter nur absehbar seien, wenn der Strafrichter auch über ein Berufsverbot entscheide[1421], nicht einleuchtend, da sich weitere berufsgerichtliche und zulassungsbezogene Folgen nach den jeweiligen Berufsgesetzen ergeben können.

Ein verhängtes Berufsverbot verhindert nach allgemeiner Ansicht auch nicht die Durchführung eines Widerrufsverfahrens hinsichtlich der Berufszulassung. Die andere Ansicht, die einen Widerruf verneint, wenn das Strafgericht alle für eine standesrechtliche Ahndung beachtenswerten Gesichtspunkte geprüft hat, verkennt die Unterschiede zwischen einer verwaltungsrechtlichen und berufsgerichtlichen Entscheidung. Außerdem wird die Kompetenzverteilung missachtet, denn über den Widerruf entscheidet nicht das Strafgericht, sondern die hierfür zuständige Stelle.

Das Nebeneinander straf-, verwaltungs- und berufsgerichtlicher Maßnahmen wurde bisher nicht aufgelöst[1422].

1419 Vgl. näher LK-Hanack, StGB, § 70 Rn. 86ff., auch zu den bereits näher erläuterten Ausnahmen.

1420 Vgl. BT-Drs. VII/1261, S. 9.

1421 Vgl. näher BT-Drs. VII/1261, S. 9.

1422 Vgl. LK-Hanack, StGB, § 70 Rn. 86.

6. Teil: Zusammenfassung

Ziel der Untersuchung ist es, festzustellen, ob strafbares Verhalten einer Person dazu führt, dass ein Zulassungshindernis für einen bestimmten Beruf entsteht bzw. ein Verlust des Berufsstatus droht. Wegen der Bedeutung des Berufs für jeden Einzelnen und der Betroffenheit des Grundrechts der Berufsfreiheit handelt es sich hierbei um eine überaus wichtige Fragestellung.

Betrachtet werden verschiedene Berufsgruppen, die Regelungen des öffentlichen Rechts unterliegen. Gegenstand der Arbeit bilden Angehörige des öffentlichen Dienstes und verschiedener freier Berufe sowie Gewerbetreibende. Diese Begrenzung resultiert daraus, dass freie Berufe ordnungspolitisch eine Zwischenstellung zwischen dem Staat und seiner Verwaltung auf der einen Seite und der gewerblichen Wirtschaft auf der anderen Seite besitzen. Nach der Untersuchung der Regelungen für die einzelnen Berufe werden die Vorschriften vergleichend zusammengeführt.

Als Ergebnis lässt sich festhalten, dass sich in allen Rechtsgebieten Voraussetzungen und Hindernisse der Berufszulassung feststellen lassen, die sich - zumindest auch - auf in der Vergangenheit verwirklichte Straftaten beziehen. Allerdings führt ein strafbares Verhalten nicht immer zu einem Berufshindernis.

Bestimmte Voraussetzungen und Hindernisse sind direkt mit Straftaten verknüpft, andere besitzen einen eher indirekten Zusammenhang. Eine direkte Anknüpfung liegt dann vor, wenn die jeweilige Norm bestimmte Delikte, Verurteilungen oder hiermit verbundene Folgen nennt. Wesentliches Beispiel hierfür ist die fehlende Fähigkeit zur Bekleidung öffentlicher Ämter. Der Verlust der Amtsfähigkeit aufgrund strafgerichtlicher Entscheidung erfolgt dann, wenn der Betreffende wegen eines Verbrechens zu einer Freiheitsstrafe von mindestens einem Jahr verurteilt wurde oder das Urteil eine besondere Aberkennungsentscheidung trifft (diese Möglichkeit besteht nur bei bestimmten Delikten). Dieses Berufshindernis wird in allen betrachteten Rechtsgebieten mit Ausnahme des Heilberufs- und des Gewerberechts relevant. Eine indirekte Verknüpfung mit Straftaten lässt sich hingegen dann bejahen, wenn sich ein Vergehen oder Verbrechen unter die jeweilige Vorschrift subsumieren lässt, von dieser aber auch andere Verhaltensweisen, d.h. auch oder sogar in erster Linie nicht strafbares Verhalten, umfasst wird. Hierunter lassen sich etwa die Eignungsklauseln in den Regelungen für den öffentlichen Dienst fassen, aber auch die verschiedenen Generalklauseln im Recht der freien Berufe, die z.B. auf die Unzuverlässigkeit oder Unwürdigkeit des Betreffenden abstellen.

Hieran lässt sich auch erkennen, dass die betrachteten Regelungen eine unterschiedliche inhaltliche Präzision besitzen. Zum einen gibt es klar bestimmte

Begriffe, etwa wenn auf bestimmte strafgerichtliche Entscheidungen abgestellt wird, so bei der mangelnden Amtsfähigkeit. Zum anderen existieren Normierungen, welche ein höheres Maß an Allgemeinheit aufweisen. Hierunter fallen die Vorschriften, die auf unbestimmte Rechtsbegriffe, wie den der Unwürdigkeit oder Unzuverlässigkeit, abstellen.

Damit stellt sich die Frage, wie die Voraussetzungen und Hindernisse, die sich auf ein strafbares Verhalten beziehen, inhaltlich ausgestaltet werden sollten. Der Vorteil der starren inhaltlichen Regelungen liegt darin, dass sie eine einfachere Sachverhaltssubsumtion ermöglichen. Demgegenüber ist in ihrem Rahmen eine Würdigung besonderer Einzelfallumstände nicht möglich. Die flexiblen Vorschriften wiederum können Schwierigkeiten bei der Qualifizierung eines Verhaltens als „unwürdig", „unzuverlässig" etc. eröffnen und lösen einen hohen Begründungsaufwand aus. Indes erscheinen sie dergestalt insgesamt vorzugswürdig, damit sämtliche Einzelfallumstände gewürdigt und ein ausreichender Berufsbezug hergestellt werden können. Dies erscheint immens wichtig, denn ohne einen solchen Berufsbezug ist nicht nachvollziehbar, warum Straffälligkeit zur Verhinderung der Berufszulassung führen sollte.

Vergleichbare Ergebnisse können bei der Betrachtung der Beendigung des Berufsstatus gewonnen werden. In dieser Konstellation ist ein Verlust des Status aufgrund allgemeiner Regelungen der Berufsgesetze sowie - mit Ausnahme des Heilberufs- und Gewerberechts - aufgrund disziplinar- bzw. berufsgerichtlicher Entscheidung möglich. Gegen Angehörige freier Berufe und Gewerbetreibende kann außerdem ein strafgerichtliches Berufsverbot verhängt werden.

Auch in diesem Bereich sind die maßgeblichen Regelungen unterschiedlich bestimmt. Eindeutig sind die Regelungen, die auf eine vorangegangene Entscheidung, d.h. besonders eine strafgerichtliche Verurteilung, verweisen. Ein Verlust der Beamtenrechte erfolgt etwa bei einer Verurteilung wegen einer vorsätzlichen Tat zu einer Freiheitsstrafe von mindestens einem Jahr bzw. von sechs Monaten bei bestimmten Bezugstaten; vergleichbare Regelungen bestehen auch für Richter, Soldaten sowie Notare. Bei Rechtsanwälten, Steuerberatern und Wirtschaftsprüfern etwa führt wiederum der Verlust der Fähigkeit zur Bekleidung öffentlicher Ämter zum Widerruf der Zulassung bzw. Bestellung. Demgegenüber enthalten andere Vorschriften unbestimmte Rechtsbegriffe. Im Recht des öffentlichen Dienstes wird z.B. auf eine fehlende Bewährung, im Heilberufsrecht auf die Unwürdigkeit bzw. Unzuverlässigkeit des Betreffenden abgestellt. Hierunter lässt sich auch der Statusverlust aufgrund disziplinar- bzw. berufsgerichtlicher Entscheidung fassen. Dies folgt daraus, dass hier immer an eine schuldhafte Pflichtverletzung angeknüpft wird und die Pflichtentatbestände in der Regel den Charakter einer Generalklausel besitzen.

Auch für diesen Bereich stellt sich die Frage nach der inhaltlichen Ausgestaltung der Normierungen. Hierbei sind insbesondere die Vorschriften, die sich auf den Verlust der Fähigkeit zur Bekleidung öffentlicher Ämter beziehen, sowie die entsprechende strafrechtliche Regelung selbst zu hinterfragen. Die Normierung im Strafgesetzbuch sollte aufgegeben werden. Damit ist ein Bezug der berufsrechtlichen Vorschriften hierauf nicht mehr möglich, richtig erscheinen besondere Regelungen in den jeweiligen Berufsgesetzen zum Verlust des Berufsstatus infolge der Begehung einer Straftat. Zwar lösen flexible Regelungen demgegenüber wieder Schwierigkeiten der Auslegung im Einzelfall auf. Die aufwändigere Entscheidung erscheint aber auch hier vorteilhaft, weil sie eine hohe Einzelfallgerechtigkeit gewährleistet und eine einfachere Anpassungsmöglichkeit an geänderte Auffassungen eröffnet.

Sehr vielfältig sind die gerichtlichen Zuständigkeiten geregelt, insbesondere wenn die Versagung der Berufszulassung und der Verlust des Status gerichtlich angegriffen werden. Zu unterscheiden ist zwischen einer Berufszulassungsverhinderung und einem Statusverlust aufgrund der Berufsgesetze auf der einen Seite und einem Statusverlust aufgrund disziplinar- bzw. berufsgerichtlicher Entscheidung auf der anderen Seite. Die gerichtliche Zuständigkeit hängt nicht davon ab, ob ein Angehöriger des öffentlichen Dienstes oder eines freien Berufs betroffen ist. Für den ersten Bereich findet im Beamten-, Soldaten-, Wirtschaftsprüfer- und Heilberufsrecht eine Entscheidung im Verwaltungsrechtsweg statt. Im Richter- und Notarrecht entscheiden Spruchkörper der ordentlichen Gerichtsbarkeit, im Steuerberaterrecht solche der Finanzgerichtsbarkeit. Indes lassen sich nicht nur abweichende gerichtliche Zuständigkeiten feststellen, auch der Instanzenzug unterscheidet sich, vorgesehen ist ein ein-, zwei- oder dreistufiger Rechtszug.

Interessant ist, dass zwar im Rahmen der unterschiedlichen Verfahren immer die Mitwirkung ehrenamtlicher Richter vorgesehen ist, aber unterschiedliche Regelungen dazu getroffen werden, ob es sich hierbei um Angehörige der jeweiligen Berufsgruppe handelt oder nicht. Eine Mitwirkung von Berufsangehörigen ist immer bei disziplinar- bzw. berufsgerichtlichen Entscheidungen vorgesehen. Im Rahmen der anderen betrachteten Entscheidungen, d.h. bei Rechtsstreitigkeiten hinsichtlich der Berufszulassungsverhinderung und des Statusverlusts aufgrund der Berufsgesetze, wirken hingegen nur dann Berufszugehörige mit, wenn dieselben Gerichte wie bei einer disziplinar- bzw. berufsgerichtlichen Streitigkeit in diesem Rechtsgebiet entscheiden, also eine Zuständigkeitsbündelung erfolgte.

Schließlich ist das Verhältnis der Tatbestände problematisch, da in mehreren Rechtsgebieten verschiedene Berufszulassungsvoraussetzungen und -hindernisse und Berufsbeendigungsgründe, die sich auf eine Straftatverwirklichung beziehen, existieren.

Für die Konstellation der Straftatbegehung vor Begründung der Rechtsstellung ist festzustellen, dass die Tatbestände grundsätzlich unabhängig voneinander sind. Im Rechtsanwalts-, Steuerberater- und Wirtschaftsprüferrecht können Straftaten etwa parallel bei der Norm, die auf den strafgerichtlichen Verlust der Fähigkeit zur Bekleidung öffentlicher Ämter abstellt, und im Rahmen mindestens eines generalklauselartigen Tatbestands relevant werden. Allen geprüften Voraussetzungen und Hindernissen ist gemeinsam, dass bei ihrem Vorliegen dem Betroffenen die Eignung zur Berufsausübung abgesprochen wird. Dies gilt nicht nur für die Regelungen des öffentlichen Dienstes, die diesen Begriff explizit verwenden, sondern auch für die anderen Berufszulassungsvoraussetzungen und -hindernisse.

Auch für den Bereich der Straftatbegehung nach Begründung der Rechtsstellung besteht ein Nebeneinander ganz verschiedener Maßnahmen. Ihr Verhältnis sollte unbedingt systematisch gelöst werden. Zwar stellt sich für Angehörige des öffentlichen Dienstes und Notare zunächst kein Konkurrenzproblem. Nur sofern kein automatischer Statusverlust erfolgt, wird ein Disziplinarverfahren durchgeführt und ein strafgerichtliches Berufsverbot kann prinzipiell nicht angeordnet werden. Allerdings werden auch in diesem Bereich Konkurrenzfragen aufgeworfen, wenn weitere Berufsbeendigungsmöglichkeiten vorgesehen sind, was insbesondere bei den Lebenszeitverhältnissen vorgelagerten Verhältnissen der Fall ist. Bei den freien Berufen hingegen stehen das Widerrufsverfahren und das berufsgerichtliche Verfahren nebeneinander. Verknüpft sind sie lediglich durch ihr Ergebnis. Da beide Verfahren eine bestehende Rechtsstellung voraussetzen, kann ein Verlust in einem Verfahren nicht erfolgen, wenn dieser bereits als Ergebnis des anderen Verfahrens eingetreten ist. Disziplinar- und Strafrecht stehen wiederum aufgrund ihrer Wesensverschiedenheit grundsätzlich nebeneinander. Das Disziplinarrecht besitzt eine general- und spezialpräventive Wirkung und dient nicht der Vergeltung oder Sühne. Es bezieht sich auf einen besonderen Rechts- und Pflichtenstatus und will Ordnung sowie Integrität gewährleisten. Das Strafrecht demgegenüber enthält auch eine Vergeltung für begangenes Unrecht und richtet sich gegen die schuldhafte Verletzung von durch die Rechtsordnung generell geschützten Rechtsgütern.

Die vorliegende Arbeit möchte einen Anstoß liefern, verschiedene Regelungen kritisch zu hinterfragen, und Änderungsmöglichkeiten aufzeigen. Durch die systematische Aufarbeitung der geltenden Normierungen soll sie dabei helfen, Vorschriften für weitere Berufsgruppen zu analysieren und zu überdenken.

Literaturverzeichnis

Arndt, Herbert (Begr.)/ Lerch, Klaus/ Sandkühler, Gerd, Bundesnotarordnung, 6. Auflage, München 2008

Auer, Arnd, Der Berufsbegriff des Art. 12 Abs. 1 Grundgesetz, Frankfurt am Main 1991

Bachmann, Hans Georg, Die Novellierung des Wehrdisziplinarrechts, NVwZ 2002, S. 694-695

Bartha, Dieter, Die Entlassung eines Beamten auf Probe wegen eines Dienstvergehens, ZBR 1985, S. 217-222

Battis, Ulrich, Bundesbeamtengesetz - Kommentar, 4. Auflage, München 2009

ders., Recht des öffentlichen Dienstes - Beamtenrecht, Kapitel 10, § 31, in: Achterberg, Norbert/ Püttner, Günter/ Würtenberger, Thomas (Hrsg.), Besonderes Verwaltungsrecht, Band II: Kommunal-, Haushalts-, Abgaben-, Ordnungs-, Sozial-, Dienstrecht, 2. Auflage, Heidelberg 2000

Bäune, Stefan/ Meschke, Andreas/ Rothfuß, Sven, Kommentar zur Zulassungsverordnung für Vertragsärzte und Vertragszahnärzte (Ärzte-ZV, Zahnärzte-ZV), Berlin 2008

Bauschke, Hans-Joachim/ Weber, Achim, Bundesdisziplinargesetz - Kommentar, Stuttgart 2003

Becker, Clemens, Berufsgerichtliche und kassenarztrechtliche Ahndung ärztlicher Pflichtverletzungen unter besonderer Berücksichtigung der Rechtslage in Nordrhein-Westfalen, Bochum 1992

Becker, Ulrich/ Kingreen, Thorsten, SGB V - Gesetzliche Krankenversicherung - Kommentar, 2. Auflage, München 2010

Becker-Kavan, Ingo, Pflichtverletzungen von Beamten und anderen Mitarbeitern des öffentlichen Dienstes, DÖD 1999, S. 249-255

Benda, Ernst/ Klein, Eckart, Verfassungsprozeßrecht, 2. Auflage, Heidelberg 2001

Benda, Ernst/ Maihofer, Werner/ Vogel, Hans-Jochen (Hrsg.), Handbuch des Verfassungsrechts, 2. Auflage, Berlin 1994

Bieler, Frank, Die außergewöhnlichen Milderungsgründe bei der Maßnahmezumessung, ZBR 1996, S. 252-258

Bohrer, Michael, Das Berufsrecht der Notare, München 1991

Bongartz, Matthias/ Rogmann, Achim, Gibt es den „ewigen Beamten auf Probe"?, RiA 1994, S. 9-17

Bonvie, Horst, Aktuelle Fragen des ärztlichen Berufsrechts, MedR 2002, S. 338-345

Bracker, Ulrich (Hrsg.), Bundesnotarordnung, 8. Auflage, München 2006

Braun, Christian/ Gründel, Mirko, Approbationsentzug wegen Unwürdigkeit und Anspruch auf Wiedererteilung der Approbation, MedR 2001, S. 396-401

Braun, Stefan, Anstellungsbetrug, RiA 2003, S. 218-222

Brockhausen, Martin, Der Rechtsschutz in Verwaltungssachen vor den Berufsgerichten der Rechtsanwälte, Hamburg 2009

Budde, Tanja Isabel, Der Anstellungsbetrug - Täuschungen des Bewerbers im Arbeitsrecht, Beamtenrecht und Strafrecht, Frankfurt am Main 2005

Büchner, Lutz Michael, Grundlagen des Bundesbeamtenrechts, RiA 1991, S. 65-78

Busch, Richard, Zur Verwaltungsrechtsprechung zu § 55 Abs. 5 des Soldatengesetzes, NZWehrr 2004, S. 196-208

Butzer, Hermann/ Clever, Marion, Grundrechtsverwirkung nach Art. 18 GG: Doch eine Waffe gegen politische Extremisten?, DÖV 1994, S. 637-643

Cichon, Josef/ Späth, Wolfgang (Hrsg.), Bonner Handbuch der Steuerberatung, Fach B: StBerG: Recht des Steuerberaters, Loseblatt, 59. Ergänzungslieferung, April 1998

Claussen, Hans Rudolf/ Benneke, Friedhelm/ Schwandt, Ernst-Albrecht, Das Disziplinarverfahren, 6. Auflage, Köln 2010

Claussen, Hans Rudolf/ Janzen, Werner (Begr.)/ Czapski, Peter, Bundesdisziplinarrecht, 9. Auflage, Köln 2001

Claussen, Hans Rudolf, Bericht über die Ausübung der Disziplinarbefugnisse in den Jahren 1983 bis 1985, ZBR 1986, S. 223-242

Dau, Klaus, Wehrdisziplinarordnung, 5. Auflage, München 2009

Depenheuer, Otto, Freiheit des Berufs und Grundfreiheiten der Arbeit, in: Badura, Peter/ Dreier, Horst (Hrsg.), Festschrift 50 Jahre Bundesverfassungsgericht, Zweiter Band: Klärung und Fortbildung des Verfassungsrechts, Tübingen 2001, S. 241-271

Deutsch, Erwin/ Spickhoff, Andreas, Medizinrecht - Arztrecht, Arzneimittelrecht, Medizinprodukterecht und Transfusionsrecht, 6. Auflage, Berlin 2008

Deutscher Anwaltsverein (DAV), Stellungnahme Nr. 30/08 durch den Berufsrechtsausschuss zum Referentenentwurf eines Gesetzes zur Modernisierung von Verfahren im anwaltlichen und notariellen Berufsrecht, Berlin 2008 (abrufbar unter: http://anwaltverein.de/downloads/Stellungnahmen-08/SN30-08BRAO-Mod.pdf)

Dölling, Dieter, Die Weiterentwicklung der Sanktionen ohne Freiheitsentzug im deutschen Strafrecht, ZStrW 104 (1992), S. 259-289

Dreier, Horst (Hrsg.), Grundgesetz - Kommentar, Band I: Präambel, Artikel 1-19, 2. Auflage, Tübingen 2004 *ders.*, Grundgesetz - Kommentar, Band II: Artikel 20-82, 2. Auflage, Tübingen 2006

ders., Grundgesetz - Kommentar, Band III: Artikel 83-146, 2. Auflage, Tübingen 2008

Drescher, Alfred, Grundlagen des Disziplinarrechts, RiA 1980, S. 141-149

Ebert, Frank, Das aktuelle Disziplinarrecht, 3. Auflage, Stuttgart 2008

Eckertz-Höfer, Marion, Lebenslänglicher Ausschluß aus der Rechtsanwaltschaft?, ZRP 1986, S. 4-7

Ehlers, Alexander P. F. (Hrsg.), Disziplinarrecht und Zulassungsentziehung - Vertragsärzte, Vertragszahnärzte, München 2001

Eichler, Alexander, Verwaltungsrechtsweg bei Klagen auf Ernennung zum Beamten, DÖD 1994, S. 112-117

Erbguth, Wilfried, Allgemeines Verwaltungsrecht, 3. Auflage, Baden-Baden 2009

Erichsen, Hans-Uwe/ Ehlers, Dirk (Hrsg.), Allgemeines Verwaltungsrecht, 14. Auflage, Berlin 2010

Etmer, Friedrich/ Lundt, Peter V./ Schiwy, Peter, Bundesärzteordnung und das Recht der übrigen Heilberufe, Band 1, Loseblatt, 29. Ergänzungslieferung, 15. Oktober 1981

Eyermann, Erich, Untersagung der Berufsausübung durch Strafurteil und Verwaltungsakt - BVerwGE 15, 282, JuS 1964, S. 269-272

Eylmann, Horst/ Vaasen, Hans-Dieter (Hrsg.), Bundesnotarordnung, Beurkundungsgesetz - Kommentar, 2. Auflage, München 2004

Fehling, Michael/ Kastner, Berthold/ Wahrendorf, Volker (Hrsg.), Verwaltungsrecht - VwVfG, VwGO - Handkommentar, 1. Auflage, Baden-Baden 2006

Feuerich, Wilhelm, Der „unwürdige" Anwaltsbewerber, AnwBl. 1989, S. 133-137

ders., Verhältnis des ehrengerichtlichen Verfahrens zum Straf- oder Bußgeldverfahren (§ 118 BRAO), NJW 1988, S. 181-185

Feuerich, Wilhelm E./ Weyland, Dag/ Vossebürger, Albert, Bundesrechtsanwaltsordnung, 7. Auflage, München 2008

Fischer, Thomas, Strafgesetzbuch und Nebengesetze, 57. Auflage, München 2010

Fleig, Meinrad, Der Strafbefehl im Beamtenrecht und im Disziplinarrecht, ZBR 2000, S. 121-125

ders., Auswirkungen eines Strafverfahrens auf das sachgleiche Disziplinarverfahren, in: Fachhochschule Villingen-Schwenningen (Hrsg.), Gedächtnisschrift für Hagen Gülzow, Konstanz 1999, S. 233-254 *ders.*, Das Untersuchungsverfahren bei der Entlassung von Probebeamten und Widerrufsbeamten, RiA 1999, S. 265-270

Franke, Ingeborg/ Weiß, Hans-Dietrich (Hrsg.), Gesamtkommentar Öffentliches Dienstrecht (GKÖD), Band 1: Beamtenrecht des Bundes und der Länder, Richterrecht und Wehrrecht, 9./10. Lieferung, September 2010

dies., Gesamtkommentar Öffentliches Dienstrecht (GKÖD), Band 2: Disziplinarrecht des Bundes und der Länder, 5./10. Lieferung, September 2010

Frentzel, Gerhard/ Jäkel, Ernst/ Junge, Werner (Begr.), Industrie- und Handelskammergesetz, 7. Auflage, Köln 2009

Friauf, Karl Heinrich (Hrsg.), Kommentar zur Gewerbeordnung, Band 2: §§ 34-54 GewO, Loseblatt, 245. Ergänzungslieferung, Oktober 2010

Frotscher, Werner, Grundfälle zum Wirtschaftsverfassungs- und Wirtschaftsverwaltungsrecht, 5. Teil, JuS 1983, S. 114-119

Gaier, Reinhard/ Wolf, Christian/ Göcken, Stephan (Hrsg.), Anwaltliches Berufsrecht - Kommentar, Köln 2010

Gärditz, Klaus Ferdinand, Anmerkung zu BVerfG, B.v. 08.12.2004 (2 BvR 52/02), JZ 2005, 411-414, JZ 2005, S. 414-416

Gehb, Jürgen, Verfassung, Zuständigkeiten und Verfahren des Hessischen Staatsgerichtshofs, Baden-Baden 1987

Gehre, Horst (Begr.)/ Koslowski, Günter, Steuerberatungsgesetz mit Durchführungsverordnungen, 6. Auflage, München 2009

Gerner, Erich/ Decker, Fritz/ Kauffmann, Hans, Deutsches Richtergesetz, München 1963

Görl, Heinrich, Berufsverbot nach der BRAO und dem StGB, BRAK-Mitt. 1987, S. 54-58

Götz, Albrecht/ Tolzmann, Gudrun, Bundeszentralregistergesetz, 4. Auflage, Stuttgart 2000

Gräber, Fritz (Begr.), Finanzgerichtsordnung mit Nebengesetzen, 7. Auflage, München 2010

Gramlich, Ludwig, Grundlagen des Disziplinarrechts, RiA 1991, S. 261-277

Groß, Thomas, Grenzen der Pluralisierung der Judikative, KJ 2000, S. 209-228

Großbölting, Ralf/ Jaklin, Johannes, Zulassungsentzug, NZS 2002, S. 525-529

Grunewald, Barbara/ Piepenstock, Karola, Anwaltliche Berufspflichten - Verstöße gegen § 43 BRAO und anwaltsgerichtliche Maßnahmen, MDR 2000, S. 869-871

Günther, Hellmuth, Die Tatbestände nichtiger, zurückzunehmender oder rücknehmbarer Ernennung, DÖD 1990, S. 281-295

ders., Entlassung von Beamten auf Widerruf (§ 32 BBG), ZBR 1987, S. 129-144

ders., Beamtenverhältnis auf Widerruf, DÖD 1987, S. 7-21, 51-56 *ders.*, Probezeit - Probebeamtenzeit, DÖD 1985, S. 148-157

ders., Spezifika der Entlassung von Probebeamten, ZBR 1985, S. 321-337

Halbe, Bernd, Berufsrechtliche Konsequenzen von Strafverfahren gegen Ärzte, in: Arbeitsgemeinschaft Rechtsanwälte im Medizinrecht e.V. (Hrsg.), Medizin und Strafrecht - Strafrechtliche Verantwortung in Klinik und Praxis, Berlin 2000, S. 111-125

Handan, Binke, Grundzüge des Gewerberechts, JA 2007, S. 249-257

Hartmer, Michael, Disziplinarrecht der freien Berufe, Hagen 1984

Hartung, Wolfgang/ Römermann, Volker (Hrsg.), Berufs- und Fachanwaltsordnung, 4. Auflage, München 2008

Heidelmann, Ulrike, Das Disziplinarrecht der Vertragsärzte, Apolda 2002

Heinen, Johannes, Außerdienstliches Fehlverhalten von Soldaten im Ausgang und an Entlassungstagen, NZWehrr 1996, S. 133-143

Heintzen, Markus, § 55 Abs. 5 des Soldatengesetzes und der Grundsatz der Verhältnismäßigkeit, NZWehrr 1985, S. 192-199

Hense, Burkhard/ Ulrich, Dieter (Hrsg.), WPO Kommentar - Kommentar zum Berufsrecht der Wirtschaftsprüfer und vereidigten Buchprüfer - Wirtschaftsprüferordnung (WPO) - , Düsseldorf 2008

Henssler, Martin/ Prütting, Hanns (Hrsg.), Bundesrechtsanwaltsordnung, 3. Auflage, München 2010

Hertel, Joachim, Tätigkeitsbericht des Bundesdisziplinaranwalts für die Jahre 1989-1992, ZBR 1993, S. 289-311

Hinkel, Karl Reinhard, Verfassung des Landes Hessen - Kommentar, Wiesbaden 1999

Hofstetter, Ludwig, Arztrecht: Zulassung - Berufsausübung - Pflichtverletzungen, Erlangen 1991

Hösch, Ulrich, Unzuverlässigkeit, Gewerbeuntersagung, Rücknahme und Widerruf gewerberechtlicher Erlaubnisse, JA 1995, S. 148-152

Hummel, Dieter/ Köhler, Daniel/ Mayer, Dietrich, Bundesdisziplinargesetz und materielles Disziplinarrecht, 4. Auflage, Frankfurt am Main 2009

Jacobs, Annette Maria, Die Entziehung der Zulassung als Vertragsarzt, Frankfurt am Main 1994

Jerouschek, Günter (Hrsg.), Psychotherapeutengesetz - Kommentar, München 2004

Jessnitzer, Kurt (Begr.)/ Blumberg, Hanno, Bundesrechtsanwaltsordnung - Kommentar, 9. Auflage, Köln 2000

Joecks, Wolfgang/ Miebach, Klaus (Hrsg.), Münchener Kommentar zum Strafgesetzbuch - Band 1 - §§ 1-51 StGB, München 2003

dies., Münchener Kommentar zum Strafgesetzbuch - Band 2/1 - §§ 52-79b StGB, München 2005 *dies.*, Münchener Kommentar zum Strafgesetzbuch - Band 2/2 - §§ 80-184f StGB, München 2005

Juncker, Wolfgang, Die Disziplinarmaßnahme im strafrechtlichen Zwielicht, ZBR 2009, S. 289-296

Kessal, Hans-Ulrich, Organisation der Anwaltschaft und berufsgerichtliche Ahndung anwaltlicher Pflichtverletzungen - Eine rechtsvergleichende Untersuchung des deutschen und französischen Rechts, München 2002

Kindhäuser, Urs/ Neumann, Ulfrid/ Paeffgen, Hans-Ullrich (Hrsg.), Strafgesetzbuch - Band 1, 3. Auflage, Baden-Baden 2010

Kleine-Cosack, Michael, Bundesrechtsanwaltsordnung mit Berufs- und Fachanwaltsordnung, 6. Auflage, München 2009

ders., Novellierung des berufsrechtlichen Verfahrensrechts, AnwBl. 2009, S. 619-627

ders., Verschärfte Voraussetzungen beim Widerruf freiberuflicher Zulassungen - Zuverlässigkeitsprüfung und Gefahrenprognose, NJW 2004, S. 2473-2480

ders., Staatsabbau durch Selbstverwaltungsaufbau? - Zur rechtsstaatlichen Problematik der funktionalen Selbstverwaltung, in: Fachhochschule Villingen-Schwenningen (Hrsg.), Gedächtnisschrift für Hagen Gülzow, Konstanz 1999, S. 255-266

ders., Zukunft der Anwaltsgerichtsbarkeit - Abschaffung oder Reform?, AnwBl. 1999, S. 565-570

ders., Antiquierte Standesrichtlinien, AnwBl. 1986, S. 505-512

Kluth, Winfried (Hrsg.), Handbuch des Kammerrechts, 1. Auflage, Baden-Baden 2005

ders., Das Grundrecht der Berufsfreiheit - Art. 12 Abs. 1 GG, Jura 2001, S. 371-376

Koch, Ludwig/ Kilian, Matthias, Anwaltliches Berufsrecht, München 2007

Kopp, Ferdinand (Begr.)/ Schenke, Wolf-Rüdiger, Verwaltungsgerichtsordnung, 16. Auflage, München 2009

Krahn, Wolfgang, Grundfragen der ärztlichen Berufsgerichtsbarkeit, Berlin 1966

Kruse, Jürgen/ Hänlein, Andreas (Hrsg.), Sozialgesetzbuch V - Gesetzliche Krankenversicherung, 3. Auflage, Baden-Baden 2009 (zitiert als: Bearbeiter, in: LPK-SGB V, § x Rn. x)

Kuhls, Clemens/ Meurers, Theo/ Maxl, Peter/ Schäfer, Herbert/ Goez, Christoph/ Willerscheid, Katharina, Steuerberatungsgesetz, 2. Auflage, Herne, Berlin 2004

Kühn, Rolf (Begr.)/ v. Wedelstädt, Alexander (Hrsg.), Abgabenordnung und Finanzgerichtsordnung - Kommentar, 18. Auflage, Stuttgart 2004

Kunig, Philip, Das Recht des öffentlichen Dienstes (6. Kapitel), in: Schmidt-Aßmann, Eberhard/ Schoch, Friedrich (Hrsg.), Besonderes Verwaltungsrecht, 14. Auflage, Berlin 2008

Kunkel, Claudia, Zur Problematik des Bestimmtheitsgebotes und des Verbotes der Mehrfachbestrafung im Disziplinarrecht für Beamte, Meerbusch 1993

Lambrecht, Ute, Der Verlust der Beamtenrechte als Folge einer Strafverurteilung, ZBR 2001, S. 194-204

dies., Strafrecht und Disziplinarrecht - Abhängigkeiten und Überschneidungen, Frankfurt am Main 1997

Landmann, Robert von/ Rohmer, Gustav (Begr.), Gewerbeordnung, 55. Ergänzungslieferung, München 2009

Lang-Hinrichsen, Dietrich, Umstrittene Probleme bei der strafgerichtlichen Untersagung der Berufsausübung, in: Lüttger, Hans/ Blei, Hermann/ Hanau, Peter (Hrsg.), Festschrift für Ernst Heinitz zum 70. Geburtstag, Berlin 1972, S. 477-500

Laubinger, Hans-Werner, Die gewerberechtliche Unzuverlässigkeit und ihre Folgen, Teil 1, VerwArch 89 (1998), S. 145-188

Laufhütte, Heinrich Wilhelm/ Rissing-van Saan, Ruth/ Tiedemann, Klaus (Hrsg.), Strafgesetzbuch - Leipziger Kommentar, Band 2: §§ 32-55 StGB, 12. Auflage, Berlin 2006

dies., Strafgesetzbuch - Leipziger Kommentar, Band 3: §§ 56-79b StGB, 12. Auflage, Berlin 2008

dies., Strafgesetzbuch - Leipziger Kommentar, Band 5: §§ 110-145d StGB, 12. Auflage, Berlin 2009

Laufs, Adolf/ Katzenmeier, Christian/ Lipp, Volker, Arztrecht, 6. Auflage, München 2009

Laufs, Adolf/ Kern, Bernd-Rüdiger (Hrsg.), Handbuch des Arztrechts, 4. Auflage, München 2010

Lechner, Hans/ Zuck, Rüdiger, Bundesverfassungsgerichtsgesetz, 5. Auflage, München 2006

Leibholz, Gerhard/ Rupprecht, Reinhard, Bundesverfassungsgerichtsgesetz, Köln-Marienburg 1968

Leinemann, Wolfgang, Die Arbeitsgerichte - bewährte Gerichtsbarkeit mit gefährdeter Zukunft?, BB 1997, S. 2322-2328

Leisner, Walter Georg, Unzuverlässigkeit im Gewerberecht (§ 35 Abs. 1 S. 1 GewO), GewArch 2008, S. 225-232

Lemhöfer, Bernt, Das neue Disziplinarrecht des Bundes: Licht und Schatten, RiA 2002, S. 53-56

Lichtner, Rolf/ Korfmacher, Hans Wilhelm, Das Dritte Gesetz zur Änderung der Wirtschaftsprüferordnung, WPK-Mitt. 1994, S. 207-219

Lingens, Eric, Statusrecht und Disziplinarrecht, NZWehrr 1996, S. 233-235

ders., Fürsorge- und Dienstaufsichtspflicht in Konkurrenz mit sonstigen Dienstpflichten, NZWehrr 1989, S. 251-253

Mager, Ute, Der maßgebliche Zeitpunkt für die Beurteilung der Rechtswidrigkeit einer Gewerbeuntersagung, NVwZ 1996, S. 134-135

Mangoldt, Hermann von (Begr.)/ Klein, Friedrich/ Starck, Christian (Hrsg.), Kommentar zum Grundgesetz, Band 1: Präambel, Art. 1 bis 19 GG, 5. Auflage, München 2005

dies., Kommentar zum Grundgesetz, Band 2: Art. 20 bis 82 GG, 5. Auflage, München 2005

Markwardt, Angelika, Vergleichende Untersuchung der Rechtsprechung des BGH und der Berufsgerichte zur Strafbarkeit und Ahndung des ärztlichen Behandlungsfehlers, München 1995

Maunz, Theodor/ Schmidt-Bleibtreu, Bruno/ Klein, Franz/ Bethge, Herbert (Hrsg.), Bundesverfassungsgerichtsgesetz - Kommentar, München, Oktober 2009, 31. Ergänzungslieferung

Maurer, Hartmut, Allgemeines Verwaltungsrecht, 17. Auflage, München 2009

Meyer, Ulrike, Die Abgrenzung von anwaltlicher und notarieller Tätigkeit beim Anwaltsnotar, Hamburg 2004

Meyer-Ladewig, Jens (Begr.), Sozialgerichtsgesetz - Kommentar, 9. Auflage, München 2008

Münch, Ingo von/ Kunig, Philip (Hrsg.), Grundgesetz - Kommentar, Band 1: Präambel, Art. 1-19 GG, 5. Auflage, München 2000

dies., Grundgesetz - Kommentar, Band 2: Art. 20-69 GG, 4./5. Auflage, München 2001

dies., Grundgesetz - Kommentar, Band 3: Art. 70-164 GG, 4./5. Auflage, München 2003

Narr, Helmut (Begr.), Ärztliches Berufsrecht, Band I und II, Loseblatt, 2. Auflage, 18. Ergänzungslieferung, September 2007

Nelles, Ursula, Statusfolgen als „Nebenfolgen“ einer Straftat (§ 45 StGB), JZ 1991, S. 17-24

Oberrath, Jörg-Dieter, Ausgewählte Grundfragen des Gewerberechts, JA 2001, S. 991-1000

Oswald, Josef, Die Rechtsstellung des Beamten auf Probe - ausgewählte Probleme, Regensburg 1988

Otten, Giseltraud, Anwaltliches Berufsrecht, Berlin 2004

Pestalozza, Christian, Verfassungsprozessrecht, 3. Auflage, München 1991

Pielow, Johann-Christian (Hrsg.), Gewerbeordnung, München 2009

Plagemann, Hermann/ Niggehoff, Dirk, Vertragsarztrecht, 2. Auflage, Frankfurt am Main 2000

Plog, Ernst/ Wiedow, Alexander (Begr.), Bundesbeamtengesetz, Band 1, Loseblatt, 300. Ergänzungslieferung, September 2010

Prütting, Hanns, Die rechtlichen Grundlagen anwaltlicher Berufspflichten und das System der Reaktionen bei anwaltlichem Fehlverhalten, AnwBl. 1999, S. 361-368

Pulverich, Gerd, Psychotherapeutengesetz - Kommentar, 3. Auflage, Bonn 1999

Quaas, Michael/ Dahns, Christian, BRAO-Reform, die nächste - Modernisierung von Verfahren im anwaltlichen Berufsrecht, NJW 2009, S. 2705-2712

Quaas, Michael/ Zuck, Rüdiger, Medizinrecht, 2. Auflage, München 2008

Ratzel, Rudolf/ Lippert, Hans-Dieter, Kommentar zur Musterberufsordnung der deutschen Ärzte (MBO), 5. Auflage, Berlin, Heidelberg 2010

Ratzel, Rudolf/ Luxenburger, Bernd (Hrsg.), Handbuch Medizinrecht, Bonn 2008

Rebmann, Kurt/ Uhlig, Sigmar, Bundeszentralregistergesetz, München 1985

Rechenberg, Falk von, Die außerdienstliche Wohlverhaltenspflicht des Soldaten im Spiegel der Rechtsprechung des Bundesverwaltungsgerichts, Frankfurt am Main 2004

Redeker, Konrad, Der Rechtsanwalt: „Freier Beruf" - „unreglementiert" - „dereguliert", NJW 2004, S. 2799-2801

ders., Die Ehrengerichte als besondere Verwaltungsgerichte - Notwendigkeit einer Reform, AnwBl. 1992, S. 505-508

Rick, Markus B., Die verfassungsrechtliche Stellung des Rechtsanwalts, Bonn 1998

Rieger, Hans-Jürgen/ Dahm, Franz-Josef/ Steinhilper, Gernot (Hrsg.), Heidelberger Kommentar, Arztrecht, Krankenhausrecht, Medizinrecht, Ordner 1, Loseblatt, 33. Ergänzungslieferung, Oktober 2010

Ries, Hans-Peter/ Schnieder, Karl-Heinz/ Althaus, Jürgen/ Großbölting, Ralf/ Voß, Martin, Arztrecht, 2. Auflage, Berlin, Heidelberg 2007

dies., Zahnarztrecht, 2. Auflage, Berlin, Heidelberg 2008

Römermann, Volker/ Hartung, Wolfgang, Anwaltliches Berufsrecht, 2. Auflage, München 2008

Rudolphi, Hans-Joachim/ Horn, Eckhard, Systematischer Kommentar zum Strafgesetzbuch, Band 1: Allgemeiner Teil, §§ 38-79b StGB, Loseblatt, 7./8. Auflage, 123. Lieferung, Juli 2010

dies., Systematischer Kommentar zum Strafgesetzbuch, Band 2: Besonderer Teil, §§ 80-200 StGB, Loseblatt, 7./8. Auflage, 68. Lieferung, März 2007

Sachs, Michael (Hrsg.), Grundgesetz - Kommentar, 5. Auflage, München 2009

Satzger, Helmut/ Schmitt, Bertram/ Widmaier, Gunter (Hrsg.), Strafgesetzbuch - Kommentar, 1. Auflage, Köln 2009

Schaeffer, Klaus, Der Begriff der Unzuverlässigkeit in § 35 Abs. 1 GewO, WiVerw. 1982, S. 100-116

Schallen, Rolf, Zulassungsverordnung für Vertragsärzte, Vertragszahnärzte, Medizinische Versorgungszentren, Psychotherapeuten, 7. Auflage, Heidelberg 2009

Schattschneider, Gudrun/ Weniger, Frank, Ist die Zusammenführung von Bundeswehr und Nationaler Volksarmee inzwischen abgeschlossen?, NZWehrr 2004, S. 233-247

Scherer, Werner (Begr.)/ Alff, Richard/ Poretschkin, Alexander, Soldatengesetz, 8. Auflage, München 2008

Schlegel, Rainer/ Engelmann, Klaus (Hrsg.), juris Praxiskommentar SGB, Sozialgesetzbuch Fünftes Buch (SGB V): Gesetzliche Krankenversicherung, 1. Auflage, Saarbrücken 2007

Schmidt-Räntsch, Jürgen, Deutsches Richtergesetz - Kommentar, 6. Auflage, München 2009

Schnapp, Friedrich E./ Wigge, Peter (Hrsg.), Handbuch des Vertragsarztrechts, 2. Auflage, München 2006

Schnellenbach, Helmut, Beamtenrecht in der Praxis, 6. Auflage, München 2005

Schnitzler, Jörg, Das Recht der Heilberufe, Baden-Baden 2004

Schönke, Adolf/ Schröder, Horst, Strafgesetzbuch - Kommentar, 28. Auflage, München 2010

Schwandt, Eberhard Ulrich, Ahndung von Dienstvergehen im Wehrdisziplinarverfahren - Teil V, ZBR 2002, S. 382-394

ders., Ahndung von Dienstvergehen im Wehrdisziplinarverfahren - Teil IV, ZBR 2002, S. 297-305

ders., Ahndung von Dienstvergehen im Wehrdisziplinarverfahren - Teil III, ZBR 2001, S. 269-292

ders., Ahndung von Dienstvergehen im Wehrdisziplinarverfahren - Teil II, ZBR 1999, S. 77-95

ders., Ahndung von Dienstvergehen im Wehrdisziplinarverfahren - Teil I, ZBR 1997, S. 301-311

ders., Dienstpflichten der Soldaten, ZBR 1993, S. 161-173

Schwandt, Ernst-Albrecht, Das neue Beamten-Disziplinarrecht - Eine Übersicht in Ergänzung zu DÖD 2001, 237-255, DÖD 2003, S. 1-16

ders., Beamten-Disziplinarrecht - Eine Übersicht des Verfahrens- und des materiellen Rechts, DÖD 2001, S. 237-255

ders., Entwicklungen und Tendenzen im Beamten-Disziplinarrecht seit 1993, DÖD 1999, S. 169-190

Schwarz, Bernhard (Hrsg.), Finanzgerichtsordnung, Hamburg 2007

Schwarz, Oliver, Die strafgerichtliche Aberkennung der Amtsfähigkeit und des Wahlrechts, Baden-Baden 1991

Sodan, Helge, Der Status des Richters (§ 113), in: Isensee, Josef/ Kirchhof, Paul (Hrsg.), Handbuch des Staatsrechts, Band V: Rechtsquellen, Organisation, Finanzen, Heidelberg 2007

Sodan, Helge, Der Öffentlich bestellte Vermessungsingenieur - Freier Beruf oder „staatlich gebundener Beruf"?, in: Herrmann, Harald/ Backhaus, Jürgen (Hrsg.), Staatlich gebundene Freiberufe im Wandel, Baden-Baden 1998, S. 41-65

Sodan, Helge/ Ziekow, Jan (Hrsg.), Verwaltungsgerichtsordnung - Großkommentar, 3. Auflage, Baden-Baden 2010

Sojka, Klaus, Standesrecht?, MDR 1989, S. 105-107

Staats, Johann-Friedrich, Kommentar zum Deutschen Richtergesetz, 1. Auflage, Erscheinungsort und -zeit o.A., beck-online

Statistisches Bundesamt, Fachserie 10, Reihe 3: Rechtspflege - Strafverfolgung (2002), Wiesbaden 2004

ders., Fachserie 10, Reihe 3: Rechtspflege - Strafverfolgung (2003), Wiesbaden 2004

ders., Fachserie 10, Reihe 3: Rechtspflege - Strafverfolgung (2004), Wiesbaden 2006

ders., Fachserie 10, Reihe 3: Rechtspflege - Strafverfolgung (2005), Wiesbaden 2007

ders., Fachserie 10, Reihe 3: Rechtspflege - Strafverfolgung (2006), Wiesbaden 2007

ders., Fachserie 10, Reihe 3: Rechtspflege - Strafverfolgung (2007), Wiesbaden 2009

ders., Fachserie 10, Reihe 3: Rechtspflege - Strafverfolgung (2008), Wiesbaden 2009

Steffen, Philipp, Der Grundsatz der einheitlichen Pflichtverletzung im anwaltsgerichtlichen Verfahren, Bonn 2009

Steinkraus, Astrid/ Schaaf, Christian, Zur Einführung: Das Berufsrecht der Rechtsanwälte, JuS 2001, S. 167-172

Stellpflug, Martin H., Vertragsarztrecht/Vertragszahnarztrecht, Heidelberg 2005

Streck, Michael/ Mack, Alexandra, Sanktionen und Verfahrenswege des Berufsrechts für Steuerberater, Stbg 1990, S. 49-58

Streng, Franz, Mittelbare Strafwirkungen und Strafzumessung, NStZ 1988, S. 485-487

Taupitz, Jochen, Die Standesordnungen der freien Berufe - Geschichtliche Entwicklung, Funktionen, Stellung im Rechtssystem, Berlin 1991

Tettinger, Peter J./ Wank, Rolf, Gewerbeordnung, 7. Auflage, München 2004

Thomas, Jürgen, Richterrecht, in: Wiese, Walter (Hrsg.), Handbuch des öffentlichen Dienstes, Band II, Teil 3, Köln 1986

Ule, C.H., Anmerkung zu BVerwG, U.v. 14.2.1963 - 1 C 98.62, DVBl. 1963, S. 674-676

Ulsenheimer, Klaus, Arztstrafrecht in der Praxis, 4. Auflage, Heidelberg 2008

Umbach, Dieter C./ Clemens, Thomas/ Dollinger, Franz-Wilhelm (Hrsg.), Bundesverfassungsgerichtsgesetz - Mitarbeiterkommentar und Handbuch, 2. Auflage, Heidelberg 2005

Vogel, Markus, Versagung, Rücknahme und Widerruf der Anwaltszulassung wegen Unwürdigkeit der Person, Bonn 1995

Vogelgesang, Klaus, Die neue Wehrdisziplinarordnung (Teil 1), ZBR 2003, S. 158-163

ders., Klassische Milderungsgründe im Disziplinarrecht, in: Franke, Ingeborg/ Summer, Rudolf/ Weiß, Hans-Dietrich (Hrsg.), Öffentliches Dienstrecht im Wandel, Festschrift für Walther Fürst Präsident des Bundesverwaltungsgerichts a.D. zum 90. Geburtstag am 10. Februar 2002, Berlin 2002, S. 369-384

ders., Die klassischen Milderungsgründe im Wehrdisziplinarrecht (Milderungsgründe in der Tat), in: Ipsen, Knut/ Raap, Christian/ Stein, Torsten/ Steinkamm, Armin A. (Hrsg.), Wehrrecht und Friedenssicherung, Festschrift für Klaus Dau zum 65. Geburtstag, Neuwied/ Kriftel 1999, S. 289-299

Wagner, Fritjof, Die Anwendung des Verwaltungsverfahrensgesetzes des Bundes im Beamtenrecht, DÖV 1988, S. 277-284

Wagner, Fritjof/ Leppek, Sabine, Beamtenrecht, 10. Auflage, Heidelberg 2009

Wagner, Tobias, Die Konkurrenz zwischen dem Strafverfahren und dem anwaltsgerichtlichen Verfahren in gleicher Sache als Beispiel für die Disziplinarverfahren der freien Berufe, Berlin 2005

Walter, Hans-Hermann, Die Berufsgerichtsbarkeit der ärztlichen Heilberufe, Berlin 1966

Walz, Dieter/ Eichen, Klaus/ Sohm, Stefan, Soldatengesetz, 2. Auflage, Heidelberg 2010

Weiß, Hans-Dietrich, Gesetzliche Disziplinarmaßbemessung bei Beamten, PersV 2007, S. 316-334

ders., Das neue Bundesdisziplinargesetz, ZBR 2002, S. 17-27

ders., Anmerkung zu BVerwG, Urteil v. 30.08.2000 - I D 37.99, ZBR 2001, 39-42, ZBR 2001, S. 42-45

Weniger, Frank, Soldatengesetz - Kommentar, Regensburg 2008

Wenner, Ulrich, Das Vertragsarztrecht nach der Gesundheitsreform, München 2008

Weskott, Madeleine, Berufsaufsicht der Ärzte und Psychotherapeuten, Baden-Baden 2009

Wessel, Daniela, Die Anstellungserschleichung in strafrechtlicher Sicht, Hamburg 2005

Wichmann, Manfred/ Langer, Karl-Ulrich, Öffentliches Dienstrecht, 6. Auflage, Stuttgart 2007

Wittreck, Fabian, Anwälte als Richter über Richter?, NJW 2004, S. 3011-3015

Ziegenhagen, Christina, Die Berufsgerichtsbarkeit der freien Berufe, Münster 1998

Zinn, Georg August/ Stein, Erwin, Verfassung des Landes Hessen, Band 2, Loseblatt, 16. Lieferung 1999

Zuck, Rüdiger, Die Zukunft der freien Berufe und staatlich gebundenen Freiberufe, in: Herrmann, Harald/ Backhaus, Jürgen (Hrsg.), Staatlich gebundene Freiberufe im Wandel, Baden-Baden 1998, S. 1-21

Schriften zum deutschen und europäischen öffentlichen Recht

Herausgegeben von Prof. Dr. Steffen Detterbeck

Band 1 Henry Roth: Berufs- und Erwerbsunfähigkeit. Renten- und Versorgungsansprüche nach geltendem und reformiertem Recht. 2000.

Band 2 Astrid Lediger: Die Entschädigung der Bundestagsabgeordneten. 2001.

Band 3 Uwe Chojetzki: Der kirchliche Dienst in der Sozialversicherung. 2001.

Band 4 Christopher Breith: Die Fernsehschutzliste. Übertragung von Großereignissen nach § 5a RfStV. 2002.

Band 5 Lars-Henrik Rode: § 40 VwVfG und die deutsche Ermessenslehre. 2003.

Band 6 Steffen Detterbeck / Martin Will: Die Handwerksinnungen in der staatlichen dualen Ordnung des Handwerks. Zur Frage einer Innungspflichtmitgliedschaft und eines Kammerbeitrags-Bonussystems für Innungsmitglieder. 2003.

Band 7 Christiane Vesting: Die vertragliche und außervertragliche Haftung der EG nach Art. 288 EGV. Unter Berücksichtigung der prozessualen Durchsetzungsmöglichkeiten. 2003.

Band 8 Christian Hanf: Rechtsschutz gegen Inhalts- und Nebenbestimmungen zu Verwaltungsakten. 2003.

Band 9 Guido H. Friedrich: Der vorhabenbezogene Bebauungsplan gemäß § 12 BauGB nach der Novellierung 2001. Inhalt, Chancen und Risiken des Planungsinstrumentes. 2003.

Band 10 Lars Friedrichsen: Umweltbelastende Vorhaben und Alternativen in der Planfeststellung. Unter besonderer Berücksichtigung der Vorgaben aus der UVP-Richtlinie, dem UVPG sowie der FFH-Richtlinie bzw. den §§ 32 ff. BNatSchG. 2005.

Band 11 Nikolaus Lindner: Die Europäische Transparenzrichtlinie und der öffentlich-rechtliche Rundfunk in Deutschland. Auswirkungen der Richtlinie 2000/52/EG zur Änderung der Richtlinie 80/723/EWG über die Transparenz der finanziellen Beziehungen zwischen den Mitgliedstaaten und den öffentlichen Unternehmen („Transparenzrichtlinie") auf die öffentlich-rechtlichen Rundfunkanstalten in Deutschland. 2005.

Band 12 Gunter Fleck: Verleihung des Körperschaftsstatus an Religions- und Weltanschauungsgemeinschaften in einer multikulturellen Gesellschaft. Ein Vorschlag de lege ferenda zu Art. 140 GG i.V.m. Art. 137 Abs. 5 S. 2 WRV. 2005.

Band 13 Philipp Förster: Die unmittelbare Drittwirkung der Grundfreiheiten. Zur Dogmatik des Adressatenkreises von Pflichten aus EG-Grundfreiheiten. 2007.

Band 14 Barbara Löhr: Die Rechte des Menschen in der Verfassung des Landes Hessen im Lichte des Grundgesetzes. 2007.

Band 15 Christian Lewke: Der verfassungsrechtliche Kulturauftrag des öffentlich-rechtlichen Rundfunks. Eine funktionsbezogene Betrachtung des Mediums in seiner Bedeutung für Individuum, Gesellschaft, Kunst, Wissenschaft und Religion. 2007.

Band 16 Jens Mischak: Die kommunale Wahlprüfung. Dargestellt unter besonderer Berücksichtigung der hessischen Kommunalverfassung. 2008.

Band 17 Christian Adam: Gefahrabwendungsfolter und Menschenwürde im Lichte des Unabwägbarkeitsdogmas des Art. 1 Abs. 1 GG. 2008.

Band 18 Julia Kaupisch: Das Grundrecht der Religionsfreiheit in seiner historischen Entwicklung. Werdegang in den norddeutschen Ländern. 2008.

Band 19 Tobias Timo Weitz: Gerichtsnahe Mediation in der Verwaltungs-, Sozial- und Finanzgerichtsbarkeit. 2008.

Band 20 Nicole Pöttgen: Medizinische Forschung und Datenschutz. 2009.

Band 21 Jonas Fischer: Das Recht der Glücksspiele im Spannungsfeld zwischen staatlicher Gefahrenabwehr und privatwirtschaftlicher Betätigungsfreiheit. 2009.

Band 22 Nina Stöcker: Entwicklung des Verwaltungskooperationsvertrages unter Berücksichtigung des Vergaberechts. 2010.

Band 23 Christoph Weltecke: Gesetzgebung im Bundesstaat. Reformpotentiale des deutschen Föderalismus unter besonderer Berücksichtigung der Vorschläge der Kommission zur Modernisierung der bundesstaatlichen Ordnung. 2011.

Band 24 Martin Dietz: Verfassungsgerichtliche Unvereinbarerklärungen: Zulässigkeit, Voraussetzungen und Rechtsfolgen. 2011.

Band 25 Isabell Beck: Auswirkungen der Straftatverwirklichung auf öffentlich-rechtlich geregelte Berufsstellungen. 2012.

Philipp Reinhold

Amtsträgerbestechung

Unrechtsgehalt und Grenzen der §§ 331 ff. StGB

Frankfurt am Main, Berlin, Bern, Bruxelles, New York, Oxford, Wien, 2011.
189 S.
Schriften zum Strafrecht und Strafprozeßrecht.
Herausgegeben von Manfred Maiwald und Carsten Momsen. Bd. 108
ISBN 978-3-631-62048-9 · geb. € 44,80*

Das deutsche Strafgesetzbuch behandelt Amtsträgerbestechung in einer sehr ausdifferenzierten Weise. Die §§ 331 ff. StGB unterscheiden zwischen Bestechlichkeit (§ 332 StGB) und Vorteilsannahme (§ 331 StGB) sowie zwischen Bestechung (§ 334 StGB) und Vorteilsgewährung (§ 333 StGB). Mit dieser Arbeit soll untersucht werden, inwieweit diese Verwirklichungsformen durch einen gemeinsamen Unrechtskern verbunden sind und wie genau sie sich voneinander abgrenzen. Als Unrechtskern wird sich dabei die Preisgabe von Staatsgewalt herausstellen. Auf dieser Grundlage werden die maßgebenden Auslegungsregeln nach einem praktischen Anspruch formuliert und das gefundene Verständnis der §§ 331 ff. StGB auf vom Bundesgerichtshof entschiedene Fallgruppen angewandt.

Aus dem Inhalt: Historische Entwicklung der §§ 331 ff. StGB · Preisgabe von Staatsgewalt als Unrechtskern der §§ 331 ff. StGB · Abgrenzung der verschiedenen Verwirklichungsformen · Eigenständigkeit des „Forderns" · Genehmigung nach §§ 331 Abs. 3 · 333 Abs. 3 StGB · Auslegungsregeln · Sozialadäquanz · Drittmittel · Parteispenden

*inklusive der in Deutschland gültigen Mehrwertsteuer. Preisänderungen vorbehalten

Kolibri 360 GmbH
Ferdinand-Jühlke-Straße 7
99095 Erfurt, Deutschland
produktsicherheit@kolibri360.de